全国高职高专规划教材·财经系列

管理学基础

主　编　姜桂娟

副主编　许继英　宋洪霞

参　编　郭延江　栗延斌　赵广民

主　审　贾亚东

内容简介

本书注重对受教育者管理思想的培养、管理技能的训练、管理艺术的熏陶和管理素质的训练。它以管理与管理学的基本问题为切入点，以决策、计划、组织、领导、控制和创新六大管理职能为基本框架，共设置七章。

本书针对高职高专教育的特点，以实用够用为原则，围绕各管理环节编写应知应会的管理知识和技能，突出能力素质培养，设置了知识目标、技能目标、导入案例、管理案例、管理智慧、管理专栏、知识检测、技能训练、相关链接等板块，便于强化学生对管理知识的理解和技能的掌握。通过体系、内容和体例的创新，力争使教材编写体现出"引导、感悟、训练"一体化的特色。

本书可作为高职高专院校、成人高校学生学习管理理论知识和技能的教科书，同时可作为自学考试、函授及在职人员培训的参考教材，也可作为管理学爱好者的读物。

图书在版编目（CIP）数据

管理学基础/姜桂娟主编．—北京：北京大学出版社，2011.8
（全国高职高专规划教材·财经系列）
ISBN 978-7-301-13072-8

Ⅰ．①管… Ⅱ．①姜… Ⅲ．①管理学－高等学校：技术学校－教材 Ⅳ．①C93

中国版本图书馆 CIP 数据核字（2007）第 192187 号

书　　　名：	管理学基础
著作责任者：	姜桂娟　主编
策 划 编 辑：	温丹丹
责 任 编 辑：	温丹丹　魏　杰
标 准 书 号：	ISBN 978-7-301-13072-8/F · 1783
出 版 发 行：	北京大学出版社
地　　　址：	北京市海淀区成府路 205 号　100871
电　　　话：	邮购部 62752015　发行部 62750672　编辑部 62765126　出版部 62754962
网　　　址：	http://www.pup.cn
电 子 信 箱：	zyjy@pup.cn
印　刷　者：	涿州市星河印刷有限公司
经　销　者：	新华书店
	787 毫米×1092 毫米　16 开本　17.25 印张　420 千字
	2011 年 8 月第 1 版　2015 年 7 月第 2 次印刷
定　　　价：	34.00 元

未经许可，不得以任何方式复制或抄袭本书之部分或全部内容。
版权所有，侵权必究
举报电话：010-62752024；电子信箱：fd@pup.pku.edu.cn

前 言

管理渗透于社会生活的各个方面，大到国家治理、企业管理，小到个人事务的处理，都需要管理智慧与方法。"三分技术、七分管理"强调了管理的重要性。伴随着知识经济的到来、技术的快速革新、环境的不断变化，管理能力已经成为不同岗位、不同层面人员必备的一项素质。高等职业教育面向生产、管理和服务一线培养高素质技能型人才，管理能力是高职毕业生综合素质的重要组成部分。

管理活动千差万别，但在处理具体问题时也有共性规律可循。管理学是揭示管理活动的基本理论、基本思想、基本规律和基本方法的一门科学，旨在培养受教育者的基本管理能力、管理艺术和素质。本书以管理与管理学的基本问题为切入点，以决策、计划、组织、领导、控制和创新六大管理职能为基本框架，共设置七章。针对高职高专教育的特点，编写教材时力求突出以下特点。

1. 突出能力素质培养

管理是科学与艺术的统一，管理才能是一个人管理意识和管理行为的综合体现。因此，本书注重对管理思想的培养、管理技能的训练、管理艺术的熏陶和管理素质的训练。按照"任务驱动、典型案例、关键技能、素质拓展、真实体验"的理念进行教材的编排，围绕各管理环节编写应知应会的管理知识和技能，使内容更加充实，形式更加活跃。

2. 坚持实用够用原则

具体体现在以下三点：一是坚持知识性和趣味性的有机统一，选取经典管理案例，摘录生动的管理故事，采用通俗简洁的文字阐述管理知识，营造轻松愉快的学习氛围；二是坚持继承与发展的有机统一，及时吸纳现代管理理论与思想，在普及基本管理理论和技能的同时，增强教材的时代感和适用性；三是坚持理论与实践的有机结合，围绕技能训练和素质培养传授管理知识，突出重点，强调知识的应用性和针对性。

3. 体现编写体例创新

本书在编写体例上体现出"引导、感悟、训练"一体化的特色。引导：每个章节都设置了知识目标、技能目标和导入案例，使受教育者有的放矢地学习，明确能够解决什么问题，能够取得什么样的学习成果；感悟：书中穿插了大量管理案例、管理智慧、管理专栏、相关链接，便于读者对管理知识的深入理解和把握；训练：每章都安排了知识检测和技能训练，科学设定项目的训练目标、管理情境和实训要求，实现即学即练。

本书由黑龙江农业经济职业学院姜桂娟老师担任主编，黑龙江农业经济职业学院许继英老师、黑龙江工商职业技术学院宋洪霞老师担任副主编，海南经贸职业技术学院郭延江老师、黑龙江农业经济职业学院栗延斌老师和牡丹江大学赵广民老师参加了编写。具体分工为：姜桂娟老师编写第一章，赵广民老师和姜桂娟老师编写第二章，郭延江老师编写第三章，许继英老师编写第四章，宋洪霞老师编写第五章和第七章，栗延斌老师编写第六章，最后由姜桂娟老师总纂成书。本书由黑龙江工商职业技术学院贾亚东老师担任主审。

本书在编写过程中，引用了部分书、报和刊物的内容，并得到了黑龙江农业经济职业学院部分教师的指导，在此一并表示感谢。由于时间仓促，加之编写水平有限，书中难免有不妥之处，敬请广大读者批评指正。

编　者

2011 年 8 月

目 录

第一章 管理与管理学的基本问题 ······ 1
  知识目标 ······ 1
  技能目标 ······ 1
  导入案例 ······ 1
  第一节 管理的实质 ······ 3
  第二节 管理者及其素质要求 ······ 9
  第三节 管理的范围与过程 ······ 16
  第四节 管理的目标与手段 ······ 18
  第五节 管理环境与资源配置 ······ 22
  第六节 管理的基本原理、机制与方法 ······ 26
  第七节 管理学的产生与发展 ······ 30
  小 结 ······ 37
  知识检测 ······ 37
  技能训练 ······ 40
  相关链接 ······ 41
  参考文献 ······ 43
  参考答案 ······ 43

第二章 决 策 ······ 45
  知识目标 ······ 45
  技能目标 ······ 45
  导入案例 ······ 45
  第一节 决策概述 ······ 46
  第二节 决策流程 ······ 53
  第三节 决策方法 ······ 58
  小 结 ······ 64
  知识检测 ······ 65
  技能训练 ······ 68
  相关链接 ······ 69
  参考文献 ······ 70
  参考答案 ······ 71

第三章 计 划 ······ 72
  知识目标 ······ 72
  技能目标 ······ 72

导入案例 72
　　第一节　计划概述 73
　　第二节　计划的编制程序 82
　　第三节　制订计划的方法 87
　　小　结 98
　　知识检测 98
　　技能训练 104
　　相关链接 106
　　参考文献 108
　　参考答案 109

第四章　组　织 110
　　知识目标 110
　　技能目标 110
　　导入案例 110
　　第一节　组织概述 111
　　第二节　组织设计 116
　　第三节　组织运行 135
　　第四节　组织变革 140
　　小　结 152
　　知识检测 153
　　技能训练 160
　　相关链接 161
　　参考文献 162
　　参考答案 162

第五章　领　导 164
　　知识目标 164
　　技能目标 164
　　导入案例 164
　　第一节　领导概述 165
　　第二节　领导理论 172
　　第三节　领导方式与领导艺术 176
　　第四节　激励 180
　　第五节　沟通 191
　　小　结 197
　　知识检测 198
　　技能训练 201
　　相关链接 203
　　参考文献 204
　　参考答案 204

第六章 控 制 206
知识目标 206
技能目标 206
导入案例 206
第一节 控制概述 208
第二节 控制的程序 218
第三节 控制的方法 224
小 结 235
知识检测 236
技能训练 238
参考文献 238
参考答案 239

第七章 创 新 240
知识目标 240
技能目标 240
导入案例 240
第一节 创新概述 241
第二节 管理创新 248
第三节 技术创新 255
小 结 263
知识检测 264
技能训练 266
参考文献 267
参考答案 267

第一章　管理与管理学的基本问题

　　管理是一项系统性工作，由管理者、管理对象、管理目标、管理机制与方法和管理环境五部分构成。本章着重介绍管理者及其素质要求、管理的范围与过程、管理的目标与手段、管理的环境与资源配置、管理的基本原理与方法、管理学的产生与发展历程。

知识目标

（1）了解管理者的角色和素质要求；明确管理对象的构成，管理工作所面临的环境；
（2）理解管理的本质、特征与性质以及组织与环境之间的关系；
（3）掌握管理的概念、管理工作的性质及管理职能、管理环境的构成要素；管理目标、资源配置的基本知识；管理的基本原理和相应原则、管理机制与方法。

技能目标

（1）学会运用系统分析方法分析组织与环境之间的关系；
（2）能够根据管理者在组织中的位置确定其工作内容及工作重点。

导入案例

"铱星"化为流星

　　摩托罗拉公司投资的"铱星系统"计划开始于1987年，历时11年，整个计划投资共计50多亿美元。它的目标是建立一个把地球包围起来的"卫星圈"，原计划采用77颗近地卫星覆盖全球，故用有77颗核外电子的化学元素铱命名为"铱星计划"，后投放66颗卫星。1998年铱星公司实现了这个梦想。

　　铱星系统开创了全球个人通信的新时代，被认为是现代通信的一个里程碑，它实现了5个"任何"（5W），即任何人（Whoever）都可以在任何地点（Wherever），任何时间（Whenever）与任何人（Whomever）采取任何方式（Whatever）进行通信。作为人类通信领域飞跃的一个标志，铱星的出现给人类文明发展带来了一丝曙光。铱星移动通信系统计划开始了个人卫星通信的新时代，被誉为20世纪规模最大的科技创新项目之一。即使在最恶劣的天气条件下，它也可以正常通话；即使在世界的最高峰珠穆朗玛峰顶，它也能够保持通信；只要是见得到天的地方，铱星就能够把信息转达。然而让人始料不及的是，2000年3月18日，由于种种原因，技术领先的铱星公司因背负40多亿美元债务而破产。

市场定位

铱星公司把主要用户定位于"高层次的国际商务旅行人员"。并且认为,只要技术先进,价格不会成为障碍,人们愿意为"一个号码通全球而付出一点儿高价"。他们称自己的用户是"付钱不看账单的一群人"。于是铱星成了一个实实在在的贵族产品。

运营成本

铱星公司的网络覆盖全球(包括南、北极及各大海域),这是世界上第一个大型低轨卫星通信系统,也是全球最大的无线通信系统,每年仅维护费就需几亿美元。高经营成本使铱星公司在正式营业之初,将铱星手机售价定为 4 000 美元,通话费为 7 美元/分钟。在市场反应冷淡的情况下,铱星公司被迫作出价格调整,调整后的手机价格为 3 000 美元,通话费为 1.89 美元/分钟。但同移动电话相比,仍显较高。铱星的贵族化,很难为这一高科技产品提供足够的盈利支撑。到 2000 年 3 月,铱星系统的全球用户只有 5.5 万个,而中国用户不到 1 000 个。根据铱星方面的预计,仅初期在中国市场就要做到 10 万用户。而铱星要想实现赢利最少需要 65 万个用户,显然离这个数字还相去甚远。

环境变化

从市场角度看,摩托罗拉启动铱星计划的时候没有作过认真的市场分析。当绝大部分城市、城市近郊的农村、交通干线、旅游胜地都被地面网络覆盖,当移动电话的国际漫游成为可能,卫星移动电话的市场无疑在被不断地压缩着,用户群的规模相应地不断减少。在过去 10 年里,地面移动通信发展迅猛,夺走了铱星计划初期设定的主要目标市场。1987 年提出铱星计划时,蜂窝电话的全球普及率还不到 10%,当时蜂窝电话受基站建设的限制,覆盖面积十分有限,因而给低轨卫星通信厂商带来了很大的信心。但蜂窝电话的发展速度却始料未及:1992 年普及率超过 25%,2000 年超过 45%,2003 年达到 50%。相对地面移动通信系统领域,尤其是移动电话领域,铱星计划在时间上已失去了市场机会。地面移动电话网络在成本费用、手机轻便性等方面占了相当的优势。于是,10 年前可行的方案 10 年后失去了存在的基础。10 年前存在的用户群 10 年后却已无法达到支撑业务运行的最小规模。没有了市场,就没有了收益,也就失去了控制自己命运的能力。而且全球开放的通信市场远未形成,造成铱星公司在开拓全球市场时的力不从心。

组织管理

铱星公司的基本组织结构是一个联合体,由世界 15 个地区性的信号转输系统组成。铱星的国际架构使其根本不可能进行有效管理。董事会 28 个成员说的是多国语言,每次开会就像是出席一次小型联合国会议,人人必须带着耳塞,收听 5 种语言的同步翻译。

由于受投资方及签订的合约的限制,为了抢占市场,铱星投入商用比较匆忙,导致手机供不应求和服务质量差等一系列问题。有的客户交钱后等了半年才拿到货,使公司损失了不少用户。

铱星公司没能按承诺及时还款付息和实现股东利益,银行停止贷款、股东撤回投资、股市停盘都对铱星造成致命打击。

铱星公司的倒闭无论在技术上还是在经营上都给人们不少未曾有过的启示,使人们更深刻地认识到,高技术不仅会产生高效益,还会带来高风险。这就要求经营者不能"把所有的鸡蛋都放在一个篮子里"。摩托罗拉公司采用的就是两条腿走路的方式。因此有人说它是用自己的普通手机打败了自己的铱星手机,可以说是用自己的左手打败了自己的右手。

问题思考

(1)技术绝对领先的铱星公司破产的主要原因是什么?

(2)10 年时间铱星公司的管理环境发生了怎样的变化?

(3) 铱星公司在管理上存在哪些失误？
(4) 从网上搜寻信息，分析摩托罗拉手机的管理方略。
(资料来源：隗斌贤，《管理学基础》，经济科学出版社，2007)

第一节 管理的实质

管理是人类最重要的活动之一。管理无处不在，大到国家治理、企业管理，小到小饭馆的经营，以及个人事务管理，都需要管理智慧与方法。先进的管理和先进的科学技术一起构成了推动现代社会经济发展的"两个车轮"。

一、管理的概念

管理有"管辖"、"处理"之意，管理活动自古有之，随着时间的推移和管理活动的日益拓展，人们对管理含义的认识逐步深化，但对管理的概念却众说纷纭，有人认为管理是管理者的一种社会职能，也有人认为管理是一种"人际技巧"；有人认为管理是科学，也有人认为管理是艺术；有人认为管理即领导，也有人认为管理即决策；有人认为管理是一种调节，也有人认为管理是一种结合工作……上述观点只是从不同侧面、不同角度提示了管理的定义，它们都有可取之处，但都没有真正完全提示出管理的本质含义。概括地说，管理就是在特定的环境下，通过决策、计划、组织、领导、控制和创新等项工作来协调组织的人、财、物，以便达到既定目标的过程（如图1-1所示）。其含义如下：

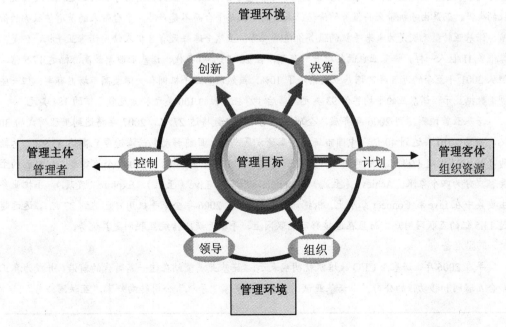

图1-1　管理系统示意图

（1）管理是一项有意识、有目的的活动，其核心是实现组织目标；
（2）管理是一个过程，是实施决策、计划、组织、领导、控制和创新职能的过程；
（3）管理是在一定环境下开展的活动，有效的管理必须充分考虑组织的内外环境；
（4）管理的手段是合理配置和使用资源。

管理案例 1-1

诺基亚的转型

1865年，一个叫弗莱德里克·艾德斯坦（Fredich Idestam）的工程师在芬兰北部的一条河边建立了一家木浆工厂，随着工业化浪潮在欧洲兴起，纸板的消费量迅速增加，工程师定名为诺基亚的工厂不久便一炮打响，在工厂的周围形成了一个社区,后来命名为诺基亚。一个以造纸起家的芬兰小公司，历经130多年，非但没有为时代所淘汰，反而一举走出世界，从摩托罗拉和爱立信等老牌电信巨头手中夺过了手机老大的宝座，目前已占据全球手机产品市场份额40%。诺基亚在历史上曾经进行过几次大的战略转型：木材——橡胶——电缆——移动电话，最终成就了今天高中低端通吃的单一手机品牌，成为全球最大的手机制造商、数码相机制造商和音乐终端制造商。2007年12月11日，新上任的诺基亚全球副总裁以及主管中国大中华区销售及市场运营的邓元鉴郑重宣布："诺基亚正式将自己定位为互联网公司，今后的诺基亚传递给大家的将是完全移动互联生活。"诺基亚利用其手持终端的产品和用户的优势，结合互联网的应用服务，提供音乐、游戏、铃声等付费下载服务。诺基亚通过软件安装和互联网接入还会将更多的应用服务提供给手机用户，向服务的使用者获得更多的服务价值。

转型原因

手机除了基本的语音功能外，未来无所不能的功能正在威胁相关行业的地位，其无限的发展空间，导致巨头们蜂拥而至，不难预测，还会有更多的不同行业的企业加入移动终端生产和服务领域，这威胁着传统手机生产企业的地位，手机老大诺基亚也感受到这种威胁。巨头们看好手机行业已经不是传统手机的生产，而是由手机带来的服务的价值。未来的手机是平台而不是产品，平台带来的是增值服务的价值，诺基亚转型无疑是为未来手机的服务价值做准备。虽然全球每天有8亿人使用诺基亚手机，但是，像很多IT巨人一样，诺基亚也面临增长的瓶颈，在20世纪90年代，诺基亚股票最高涨幅达17.5倍，但从2001年至今的近5年，诺基亚股票跌了10%。虽然诺基亚手机拥有全球最高市场占有率，但一些调查数据显示，诺基亚的平均售价93美元，落后于摩托罗拉的130美元和索尼爱立信的184美元。

诺基亚曾预测，到2006年年底，全球移动电话用户数将达27亿，2007年将达到里程碑式的30亿，并于2010年达到40亿。中国市场更呈高速发展态势，目前移动电话渗透率已高达33.9%，总数为4.43亿，远超1.23亿互联网用户。诺基亚通过分析100亿个数据、77 000个消费者，把自己的主要客户分为四个象限：Achieve（至诚）、Connect（乐享）、Live（至上）、Explore（发现），手机业务主要集中在Live和Connect象限上。根据诺基亚的统计，2006年全球手机用户已达到27亿，远远超过13.5亿的互联网用户，而且在连接移动互联网上，手机无疑比传统互联网更具优势。

转型准备

早在2006年，诺基亚CEO康培凯就明确表示："诺基亚渴望站在这一新时代的前沿，并成为真正融合互联网和移动性的公司。"诺基亚试图使自己从一家"手机"公司转向一家"互联网公司"。

> 手机巨头诺基亚近一年来一系列的举措都在为转型做准备。一是高举收购大旗：2006年8月，诺基亚收购了德国电子导航软件开发商Gate5；2006年10月，诺基亚以6 000万美元的价格收购了一个与iTunes竞争的全球最大的独立音乐销售平台Loudeye；2007年7月，诺基亚收购了媒体共享网站Twango；2007年10月诺基亚以81亿美元收购美国数字地图供应商Navteq。二是高调进入互联网：2006年10月，推出维信网站（http://www.widsets.com/）；2007年8月，发布互联网门户OVI（http://www.ovi.com）；2007年陆续发布iTune在线音乐商店（http://music.nokia.com）以及游戏商店N-Gage（http://www.n-gage.com）。三是调整组织架构：2008年元月，调整全球组织架构，由原来的多终端部门调整为服务与软件部和终端部两大核心部门，同时也将做好产品转型和商业模式转型。

二、管理的本质

管理工作有别于作业工作就在于它是一种"协调"活动，其表现在以下三个方面。

（1）协调人际关系。一个社会组织或群体中的人际关系主要包括领导者与领导者的关系、领导者与下属的关系以及下属之间的关系等。人际关系协调的内容主要是思想、观点和工作信心，只有在这些方面取得一致，管理工作才会做到有效。

（2）协调工作关系。在一个社会组织或群体中存在着多项彼此联系的不同性质的工作，要做到各种性质的工作协调一致、相互促进，就必须处理工作目标、进程及其结果的相互协调问题。

（3）协调人事关系。人事关系是指社会组织或群体中人员与工作的关系，它主要是解决有关人员的使用、考核、培养与流动等问题。协调人事关系的目的在于对人员量才使用，尽其所长，做到人尽其才，才适其职，达到人员与工作协调配合的最优化。

管理小故事 1-1

> ### 管理的作用
>
> 美国国际商业机器公司（International Business Machines Corporation，IBM）已有80多年的历史。它是世界上最大的信息工业跨国公司，有遍布世界的100多家分公司，拥有40万员工，年营业额超过1 000亿美元。其创办人托马斯曾经讲过这样一个故事：有一个男孩子第一次弄到一条长裤子，穿上一试，裤子长了一些。他请奶奶帮忙把裤子剪短一点，可奶奶说，眼下的家务事太多，让他去找妈妈，而妈妈回答他，今天她已经和别人约好去玩桥牌。男孩子又去找姐姐，但是姐姐有约会，时间就要到了。这个男孩子非常失望，就带着这种心情睡觉了。奶奶忙完了家务事，想起了孙子的裤子，就去把裤子剪短了一点；姐姐回来后心疼弟弟，又把弟弟的裤子剪短了一点；妈妈回来后同样也把裤子剪短了一点。可以想象，第二天早上男孩子起来后是怎样一种情景。

管理智慧 1-1

索尼大家庭

索尼公司总裁盛田昭夫谆谆教诲新入职的员工："索尼是个亲密无间的大家庭，每个家庭成员的幸福都靠自己的双手来创造。在这种崭新的生活开始之际，我想对大家提出一个希望：当你的生命结束的时候，你们不会因为在索尼度过的时光而感到遗憾。"

管理案例 1-2

宏伟的嫦娥奔月计划

2007年10月24日18时5分，西昌卫星发射中心，我国嫦娥一号探月卫星，从这里开始了自己的奔月之旅。在历时一个多月的飞行后于11月26日9时32分向地面传回第一幅月面图像，标志着我国首次绕月探测飞行取得圆满成功。"嫦娥奔月"的千古神话终于变成现实。"'嫦娥一号'绕月探测工程被誉为中国航天事业继'东方红一号'、'载人航天'之后的第三个里程碑！"

"嫦娥一号"卫星本体尺寸为2.22米×1.72米×2.2米六面的立方体，两侧各有一个太阳帆板，最大跨度达18.1米，起飞重量为2350公斤，设计寿命为1年。选用的有效载荷有6套24件，包括CCD立体相机、激光高度计、成像光谱仪、伽马/X射线谱仪、微波探测仪和太阳风粒子探测器等，所有仪器须经受300度温差考验（月球表面温度高温是130度，低温是零下180~170度）。将完成4项科学任务——独创CCD立体相机搭载激光计拍摄三维影像月球地形图；伽马/X射线谱仪首探14种元素为建月球基地遴选资源富集地区；首次装载微波遥感探测仪评估月壤厚度和氦-3储量；中国造太阳高能粒子探测器首次探测40万公里空间环境。

"嫦娥一号"卫星研制人员过五关斩六将，先后攻克了卫星热控设计、轨道设计、远距离测控、轨控系统设计、推进系统优化设计等多项技术难关。"嫦娥一号"研制实行全过程质量管理，其核心思想被李振才称为"九字真经"——"抓源头、控过程、重结果"。"九字真经"包含一整套"规定动作"，如复核复算与复查、严格质量归零、认真评审、关键件及关键项目控制等。被航天人念叨最多的当属"两个百分之百"，即所有单机、分系统和系统总体的设计都要进行全面的复查、复审、反思、质疑，不遗漏任何问题，每个环节都要进行拉网式的、从最小单元开始的复查复审，反思存在的差距和薄弱环节，复查工作要深入研究室、工程组一级，要做到百分之百；所有产品的生产过程也都要进行全面的复查复审，复查工作要深入车间、工段一级，要做到百分之百。

三、管理的性质

管理的根本属性在于它的二重性，即管理同时具有社会属性和自然属性（如图1-2所示）。管理的自然属性是指管理与生产力和社会化大生产相联系的、由生产力发展引起和决定的、反映生产力特征的属性。凡是集体活动都需要进行科学的管理，管理者都要根据事物的客观规律、劳动对象及工作特点对社会组织或群体活动过程进行科学规划、合理组织和有效控制，这样才能有效地实现管理目标。管理也是生产力，任何社会、组织，其生产力水平的高低都取决于各种经济资源是否得到有效利用以及社会劳动者的积极性是否得到充分发挥,而这两者都依赖于管理,管理的自然属性贯穿于各种社会活动中,它体现了管理的一般职能。管理的社会属性是指管理与生产关系和社会制度相联系、为统治阶级服务的属性,实际上体现的就是"为谁管理"的问题,它体现了管理的特殊职能,管理的方针、策略、方法与技术的选用因管理者而异,服从于不同管理目的的需要。管理的社会属性与自然属性,是辩证统一的两个方面,在管理的实际工作中,忽视任何一方都必然造成管理整体的破坏。

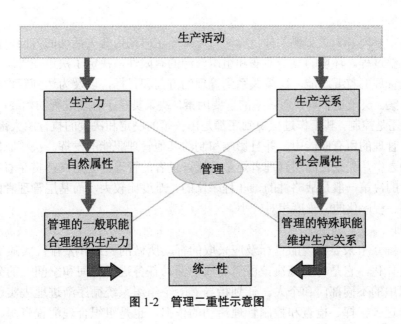

图 1-2 管理二重性示意图

管理专栏 1-1

管理是科学性与艺术性的统一

管理是一门科学。管理的科学性是指管理作为一个活动过程,其间存在着一系列基本客观规律。中外学者通过近一个世纪的研究、探索和总结,已经逐渐形成了一套比较完整的、反映管理过程客观规律的理论知识体系,为指导管理实践提供了根本的原理、原则和方法。

管理是一门艺术。管理的艺术性是指管理者在管理实践活动中对管理原理运用的灵活性和对管理方式和方法选择的技巧性。管理的艺术性强调了管理的实践性,成功的管理者不仅要掌握管理知识,还应该能够熟练地灵活地把这些知识应用于实践,根据不同的管理情境结合自身的管理经验,艺术地解决管理问题。

管理是科学性与艺术性的统一。管理既离不开科学性,也离不开艺术性,二者是互补关系。不注重管理的科学性只强调管理的艺术性,这种艺术性将会导致管理的随意性;不注重管理的艺术性只强调管理的科学性,管理科学将变成僵硬的教条。

四、管理的职能

亨利·法约尔在1916年首次提出管理具有计划、组织、指挥、协调和控制五项职能，哈罗德·孔茨和西里尔·奥唐奈在20世纪50年代提出管理具有计划、组织、人事、领导和控制五种职能。随着管理理论、管理实践活动的发展，管理的基本职能也在不断适应新的形势而有所变化，目前，管理的基本职能可以总结为决策、计划、组织、领导、控制和创新六项职能。

1. 决策

决策是指管理者为了实现某种目标而对未来一定时期内有关活动的方向、内容及方式的选择或调整过程。环境的复杂多变和组织资源的有限性，决定了决策在管理中的重要作用。决策是管理的首要职能，决策关系到管理的方向和目标，以及为达到管理目标提供优化的行动方案。决策是影响管理效率的重要因素，决策贯穿于管理过程的始终。无论计划、组织、领导还是控制，其工作过程说到底都是由决策的制定和决策的执行两大部分所组成，决策渗透于管理的所有职能中，并且影响和制约其他管理职能的发挥。决策职能分布在各级管理活动之中，无论是高层管理者还是基层管理者的管理活动始终都贯穿着决策职能，高层管理者的决策一般是战略性的、非程序化的、难度比较大，而基层管理者的决策一般是业务性的、程序化的、难度相对较小。

2. 计划

计划是确立未来要实现的目标及应采取的行动所做的谋划和安排，实质上是对决策的展开和具体化，它是将实施决策所需完成的活动任务进行时间和空间上的分解，具体落实到组织中的不同部门和个人。计划指导着一个组织系统循序渐进地去实现组织的目标，它是管理者指挥、检查和控制管理活动的依据，也是组织合理配置资源、有效规避风险的手段。

3. 组织

组织是指管理者为有效实现组织目标，建立组织结构，配备人员，使组织协调运作的一系列活动。它包括决定组织要完成的任务是什么、谁去完成这些任务、这些任务怎么分类组合、谁向谁报告、各种决策应在哪一级制定等。组织职能是管理活动的根本保证，任何一项决策和计划的实施，都需要做大量的组织工作。组织工作是计划的具体落实，管理者通过运用组织职能，整合组织资源，发挥整体大于部分之和的优势，使有效的资源形成最佳的综合效果，确保信息、资源和任务能够在组织内顺畅流动。

4. 领导

领导是管理者利用职权和威信施加影响，指导和激励其下属人员去实现目标的过程。人是组织中唯一具有能动性的因素，人们的价值观和需求等因素的差异，导致组织中必然存在矛盾和冲突，矛盾和冲突需要领导者通过行使领导职能加以解决，以确保组织目标的实现。领导与权力是相关的，没有一定的权力就不可能指挥、统帅员工，但领导的实质体现在感召和追随上，现代组织中的领导工作除了传统的指导、激励、沟通外，还包括塑造组织文化、设计发展战略、构建组织核心能力和管理创新等。

5. 控制

控制是指在动态的环境中管理者为保证组织目标的实现而采取的各种检查和纠偏活动

或过程。控制是不可或缺的一种职能，贯穿于管理全过程。管理者要对管理活动各个方面的实施情况进行检查，发现偏差，要分析原因，采取措施，予以纠正，使管理活动能按计划进行，保证预定决策目标的实现。广义的控制除了检查和纠偏活动，还包括根据组织内外环境的变化，对计划目标和控制标准进行修改或重新制定。

6. 创新

创新是管理者为了更有效地运用资源以实现目标而进行的创新活动或过程，包括目标创新、技术创新、制度创新、组织机构和结构的创新、环境创新。组织、领导、控制是保证计划目标的实现所不可能缺少的，从某种角度讲，它们是管理的"维持职能"，其任务是保证系统按预定的方向和规则进行。但是，组织是在动态环境中生存的社会经济系统，它必须不断调整系统活动的内容和目标，以适应环境变化的要求，因而管理更需要创新。创新职能通过其他管理职能的活动表现出自身的存在价值，决策方案的制订、计划的制订、组织结构的设计和人员的配备、领导者与被领导者关系的营造、信息反馈与纠正措施的有效运作无不蕴涵着创新。

管理的六项基本职能是相互联系的，其关系如图 1-3 所示。

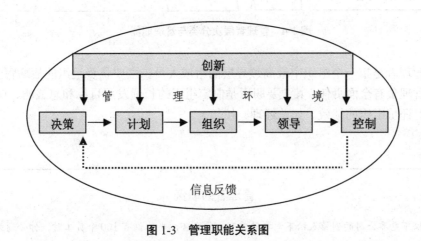

图 1-3　管理职能关系图

第二节　管理者及其素质要求

任何管理活动都是通过人来进行的，执行管理任务的人员称为管理者。管理者又称管理主体，是管理系统中最核心、最关键的要素。配置资源、组织活动、推动整个管理系统运行、促进目标实现，所有这些管理行为都要靠管理者去实施。美国管理大师杜拉克曾指出："如果一个企业运转不动了，我们当然是去找一个新的总经理，而不是另雇一批工人。"

一、管理者的分类

（一）管理者的层次分类

组织中的管理人员按照所处的管理层次通常可以分为高层管理者、中层管理者和基层管理者。组织的层次划分通常呈金字塔式，即高层管理者少，基层管理者多，如图1-4所示。

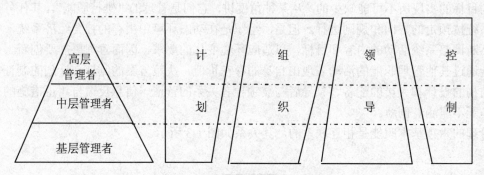

图1-4 管理者层次分类与管理职能

高层管理者是指一个组织中最高领导层的组成人员，主要负责组织的战略管理，对整个组织的管理负有全面责任。其主要职责是制定组织的长远发展目标和总战略、制定政策、分配资源、评价组织的绩效。如总经理、校长。

管理智慧 1-2

管理者的职责

日本松下电器公司的创始人松下幸之助曾有一段名言：当你仅有100个员工时，你必须站在第一线，你可以叫喊甚至打他们；但如果发展到1 000个员工，你就不可能留在第一线，而是身居其中；当企业增至10 000个员工时，你就必须退居到后面，并对职工们表示敬意和谢意。

中层管理者是指组织中中层机构的负责人员，他们负责贯彻执行高层管理者制定的重大决策，监督和协调基层管理者的工作，在组织中起承上启下作用。如营销部长、系主任。

基层管理者是指一线的管理人员，是组织中处于最低层次的管理者。其主要职责是按中层管理者指示的程序去组织、指挥和从事具体的管理活动，给下属人员分配工作、监督下属的工作情况等。如班组长、教研室主任。

无论哪个层次的管理者，其工作的性质和内容都涉及计划、组织、领导和控制四大方面。不同层次的管理者工作上的差别，不是职能本身不同，而在于各项管理职能履行的程度和重点不同。如图1-4所示，高层管理人员花在计划、组织和控制职能上的时间要比基层管理人员多一些，而基层管理人员花在领导职能上的时间要比高层管理人员多一些。

管理案例 1-3

让五千年文明跃然呈现 让中国惊艳世界

北京奥运会开幕式8月8日晚在中国国家体育场"鸟巢"举行。开幕式是北京奥运会呈献给世界的"第一印象",在整个奥运会中占有十分重要的地位。北京奥运会的开幕式水平如何,直接决定着我们能否举办一届有特色、高水平的奥运会。2005年,张艺谋被任命为北京奥运会开、闭幕式总导演,负责整个开闭幕式的创作和实现。为更好地展现"同一个世界,同一个梦想"主题口号的深刻内涵,体现绿色奥运、科技奥运、人文奥运三大理念,突出"文明"、"和谐"两大主题,张艺谋和他的团队推辞了高昂报酬的商业合作,带领他的团队夜以继日地工作。经过一千多个日夜的努力,奥运开幕式以出人意料的方式,精彩阐述了中华文明的演进和世界文明的交融,用中国文化打动了世界。

精彩亮点1:千缶齐鸣倒计时——构思巧妙,猝不及防,冲击视觉

时钟接近20:00,焰火在"鸟巢"上空绽放,突然,一道耀眼的焰火在体育场上方滚动,激活古老的日晷。日晷将光芒反射到2008面缶组成的缶阵上,和着击打声,方阵显示倒计时秒数。缶面上连续闪出巨大的9、8、7、6、5、4、3、2、1⋯⋯

精彩亮点2:"大脚"烟花耀京华——创意奇特,场面壮观,寓意深远

焰火组成的巨大的脚印沿着北京的中轴路穿过天安门广场直奔国家体育场而来,29个焰火脚印,暗合29届奥运会,同时也有古老的中华民族正大步流星地奔向奥林匹克的意味。

精彩亮点3:写意画卷演文明——意境悠远,流光溢彩,厚重深沉

文艺演出开始,巨幅长卷在"鸟巢"中央缓缓展开,诸多中国元素于其上流淌。汉字、印刷术、太极表演也在长卷上展开。长卷贯穿文艺表演,似历史的长卷、文化的长卷。

精彩亮点4:万众手舞"和平鸽"——写意庄重,圣洁清新,以人为本

一群身着白衣的少女带领着全场运动员、演员和观众,一起用双手舞动出"和平鸽"的形象,"鸟巢"的膜结构碗边则变成了大屏幕,播放着全世界各种肤色的人们"手舞和平鸽"的画面。用人去演绎和平的象征,更加彰显奥运和平理念。

精彩亮点5:李宁"逐日"燃圣火——气势宏大,构思精巧,跳跃灵动

主火炬点燃方式的"终极秘密"终于揭开,体操王子化身"空中飞人",在空中绕鸟巢一周,踏着祥云长卷,奔向主火炬⋯⋯此举神似中国古典神话"夸父逐日"。

2008年,"感动中国"组委会授予张艺谋奥运团队的颁奖词:长卷舒展,活字跳跃;圣火激荡,情感喷放。他们用人类共通的语言,让五千年文明跃然呈现,那一夜,中国惊艳世界。

感动中国推选委员于丹:他们的中国式的写意圆了世界一份梦想,这不是中国的展示,而是世界的融通。朱玉:这是一群太懂得自己民族历史和文化的人,也是一个知道如何展示中华民族骄傲的团队,金牌授给他们,现在还不晚。

(二)管理者的领域分类

管理人员还可按其所从事管理工作的领域及专业性质的不同划分为综合管理者和专业管理者两大类,如图1-5所示。

图 1-5　管理者领域分类图

综合管理者是指负责管理整个组织或组织中某个部门的全部管理工作，对组织或部门目标的实现负全责的管理人员。如厂长和车间主任属于综合管理者。

专业管理者是指负责组织中的某一类活动或业务的专业管理，只对组织中某一职能或专业领域的工作目标负责的管理人员。如总工程师和营销部长属于专业管理者。根据企业管理人员的专业领域性质的不同，可以将其具体划分为生产部门管理者、技术部门管理者、营销部门管理者、人事部门管理者、财务部门管理者、研发部门管理者等。不同专业领域的管理者，他们在履行管理职能时可能会产生具体工作内容侧重点上的差别。

二、管理者的角色

管理者在工作中扮演着很多角色，每个角色都有自己的特点和任务，管理者要根据自身的角色明晰自己的位置与职责、确定自己在与组织其他成员及外部环境相互作用中的行为方式。加拿大管理学家亨利·明茨伯格（Henry Mintzberg）认为，管理者扮演着 10 种不同的但又高度相关的角色，这 10 种角色可归为人际关系角色、信息角色、决策角色三大类，如图 1-6 所示。

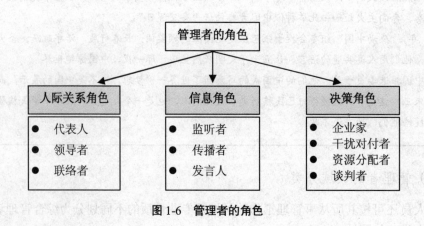

图 1-6　管理者的角色

（一）人际关系角色

人际关系角色是指所有的管理者在组织中都要履行礼仪性和象征性义务，扮演代表人、领导者和联络者的角色。管理者要参加一些社会活动或宴请重要客户，扮演代表人的角色；管理者要按照组织目标和变动的环境激励、培训、惩戒下属员工，扮演领导者的角色；管理者要在组织内外建立关系和网络，扮演联络者的角色。

（二）信息角色

信息角色是指所有的管理者在某种程度上都要从外部接受和传递信息，又要从组织内部某些方面接受和传递信息，扮演着监听者、传播者和发言人的角色。管理者要扮演监听者，用各种办法从不同渠道获取信息，从而识别工作小组和组织的潜在机会和威胁；管理者要扮演传播者，把获取的信息进行有效传递，以便组织成员共享信息，更好地工作；管理者要扮演发言人，代表组织向外界公布态度、决定、报告、报表，进行演讲等。

（三）决策角色

管理者在组织中还扮演着企业家、干扰对付者、资源分配者和谈判者的角色。管理者要捕捉发展机会，进行战略决策，如新产品开发中扮演企业家的角色；管理者要处理组织中的各种冲突或问题，如处理客户投诉中扮演干扰对付者的角色；管理者要根据组织目标对有限的资源进行分解，如奖金的分配中扮演资源分配者的角色；管理者要与员工、供应商、客户等进行谈判，以确保组织目标的实现，这就扮演着谈判者的角色。

需要注意的是，处于不同管理层次、从事不同管理岗位的管理者在组织运行中扮演三大类角色的频率、程度等均有所差异，如图 1-7 所示。高层管理者最重要的角色是决策角色，基层管理者最重要的角色是人际角色，中层管理者在三大类角色分配上基本是一致的，这与其承上启下、又独挡一面的工作特点相关。

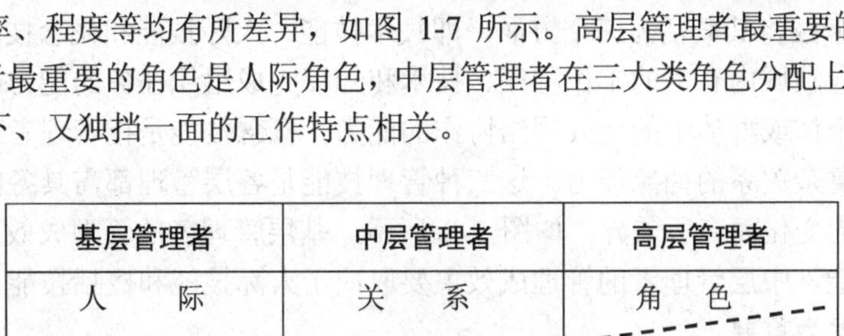

基层管理者	中层管理者	高层管理者
人　　际	关　　系	角　　色
信　　息	角	色
决　　策	角	色

图 1-7　不同层次管理者的角色分配

三、管理者的素质要求

美国著名管理学家杜拉克曾说过："在当今世界，管理者的素质、能力决定企业的成败存亡。""没有管理者的领导，生产资源就只是资源，永远也不会变成生产。"现代管理已成为一种职业，时代要求人们重视管理，希望更多具备良好素质的人从事管理。管理者的素质是形成管理水平与能力的基础,管理者素质的高低决定着组织管理的成败。广义的素质包括素养、性格、品质和能力,管理者应具备的素质有物质的和精神的、智力的和非智力的,具体来讲包括以下几个方面。

(1) 要有良好的政治素质。管理者要有坚定的理想和信念,要树立正确的世界观、人生观和价值观,能够审时度势、把握大局、正确决策,做到胸怀坦荡、高瞻远瞩,在路线、方针、政策上始终保持政治上的清醒和坚定,在事关全局、事关根本的原则问题上立场坚定、旗帜鲜明。严格遵守民主法制,正确运用手中的权力,对职工群众负责。要处理好国家、集体、个人三者之间的利益关系。

(2) 要有高尚的思想素质。高尚的品德是管理者必不可少的素质。管理者应具有以下思想品质:忠诚正直、办事公正、勤政廉洁、大公无私、敬业奉公、豁达大度、谦虚谨慎、严以律己、勇于进取、不骄不躁、率先垂范。管理者还要有扎实的工作作风,要深入实际、脚踏实地、求真务实、说实话、办实事、求实效、不浮夸、不虚伪、不搞形式主义。

(3) 要有健全的心理素质。心理素质是人的素质结构的核心因素,是使人的素质各部分联系起来成为能动发展主体自身的内部根据。包括认知能力、需要、兴趣、动机、情感、意志、性格等智力和非智力因素有机结合的复杂整体。具体来说,管理者要有坚强的意志、开朗乐观的性格、自信的心态和广泛而健康的兴趣。

(4) 要有合理的知识素质。管理是一门综合性科学,融汇了众多的学科知识。管理活动涉及政治、经济、技术、文化等各个方面,知识是提高管理水平与管理艺术的基础,因此,管理者要掌握政治、法律、经济学、管理学、心理学和社会学等方面的知识。

(5) 要有过硬的能力素质。要卓有成效地做好管理工作,管理者需要具备多种技能。管理学者 R.L.卡兹将其概括为三个方面,即技术技能、人际技能和概念技能。技术技能是指使用某一专业领域内有关的工作程序、技术和知识完成组织任务的能力;人际技能是指管理者与其他个体或群体中的他人团结协作的能力;概念技能是指管理者观察、理解和处理各种全局性复杂关系的抽象能力。这三种管理技能是各层管理都需具备的,但其重要性随着管理层级的变化而有所差异,如图 1-8 所示,基层管理者的管理成效主要取决于技术技能和人际技能,中层管理者的管理成效主要取决于人际技能和概括技能,而概念技能对于高层管理者尤为重要。

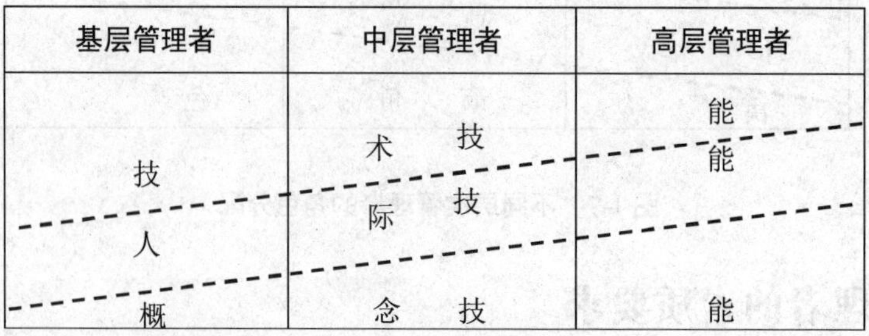

基层管理者	中层管理者	高层管理者
技	术 技	能
	际 技	能
人		
概	念 技	能

图 1-8 不同层次管理者的技能分配

管理专栏 1-2

"世界第一 CEO"——杰克·韦尔奇

杰克·韦尔奇是通用电气（GE）的董事长兼 CEO。45 岁时成为通用电气公司历史上最年轻的董事长和首席执行官。

主要业绩

- 1981 年接任第八任通用电气公司总裁后，更新企业新观念，拟定企业新策略，几度重组通用电气公司。
- GE 的市场价值从 1981 年的 120 亿美元增至 1995 年的 1 570 亿美元，1998 年的 2 800 亿美元，目前达到了 4 900 亿美元，这位商界传奇人物使 GE 的市场资本增长 30 多倍，排名从世界第十提升到第一，成为全球最强大的公司。
- 由照明、发动机和电力 3 个事业部在市场上保持领先地位发展成为 12 个事业部在其各自的市场上数一数二，如果单独排名，通用电气有 9 个事业部能入选《财富》500 强。
- 1998 年通用电气在《财富》杂志第三届"全球最受推崇的公司"的评选中再次名列榜首，并且比位居第二的微软公司得票率高 50%。
- GE 被多个权威财经杂志评为全球最有价值的公司。
- 在韦尔奇执掌通用电气的 19 年中，公司一路快跑，并因此连续 3 年在美国《财富》杂志"全美最受推崇的公司"评选中名列榜首。

管理精粹

- **成功属于精简敏捷的组织。自信可以使复杂的问题简单化，而简单的程序可以保证快速的应变。** 当 45 岁的杰克·韦尔奇执掌 GE 时，这家已经有 117 年历史的公司机构臃肿，等级森严，对市场反应迟钝，在全球竞争中正走下坡路。于是韦尔奇首先着手改革内部管理体制，减少管理层次和冗员，将原来 8 个层次减到 4 个层次甚至 3 个层次，并撤换了部分高层管理人员。此后的几年间，砍掉了 25％的企业，削减了 10 多万份工作，将 350 个经营单位裁减合并成 13 个主要的业务部门，卖掉了价值近 100 亿美元的资产，并新添置了 180 亿美元的资产。
- **任何企业都有两类问题：硬性问题和软性问题。硬性问题包括财务、营销、技术和生产等，而软性问题是关于价值观、士气和沟通等。硬性问题通常会影响企业的底线——利润线，而软性问题则会影响企业的上线——营业收入总额。** 在管理上，韦尔奇自有他独特的方法，最为著名的莫过于"聚会"、"突然视察"、"手写便条"了。韦尔奇懂得"突然"行动的价值。他每周都突击视察工厂和办公室，匆匆安排与比他低好几级的经理共进午餐，无数次向公司员工突然发出手写的整洁醒目的便条。所有这一切都让人们感受到他的领导并对公众的行为施加影响。韦尔奇也十分重视企业领导人的表率作用，他总是不失时机地让人感觉到他的存在。他向从直接的汇报者到小时工等几乎所有的员工发出的手写便条具有很大的影响力，因为这些便条给人以亲切和自然感。韦尔奇的笔刚刚放下，他的便条便通过传真机直接发给他的员工了。两天之后，当事人就会收到他手写的原件。他手写的便条主要是为了鼓励和鞭策员工，还经常是为了促使和要求部下做什么事。韦尔奇认为，挑选最好的人才是领导者最重要的职责。他说："领导者的工作，就是每天把全世界各地最优秀的人才延揽过来。他们必须热爱自己的员工，拥抱自己的员工，激励自己的员工。"作为一个过来人，韦尔奇给公司领导者传授的用人秘诀是他自创的"活力曲线"：一个组织中，必有 20％的人是最好的，70％的人是中间状态的，10％的人是最差的。这是一个动态的曲线，即每部分所包含的具体人一定是不断变化的。但一个合格的领导者，必须随时掌握那 20％和 10％里边的人的姓名和职位，以便做出准确的奖惩措施。最好的应该马上得到激励或升迁，最差的就必须马上走人。

- **以全球公司为师。**韦尔奇一直强调 GE 是一个无边界的学习型组织,一直以全球的公司为师。他说:"很多年前,丰田公司教我们学会了资产管理;摩托罗拉和联信推动我们学习六西格玛;思科和 Trioloy 帮助我们学会数字化。这样,世界上商业精华和管理才智就都在我们手中,而且,面对未来,我们也要这样不断追寻世界上最新最好的东西,为我所用。"GE 之所以能成为赫赫有名的"经理人摇篮"、"商界的西点军校",能有超过 1/3 的 CEO 都是从这家公司中走出,除了严格淘汰的人才体制,最重要的就是这种无边界的学习型组织。在这样的组织中,每一个经理人无时无刻不在自觉地精心雕刻自己,从专业知识到职业技能,从管理手段到说话方式,从画好一张表格到接好一个电话、写好一个 E-mail,到日常生活的一点一滴,目的是随时能够接受更高的挑战。

第三节 管理的范围与过程

一、管理的范围

管理的范围涉及对什么进行管理的问题,即管理对象是谁。管理对象就是管理活动的承受者,是管理者影响和作用并使之发生变化的客体。管理主要是对组织内部的资源或要素进行配置、调度、组织,以及对组织为实现目标所进行的一系列活动进行计划、组织、协调和控制。任何组织的成功,无论国内还是国外的,无论是跨国公司还是小企业,无论是政府还是军队,无论是基层事务还是高端决策,都依赖于有效的管理。但不同国度、不同组织规模、不同性质的组织、不同领域不同层面的管理,管理的事务有所差异,但概括起来说,管理对象都涉及人、财、物、事、时间、信息六大因素。

1. 人

人是管理对象中的核心要素,所有管理要素都是以人为中心存在和发挥作用的。在管理系统中,人既是被管理者和被支配者,又是管理者和主人。管人不只是对人的限制和约束,更重要的是调动其主动性、积极性和创造性,做到正确使用、巧妙引导、全面考核、有效奖惩、合理流动。

管理智慧 1-3

麦当劳是培养人的学校

麦当劳奉行一种管理哲学,即企业首先应该是培养人的学校,其次才是快餐店。因为麦当劳是服务性行业,有优良职业道德的人,才堪称为一流的员工。所以他们着力于寻求相貌平平,但具有吃苦耐劳和创业精神的人,并以公司自身的经验和"麦当劳精神"来培养自己的员工,这种极有主见的管理为麦当劳赢得了很大的成功。用这种精神培养出来的人,即使离开了,也应该是一个对社会有用的人,这种价值观使他的员工们努力为公司争取荣誉。

2. 财

管财就是管理资金。资金是物的货币表现，在几乎一切社会生产和生活资料都商品化的现代社会，可以说没有资金就什么事也干不成，无论是国家建设、社会发展，还是进行物质生产或商品经营，其发展速度和规模都依赖于资金的多少及其利用情况。资金是任何社会组织，特别是营利性经济组织极为重要的资源，是管理对象的关键性要素。管财就是要对资金筹措、资金运用、经济分析与核算过程加强管理，以降低成本，提高效益。

3. 物

物主要是指社会组织或群体中除人之外的物质成分，包括原材料、生产设备、动力资源等。对物的管理就是要做到物尽其用、物流畅通、转换及时、提高效能，为实现优化管理系统的目标提供充足的动力和基础。

4. 事

事就是管理所依附的一切具体工作，包括生产、流通、服务、科研及安全保卫等。对事的管理主要是做好计划、组织和控制，使每一工作的进行都有条不紊、运转有序、顺利通畅、卓有成效。事小到工人的作业，大到涉及企业生产经营的高端决策。

5. 时间

时间是组织的一种流动形态的资源，任何管理工作都需要时间作保证并体现着时间的价值。对时间的管理就是把时间作为一种特殊的资源加以充分利用，树立"时间就是金钱"的意识，提高时间的利用率和有效性。

6. 信息

信息是对在管理中产生及应用的各种消息、数据及资料的统称。信息同物质和能量一起构成现代社会的三大支柱。信息存在于一切管理活动中，是重要的管理资源。现代管理者，特别是高层管理者，已越来越多地不再直接接触事务本身，而是同事务的信息打交道。对信息的管理，就是做好信息的收集、整理、加工和贮存工作，搞好信息沟通和信息交流，从而正确地利用信息并使其产生巨大的效益。

二、管理过程

管理是管理主体对管理客体实施管理以实现组织目标的过程，这个过程涉及确定目标、计划决策、领导指挥、监督控制和管理激励五个方面，如图1-9所示。

1. 确定目标

管理是人类一种有目的的活动。因此，管理者首先要为管理活动制定目标，作为管理活动的出发点和归宿点。管理目标的制定要有具体依据，一是管理应解决的问题；二是事物自身的发展规律；三是管理的内部条件所提供的可能性；四是管理外部环境所提供的可行性。管理目标的制定要遵循科学性、系统性、民主参与、应变性和方案选优等原则。

管理专栏 1-3

确定目标的 SMART 原则

S——明确具体的（Specific）。目标必须具体明确，要与任职人的工作职责或部门的职能相对应，而且工作量、达成日期、责任人、资源等都有明确规定。

M——可衡量的（Measurable）。目标必须是可衡量的，否则就无法为下属指明方向，也无法确定是否达到了目的。

A——可接受的（Acceptable）。目标必须为执行人所接受、认同。

R——现实可行的（Realistic）。目标必须是在现实条件下能够实现的，即现有技术、硬件设备、员工个人的工作能力等条件能够确保目标的实现。

T——有时间限制的（Timetabel）。目标的完成要有时间限制。

2. 计划决策

组织中的各项活动几乎都离不开计划和决策，计划和决策是管理中最关键的一环。合理的计划决策能保证组织在众多可能方案中选择最有价值的方案，并以此作为行动指南。

3. 领导指挥

领导指挥是管理过程的一个重要组成部分。领导指挥的有效性是组织成败的关键。领导者肩负组织领导的重任，其思想观念、心理素质和特殊心理机制，不仅影响个人工作的成败，更影响其部属和群体作用的发挥乃至整个组织的行为和绩效。

4. 监督控制

监督与控制是管理过程中必不可少的一环。有效的监督和控制可以保证组织计划与外界环境相匹配，保证计划与组织各部门利益的协调，以及计划与各级人员的素质、能力和责任相适应。

5. 管理激励

有效的管理必须对人力、物力、财力资源充分利用，而物力、财力资源的利用程度最终取决于具有相应才能又有工作积极性的人。现代社会中，员工的积极性和创造性已经成为决定组织成败的关键因素。因此，激励是管理过程中的一项重要工作中，激励的直接目的就是提高人的积极性，充分发挥人的创造性。

第四节　管理的目标与手段

当代管理大师肯·布兰查德在其著作《一分钟经理》中指出："在相当多的企业里，员工其实并不知道经理或者企业对自己的期望，所以在工作时经常出现'职业偏好病'——即做了过多经理没有期望他们做的事，而在经理期望他们有成绩的领域里却没有建树。造成这样的情况，完全是由于经理没有为员工设定好目标，或者没有把目标清晰地传递给员工。"管理的基本问题就是如何在变动的环境中激发人的潜力，将组织的有限资源进行有效配置，以达成组织既定的目标。管理目标是管理活动的方向标，管理手段涉及管理者的管理行为作用于管理对象的具体形式。

一、管理目标

（一）管理目标的含义

管理目标是管理者在预定的时期内组织活动所预期达到的目的或水平。管理目标是一切管理活动的出发点，又是一切管理活动所指向的终点，它为组织及组织的管理活动和其他活动指明了努力的方向。

（二）管理目标的特性

1. 整体性

在现代管理中无论管理对象是社会组织或群体，还是个体的活动，都有自己的整体目标，都需要通过整体目标来统一全体员工的思想和行动，促进管理绩效的提高。

2. 层次性

管理目标的层次性有两层含义：第一，目标是分级的，一般情况下，目标的分级与管理层次相对应，如最高层的管理者参与组织总目标的确定；第二，目标是可以分解的，通过分解成若干具体可以实现的目标，以保证总目标的实现。

3. 可行性

管理目标是指向未来的，具有指示管理工作方向的作用，虽然它不是物化的东西，但不应是可望而不可及的幻想。

4. 网络性

组织的目标是多种多样的，组织内各层次之间、同一层次之间的目标是相互关联、相互制约的。管理者必须协调好各个目标之间的关系。

（三）管理目标的类型

对管理目标可以从不同的角度进行分类。

1. 按管理目标的重要程度进行分类

管理目标按其重要程度可分为主要目标和次要目标，有时也可以称为是战略目标和战术目标。其中，主要目标决定次要目标，战略目标决定战术目标。

2. 按时间长短分类

管理目标按时间长短可分为长期目标和短期目标。二者的区别是相对的，其中长期目标是制定短期目标的基础，长期目标决定短期目标，因此，在制定短期目标的过程中，必须充分考虑和体现长期目标的要求。

3. 按照目标的实现要求分类

管理目标按目标的实现要求可以分为突破性目标和控制性目标。前者是鼓励组织和个人超过某个水平的目标；后者是限制组织和个人不要超过某个水平的目标。例如，将废品率控制在4%以下，产品合格率要达到96%以上，前者是控制性目标，后者是突破性目标。

4. 按目标的说明方式分类

管理目标按说明方式可分为定量目标和定性目标。定量目标是指用数量来说明的目标，定性目标是指在一定的情况下用文字语言来表述的目标。

另外，还可以按目标的层次将目标分为高层管理目标、中层管理目标、基层管理目标和个人目标；按目标的内容分为内部管理目标和外部管理目标等。

（四）管理目标的功能

1. 指向功能

管理目标就是方向标，它明确地指出组织或个人的奋斗方向，展现出预期的前景。管理活动，实际上就是管理人员为实现预定的目标、设想的前景所进行的一系列职能活动。从管理过程看，目标就是为实现各种管理职能所树立的一杆标尺。因此，制定管理目标就是决定管理工作的方向，管理目标具有引导或指向功能，可用下面的公式表示：

$$管理绩效 = 工作效率 \times 目标的正确程度$$

2. 激励功能

管理目标体现在组织内部各个部门的群体和个人的活动之中，又通过贯彻执行"工程职责"或"岗位责任制"等形式表现出来。管理目标在社会群体或组织中具有重要的激励作用。

首先，管理目标是提高管理人员工作自觉性的推动力量。一个单位的领导者明确了自己单位的整体目标，就会产生一种责任感、任务感，在这种内驱力的激励下，领导人员就会通过各种办法团结员工并置于自己的监督管理之下，以便达到总体目标，获得管理的最大功效。

其次，管理目标对社会群体或组织中的一般工作人员来说，可以起到鼓舞人心、激励斗志的作用。一个明确、具体、切实可行而又合乎情理的目标，会使每个成员都能预见未来的成果，意识到自己的劳动与实现总体目标的密切关系，认识到完成自己的岗位职责就是为总体目标的实现贡献力量，从而激励人们的动机，调动人的积极性。

3. 协调功能

任何一个社会组织或群体拥有的人力、财力、物力资源总是有限的，领导者要根据目标的下达，对实施目标所需要的各种资源、类别、数量进行合理的分配，避免资源积压和浪费，促进有限资源的良性循环，发挥更高的效益。管理目标就是从全局着眼对现有资源的分配提出合理流向，使管理工作得以顺利而有效地展开。

4. 测评功能

目标是表示预期成果的，它指明我们要做的工作有哪些，重点应放在哪里以及如何通过一整套的策略、政策、程序、规则、方式、方法去实施。实施的过程及结果都是可以检查和测量的。因此，管理目标对管理活动是一杆标尺，可以用来衡量、评价总体目标和分层目标实施的过程和结果。

（五）制定管理目标的程序

管理目标的制定，不仅要有科学依据，坚持正确原则，而且还必须遵循一定的程序。一般来讲，主要涉及以下几个环节。

1. 提出问题

根据组织所面临的任务，找出完成这一任务所面临的矛盾，确定管理目标应解决的问题。

2. 收集信息

围绕管理目标的制定，通过科学预测和调查研究，收集管理系统内外的有关信息，从各个方面为管理目标的制定提供依据。

3. 制订方案

根据管理目标应解决的问题和收集到的各种信息，制订两个以上的目标备选方案。

4. 确定方案

通过科学决策和可行性研究，在诸多的备选方案中选取一个满意的方案。此时，管理目标基本确定。

5. 目标修正

通过群众讨论，广泛征求意见，或在实际执行中不断收集反馈信息，使目标不断得到修正和完善。

二、管理的手段

管理过程中包含着巨大的不确定性：一是管理客体的不确定性；二是管理运行时间、空间的不确定性；三是管理工具、手段的不确定性；四是管理实施结果的不确定性。管理过程中的诸多不确定性是阻碍利用有效的资源配置实现组织目标的障碍。因此，管理者必须利用管理手段来降低这些不确定性。

1. 计划

计划是管理的首要手段。首先，计划工作就是要通过对组织内外条件的分析，对组织要实现的总体目标、各部门的目标、各阶段性目标明晰化，并制定出实施这些阶段性目标的方法、措施，使组织的各项活动为实现总目标服务，从而为实现组织目标提供保障；其次，实现组织目标，需要调动组织内的各种资源，计划工作通过优化资源配置，有利于组织在最经济的条件下实现组织目标；最后，计划作为组织行为的标准和评定组织效率的标准，通过规划、政策、程序等的制定保证着组织目标的实现。

2. 决策

决策是管理的重要手段，决策的正确与否，决定着组织行动的成败。现代企业管理学认为，企业管理的重点在经营，而经营的核心是决策。决策的实质是对未来行动方向、路线、措施等的选择，正确的决策能指导组织沿着正确的方向，合理的路线前进，遇到困难或问题可以采取有效的措施予以解决。错误的决策，会导致组织活动的失败甚至是整个组织的消亡。

3. 组织

组织是管理的常用手段。组织部门的设立和各部门的工作标准、职权、职责等的制定是组织正确运行的基础性工作。同时，组织是保证组织目标的实现和计划有效执行必不可少的工作，任何一项决策、计划，只有建立一个高效的组织并得力地组织实施，才能取得预期的效果。

4. 控制

控制是管理必不可少的手段。在管理活动中，管理者总是希望管理对象的经济活动过程产生合乎目的的变化，为此，管理者需要采取必要的手段对管理对象进行动态监控。通过及时取得计划执行情况的信息，并将信息与计划进行比较分析，结合内外环境的状态变化情况，发现实践活动中存在的问题，分析原因，及时采取有效的纠偏措施，以确保计划的实施和管理目标的实现。

第五节 管理环境与资源配置

一、管理环境

组织的生存和发展，与现实的外部环境及环境的变化有着密切的关系，因此，组织要不断地审视自身所处的管理环境，发现机会或回避威胁，及时调整管理中的各种可控因素，使其管理活动与环境的发展变化相适应，以实现组织目标。

（一）管理环境的构成

管理环境是指与社会组织或群体有关的所有外在因素和内在因素共同构成的各种联系和状态。其外在因素包括国家政策、经济形势、社会习俗、科技发展、资源开发、竞争趋势、发展机会和威胁等。内在因素包括员工的工作态度、文化、结构及人们的心理趋向等。如图1-9所示。

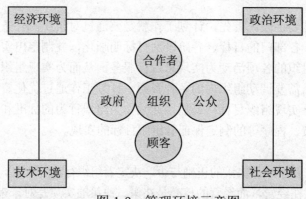

图1-9 管理环境示意图

（二）管理环境的特性

1. 不确定性

不确定性是指环境变动难以预先确知。由于环境变动可能是由多种因素共同作用的结果，或是无规律可循，或是组织成员的认识能力有限，导致了环境变动的不确定性。管理环境的不确定性主要体现在市场需求的变化、社会价值观的改变、人员的流动性、技术的创新、竞争对手策略的变动等方面。长期的、持续的、重大的外部环境变化将迫使组织进行调整和革新，因此，组织需要在满足外部环境变化的要求和维持内部相对稳定的要求之间寻求平衡。

2. 复杂性

复杂性是指组织的外部环境是由政治、经济、社会、技术、文化等因素构成的综合体，各种变动相互交织,难以迅速辨明。组织所面临的复杂性通常在影响决策的因素中表现出来,如生产的产品、提供的服务数量、消费者类型、组织所在的区域以及组织所要处理的各种联盟等,都会影响管理人员决策的复杂性程度。

（三）管理环境分析

管理环境分析主要从以下两方面着手：一是管理环境的基本特征,主要表现为组织对外部环境中的某些因素的依赖程度、环境的不确定性程度和复杂程度；二是环境变化将给组织带来哪些机遇和风险,程度如何。

1. 对环境依赖性的分析

对环境依赖性的分析主要采取环境量度的方法,其步骤如下：

（1）列出主要与之发生往来关系的外部组织,如 A、B、C、D、E 五个组织；

（2）对受外部组织影响的各种因素（如价格、销售、生产、成本、创新、质量、采购等）进行打分,赋值在 1~10 之间,如表 1-1 所示；

（3）列出这些组织与本组织所发生的往来活动对本组织生存及发展的影响程度,并对各种因素进行打分（如无——0 分,很小——2 分,小——4 分,一般——6 分,大——8 分,很大——10 分）,打分可以组织专家评估小组来完成；

（4）加权计算各个外部组织的影响得分；

（5）比较各个组织得分的多少,分析是否符合实际,对于不符合实际的进行一定的调整；

（6）确定组织对各种外部组织的依赖程度,如表 1-1 所示,该组织对 A 依赖程度最高。

表 1-1 对环境依赖程度分析表

组织名称	影响因素等级	价格	销售	生产	成本	创新	质量	采购	总分
		9	9	3	6	7	8	6	
A		10	8	0	0	8	8	4	306
B		0	0	4	4	6	6	0	126
C		8	8	0	8	6	6	2	294
D		6	6	0	10	4	2	6	248
E		2	8	8	0	0	8	4	202

2. 对机遇与风险的分析

对环境变化带来的机遇与风险的分析常用的方法是 ETPO 法,即环境的风险与机遇描述法。这种方法是组建一个环境评估小组,根据掌握的各种资料,对环境中的各种因素进行定级打分,然后确定各种因素对组织生存与发展的影响,并且将这些影响进行分类分等,对每种类别和等级确定量化的分数,然后计算每种因素的得分,由此确定每种因素对组织的影响,并且将所有的因素得分加总。从总体上估计环境变化给组织造成的影响是机遇大于风险,还是风险大于机遇,如表 1-2 所示。

表 1-2 机遇与风险分析表

影响级次 \ 环境因素及重要性	市场需求 5	竞争状况 3	分销条件 2	资源供应 2	政府政策 2	技术进步 6
很不利（-4）				√		
不利（-2）		√				√
中性（0）			√			
有利（2）	√					
很有利（4）					√	

环境变化给该企业带来的机遇是 18 分，带来的不利影响是 26 分，风险大于机遇，该企业必须制定对策规避风险。

二、资源配置

（一）组织存续所需的资源

任何组织的生存发展都需要一定的资源。一般来讲，组织共同需要的资源有以下五种。

1. 人力资源

人力资源是指组织成员的技能、能力、知识以及他们的潜力和协作能力，是组织中最重要的资源。管理的首要任务就是要充分开发、利用组织内部的人力资源，积极寻求组织所缺乏的外部人力资源。

管理案例 1-4

知道在哪画线价值 9 999 美元

有一次，美国福特电器公司的一台发电机坏了，请了几位专家也没能修好。最后找到了在一家小工厂工作的德国籍工程师斯坦敏茨。斯坦敏茨答应去看看，他告诉公司的工作人员，在电机旁搭一个帐篷，让他在里面休息。三天后，他要来一架梯子，上到电机上面，在一个部位上画了一条线，告诉公司，故障在此。公司的工作人员打开后，故障很快消除。事后公司问他要多少钱，他说 10 000 美元。公司有人认为太贵了，因为他没有做什么，而斯坦敏茨说："画一条线只值 1 美元，而知道在什么地方画，值 9 999 美元。"9 999 美元就是人才的价值。后来福特电器公司为了得到斯坦敏茨这个人，甚至不惜多花 1000 万美元将其所在的小工厂买过来，这充分说明美国企业对人才的重视。

（资料来源：冯开红、吴亚平，《企业管理实务》，电子工业出版社 2009 年版）

---

2. 财力资源

财力资源是组织所拥有的货币资本和现金。财力资源既是各种经济资源的价值体现，又是具有一定独立性的特殊资源。对组织财力资源的运用效率决定着组织其他资源的运用效率。对财力资源的管理就是要通过聚财、用财而不断地生财。

3. 物力资源

物力资源是指组织存续所需要的诸如土地、厂房、办公室、材料、机器设备和设施等。

企业管理工作的主要任务之一是有效配置和利用物质资源，开源节流、物尽其用，提高其投入产出率。

4. 信息资源

建立完善的信息系统，及时有效地获取必要的外部信息，在组织内部实行信息共享，对信息进行及时传递、客观分析和有效利用是现代组织竞争获胜的基本保障。

5. 关系资源

关系资源是指组织与政府、银行、企业、学校、团体等各方面合作及亲善的程度与广度。组织的存续不是孤立的，它必须与其他组织保持密切的关系，"关系就是生产力"被现代组织广泛认同。

（二）资源的有限性

任何组织都面临资源有限性的难题，一方面组织生存发展所需要的自然资源是有限的，另一方面组织赖以生存的人文社会资源也是有限的。资源的有限性迫使组织思考如何最大限度地利用好资源。充分有效地利用组织有限的资源以实现组织目标的方式有两种：一是在既定的资源条件下，使组织目标更好地实现，对于企业来讲就是用既定的资源获取最大利润；二是在既定产出条件下，耗费最少的资源，对于企业来讲就是获取既定的利润投入最少。资源的有限性，决定了在组织的现实运行中，不得不比较管理活动的成本与收益，以选择与组织资源相匹配的管理活动，这就涉及资源配置的问题。

（三）资源配置的要求

资源配置是根据组织目标将资源在不同的时间、空间和数量上进行分配。资源配置的原因主要来自资源的稀缺性和可选择性，这两种特征使得组织资源配置有合理或不合理的问题，即迫使人们对资源配置加以研究，以克服其稀缺性和可选择性所带来的不确定性。组织资源配置研究的焦点应是配置的有效性和资源消耗的节约。就企业来说，最高目标是追求消耗降低和收益增长。资源配置有两个重要要求：第一，要有与产出物结构需求一致的资源配置结构，做不到这一点，有限的资源中就会有滞存、浪费现象；第二，要对资源的市场价格变化作出反应，在配置过程中既要保持所需结构又要随时进行适当调整，在保证产出物品质的条件下利用资源之间的相互替代性，使资源占用费用最小。

实现资源配置这两个重要要求的过程就是资源配置过程，管理作为对组织内有限资源有效整合的活动，贯穿于组织资源配置的全过程。管理活动与资源配置过程的关系如图1-10所示。

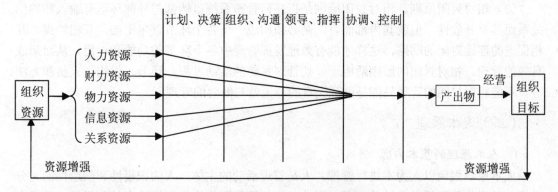

图1-10　管理活动与资源配置过程（资料来源：芮明杰，《管理学第二版》，高等教育出版社，2005）

第六节 管理的基本原理、机制与方法

一、管理的基本原理

管理的基本原理是对各种管理现象、各项管理制度和管理方法的高度综合和概括，是对管理活动的本质及其基本运动规律的科学表述。掌握管理的基本原理是人们做好管理工作的基础。管理的基本原理主要包括系统原理、人本原理、动态原理和效益原理，其中每个原理又可以细化为若干管理原则。

（一）系统原理

1. 系统原理的基本内容

系统原理是指要把管理组织作为一个系统来进行设计和管理，从而使组织的各个部分、各种要素、各种资源按照系统的要求进行构建和运作，以最快捷有效地实现管理目标。

理解系统原理需要把握好管理系统的三大特性即目的性、整体性和层次性的要求。管理系统的目的性要求任何管理系统都必须具有明确的、统一的目的（或目标），并以多快好省地实现管理目标为中心，以此来设置相应的分系统和各种要素，确定其功能，合理安排其组织结构；管理系统的整体性，要求人们从事现代管理工作一要具有全局观念，充分发挥管理系统整体功能，实现"1+1＞2"的整体效应；二要正确处理整体与部分之间的关系；三要重视结构在整体系统中的重要作用。管理系统的层次性要求现代管理工作必须建立合理、适度的管理层次和幅度，并处理好管理系统各个层次之间的关系。

2. 坚持系统原理应遵循的原则

（1）整分合原则。整分合原则是指在对管理系统整体把握的前提下，实行科学的分解和总体的组织综合。在这个原则中，整体把握是前提，科学分解是关键，组织综合是保证。整分合原则要求组织从整体要求出发，制定管理系统的目标和战略措施，根据科学的分解，明确各分系统、子系统的目标，在合理分工的基础上进行总体的组织综合，从而保证管理目标的顺利实现。

（2）相对封闭原则。相对封闭原则是指任何管理系统虽然都与外部环境有输入和输出关系而具有开放性，但就其内部而言，则必须构成一个各个环节首尾衔接、互相约束、互相促进的连续封闭的回路，这样才能有效地发挥管理中各个环节的功能和作用，从而形成有效的管理。相对封闭的原则适应于一切管理系统的活动过程、环节、机构、人员和方法等。不能相对封闭的管理只能是杂乱无章的、无效与低效的管理。

（二）人本原理

1. 人本原理的基本内容

人本原理强调以人为本进行管理。人是管理活动的主体，人的积极性和创造性的充分发挥，是现代管理活动成功的保证。因此，一切管理工作均应以调动人的积极性，做好人的工作为根本。

2. 坚持人本原理应遵循的原则

（1）个性化发展原则。以人为本的管理从根本上说应该是以组织成员的全面自由发展为出发点。个性化发展原则要求组织在成员的岗位安排、教育培训、工作环境、文化氛围、资源配置过程等诸多方面均应以是否有利于当事人按其本意、特性、潜质以及长远的发展来考虑，决不能简单地处置，更不能仅仅从组织功利性目标出发。

（2）能级原则。按照人的能力大小而科学地将其安排在相应职级的工作岗位上，做到人尽其才、各尽所能，这就是现代管理的能级原则。由于人本原理要求我们在管理中必须把调动和发挥人的积极性放在首位，因此，按照人的能力大小来合理安排使用，就是我们需要首先考虑的一个问题。

（3）动力原则。任何管理活动都存在着动力，现代管理要持续高效地运行，就必须充分重视并正确地运用动力，这就是现代管理的动力原则。按照人本原理，遵循动力原则的中心点，就是根据管理活动的目标，运用现代心理学和行为科学的基本原理和方法，激励人们的行为，充分调动其工作积极性，增强现代管理工作的活力。

（4）自我管理原则。人本原理注重组织中成员的自我管理，强调以引导来代替权威和命令，以引导来协调自我管理的组织成员的行为，通过创设良好的个性化发展环境，在实现成员个人发展目标的同时实现组织目标。

（三）动态原理

1. 动态原理的基本内容

动态原理强调在管理活动中，要注意把握管理对象运动、变化的情况，及时调节管理的各个环节和各种关系，才能保证管理活动沿着预定目标前进。

动态原理反映了现代管理活动过程内在的、本质的联系。实行动态管理，既是系统科学理论也是唯物辩证法的要求，是运动变化的哲学观在管理实践中的运用和体现，是不以人们意志为转移的客观规律。面对瞬息万变的环境和管理对象，现代管理必须坚持动态原理才能把握管理活动的动向，控制管理工作的局面，以保证不偏离预定的管理目标。

2. 坚持动态原理应遵循的原则

（1）反馈原则。现代管理要有效地控制不断变化的管理活动向预期目标发展，就必须具备健全、灵敏、准确、高效的信息反馈机制，对管理过程中出现的新情况、新问题及时作出信息反馈，采取相应的变革措施，把问题和矛盾解决于萌芽状态之中，这就是反馈原则。任何一个控制系统，如果没有反馈，实际上也就失去了控制。

（2）弹性原则。弹性原则是指管理方法、手段、措施都必须留有余地，保持一定的弹性，以适应客观事物可能发生的各种变化，有效地实现动态管理。

现代管理活动所涉及的问题、因素、关系的高度复杂性和现代管理活动的不确定性，决定了现代管理必须遵循弹性原则。弹性原则强调在新情况、新问题面前充分发挥人的主观能动性和积极性，事先设计可供选择的多种调节方案，充分分析事态的多种可能发展趋势，制定多种应急措施，保证管理活动在动态中沿着预定目标前进。

(四)效益原理

1. 效益原理的基本内容

一切管理工作,都力图以最小的投入和消耗,获取最大的效益。管理者在管理活动中,要牢固树立效益观念,把追求最大的经济效益和社会效益放在管理工作的重要位置,克服一切忽视效益的管理思想和方式,这就是现代管理的效益原理。

2. 坚持效益原理应遵循的原则

现代管理追求的目的是经济效益与社会效益的有机统一。在具体管理工作中,它表现为经济价值与社会价值的统一。因此坚持效益原理,必须遵循价值原则。价值原则是指管理的各个环节、各项工作,都应紧紧围绕提高社会效益和经济效益,科学地、经济地、高效地使用管理的各种资源,以实现最大的经济价值和社会价值。

二、管理机制

(一)管理机制的含义

管理机制是指管理系统的结构及其运行机理。管理机制是决定组织管理功效的核心问题,管理者在管理中存在何种管理关系,采取何种管理行为,达到的管理效果如何,归根结底是由管理机制决定的。管理机制不是具体的管理办法,也不是具体的管理行为,而是管理办法的内在机理,是管理行为的内驱力。

(二)管理机制的构成

管理机制主要由运行机制、动力机制和约束机制三个子机制构成,如图 1-11 所示。

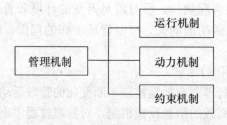

图 1-11 管理机制构成图

1. 运行机制

运行机制是指组织基本职能的活动方式、系统功能和运行原理,是组织中最基本的管理机制。国家有国民经济运行机制、企业有生产经营运行机制、学校有教学管理运行机制,比如现代企业按市场需要组织生产,生产出的产品通过多种营销渠道和手段在市场上销售,企业的效益取决于市场,形成了市场型、多功能型、自主型的运行机制。

2. 动力机制

动力机制是指管理系统动力的产生与运作的机理,是一种极为重要的管理机制。主要由以下三方面构成,如表 1-3 所示。

表 1-3 动力机制三方面

构　成	具体解释	举　例
利益驱动 （由经济规律决定）	管理者运用物质利益吸引被管理者主动采取有助于组织功能实现的行动，是社会组织动力机制中最基本的力量	企业建立的"多劳多得，少劳少得"的分配制度，员工为了"多得"而"多劳"
政令推动 （由社会规律决定）	管理者凭借行政权威，强制性地要求被管理者采取有助于组织功能实现的行动，以此推动整个系统的运行	管理者通过下达命令等方式，要求员工完成工作
社会心理推动 （由社会与心理规律决定）	管理者利用各种管理手段或措施，对被管理者进行富有成效的教育和激励，以调动其积极性，使其自觉为实现组织目标而努力	管理者通过对员工进行人生观教育，调动员工的积极性

3. 约束机制

约束机制是指对管理系统行为进行限定与修正的功能与机理，主要包括以下四个方面的约束因素，如表 1-4 所示。

表 1-4 约束机制四方面

构　成	具体解释	举　例
权力约束	既要利用权力对系统运行进行约束，又要对权力的拥有与运用进行约束	下达保证完成目标的命令
利益约束	既要以物质利益为手段，对运行过程施加影响，又要对运行过程中的利益因素加以约束	奖励有助于实现目标的行为
责任约束	通过明确相关系统及人员的责任，来限定或修正系统的行为	明确规定企业法人代表对国有资产保值、增值负有责任
社会心理约束	运用教育、激励、社会舆论、道德与价值观等手段，对管理者及有关人员的行为进行约束	对违法乱纪行为进行报道

三、管理方法

管理方法就是管理者在管理活动中为了实现管理目标所采取的一系列管理方式、手段和技术等的统称。管理方法是管理机制的实现形式，是管理理论和管理原理的实践化，是实现管理目标的途径和手段。常用的管理方法有经济方法、法律方法、行政方法、社会学心理学方法等。

1. 经济方法

经济方法是最基本的管理方法，它是指依靠利益驱动，利用经济手段，通过调节和影响被管理者物质需要而促进管理目标实现的方法。经济方法具有利益驱动性、普遍性和持久性等特点。其主要形式有价格、税收、信贷、经济核算、利润、工资、奖金、罚款、定额管理等。

2. 法律方法

法律方法是指借助国家法规和组织制度，严格约束管理对象为实现组织目标而工作的一种方法。法律方法一般具有严肃性、规范性和强制性等特点。其主要形式有国家法律法规、组织内部的规章制度、司法和仲裁等。

3. 行政方法

行政方法是指依靠行政权威，借助行政手段，直接指挥和协调管理对象的方法，是管理中最经常、最普遍的方法。行政方法一般具有强制性、直接性、垂直性、无偿性等特点。其主要形式有命令、计划、指挥、监督、检查、协调和仲裁等。

4. 社会心理学方法

社会心理学方法是指借助社会学和心理学原理，运用教育、激励、沟通等手段，通过满足管理对象社会心理需要的方式来调动其积极性的方法。社会心理学方法具有自愿性和持久性的特点。其主要形式有宣传教育、思想沟通、各种形式的激励等。

第七节 管理学的产生与发展

管理思想来源于人类社会的管理实践，在长期的管理实践中，由于社会生产的发展及需要，管理思想逐渐演化为系统的管理理论。

一、古代管理思想（19世纪以前）

人类很早就开始了对管理活动规律的探索，在管理实践活动的基础上，通过一些思想家的总结、归纳，开始形成零星的管理原则，并且用于指导管理实践。

（一）西方古代的管理思想

大约在公元前5000年，古代埃及人动用10万人力，费时20年建造了世界七大奇迹之一的大金字塔。完成这样庞大的工程，不仅需要技术方面的知识，而且要求高水平的组织、调度和管理。在公元前2000年，古代巴比伦颁布的《汉穆拉比大法典》，对诸如个人财产保护、臣民应遵守的规范、货物贸易的原则、最低工资标准、家庭纠纷与犯罪的处理等方面的规定，都孕育着管理思想。

西方古代管理思想主要是指西方产业革命之后到泰勒的科学管理产生之前这段时间的管理思想，主要代表人物有英国经济学家詹姆斯·斯图亚特、英国经济学家亚当·斯密、英国数学家和科学家查尔斯·巴贝奇、英国空想社会主义者罗伯特·欧文。

1. 詹姆斯·斯图亚特的管理思想

英国重商主义经济学家詹姆斯·斯图亚特（James Steuart）在《政治经济学原理研究》

一书中提出许多重要的管理思想,如实行刺激工资的思想、工作方法研究、管理人员与工作之间的分工等。

2. 亚当·斯密的管理思想

英国古典经济学家亚当·斯密(Adam Smith)在1776年发表的代表作《国民财富的性质和原因研究》(国富论)中系统阐述了劳动价值论和劳动分工理论。亚当·斯密认为,劳动是国民财富的源泉,各国人民每年消费的一切生活日用必需品的源泉是本国人民每年的劳动。斯密在分析增进"劳动生产力"的因素时,特别强调了分工对提高劳动生产率的作用。此外,斯密还提出了"经济人"的观点,认为人都是要追求自身经济利益的,指出了管理控制和投资回收期的必要性。

3. 查尔斯·巴贝奇的管理思想

英国数学家和科学家查尔斯·巴贝奇(Charles Babble)在1832年发表了管理史上一部重要文献——《机器与制造业经济学》,该书着重论述了专业分工与机器、工具的使用、时间研究、批量生产、均衡生产、成本记录等,他还提出了有利于调动劳动者积极性的工资利润分享制。

4. 罗伯特·欧文的管理思想

英国空想社会主义者罗伯特·欧文(Robert Owen)最早注意到企业内部人力资源的重要性。他认为就人和机器而言,至少要像对待无生命的机器那样重视对于有生命的人的福利。在经过一系列实验的基础上,他提出在工厂生产中要重视人的因素,要缩短工人的工作时间,提高工资,改善工人住宅。他的改革实验证实,重视人的作用和尊重人的地位,也可以使工厂获得更多的利润。

(二)中国古代管理思想

中国古代有许多成功的管理经验,也形成了丰富的独具特色的管理思想。有些管理思想先于西方几千年提出,由于受当时生产力发展水平的限制,这些管理思想零星分散,至今未能形成独立的科学体系,但许多管理思想的精华对今天的管理实践仍具有借鉴价值。

1. 儒家的管理思想

儒家思想的代表人物是孔子、孟子、荀子。孔子认为管理者应具有"仁者爱人"的道德观,并把"为人君止于仁,为人臣止于敬,为人子止于孝,为人父止于慈,与国人交止于信"(《大学》)作为各种社会关系的道德规范。在此基础上进一步提出了"修身、齐家、治国、平天下",即"天下之本在国,国之本在家,家之本在身"的道理;孟子提出"以和为贵"的观点,即要保持人与人之间的和谐关系,以达到群体安定和谐的观点,人生来就有"恻隐之心"、"羞恶之心"、"恭敬之心"、"是非之心"的性善论观点。荀子的"人生而有欲,欲而不得,则不能无求,求而无度量分界,则不能无争,争则乱,乱则穷"(《荀子·礼论》),因而管理应当研究人的欲望,满足人的需要的"性恶论"的观点,集中体现了儒家管理思想关于人性和行为的深刻见解。

2. 道家的管理思想

道家管理思想的代表人物是老子,"道"是老子哲学的最高范畴,是指法则和规律。老子认为:"道法自然","道常无为而无不为。"(《老子》)"无为而治"是道家管理思想的核心。"无为"的思想首先从宏观的角度要求组织对个人少干预或不干预;其次是强调人的行动及其指导思想必须符合自然规律,不能凭主观意志行事;再次是要求管理者要善于管理大事,将具体工作交于组织成员自主完成;最后是政策要有稳定性,不可朝令夕改。

3. 法家的管理思想

法家管理思想的核心是"法治",即认为只有以成文法或不成文法为标准,以赏罚为手段,才能进行有效管理。法治管理思想的主要代表人物韩非主张"立法为教",反对"人治"。

《孙子兵法》是体现法家管理思想的重要著作,其中的许多观点都对今天的管理工作有重要的借鉴意义。

4. 商家的经营管理思想

商家是先秦至西汉前期的一个思想流派,在我国管理思想史上占有重要位置。"积著之理"是商家的主要代表人物范蠡的学说,他提出的只有了解季节和需求的关系才能知道货物供需的行情;不要将货币压在手中,要加速商品和货币的周转等仍具有现实意义。商家经营思想中另一个重要组成部分,是战国时期的白圭的"治生之学",其核心思想是在经营管理活动中,要"乐观时变"等。

二、近代管理理论(19世纪末至1930年)

(一)泰罗的科学管理理论

弗雷德里克·温斯洛·泰罗(Frederick Winslow Taylor)是美国著名的发明家和管理工程师,被誉为"科学管理之父"。他的主要贡献是将管理学发展成为一门新兴的独立学科,并注重将理论知识运用于管理实践中。泰罗的科学管理理论着重研究如何提高单个工人的生产率,其理论要点包括以下几点。

1. 管理的中心问题是效率问题

泰罗认为,管理的中心问题是效率问题,科学管理的目的就是要提高效率。泰罗的科学管理理论主要围绕如何提高组织的工作效率而展开,并且主要集中在定额研究以及劳动力与劳动手段之间的合理配置上。

2. 工作定额与标准化

泰罗指出,提高工作效率,关键是要用科学的管理方法取代传统的经验管理方法,要通过科学的实验确定工时定额和其他的工作定额,企业都要重视工时、动作研究,建立各种明确的规定、条例、标准,使一切管理和劳动都科学化、制度化。

3. 差别计件工资制

差别计件工资制就是按照工人完成其定额的情况而采取不同的工资率。完成或超额完成定额就按高工资率付酬,未完成定额的则按低工资率付酬,从而提高工人的劳动积极性。

4. 合理用人

泰罗指出,为了提高劳动生产率,必须为工作挑选"一流的工人",并使工人的能力同工作相配合。强调对工人进行培训,教会他们科学的工作方法,激发他们的劳动热情。

5. 管理职能与作业职能相分离

泰罗主张设立专门的管理部门,其职责是进行标准化研究、制定标准、下达任务、控制和指导工人的工作。同时,管理人员也要进行专业分工,每个管理者只承担一两种管理职能。

6. 实行"例外原则"

"例外原则"强调高层管理者应把处理一般事务的权力下放给下级管理人员,自己只保留对例外事项(组织经营决策的重大问题)的决定权和监督权。

（二）法约尔的一般管理理论

亨利·法约尔（Henry Fayol）是法国著名的管理学家，他从管理过程的角度对管理科学进行了系统、全面的研究，代表作是《工业管理与一般管理》，他是第一个概括和阐述一般管理原理的管理学家，被称为"现代经营管理之父"。法约尔的一般管理理论的要点包括以下几点。

1. 企业的六种基本活动

（1）技术活动。指生产、制造、加工等活动。

（2）商业活动。指采购、销售和交换等活动。

（3）财务活动。指资金的筹措、运用和控制活动。

（4）会计活动。指货物盘点、会计、成本统计、核算等活动。

（5）安全活动。指进行设备维护、商品和人员保护等活动。

（6）管理活动。包括计划、组织、指挥、协调和控制五项职能活动。

2. 管理的五项职能

（1）计划。探索未来的发展趋向，制订指导管理活动的行动方案。

（2）组织。通过人员的合理分工以及人与事的合理组合来更有效地利用各种资源，以实现管理目标。

（3）指挥。通过命令、指示等信息的传递，让他人更有效地进行工作。

（4）协调。通过科学地调节各方面的关系，使工作顺利进行。

（5）控制。利用科学的手段和方法，使管理过程中的一切活动都按预定的计划、命令和规章制度的要求及规则进行。

3. 管理的"十四条原则"

（1）劳动分工。实行专业化的劳动分工，以提高效率，增加产出。

（2）权力与责任。权力与责任互为因果关系，权力与责任要对应与统一。

（3）纪律。要严明纪律，纪律松弛是管理不善的结果，但纪律的实行要以尊重人为基础。

（4）统一指挥。一个员工只能接受一位上司的命令而行动，不能出现多个上司的多重命令。

（5）统一领导。为达成同一个目标的工作应该由同一个管理者按一个统一的计划加以领导。

（6）个人利益服从整体利益。在一个社会组织或群体中，个人或部门的利益不能置于整体利益之上。

（7）人员的报酬要公平。报酬要合理，要能够奖励有益的工作成果和激发全体员工的工作热情。

（8）集权与分权。要根据组织的性质、条件和环境、人员的素质来恰当地决定集权和分权的程度。

（9）等级制度。工作责任和权力要和工作等级相适应，做到各管理阶层关系明确，信息通畅。

（10）秩序。每个员工都必须各就其位、各司其职、各得其所。

（11）公平。上级对下级要公正、平等待人，以博得下属对领导的积极拥护和大力支持。

（12）人员的稳定。管理者要有秩序地安排并补充人力资源，以适应工作需要。

（13）首创精神。管理者不仅本人要有首创精神，还要鼓励全体成员发挥首创精神。

（14）团结合作。要努力营造组织和群体中的融洽关系，团结协作。

（三）韦伯的行政组织体系理论

马克斯·韦伯（Max Weber）是德国著名的社会学家、经济学家和古典管理理论的代表人物，他对管理思想的最大贡献是对官僚组织模式理想的描绘，提出了理想的行政组织体系理论，被尊称为"组织理论之父"，代表作有《社会组织与经济组织》《一般经济史》和《新教伦理与资本主义精神》。韦伯认为组织活动要通过职务或职位管理，而不是通过个人或世袭的地位来管理。所谓"理想的"，并不是指最合乎需要的，而是指组织的"纯粹形态"，即最有效和合理的组织形式。

理想的行政组织体系理论主要涉及以下几个方面。

1. 明确的分工

要明确规定每个成员的权力和责任，并且将这些权力和责任作为正式的职责合法化。

2. 自下而上的等级系统

各种职位按权力等级排列，下级要服从上级的命令和指挥。

3. 职务要求决定人员任用

人员的任用完全根据职务的要求，通过正式考试或教育培训，考核合格后任用。

4. 理性的人员关系

组织成员之间的关系是一种不受个人情感影响的、完全以理性准则为指导的关系。这种公正不倚的态度，不仅适用于组织内部，而且适用于组织与外界的关系。

5. 管理人员的职业化

管理人员有固定薪金和明文规定的晋升制度，是一种职业管理人员。

6. 严明的规则和纪律

管理人员必须严格遵守社会组织或群体中的规章制度和纪律以及办事程序，这些规则纪律不受个人情感影响，在任何情况下都适用。

韦伯认为，这种高度结构的正式的非人格化的理想行政组织体系是进行强制控制的合理手段，是达到目标、提高效率的最有效的形式，特别适合于工业社会中庞大复杂的组织。

三、现代管理学说（1930年以后）

现代管理学的主体是行为科学理论，行为管理科学的形成与发展分前后两个时期，前期称为"人际关系学说"，出现于20世纪30年代；后期称为"行为科学理论"，在60年代中期，又发展成为"组织行为学"。

（一）梅奥的人际关系学说

乔治·埃尔顿·梅奥（George Hlton Mayo）是一位心理学家和管理学家，原籍澳大利亚，后移居美国。他在霍桑实验的基础上，提出了人际关系学说，基本观点如下。

1. 职工是社会人

古典管理理论将人看做"经济人",认为金钱是刺激积极性的唯一动力,生产效率受到工作方法和工作条件的制约;霍桑实验表明,工人还要受到社会和心理影响,生产效率主要取决于工人的积极性,取决于工人家庭和社会生活以及企业中人与人的关系。

2. 社会组织或群体中存在着"非正式组织"

古典管理理论只注意管理组织机构、职权划分、规章制度等,而霍桑实验表明,除正式团体外,组织中还存在非正式组织的小团体,小团体通过不成文的规范左右着成员的感情倾向和行为。

3. 新型的领导能力在于提高职工"满足度"

梅奥认为提高生产效率的主要途径是提高员工的满足度,即员工对社会因素,特别是人际关系的满足程度。如果满足度高,则工作的积极性、主动性和协调精神就高,从而生产率就高。因而,管理者要善于提高员工的士气,营造良好的人际关系。

梅奥的人际关系学说为管理思想的发展开辟了新领域,纠正了以往管理理论忽视人的因素的不足,并为行为科学的发展奠定了基础。

（二）马斯洛的需要层次论

需要层次论是美国心理学家亚伯拉罕·马斯洛（Abraham H.Maslow）提出来的,其理论要点简介如下。

1. 人的需要的种类

马斯洛认为人的需要可分为生理需要、安全需要、社交需要、尊重需要、自我实现需要五个相互联系而递进的需要层次,如图 1-12 所示。

（1）生理需要。维持生活和繁衍后代所必需的各种物质上的需要。

（2）安全需要。有关免除危险或威胁的各种需要。

（3）社交需要。涉及感情交往和社会归属方面的需要。

（4）尊重需要。追求社会地位,提高个人在人们心目中的地位的需要。

（5）自我实现需要。这是最高层次的需要,是指人们对充分发挥自己的才能和取得各种成功的需要。

图 1-12 马斯洛的需要层次论

2. 人的需要层次之间的关系

（1）人的需要一般是由低向高逐级发展的,满足了需要不再是行为的激励力量,但会在此基础上产生高一层次的需要。

（2）低层次的需要的满足大多与物质因素有关,高层次需要的满足与信息和精神因素有关，但二者的界限是模糊的，且因人而异。

（3）高层次需要满足的程度相对较低，实现的难度较大。

（4）人的不同层次的需要可能同时存在，在其实现和付诸实践的排列顺序上优先考虑高一层次需要的人要有较大的进取心和忍耐力，且人数较少。

对行为科学理论作出贡献的学者，除了梅奥和马斯洛外，还有美国学者道格拉斯·麦格雷戈提出了 X 理论和 Y 理论、弗雷德里克·赫兹伯格提出了双因素理论、威克特·弗鲁姆提出了期望理论、斯金纳提出了强化理论、罗伯特·坦南鲍姆和施米特提出了领导方式连续统一体理论、罗伯特·布莱克和简·莫顿提出了管理方格理论等。

（三）现代管理理论丛林

第二次世界大战后，随着高新技术的发展和新技术革命的展开，劳动生产率不断提高，市场不断扩大，竞争日趋激烈。管理实践及环境的多变性，引起了许多学者关注管理问题，创立了许多新的管理理论和方法，美国管理学家哈罗德·孔茨（Harord Koontz）将其称为"管理理论丛林"。主要有以下几个学派：管理过程学派、社会系统学派、决策理论学派、管理科学学派、权变管理学派、经验主义学派等。

1. 管理过程学派

管理过程学派又称管理程序学派或管理职能学派，该学派主要代表人物是哈罗德·孔茨和西里尔·奥唐奈（Cyril O'Donnell），代表作为二人合著的《管理学》。管理过程学派将管理划分为若干职能，这些职能构成了管理过程，通过对过程的研究力图把与管理者职能相联系的有关管理知识汇集起来，把用于管理实践的概念、原则、理论和方法揉合在一起，形成一个管理学科。

2. 社会系统学派

社会系统学派是从社会学的观点来研究各种组织和组织理论的，该学派的主要代表人物是切斯特·巴纳德（Chester I.Barnard），代表作为《经理的职能》。社会系统学派认为组织是一个由人们有意识地加以协调的各种活动的系统；正式组织不论大小，其存在和发展必须具备三个条件，即明确的目标、协作意愿和信息的交流，管理者的职责就在于做好这三方面的工作；组织继续生存取决于在组织实现目标的过程中能否使成员顺利达到个人的目的，取决于组织对环境适应的程度。

3. 决策理论学派

决策理论学派的代表人物是诺贝尔经济学奖获得者，美国的赫伯特·西蒙（Herbert A.Simon），其代表作是《管理决策新科学》。决策理论学派认为管理的实质就是决策，决策贯穿于管理的全过程；决策是一个复杂的过程，包括提出问题、拟定可行方案、选择方案、评价方案四个阶段；方案的选择要遵从"满意标准"等。

4. 管理科学学派

管理科学学派的代表人物是美国的伯法（E.S.Byffa），代表作为《现代生产管理》。管理科学学派认为管理作为一个合乎逻辑的过程，研究者可以把这个过程用数学模型加以描述和表达，也可以用数学方法求解这个模型的最优解。该学派强调使用先进的科学理论和管理方法，减少决策受个人因素的影响，提出要以经济效果作为评价的依据。

5. 权变理论学派

权变理论学派的代表人物是英国的约翰·伍德沃德（John Woodward），代表作为《工业组织：理论和实践》。权变理论学派认为不存在一成不变的、无条件适用于一切组织的最好的管理方法，因此，管理者要根据组织内外环境的变化而随机应变，采用不同的管理方法和手段。

6. 经验主义学派

经验主义学派又称案例学派，代表人物是欧内斯·戴尔（Ernest Dale）和彼得·杜拉克（Peter Drucher）。经验主义学派主张通过分析案例来研究管理，认为要通过案例分析提炼出成功经验的共性，使其系统化、理论化，从而使管理者掌握管理的诀窍。

小 结

管理是一个系统，由管理目标、管理者、管理对象、管理机制与方法和管理环境五部分构成。

管理者又称管理主体，是管理系统中最核心、最关键的要素。管理者一般承担着人际角色、信息角色和决策角色，要求有良好的政治素质、高尚的思想素质、健全的心理素质、合理的知识素质和过硬的能力素质，管理者的管理对象有人、财、物、事、时间、信息。

管理过程主要包括确定目标、计划决策、领导指挥、监督控制和管理激励五个环节。管理目标是管理活动的方向标，具有整体性、层次性、可行性和网络性四种特性，它有指向功能、激励功能、协调功能和测评功能。

管理总是在一定的环境中进行的，管理环境主要包括经济环境、政治环境、技术环境、社会环境等宏观因素，组织服务的对象、合作者、政府、组织内部的机构和人员等微观因素。管理环境具有不确定性和复杂性，管理环境分析一是分析管理环境的基本特征，二是分析环境变化将给组织带来哪些机遇和风险，程度如何。

一般组织共同需要的资源有以下五种：人力资源、财力资源、物力资源、信息资源、关系资源。资源配置有两个重要要求：一是在投入资源既定的条件下，使产出最大；二是在产出既定的条件下，使投入最小。

管理的基本原理包括系统原理、人本原理、动态原理、效益原理。管理机制是指管理系统的结构及其运行机理，主要由运行机制、动力机制和约束机制三个子机制构成。常用的管理方法有经济方法、法律方法、行政方法、社会心理学方法等。

知识检测

一、名词解释
1. 管理　2. 管理者　3. 管理目标　4. 管理环境　5. 管理机制

二、填空题
1. 管理的二重性是指管理的（　　）和（　　）。
2. 管理的主体是（　　），管理的客体是（　　），管理的手段是（　　）。
3. 管理的六大职能包括（　　）、（　　）、（　　）、（　　）、（　　）和（　　）。
4. 管理者一般承担着（　　）、（　　）和（　　）三方面的角色。
5. 管理人员可按其所从事管理工作的领域及专业性质的不同划分为（　　）和（　　）两大类。

6．一线管理人员所关心的主要是具体的（　　），而高层管理人员所关心的则主要是抽象的（　　）。

7．管理学者R.L.卡兹提出管理者必须具备（　　）、（　　）和（　　）三方面的技能。

8．（　　）被认为是"组织理论之父"，他对管理思想的最大贡献是对（　　）理想的描绘。

9．法约尔认为管理活动有（　　）、（　　）、（　　）、（　　）和（　　）五项职能。

10．（　　）形成了"科学管理"理论，由于他的杰出贡献，他被后人尊为"科学管理之父"。

11．管理方法可以分为（　　）、（　　）、（　　）和（　　）四种。

12．环境的不确定性主要是指环境的（　　）和（　　）。

三、判断题

1．管理工作的本质是一种"协调"活动。（　　）
2．管理工作既有科学性又有艺术性。（　　）
3．不同类型的管理者的工作没有共性。（　　）
4．任何管理都是在某一特定的组织中进行的，是为特定组织服务的。（　　）
5．成功的管理没有固定的模式。（　　）
6．组织应随时关注环境的变化趋势。（　　）
7．组织只能消极地、被动地改变自己以适应环境。（　　）
8．在"天时、地利、人和"中，"地利"主要指的是自然环境。（　　）
9．经济环境是一个多元的动态的系统。（　　）
10．基层管理者用在组织的时间最多。（　　）
11．科学管理理论着重研究如何提高组织整体的生产率。（　　）
12．提出了职工是"社会人"的观点的是法约尔。（　　）
13．为了更好地使用管理动力，刺激量越大越好。（　　）
14．目标管理是一种强调参与、民主和自我控制的管理方法。
15．现代组织的经营管理者在经营管理上要追求组织的利润而不需注意社会价值。（　　）
16．社会责任问题已是组织与管理者不可回避的问题。（　　）

四、单选题

1．高层管理者的主要工作是（　　）。
A．计划　　　　B．决策　　　　C．控制　　　　D．领导

2．管理的首要职能是（　　）。
A．计划　　　　B．组织　　　　C．协调　　　　D．控制

3．管理中发挥最主要作用的，作为管理主体和最主要客体的都是（　　）。
A．人　　　　　B．资金　　　　C．信息　　　　D．时间

4．根据"需要层次论"，人的最高层次的需要是（　　）。
A．尊重需要　　B．安全需要　　C．社交需要　　D．自我实现的需要

5．与基层管理者和中层管理者相比，高层管理者更需要（　　）。
A．人际技能　　B．技术技能　　C．概念技能　　D．领导技能

6. 从发生的时间顺序看,下列四种管理职能的排列方式,（   ）更符合逻辑。
   A. 计划、领导、组织、控制　　　B. 计划、控制、组织、领导
   C. 计划、组织、控制、领导　　　D. 计划、组织、领导、控制
7. 基层管理者在（   ）职能上花费的时间最多。
   A. 计划　　　B. 组织　　　C. 协调　　　D. 控制
8. （   ）方法是管理活动中最为经常、最为普遍的使用方法。
   A. 经济　　　B. 行政　　　C. 法律　　　D. 教育
9. 对于微观管理系统来说,影响组织活动中最重要的环境因素是（   ）。
   A. 经济环境　　B. 政治环境　　C. 技术环境　　D. 社会环境
10. "管理就是决策"是（   ）对管理所下的定义。
    A. 西蒙　　　B. 法约尔　　　C. 孔茨　　　D. 韦伯
11. 整分合原则首先要求立足于（   ）。
    A. 分工　　　B. 整体　　　C. 综合　　　D. 有序
12. 通过市场调查发现,保健品市场的兴起是由于人们观念变化引起的,这一因素属于外部环境因素中的（   ）。
    A. 政治因素　　B. 经济因素　　C. 技术因素　　D. 社会因素
13. 管理学理论的构建者是（   ）。
    A. 明茨伯格　　B. 法约尔　　　C. 泰罗　　　D. 韦伯
14. 美、日企业的不同主要是由（   ）因素造成的。
    A. 企业内部环境　　　　　　　B. 企业外部环境
    C. 环境的不确定性　　　　　　D. 政治经济环境
15. 当一名管理人员晋升到更高一级职务时,技术技能、人际技能和概念技能相对重要性的变化情况是（   ）。
    A. 同时等幅增加
    B. 概念技能增加最明显,其次是技术技能,最后是人际技能
    C. 人际技能增加最明显,其次是概念技能,最后是技术技能
    D. 概念技能增加,人际技能降低,技术技能相对不变
16. 卡尔森以前只有宾馆管理经验而无航运业管理经验,但被聘为美国泛美航空公司的总裁后,短短3年时间,就使这家亏本企业成为高盈利企业。你认为下述（   ）说法有明显错误。
    A. 最高管理者不需要专业知识,只要善于学习、勤于思考就够了
    B. 成功管理的关键是人,只要搞好人的管理,就可取得成功
    C. 成功的管理经验具有一定的普适性,所以可以成功移植
    D. 这仅仅是一种巧合,只说明卡尔森有特别强的环境适应能力
17. 保证在组织中"事事有人做"属于管理的（   ）。
    A. 计划职能　　B. 组织职能　　C. 决策职能　　D. 控制职能
18. 管理者作为传播者的角色属于（   ）。
    A. 信息角色　　B. 人际角色　　C. 决策角色　　D. 领导角色
19. 随着主管人员由低到高的升迁过程,其工作性质也逐渐变得（   ）。
    A. 具体、技术性很强　　　　　B. 模糊、技术性很强

C. 抽象、战略性很强　　　　　　D. 具体、战略性很强

五、简答题
1. 怎样理解管理的含义？
2. 管理有哪些职能？如何理解管理的二重性？
3. 管理者承担哪些角色？应具备怎样的素质？
4. 如何对管理环境进行分析？
5. 管理系统由哪几部分构成？
6. 什么是管理机制？包括哪些子机制？
7. 常用的管理方法有哪几类？
8. 组织所需的资源有哪些？资源配置的要求是什么？
9. 如何制定管理目标？
10. 试分析田忌赛马故事中蕴涵的管理学原理。

技能训练

项目1：管理系统调研与管理环境分析
技能培养目标
1. 初步培养对管理系统的调研分析能力。
2. 培养分析组织内外部环境的能力。

管理情境设计
学生自愿分组，每组6人左右，选择一个大家感兴趣的产品，深入一家生产该产品的企业进行调查走访，完成以下调查项目：
1. 了解该企业的经营目标、经营方针和产品系列。
2. 了解该企业管理系统的构成状况。
3. 访问一位管理者，了解其职位、工作职能、胜任该工作所必需的管理技能，以及其所采用的管理方法等情况；了解这位管理者所面临的管理压力；了解该企业的管理机制。
4. 通过调查了解，并结合网上搜集的资料，分析该企业所面临的管理环境。

实训要求
1. 在调查走访之前，要制定调查访问提纲，包括调查单位、调查对象、调查时间、调查地点的安排和调查内容的设计，并做好相关准备工作（预约、路线的选择、笔、本等）。
2. 进行组内研讨，分析所调查的管理者管理压力产生的原因及其排解办法；讨论评价该企业的管理机制；简要分析该企业所面临的管理环境。
3. 每人撰写一份调查报告，除调查单位、调查对象、调查时间、调查地点和调查内容以外，重点陈述调查结果（企业管理系统的构成状况，包括管理目标，管理者姓名、职务、主要职责、所要求的素质与管理技能，管理对象，管理机制与方法，管理环境）和相关建议（管理者排解管理压力的办法、管理机制和方法的建议、管理环境方面的建议等）。

项目2：管理者基本素质培训
技能培养目标
1. 初步培养学生的管理组织能力。
2. 培养分析、归纳与演讲能力。

管理情境设计

管理职位的竞聘

某保障公司有一个中层主管的职位空缺。公司当局组成了一个人事评核委员会,对各位候选人逐一评核,经淘汰后剩下了三个人。

第一个是公司新进不久的企划员。他毕业于北方某大学管理系,硕士学位。在大学期间主修保险学。公司认为,他有管理知识背景,对人员督导一定有一些技术上的认识。但人事评核委员会部分委员认为他受的教育"通而不专",他们认为"最理想的人选应该是在保险业务方面有丰富经验和受过专业训练的人员"。

第二个是一位推销员。该推销员在过去两年里有着辉煌的推销业绩,但他不想终身从事保险推销,故毛遂自荐,表示希望担任该职位。从好的方面来说,人事评核委员会很满意他过去的业绩,一位委员说:"这个年轻人确实表现了他在待人接物方面的才干。"但从坏的方面来说,一位委员直率地评价:"待人接物跟管理是两码事,待人接物好并不意味他擅长管理。"

第三个是位女士,公司精算部门的保险精算师,在过去三年中成绩很出色。人事评核委员会中有一位委员认为她是理想的人选。他说:"保险精算是保险公司的骨干业务,她精通保险业务,应该有良好的表现。"不过也有委员认为她虽精通保险精算,但不一定能胜任管理工作。

开会时,各位委员对三个候选人进行了充分的讨论,最后主席说:"各位,现在三位候选人的优缺点都已了解,今天必须从中选定一人,选谁呢?"

实训要求

1. 学生可按分别支持的第一个、第二个、第三个候选人自由组合或由指导教师将学生分成三组,分别商讨竞聘中层主管职位的演讲稿和答辩词。
2. 每个小组推选一名代表上台发表演讲,另外两组的同学扮演人事评核委员会的成员,并进行提问,竞聘中层主管职位的那组同学进行答辩。
3. 演讲和答辩结束后请全班同学分别给各小组评分,评分标准主要有演讲水平、回答内容、回答技术和效果四个方面。
4. 最后由指导教师进行点评和总结,在整个实训过程中教师要注重对学生竞聘演讲稿的撰写指导、竞聘的激励和演讲氛围的营造。

相关链接

基层管理者的角色认知

1. 基层管理者的岗位确认

企业的各职能部门、车间、工段、班组等都是企业的基层管理单位,车间、工段、班组的负责人被我们称为基层管理者或一线管理者,企业中所有的生产经营活动都是在基层管理单位中进行的。所以,基层部门工作的好坏直接关系着企业经营的成败。基层管理者是生产经营管理的直接组织者与指挥者,有提升产品品质,提高生产效率、生产管理,降低成本,安全生产,管理员工及辅助上司等使命。在企业经营活动中,无论高层管理者的决策如何，都需要基层管理者的有力支持与密切配合，组织本部门的员工将产品（或服务活动）保质保量地提供出来。从这个意义上讲，基层管理者是企业各项战略决策的终端组织者、指挥者、执行者与责任人。

基层管理者的工作主要是"管人、理事、实现目标"，即对生产资源投入、生产出成品的管理，以及对现场的五要素包括人（工人）、机（机器设备）、法（工艺方法）、料（原材料）、环（工作环境）进行直接组织、指挥与监控，以达到企业要求的管理目标。作为现代企业的基层管理者，肩负着中高层与员工之间桥梁的使命，自身的角色也越来越多地趋向于一个劳"心"者而非劳"力"者。

作为一线管理者应有战术执行能力，在知识要求方面除必须具备一线的技术技巧外，还必须有较强的人文（人际关系、沟通）技巧及一定的观念（战略、策划、决策、政策等）技巧。

2. 基层管理者的使命

基层管理者的使命就是在生产现场，利用"人、机、法、料、环"等条件，高效率地完成自己应承担的组织目标或被分担的任务。通常有"品质、效率、成本、安全"四方面的使命。

提高产品品质。产品品质关乎企业的生命，基层管理者要领导员工按质按量地完成生成，提高生产效率。在同样的条件下，基层管理者要通过不断的创新、挖潜、改进与提高管理水平，带领员工生产出更多更好的高质量的产品（服务），降低成本。基层管理者要充分有效地利用一切资源，在保证产品品质的基础上，节约原材料、能源、人力，降低废品率，达到节约成本的目的，确保安全生产。基层管理者要坚持安全第一，防止工伤和重大事故发生，包括努力改进机械设备的安全性能，监督员工严格按照操作规程办事等。

3. 基层管理者的工作任务

基层管理者的任务可归纳为"管理=管人+理事"。

管人：领导员工严格执行流程，确认其操作的规范与标准，确认各个控制点经常处于执行状态。并通过提高员工的能力与素质，创造和谐的工作环境，如人事调配、排班、考勤、情绪管理、业务培训、安全操作、环境卫生、福利、保健、团队建设等。

理事：保质保量地完成对产品及服务的提供，把这件"事"按目标干好，同时提升自己的管理水平，如现场作业、工程质量、成本核算、安全防护、材料管理、设备保养等。

4. 基层管理者的角色认知

为完成四项使命（提升产品品质、提高生产效率、降低成本、安全生产）与两项任务（管人、理事），其角色可从"执行点、人际点、终结点"三个方面认知。

执行点。基层管理者直接负责企业产品或服务的输出，是各项战略、决策的执行点、责任人，人际点。基层管理者要给员工明确的目标，激励下属的士气，培养下属做事的能力和团队精神，给予下属必要的奖惩。班组长还要不断与上司、下属及相关部门进行沟通，从而顺利完成目标，是终结点。基层管理者是企业与员工连接的最后一个管理节点，处于高、中管理层与员工阶层的中间。可见，基层管理者必须非常熟悉操作性、技术性的工作，同时又要非常清楚管理方面的要求并能贯彻执行下去。

（资料来源：冯开红、吴亚平，《企业管理实务》，电子工业出版社，2009）

参考文献

1. 单凤儒. 管理学基础实训教程 [M]. 北京：高等教育出版社，2005.
2. 刘秋华. 管理学 [M]. 北京：高等教育出版社，2005.
3. 芮明杰. 管理学 [M]. 第二版. 北京：高等教育出版社，2005.
4. 孙晓林. 管理学 [M]. 北京：科学出版社，2006.
5. 陈琳. 管理原理与实践 [M]. 北京：国防工业出版社，2007.
6. 张亚. 管理学——原理与实务 [M]. 北京：北京理工大学出版社，2009.
7. 单凤儒. 管理学基础实训教程 [M]. 北京：高等教育出版社，2005.
8. 路宏达. 管理学基础 [M]. 北京：高等教育出版社，2003.
9. 周三多. 管理学 [M]. 北京：高等教育出版社，2000.
10. 赵涛. 管理学习题库 [M]. 天津：天津大学出版社，2005.
11. 刘兴倍. 管理学原理习题库 [M]. 北京：清华大学出版社，2005.
12. 吴照云. 管理学 [M]. 第三版. 北京：经济管理出版社，2002.
13. 郭跃进. 管理学 [M]. 北京：经济管理出版社，2001.
14. 王利平. 管理学原理 [M]. 北京：中国人民大学出版社，2000.
15. 苏东水. 管理学 [M]. 北京：东方出版中心，2001.
16. 王凤彬，李东. 管理学 [M]. 北京：中国人民大学出版社，2000.
17. 甘华鸣. 管理方法 [M]. 北京：中国国际广播出版社，2002.
18. 汪解. 管理学原理 [M]. 上海：上海交通大学出版社，2000.
19. 季辉. 管理学基础 [M]. 重庆：重庆大学出版社，2005.
20. 韩岫岚，王绪君. 管理学基础 [M]. 北京：经济科学出版社，2000.
21. 宋维明. 管理学概论 [M]. 北京：中国林业出版社，1999.
22. 王凤彬，李东. 管理学 [M]. 第二版. 北京：中国人民大学出版社，2006.

参考答案

二、填空题

1. 自然属性　社会属性
2. 管理者　人、财、物、事、时间、信息　合理配置和使用资源
3. 决策　计划　组织　领导　控制　创新
4. 人际角色　信息角色　决策角色
5. 综合管理者　专业管理者
6. 战术性工作　战略性工作
7. 技术技能　人际技能　概念技能
8. 马克斯·韦伯　官僚组织模式
9. 计划　组织　指挥　协调　控制
10. 弗雷德里克·温斯洛·泰罗
11. 经济方法　行政方法　法律方法　教育方法

12. 复杂性　多变性

三、判断题

1. 对　2. 对　3. 错　4. 对　5. 对　6. 对　7. 错　8. 对　9. 对　10. 对　11. 错　12. 错　13. 错　14. 对　15. 错　16. 对

四、单选题

1. B　2. B　3. A　4. D　5. C　6. D　7. B　8. B　9. D　10. A　11. B　12. D　13. C　14. B　15. B　16. A　17. B　18. A　19. C

第二章 决　　策

　　管理的实质是决策，决策贯穿于管理全过程，决定了整个管理活动的成败。本章着重介绍决策的含义、决策的类型、决策的原则、决策的构成要素、决策程序、定量决策方法和定性决策方法。

知识目标

（1）明确决策的含义、类型、要素和影响决策的因素；
（2）理解决策的特点及其在管理中的地位；
（3）掌握管理决策的原则、基本程序和方法。

技能目标

（1）学会识别不同层面面临的不同决策问题；
（2）学会区分确定性、风险性和不确定性决策情况；
（3）学会运用决策方法解决不同类型的决策问题。

导入案例

"巨人"的倒下

　　巨人集团于1992年10月成立，其前身是珠海巨人新技术公司。创业之初，公司总裁史玉柱竭力将公司开发的M-6401系列桌面系统推向市场，取得了极大的成功。1992年出售M-6403汉卡2.8万套，销售总额1.6亿元，实现利润3 500万元，年发展速度达500%。1993年1月，巨人集团加快扩张步伐，在全国成立了8家全资子公司，一年之内推出了中文手写电脑、中文笔记本电脑、巨人传真卡等产品，当年实现销售额3.6亿元，利润4 600万元，成为中国极具实力的计算机企业。

　　正当此时，全国已开始兴起房地产和生物保健品热，巨人集团为了追随潮流，提出了第二次创业的口号，开始迈向多元化经营之路。次年巨人集团在生物工程项目尚未巩固的情况下，毅然向房地产这一陌生的领域进军，并想在房地产业中大展宏图，将拟建的巨人科技大厦设计方案一变再变，楼层节节拔高，从最初的18层到70层，投资也从2亿元上升至12亿元，1994年2月破土动工。正是巨人大厦给资产规模仅1亿元的巨人集团埋下了覆灭的种子。当时巨人集团为了筹措资金，除挪用了生物工程和软件开发的流动资金外，还通过出售楼花在香港筹资6 000万港元，在国内获得4 000万元。其中在国内签订的楼花买卖协议规定，三年大楼一期工程完工后履约，如未能如期完工，应退还定金并给予经济补偿。到了1996年，一期工程未能如期完成，这4 000万元楼花就成了巨人危机的导火索，巨人集团终因财务状况不良而陷入了破产的危机。

巨人的失败，从表面上看是由4 000万元楼花买卖引起的，究其深层次的原因则是多元化经营战略的失误。多元化经营是一种战略，有其存在的价值，且有成功的先例，但更多的企业，由于不明就里，对多元化经营存在理解上的误区（如认为多元化可以分散风险等），因而导致行动上的失败。

事后史玉柱曾感慨道："现在看来一个企业要有个性，不一定要多元化，美国企业大多数在专业领域内扩张，专注才能赢得更大的成功。"史玉柱在其《四大失误》中也历数了其盲目追求多元化的经营战略失误。

但史玉柱没有因此而放弃，1998年，他重新杀回了保健品市场。再一次投入市场洪流的史玉柱开始摒弃过去的多元化经营模式，变得专注起来。这一次原巨人主要创业团队，谋划了一个又一个的策略，在中国保健品市场刮起阵阵飓风。凭着"今年过节不送礼，送礼就送脑白金"红遍中国。2000年，公司创造了13亿元的销售奇迹，成为保健品的状元。接着还推出了复合维生素类产品黄金搭档。

史玉柱并不满足于此，在2003年投资银行业后，2004年，史玉柱又转战网络游戏业。按史玉柱的说法，他原本就是IT中人，现在是"回归本业"。2007年11月1日，由史玉柱控股的巨人网络在美国纽交所挂牌上市。如今，巨人网络和盛大网络一起，成为中国市值最大的两大网游厂商。

问题思考

（1）你认为巨人集团由"巨人汉卡"到"巨人脑黄金"成功的主要原因是什么？

（2）你认为巨人集团涉足房地产经营失败的主要因素有哪些？

（3）搜集"多元化经营"的相关论述，概述多元化经营应该注意什么？

第一节 决策概述

一、决策的含义

我们每个人从不同层面来看都是一个管理者，每天要做出大量决策，尤其是对高层管理者来讲，他们感到最难的事情就是如何做出正确的决策。决策是管理的核心，是管理的首要职能。西蒙曾将管理定义为决策。这一论断突显了决策在管理中的战略地位。管理实际上是由一连串的决策组成的，决策的身影始终伴随着管理工作过程的每一个环节，决策质量的好坏对于管理各项职能工作的效率和效果都有着不容忽视的作用。决策可以定义为在既定的环境下，为实现预定的目标，从备选方案中选择一个行动方案的分析判断或调整的过程。这一定义包含以下几层含义：

（1）决策要有明确的目标。没有目标，人们将难以对未来的活动方向、内容和方式做出选择和调整，目标既是决策的起点，又是决策最终要实现的目的。

（2）决策要具有选择性。也就是说，决策要有两个以上的备选方案。

（3）决策需要分析判断。一方面决策是针对未来一定时期活动的安排，需要对环境变化有正确的预见，另一方面，备选方案对资源的要求、可能的结果以及风险程度上均有所不同，因此，决策就需要集思广益和科学的分析判断。

（4）决策是一个过程。决策不仅是指在某一瞬间做出明确果断的决定，还应包括在做决定之前的一系列准备活动和决定之后采取具体措施落实决策方案的全过程。

（5）决策不仅包括方案的选择，也包括方案的调整。

管理案例 2-1

丰田"走偏"

众所周知，丰田最成功的核心竞争力就是"丰田之道"，但是，《丰田精益生产方式》一书的作者詹姆斯·沃麦克（James P. Womack）说，2002年，丰田就已经开始偏离"丰田之道"了。

和很多处于关键发展期的企业一样，丰田也患上了发热症。2002年，在丰田的"2010年全球构想"中，时任丰田社长的张富士夫提出一项发展目标：在2010年年初，将丰田的全球市场占有率提高到15%。这导致了一个隐患慢慢积累、"病去如抽丝"式的恶果：丰田的战略导向从过去一直坚持的"关心消费者的实际需求、为客户提供价值"，转变为追求企业规模的扩张和市场份额的数字。这在丰田70年的历史上是没有过的。

事实也证明了这一点：21世纪第一个十年，丰田的全球产能翻了一倍，生产地点的数量翻了三倍，这种增长导致丰田从产品开发到生产、到销售的整个产业链流程都发生了改变，以往那种稳健保守、注重跟供应商长期合作、持续改进的模式，变成了北美或欧洲那种快速开发供应、快速上线的模式。

过去很多年，丰田一直是一家非常有危机感的企业，其内部不断高喊口号"要打败丰田"，不断改进和超越自己。一些去丰田参观调研、接触过丰田高层或员工的管理学家说，丰田十几年来一贯的态度是，从不主动提起业绩或成功的经验，而是讲"我们丰田问题太多了"，"我们的问题很严重"。整个丰田之道也正是基于这种"自己创造危机感"的思维和做法。

然而，2009年年底危机不可避免地爆发了。对于丰田此次"召回门"事件的迟缓反应，可以从主观和客观两个方面来分析：主观上，丰田的快速成功和品牌口碑导致高管层的傲慢情绪，认为"世界第一"的丰田不可能出现这些问题，他们也不习惯处理这么大的危机；而客观上，丰田的内部管理的确出现了漏洞，内部信息共享制度不健全。2008年早些时候，丰田在欧洲就已经传出汽车制动失灵的消息，但这并没有及时反馈到北美总部，直到此次召回危机爆发，丰田还以为这是最近才出现的问题。

丰田的发展历程并不奇怪，很多公司在成长和衰退过程中都有类似的经历。优秀的企业会及时发现它们偏离了轨道，从而纠正前进的方向。

被召回事件搞得焦头烂额的丰田章男很清楚丰田眼下的危机。吉姆·柯林斯指出，通常来说，最有能力制止企业状况走向下滑的应该是这家企业的领导者，他应该知道如何依靠那些现有公认的优势，同时发现企业劣势并将其去除。

也就是说，丰田章男必须扮演好丰田的"拯救者"角色。召回事件并非意味着"丰田之道"的崩溃，只是说明丰田暂时偏离了这一黄金法则。毫无疑问，"丰田之道"仍然可行，仍然适用于21世纪的汽车工业。

二、决策的类型

(一)按决策问题的重要程度分类

1. 战略决策

战略决策是指关系组织全局性的、长期性的,影响组织生存和发展的根本性决策,一般由高层管理者做出。战略决策是所有决策中最重要的决策,主要是为了适应外部环境的变化,对组织大政方针、战略目标等重大事项所进行的决策活动,如组织的长远规划、国内外市场的开拓、组织机构的调整、高级管理层的人事变动等。

2. 战术决策

战术决策又称管理决策,是在执行战略决策过程中对具体经营问题、管理问题、业务和技术问题所做的具体决策,主要由中层管理者负责。旨在实现组织内部各环节活动的高度协调和资源的合理使用,以提高经济效益和管理效能,如:企业的生产计划、销售计划、更新设备的选择、新产品定价、流动资金筹措等决策。管理决策不直接决定企业组织的命运,但决策行为的质量将在很大程度上影响组织目标的实现程度和组织效率的高低。

3. 业务决策

业务决策又称执行性决策,是指日常业务活动中为提高工作效率与生产效率,合理组织业务活动进程所做出的决策,主要由基层管理者负责。业务决策是组织中所有决策的基础,也是组织运行的基础,如日常工作任务的分配与检查、工作日程(生产进度)的监督与管理、岗位责任制的制定与执行、企业的库存控制、材料采购等方面的决策。

(二)按决策的重复性程度分类

1. 程序化决策

程序化决策又称重复性决策、定型化决策、常规决策或例行决策,是指按规定的程序、处理方法和标准去解决管理中经常重复出现的问题,一般用于解决业务问题,如订货采购、材料的出入、产品的生产、工资发放等。这类问题产生的背景、特点即内部与外部的有关因素已全部或基本上被决策人所掌握,决策者可依靠长期处理此类问题的经验或求助于一个系统化的程序、规则、政策来完成决策。在一个组织中,不同的管理层面对的程序化决策数量不同,如图2-1所示。

2. 非程序化决策

非程序化决策又称非定型化决策和非常规决策,是指解决以往无先例可循的新问题,所决策的问题具有极大的偶然性和随机性,很少重复发生;或由于问题复杂、牵涉面很广或问题极端重要,所以也就没有既定的程序可用来处理这类问题,只能作特殊处理。如新产品开发、组织结构调整、重大投资等。这类决策受企业内外部条件和环境影响较大,无法用常规的办法来处理,除采用定量分析外,决策者个人的经验、知识、洞察力和直觉、信念等主观因素也非常重要。

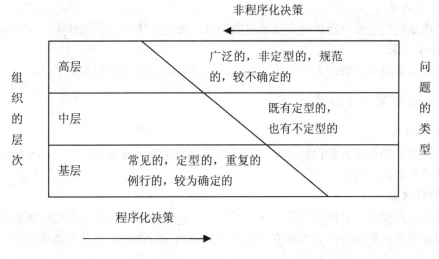

图 2-1 不同管理层次所要面对的决策情况

(三) 按决策问题的可控程度分类

1. 确定型决策

确定型决策是指在可控条件下进行的决策,即每种备选方案只有一种确定的结果,也就是说,决策事件未来的自然状态明确,只要比较各方案的结果即能选出最优方案。这类决策问题一般可以用数学模型求得最优解,比如企业的作业计划、库存量的确定、项目管理中的日程安排、设备修理计划等这类决策,可以使用线性规划、数量模型分析等方法。

2. 风险型决策

风险型决策也称随机决策,是处在风险状态下的决策,而且各决策方案潜在的收益和风险与估测的概率有关。一种方案执行下去可能出现几种不同的结果,但每种结果发生的概率可做出客观估计。风险型决策的关键在于衡量各备选方案成败的可能性(即概率),权衡各自的利弊,做出选择,所以不管选择哪个备选方案都有一定的风险。

3. 非确定型决策

指决策事件未来的各种自然状态完全未知,各种状态出现的概率也无法估计,只能让决策者依靠经验、直觉、判断能力主观做出的决策。因此,决策的难度和风险就更大。事实上,大多数企业的决策都属于不确定型决策,如某公司海外业务的拓展,可以选择间接出口、直接出口或直接投资三种方式,但由于环境变化的高度不稳定性、目标国可能存在的政治风险、国际金融市场汇率波动造成的外汇风险、当地文化习惯不同造成的对产品的消费倾向不同等多种因素的不确定性,使每个备选方案都有成功的机会和失败的可能,决策的关键在于决策人员对信息资料掌握的程度、信息资料的质量以及对未来形势的准确判断。

(四) 按决策层次分类

1. 高层决策

高层决策是由企业最高领导人所做出的决策。高层决策是企业全局或涉及面大、比较重要、政策性较强、利害关系影响较大的决策。

2. 中层决策

中层决策是由企业中级管理人员做出的决策，如企业执行性的管理决策和业务决策。

3. 基层决策

基层决策是由基层管理人员做出的决策，主要是解决作业任务的安排问题。

（五）按决策主体分类

1. 个体决策

个体决策是指单个人做出的决策。个体决策主要用于处理常规问题，以及信息较为准确、相对简单的决策问题。

2. 群体决策

群体决策是指多人共同做出的决策。相对个体决策而言，群体决策能够更好地保证决策结果的合理性和正确性，并增加有关人员对决策的接受性，但也具有效率性和时效性较低的缺点。

管理案例 2-2

通用公司的"全员决策"

美国通用电气公司是一家集团公司，1981 年杰克·韦尔奇接任总裁后，认为公司管理太多，而领导得太少，"工人们对自己的工作比老板清楚得多，经理们最好不要横加干涉"。为此，他实行了"全员决策"制度，使那些平时没有机会互相交流的职工、中层管理人员都能出席决策讨论会。"全员决策"的开展，避免了企业中的权利过分集中，让员工真正体会到自己是企业的主人，从而真正为企业的发展着想，使公司在经济不景气的情况下取得巨大进展。他本人被誉为全美最优秀的企业家之一。

如果你希望部属全力支持你，你就必须让他们参与，而且越早越好。

管理智慧 2-1

关于一只猫的决策

第一次世界大战期间，法国曾和德国交战。法军一个旅司令部在前线构筑了一个极其隐蔽的地下指挥部，不幸的是，他们只注意了人员的隐蔽，而忽略了某位长官养的一只猫。当时，德军的一个参谋人员在观察战场时发现：每天早上的八九点钟，都有一只小猫在法军阵地后方的一座坟包上晒太阳。于是他做出了如下判断：（1）这只猫不是野猫，野猫白天不出来，更不会在炮火隆隆的阵地上出没；（2）猫的栖身处坟包附近，很可能有一个地下掩蔽部，因为周围没有人家；（3）这只猫是相当名贵的波斯品种，在打仗时还有条件玩这种猫的决不会是普通的下级军官，据此，他断定那个掩蔽部一定是法军的高级指挥所。随后，德军集中六个炮兵营猛烈轰击。事后查明，德军的判断完全正确，这个法军地下指挥所内的人员全部阵亡。

（资料来源：孙晓琳，《管理学》，科学出版社，2007）

（六）按决策的起点分类

1. 初始决策

初始决策是决策者对从事某种活动或从事该活动的方案所进行的初次选择。初始决策是在对内外部环境的某种认识的基础上做出的。

2. 追踪决策

追踪决策是在初始决策的基础上对组织活动方向、内容或方式的重新调整。追踪决策是由于内外部环境发生了变化，或者是由于组织环境特点的认识发生了变化而引起的。

（七）按决策时间分类

1. 长期决策

长期决策是指决策结果对组织的影响时间长，对组织今后的发展方向具有长远性、全面性的重大影响的决策。如投资方向选择、人力资源开发、组织规模的确定等问题的决策就属于长期决策。

2. 短期决策

短期决策是指决策结果对组织的影响时期较短，是实现长期战略目标所采用的短期策略手段。如企业的日常营销决策、物资储备决策、生产中的资源调配等问题的决策就属于短期决策。

（八）按决策时间的紧迫性分类

美国学者威廉．R．金和大卫．I．克里兰把决策划分为时间敏感型决策和知识敏感型决策。时间敏感型决策指的是那些必须迅速而且尽量准确的决策。往往主要着眼于决策的速度。而知识敏感型决策对时间的要求不是那么严格，是决策执行效果非常高的决策。

三、决策的原则

决策的原则是指决策必须遵循的指导原理和行为准则。决策是一项非常复杂的工作，它涉及组织内外的众多因素，决策者要做出科学合理的决策，必须要遵循以下原则。

1. 整体性原则

整体性原则，也称为系统性原则，它要求把决策对象视为一个系统，处理好组织内部条件与外部环境、整体与局部、局部与局部、长远利益与当前利益、主要目标与次要目标之间的关系。因此，在决策时，应该将各个子系统的特性放到大系统的整体中去权衡，以整体系统的总目标来协调各个子系统的目标。

2. 相对满意原则

决策遵循的是满意原则，而不是最优原则。对决策者来说，要想使决策达到最优，必须具备下列条件：一是容易获得与决策有关的全部信息；二是真实了解全部信息的价值所在，并据此制订所有可能的方案；三是准确预期每个方案在未来的执行结果。

但在现实中，组织内外存在的一切对组织的现在和未来都会直接或间接地产生某种程度的影响，但决策者很难收集到反映这一切情况的信息；同时，对于收集到的有限信息，决策者的利用能力也是有限的，从而决策者只能制订数量有限的方案；加之，任何方案都要在未来实施，而人们对未来的认识是不全面的，对未来的影响也是有限的，从而决策时所预测的未来状况可能与实际的未来状况有出入。因此，上述这些条件往往得不到满足，决策者难以做出最优决策，只能做出相对满意的决策。

3. 预测在先原则

预测是决策的前提和依据。预测是依据已知推断未知，或者说是根据过去、现在预计未来。要提高决策的合理性，必须用科学的预见来克服没有科学根据的主观臆测，防止盲目决策。决策得正确与否，取决于对未来判断的正确程度，而收集和运用各种可靠的信息资料是保证预测准确的前提条件。

4. 可行性原则

决策要具有相对于决策环境的适用性和在组织现有条件下的可行性。可行性原则是指对所有能达到决策目标的各备选方案进行可行性分析论证，通过广泛调查，反复对比和全面分析，科学论证其可行性，而后选定有较大把握实现的方案。掌握可行性原则必须认真研究分析各种制约因素，包括自然条件的制约和决策本身的制约。

5. 经济性原则

经济性原则，就是研究决策所付出的代价和取得收益的关系，投入与产出的关系。决策必须以经济效益为中心，并且要把经济效益同社会效益结合起来，以较小的劳动消耗和物资消耗取得最大的成果。如果一项决策所花的代价大于所得，那么这项决策是不科学的。

6. 民主性原则

民主性原则是指决策者要充分发扬民主作风，避免长官意志和一言堂，调动决策参与者，甚至包括决策执行者的积极性和创造性，共同参与决策活动，充分听取不同的意见，并善于集中和依靠集体的智慧与力量进行决策。

四、影响决策的因素

1. 环境因素

环境从两个方面对决策施加影响：一方面是环境的特点影响着组织的决策。就企业而言，如果市场相对稳定，则今天的决策基本上是昨天决策的翻版与延续；而如果市场急剧变化，则需要经常对经营方向和内容进行调整。处在垄断市场的企业，通常将经营重点放在内部生产条件的改善、生产规模的扩大以及生产成本的降低上；而处在竞争市场的企业，则需要密切关注竞争对手的动向，不断推出新产品，努力改善促销宣传，建立健全销售网络。另一方面是对环境的习惯反应模式也影响着组织的决策。对于相同的环境，不同的组织可能做出不同的反应。而这种调整组织与环境关系的模式一旦形成，就会趋于稳固，限制着决策者对行动方案的选择。

2. 历史因素

历史总要以这种或那种方式影响着未来。在大多数情况下，组织中的决策不是在一张白纸上进行的初始决策，而是对初始决策的完善、调整或改革。过去的决策是目前决策的起点；过去方案的实施，给组织内部状况和外部环境带来了某种程度的变化，进而给"非零起点"的目前决策带来了影响。过去的决策对目前决策的影响程度取决于过去决策与现任决策者的关系情况。如果过去的决策是由现在的决策者作出的，决策者考虑到要对自己当初的选择负责，就不会愿意对组织活动作重大调整，而倾向于将大部分资源继续投入到过去方案的实施中，以证明自己的一贯正确。相反，如果现在的决策者与过去的决策没有什么关系，重大改变就可能被其接受。

3. 决策者因素

决策者的经历、胆识、气质、经济实力及对风险的态度会影响其对方案的选择。喜好风险的人通常会选取风险程度较高但收益也较高的行动方案；而保守的人通常会选取较安全同时收益水平也较低的行动方案。

4. 组织文化因素

在决策过程中，任何方案的选择都意味着对过去某种程度的否定，任何方案的实施都意味着组织要发生某种程度的变化。在偏向保守、怀旧、维持的组织中，人们总是根据过去的标准来判断现在的决策，而对将要发生的变化产生怀疑、害怕、抗御的心理与行为；相反，在具有开拓、创新精神的组织中，人们总是以发展的眼光来分析决策的合理性，总是希望在可能发生的变化中得到什么，因此渴望变化、欢迎变化、支持变化。很明显，欢迎变化的组织文化有利于新方案的通过与实施；而抵御变化的组织文化不利于那些对过去作重大改变的方案的通过，即使决策者费尽周折让方案勉强通过，也要在正式实施前，设法创建一种有利于变化的组织文化。

第二节 决策流程

一、决策构成要素

无论是哪种决策，一般都涉及决策者、决策目标、决策准则、决策对象、决策工具和决策结果六个要素。

1. 决策者

决策者即决策主体，是决策系统中体现主观能动性的要素，在决策活动中占有特别重要的地位。在特定社会组织的决策活动中，决策者本身已经发展成为一个群体，不再是个人。即使是作为个体存在的决策者，也已不再是仅仅代表其自身的个体，而是代表群体意志的个体。

2. 决策目标

决策目标是决策行动所期望达到的成果和价值。决策目标作为组织决策中不容忽视的要素，往往是与决策者的价值判断联系在一起的。因此，要求管理者要树立正确的伦理价值观，以指导其对决策目标的选择。根据一项决策过程中所选定的决策目标的多寡，决策可分为单目标决策和多目标决策。

3. 决策准则

决策准则是指决策者选择方案所依据的原则和对待风险的态度或方针。在决策目标确定了以后，决策者在评判某决策方案中既定的目标要实现到何种程度时，就需要遵循某种预先设定的决策准则,一般而言,决策方案的抉择有最优化和满意化两种准则,最优化是一种理想化的要求,通常只能采用满意化决策准则。

4. 决策对象

决策对象是人的行为可以对其施加影响的客体系统,是决策的行动指向。大的如自然、社会和精神领域;小的如企业内部的人、财、物等方面。

5. 决策工具

决策工具包括决策系统所必需的决策信息、决策方法和决策手段。信息是决策的依据,信息的数量和质量直接影响决策水平。信息的准确、可靠是有效决策的前提条件,而科学的决策方法和手段是确保决策科学性的有效保障。

6. 决策结果

决策结果一般有两种表现形式:一种是存在于人体内的主观精神能力——人的意志,这种意志支配着人的未来实践活动;另一种是决策作为一种判断,它不仅存在于人的头脑中,而且还可以用语言、文字、图表和计算机软件等多种形式来表示。

二、决策流程

决策活动是一个科学的动态过程,人们在具体进行决策时,要按照一定的程序和步骤,一般可将决策程序分为七个步骤,如图 2-2 所示。

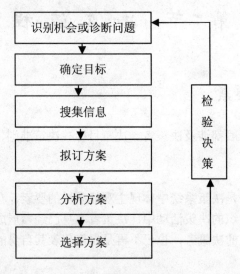

图 2-2 决策程序示意图

(一)识别机会或诊断问题

决策者必须知道哪里需要行动,从而决策过程的第一步是识别机会或诊断问题。识别机会主要是为是否扩大生产规模、是否开拓某市场等问题决策做准备,通过诊断问题明确问题的性质、范围、程度、价值和影响以及产生的原因。

（二）确定目标

明确问题后，就要研究针对所存在的问题采取的措施需要符合哪些要求，必须达到何种效果，即明确决策的目标。决策目标既是制订和选择决策方案的依据，同时也是执行决策、评价决策执行结果的标准。确定目标要注意以下几个问题。

（1）目标体系。目标要有层次结构，要建立目标体系。目标是由总目标、子目标、二级子目标等从总到分、从上到下组成的一个有层次的目标体系，是一个动态的复杂系统。

（2）目标定量。目标应尽可能定量化，可以明确计量成果、规定时间、确定责任。

（3）目标约束。任何目标都存在一定的约束条件，约束条件主要有资源条件、质量规格、时间要求及法律、制度、政策等限制性规定。执行的结果如不符合约束条件，即使完成了目标，也不能认为实现了目标。

（4）价值标准。建立衡量决策的近期、中期、远期效果的三级价值标准，建立科学价值、经济价值及社会价值指标，并进行综合权衡，以构成价值系统，以此作为评价标准。

（5）专家论证。目标的确定，要经过专家与决策者的集体论证。

（三）搜集信息

搜集信息即搜集组织所处环境中有关经济、技术、社会各方面的信息以及组织内部的有关情况。要做出科学的决策，就要对决策对象的现状、决策对象的发展规律及其所处外部条件可能发生的变化进行科学预测。

管理案例 2-3

默巴克的硬币之星

1989年，默巴克还是美国斯坦福大学的一名普通学生，7年后他成了一位亿万富翁。他创办的"硬币之星"公司，推出了自动换币机，顾客只要将手中的硬币倒进机器，机器就会自动点数，然后打出收条，写出硬币的总额。顾客可凭收条到超市服务台领取现金。自动换币机收取约9%的手续费，所得利润，公司与超市按比例分配。"硬币之星"在成立的5年间，在美国8 900家主要超市、连锁店设立了10 800台自动换币机，并成为纳斯达克上市公司。默巴克就这样成了亿万富翁。

默巴克创办"硬币之星"公司的灵感来自于他清扫公寓的偶感，当时，他还是一个穷学生，他承包了打扫学生公寓的工作来补贴生活。打扫公寓时，默巴克在墙角、沙发缝、床铺下扫出许多沾满灰尘的硬币，每间公寓都有。默巴克将这些硬币还给同学们时，谁都没有表现出丝毫热情，"一把硬币装在钱包里，买不来多少东西。这些都是我们故意扔掉的。"钱还能故意扔掉？默巴克给财政部长写信，反映小额硬币被人白白扔掉的事。财政部长很快给默巴克回信说："每年有310亿美元的硬币在全国市场上流通，但其中的105亿美元正如你反映的那样，被人扔在墙角和沙发缝中睡大觉。"默巴克从这一信息中悟到了巨大的商机，于是创办了"硬币之星"公司。

（四）拟订方案

目标确立之后，就应从多方面寻找和发现实现目标的途径和措施，通过创造性的活动，拟订出各种可行性方案以供进一步选择。备选方案通常包括两方面的内容：一是落实决策总目标的各种次级目标及这些目标实现的途径;二是目标实现过程中的主要约束条件及其可控和不可控的程度。

制订备选方案时往往会受到多方面的限制。例如:政府法律、传统道德观念、管理者本身权力与能力的限制,以及技术条件、经济因素方面的限制等。如采购问题的决策考虑因素有:价格(成本)、品质、交货时间、交货持续性、售后服务、互惠条件、累计折扣等。不同的决策问题,将有不同的考虑因素,决策者必须针对特定问题,思考可能的相关因素,以免遗漏。

例如,某电器公司的工厂建在上海,但其产品行销西南地区。目前该公司仅有一个仓库及分公司在昆明,竞争力和售后服务均感不足。其业务经理建议在昆明设立一个装配厂,以利就近服务顾客。公司总部在决定此建议前,必须考虑以下相关限制因素。

(1)运送成品及零件到昆明的运输成本。
(2)在昆明设立装配厂的工资成本、管理费用、生产成本、固定资产投资及其资金来源。
(3)影响西南地区电器需求的季节性因素及企业适应季节性变化的能力。
(4)该装配厂对当地顾客服务水平的影响,如送货、修理及其他售后服务等。
(5)新厂管理的难度。
(6)当地政府对该厂的财税优惠政策。
(7)新厂设立对公司总销售和总利润的影响。

(五)分析方案

在比较备选方案优劣的过程中,必须先确定相关的限制因素,并把它们作为计算与比较的基础。然后,再针对每一备选方案及相关因素,估计方案的结果,以利于备选方案间的比较。从上例来看,电器公司的经理必须逐一回答上述问题,或计算每一因素的优劣,并针对每一重要的相关限制因素,给出定量化的评价。

着重对每个备选方案的可行性、满意程度和可能产生的结果进行分析,分析步骤如图2-3 所示。

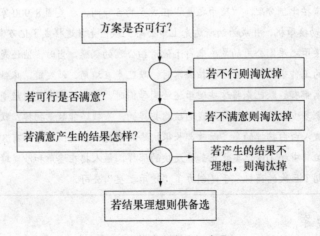

图 2-3 备选方案分析步骤

1. 可行性评估

即假如执行这个方案是否有可能。如受资金限制、法律限制、人力与物力的限制，而使某些方案无法实现，即无可行性，需要淘汰掉。若有可行性，接着就需要分析该方案是否能达到令人满意的程度。

2. 满意度分析

所谓满意就是指某一方案是否满足了决策所处条件下的各个要求。如果不满意，则淘汰掉。若令人满意，则要考虑付出的代价是否会大于收益。所以仍然需要对该方案试行后可能产生的后果进行评估。

3. 可能结果评估

即对该方案可能带来的代价和效益进行分析评估。如果该方案采用后，将会给组织内的各个部门带来什么影响，这些影响又将付出多少代价？得到多少好处？

（六）选择方案

在分析方案的基础上，权衡各个方案的利弊得失，将各方案按优先顺序排列，提出取舍意见。选择最优化方案是决策的关键一环，做好方案优选，需要满足两个条件：一是要有合理的选择标准；二是要有科学的选择方法。

1. 选择方案的标准

选择标准要根据决策目标而定。凡是能够定量化的都要定出量化标准，如利润达到多少等；难于定量化的，可以做出详细的定性说明，如安全可靠性。如果利用评分法作为综合评价，就要规定出评分标准和档次等，这样才能做出较有科学依据的选择。

2. 选择方案的方法

选择方案的方法很多，归纳起来有经验判断法、归纳法、数学法和实验法等，每种选择方案的方法都有利弊，采用何种办法还要从实际出发，灵活运用。

在选择方案时，要注意方案之间的可比性和差异性，应把不可比的因素尽量转化为可比因素，着重对其差异进行比较与分析。同时，还要考虑方案可能带来的不良影响和潜在问题，以权衡利弊得失，做出正确的决断。

管理专栏 2-1

方案选择的方法

（1）经验判断法。这是一种最古老的传统的方法，20世纪40年代前的管理决策基本上都是依靠经验判断法。今天，虽然数学方法、物理模型、网络模型等方法已经被引入经营决策中，但经验判断法仍然是不可缺少的。尤其是一些涉及社会、心理等复杂和非计量性因素多的决策，需要依赖决策者的经验判断。

（2）归纳法。归纳法是指在方案众多的情况下，把方案归纳成几大类，先选择最好的一类，再从中选出最好的方案。如选择厂址的决策，往往采取这种方法。这种方法的优点是可以较快地缩小选择范围。缺点是可能漏掉最优方案。因为最优方案也可能处在不是最好的那个类别中。不过在不允许进行全面对比的情况下，这个办法仍然常被采用，因为按此方法选出的方案一般还是比较满意的。

（3）数学法。数学法是在20世纪50年代以后发展起来的一种方案选择方法，由于在控制变量属于连续型的情况下，经验判断法很难直接找到最优方案或满意方案，所以要借助于数学方法。运用数学方法，可以使决策达到精确化。但到目前为止，尚有许多复杂的决策，用数学方法还解决不了，这时就要综合运用多种选择方案加以解决。

（4）实验法。实验法是指先选择少数几个典型进行试点，然后总结经验作为最后决策的依据。社会问题的决策，虽然不可能创造出像实验室那样人为的典型条件，但对重大问题的决策，尤其是对新情况、新问题及无形因素起重大作用的不便用数学方法分析的决策，实验法也不失为一种有效的方法。

（资料来源：刘秋华，《管理学》，高等教育出版社，2005）

（七）检验决策

在决策实施执行过程中，由于主客观因素的变化，可能会发生与决策目标相偏离的情况。因此，要实施控制反馈，进行追踪检查。通过评估和审查，可以把决策的具体实施情况反馈给决策者。如果出现了偏差，就及时纠正，保证决策能够顺利实施，或者在必要的情况下修正原决策。

第三节 决策方法

随着决策理论和实践的不断发展，人们在决策中所采用的方法也不断得到充实和完善。目前，经常使用的企业经营决策方法一般分为两大类：一类是定性决策方法，另一类是定量决策方法，如图2-4所示。

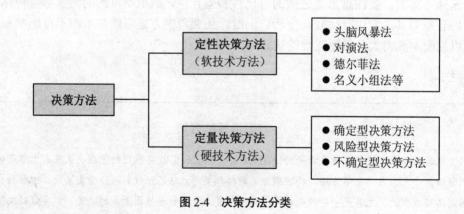

图2-4 决策方法分类

一、定性决策方法

定性决策方法也称决策的软技术，是指在决策过程中充分发挥专家集体的智慧、能力和经验，在系统调查分析的基础上，根据掌握的情况和资料进行决策的方法。定性决策方法较多应用于综合抽象程度较高的高层次战略问题的决策，主要依赖于决策者的分析判断，难以用数学方法来解决。定性决策方法主要包括头脑风暴法、对演法、德尔菲法、名义小组法。

（一）头脑风暴法

头脑风暴法也称非交锋式会议，是比较常用的集体决策方法，便于发表创造性意见，因此主要用于收集新设想。通常是将对解决某一问题有兴趣的人集合在一起，在完全不受约束的条件下，敞开思路，畅所欲言，没有批评或评论，以激发灵感，产生创造性思维。这种方法的时间安排应在1~2小时，参加者以5~6人为宜。头脑风暴法的创始人是英国心理学家奥斯本，他于1939年首先提出，并强调该决策方法的实施要坚持以下四项原则：一是对别人的建议不作任何评价，将相互讨论限制在最低限度内；二是建议越多越好，在这个阶段，参与者不要考虑自己建议的质量，想到什么就应该说出来；三是鼓励每个人独立思考，广开思路，想法越新颖、越奇异越好；四是可以补充和完善已有的建议以使它更具说服力。

（二）对演法

对演法也是以召开会议的形式来解决问题的。其特点是会议上有几个持不同观点的小组。这些小组各抒己见，在会议上展开辩论，互攻其短，扬己之长。这样就可以充分暴露矛盾，展现各种方法的优缺点，暴露出各方案的片面性，便于综合出一项最满意的解决问题的方案。

（三）德尔菲法

德尔菲法是美国兰德公司1969年提出的，是根据专家处理某一问题的意见而做出决策的一种专家决策法。专家可以是来自一线的管理人员，也可以是高层经理；可以来自组织内部，也可以来自组织外部，包括在该问题方面有经验的大学教授、研究人员和管理者。其过程如下：邀请一些专家，把要解决的关键问题分别告诉专家们，请他们单独无记名地发表自己的意见。在此基础上，管理者收集并综合各位专家的意见，再把综合后的意见反馈给各位专家，让他们再次进行分析并发表意见。如此反复多次，用逐次逼近法最终形成代表专家组一致意见的方案。德尔菲法一般包括建立预测工作组、选择专家、设计调查表、组织调查实施、汇总处理调查结果五个步骤，如图2-5所示。

在此过程中，如遇到差别很大的意见，则把提供这些意见的专家集中起来进行讨论并综合。如此反复多次，最终形成代表专家组意见的方案。该方法最大的优点是能充分发挥专家的作用，而且由于匿名性和回避性，避免了从众行为。缺点是比较费时间，成本高，不易邀请到合适的专家。对日常性的决策不适用。

运用德尔菲法进行决策时，要注意以下三个问题：一是要选择好专家，这主要取决于决策所涉及的问题或机会的性质；二要确定好适当的专家人数，一般10~50人较好；三是要拟定好意见征询表，因为它的质量直接关系决策的有效性。

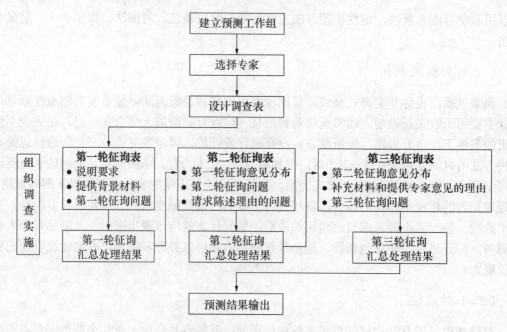

图 2-5 德尔菲法程序示意图

（四）名义小组法

在集体决策中，如对问题的性质不完全了解且意见分歧严重，则可采用名义小组法。在这种方法下，小组成员互不通气，也不在一起讨论、协商，小组只是名义上的。这种名义上的小组可以有效地激发个人的创造力和想象力。

在这种方法下，管理者先召集一些有知识的人，把要解决的关键内容告诉他们，并请他们独立思考，要求每个人尽可能把自己的备选方案和意见写下来。然后再按次序让他们一个接一个地陈述自己的方案和意见。在此基础上，由小组成员对提出的全部备选方案进行投票，根据投票结果，赞成人数最多的备选方案即为所要的方案，当然，管理者最后仍有权决定是接受还是拒绝这一方案。

二、定量决策方法

定量决策方法又称决策的硬技术，是指根据现有数据，运用数学模型进行决策的一种方法。它能使决策精确化和程序化。定量决策方法主要应用于对组织在既定方向下从事一定活动的不同方案做出选择，如提高产量、利润或降低成本等决策，其核心是把决策的变量和变量、变量和目标之间的关系用数学式表示出来，建立数学模型，然后根据条件，通过计算求得答案。决策中包含的变量不同、决策面临的环境不确定程度不同，需要在决策中运用不同的数学工具，这里主要介绍确定型决策、风险型决策和非确定型决策三种方法。

（一）确定型决策方法

确定型决策方法是指决策的自然状态是一种既定的情况，即影响决策的因素、条件和发展前景比较清晰明确，进行最佳方案选择的决策。其主要方法是盈亏平衡分析法。

盈亏平衡分析法又称损益平衡分析法或量本利分析法，是指通过分析产品产量、成本、利润三者之间的关系，掌握盈亏变化的规律，指导企业选择经营方案。其中，方案盈利和亏损的临界点称为盈亏平衡点或保本点。

在某一个生产时期内，企业的生产总成本按照成本变化习性可以分为固定成本和变动成本两大类。固定成本是指成本总额在一定业务量范围内不受业务量变动影响而固定不变的成本。如固定资产折旧费、办公费等。变动成本是指成本总额在一定业务量范围内随业务量增减变动而成比例增减变动的成本，如直接用于产品生产的原材料、燃料和计件工资等。在实际经营过程中，假设总成本=固定成本+变动成本=固定成本+单位变动成本×业务量，如果用 E 表示目标利润，TC 表示成本总额，X 表示业务量，A 表示固定成本总额，B 表示单位变动成本，P 表示产品价格，则盈亏平衡分析的基本方程式为：

$$E = PX - BX - A$$

当 $E=0$ 时，则保本点销售量 X_1 可以用下面的公式计算：

$$X_1 = A/(P-B)$$

保本点销售额的计算公式为：

$$PX_1 = PA/(P-B)$$

当 $E \neq 0$ 时，则实现目标利润的销售量 X_2 可以用下面的公式计算：

$$X_2 = (E+A)/(P-B)$$

例 2-1 某企业生产某产品的总固定成本为 60 000 元，单位变动成本为每件 1.8 元，产品价格为每件 3 元。假设某方案带来的产量为 100 000 件，问该方案是否可取？

根据盈亏平衡公式，可计算出保本产量=60 000÷（3-1.8）=50 000（件），该方案产量大于保本产量，方案可行。预期利润为 100 000×3-100 000×1.8-60 000=60 000（元）。

（二）风险型决策方法

风险型决策方法是研究怎样根据决策事件各种自然状态及其概率，做出合理决策的问题。这类决策方法主要采用决策树法。决策树法是用树状图来描述各种方案在不同情况（或自然状态）下的收益，据此计算每种方案的期望收益从而做出决策的方法。

决策树由决策点、方案枝（决策枝）、状态节点、概率枝和期望值等构成。决策点为决策出发点，用"□"表示，决策点引出若干条决策枝，每条决策枝代表一个方案。决策枝末端为状态节点，用"○"表示，状态节点又引出概率枝，每条概率枝代表一种自然状态，在概率枝末端标出每种自然状态的收益或损失值，用"△"表示，如图 2-6 所示。

决策树分析的步骤如下。

（1）绘制决策树图。先分析所有决策条件，然后自左向右展开绘制决策树。

（2）计算期望值（期望收益），自右向左计算。以每种自然状态的收益值乘各自概率枝上的概率，再乘以决策期限，然后将各概率枝的值相加，减去投资值后，再标于状态节点上。

（3）选择最佳方案。比较选出期望值最大的作为最佳方案，并将此最大值标于决策点方框上。同时，未被选用的方案用两条平行短线截断，称为"剪枝"。

例 2-2 如图 2-6 所示，某企业为了扩大某产品的生产，拟建设新厂。据市场预测，产品销路好的概率为 0.7，销路差的概率为 0.3，有以下三种方案可供企业选择。

方案 1：新建大厂，需投资 300 万元。据初步估计，销路好时，每年可获利 100 万元；销路差时，每年亏损 20 万元。服务期为 10 年。

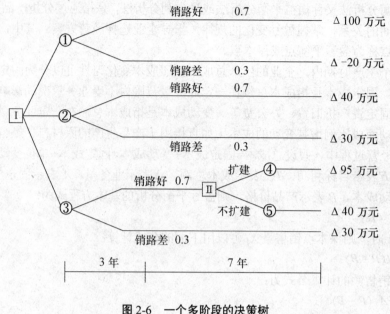

图 2-6 一个多阶段的决策树

方案 2：新建小厂，需投资 140 万元。销路好时，每年可获利 40 万元；销路差时，每年仍可获利 30 万元。服务期为 10 年。

方案 3：先建小厂，三年后销路好时再扩建，需追加投资 200 万元，服务期为 7 年，估计每年获利 95 万元。问哪种方案最好？

画出该问题的决策树，如图 2-6 所示。图中有两种自然状态：销路好和销路差，自然状态后面的数字表示该种自然状态出现的概率。位于状态枝末端的是各种方案在不同自然状态下的收益或损失。据此可以算出各种方案的期望收益。

方案 1（节点①）的期望收益为：$[0.7\times100+0.3\times(-20)]\times10-300=340$（万元）

方案 2（节点②）的期望收益为：$(0.7\times40+0.3\times30)\times10-140=230$（万元）

至于方案 3，由于节点④的期望收益 465（$=95\times7-200$）万元大于节点⑤的期望收益 280（$=40\times7$）万元，所以销路好时，扩建比不扩建好。方案 3（节点③）的期望收益为：$(0.7\times40\times3+0.7\times465+0.3\times30\times10)-140=359.5$（万元）

计算结果表明，在三种方案中，方案 3 最好。

需要说明的是，在上面的计算过程中，我们没有考虑货币的时间价值，这是为了使问题简化。但在实际中，多阶段决策通常要考虑货币的时间价值。

（三）不确定型决策方法

不确定型决策是在对未来自然状态完全不能确定的情况下进行的。由于决策主要靠决策者的经验、智慧和风格，便产生不同的评选标准，因而形成了多种具体的决策方法。常用的不确定型决策方法有小中取大法、大中取大法和最小最大后悔值法等。下面通过举例来介绍这些方法。

例如，某企业打算生产某产品，据市场预测，产品需求量有四种情况：需求量较高、需求量一般、需求量较低、需求量很低。对每种情况出现的概率均无法预测。现有三种方案：A 方案是自己动手，改造原有设备；B 方案是全部更新，购进新设备；C 方案是购进关键设备，其余自己制造。该产品计划生产 5 年。据估计，各方案在各种自然状态下 5 年内的预期损益如表 2-1 所示。

表 2-1　某企业新产品销售损益情况表　　　　　　　　　　　单位：万元

方案	在各种自然状态下的企业损益值（万元）			
	较高	一般	较低	很低
A	80	60	40	20
B	100	80	30	−20
C	85	60	25	5

1. 极大化最高准则（乐观法、大中取大法）

极大化最高准则是指把可能达到的最高回收额极大化。即比较各方案所产生的最大收益，选取最大的一个方案。采用这种方法的管理者对未来持乐观的看法，认为未来会出现最好的自然状态，因此不论采取哪种方案，都能获取该方案的最大收益。采用大中取大法进行决策时，首先找出各方案所带来的最大收益，即在最好自然状态下的收益，然后进行比较，选择在最好自然状态下收益最大的方案作为所要的方案。如表 2-2 所示，在上例中，A 方案的最大收益为 80 万元，B 方案的最大收益为 100 万元，C 方案的最大收益为 85 万元，经过比较，B 方案的最大收益最大，所以选择 B 方案。这种方法有时也很危险，因为它忽视了可能遭到的亏损以及能获利或不能获利的各种机会。

表 2-2　某企业新产品销售损益情况表　　　　　　　　　　　单位：万元

方案	在各种自然状态下的企业损益值（万元）				最大收益值
	较高	一般	较低	很低	
A	80	60	40	20	80
B	100	80	30	−20	100
C	85	60	25	5	85

2. 极大化最低准则（悲观法、小中取大法）

极大化最低准则把可能达到的最低回收额极大化，即比较各方案所产生的最小收益，而选最大的一个方案。采用这种方法的管理者对未来持悲观的看法，认为未来会出现最差的自然状态，因此不论采取哪种方案，都只能获取该方案的最小收益。采用小中取大法进行决策时，首先找出各方案所带来的最小收益，即在最差自然状态下的收益，然后进行比较，选择在最差自然状态下收益最大的方案作为所要的方案。如表 2-3 所示，在上例中，A 方案的最小收益为 20 万元，B 方案的最小收益为-20 万元，C 方案的最小收益为 5 万元，经过比较，A 方案的最小收益最大，所以选择 A 方案。

表 2-3　某企业新产品销售损益情况表　　　　　　　　单位：万元

方案	在各种自然状态下的企业损益值（万元）				最小收益值
	较高	一般	较低	很低	
A	80	60	40	20	20
B	100	80	30	-20	-20
C	85	60	25	5	5

3. 机会均等准则（平均法、概率法）

对每种可能发生的自然状态设定相等的概率。即：如果管理人员不知道各种自然状态发生的概率，他们可以假设所有的自然状态都有同等出现的可能性。也就是说，他可以为每种自然状态设计相等的概率。

A 方案的期望值=（80 + 60 + 40 + 20）/4=50（万元）
B 方案的期望值=〔100 + 80 + 30 +（-20）〕/4=47.5（万元）
C 方案的期望值=（85 + 60 + 25 + 5）/4=43.75（万元）

经过比较，A 方案的收益最大，所以选择 A 方案。

4. 极大化最低准则（最小最大后悔值法、大中取小法、遗憾法）

极大化最低准则是指把可能引起决策者最大遗憾的收益极小化。管理者在选择了某方案后，如果将来发生的自然状态表明其他方案的收益更大，那么他（或她）会为自己的选择而后悔。后悔值法就是使最大后悔值最小的方法。采用这种方法进行决策时，首先计算各方案在各自然状态下的后悔值（某方案在某自然状态下的后悔值=该自然状态下的最大收益一该方案在该自然状态下的收益），并找出各方案的最大后悔值，然后进行比较，选择最大后悔值最小的方案作为所要的方案。如表 2-4 所示，三个方案的后悔值分别为 20、40、15。因为 C 方案的最大后悔值最小（15），故选中该方案。

表 2-4　某企业新产品销售损益后悔值表　　　　　　　　单位：万元

方案	在各种自然状态下的后悔值（万元）				最大后悔值
	较高	一般	较低	很低	
A	20	20	0	0	20
B	0	0	10	40	40
C	15	20	15	35	15

上述四种方法，在实际中往往是同时运用，并将用四种方法决策被选中次数最多的方案作为决策方案。

小　结

决策是在既定的环境下，为实现预定的目标，从备选方案中选择一个行动方案的分析判断选择或调整的过程。

根据不同的分类原则，可以把决策分成多种类型。按决策问题的重要程度可分为战略决策、战术决策和作业决策；按决策的重复程度可分为程序化决策和非程序化决策；按决策问题的可控程度可分为确定型决策、风险型决策和非确定型决策；按决策层次可分为高层决策、中层决策和基层决策;按决策主体可分为个体决策和群体决策;按决策的起点可分为初始决策和追踪决策;按决策时间可分为长期决策和短期决策;按决策时间的紧迫性可分为时间敏感型决策和知识敏感型决策。

决策应遵循整体性原则、相对满意原则、预测在先原则、可行性原则、经济性原则和民主性原则。

决策一般都涉及决策者、决策目标、决策准则、决策对象、决策工具和决策结果六个要素。

决策的程序一般包括识别机会或诊断问题、确定目标、搜集信息、拟订方案、分析方案、选择方案和检验决策七个步骤。

决策方法包括定性决策和定量决策两大类。定性决策方法包括头脑风暴法、对演法、德尔菲法和名义小组法;定量决策方法包括确定型决策、风险型决策和非确定型决策三种方法。

知识检测

一、名词解释

1. 决策　　　　2. 战略决策　　　　3. 程序化决策
4. 风险型决策　　5. 定性决策　　　　6. 定量决策

二、填空题

1. 决策要有明确的（　　），（　　）既是决策的起点,又是决策最终要实现的目的。
2. 决策包括决定之前的一系列准备活动和决定之后采取具体措施落实决策方案的全过程,所以说决策是一个（　　）。
3. 决策不仅包括方案的选择,也包括方案的（　　）。
4. 战术决策又称（　　）,一般由（　　）负责做出。
5. 确定型决策是指在（　　）条件下进行的决策,即每种备选方案只有一种确定的（　　）。
6. 按决策问题的重要程度,决策可分为（　　）、（　　）和（　　）。
7. 按决策的重复程度,决策可分为（　　）和（　　）。
8. 按决策问题的可控程度,决策可分为（　　）、（　　）和（　　）。
9. 按决策层次,决策可分为（　　）、（　　）和（　　）。
10. 按决策主体,决策可分为（　　）和（　　）。
11. 按决策的起点,决策可分为（　　）和（　　）。
12. 按决策时间,决策可分为（　　）和（　　）。
13. 按决策时间的紧迫性,决策可分为（　　）和（　　）。
14. 决策原则是指决策必须遵循的（　　）和（　　）,主要包括（　　）、（　　）、（　　）、（　　）、（　　）和（　　）。
15. 决策一般包括（　　）、（　　）、（　　）、（　　）、（　　）和（　　）六个要素。

三、判断题

1. 决策的实质就是在多个备选方案中选出最优方案。（　　）
2. 任何决策都是针对未来行动的,是为了解决现在面临的、待解决的新问题以及将来会出现的问题,所以决策是行动的基础。（　　）

3. 决策拟订的方案越多越好。（   ）
4."三个臭皮匠，顶个诸葛亮"，说明群体决策在任何时候都优于个体决策。（   ）
5. 制订备选方案通常包括两大方面的内容：一是落实决策总目标的各种次级目标及这些目标实现的途径；二是目标实现过程中的主要约束条件及其可控和不可控的程度。（   ）
6. 决策首先是识别机会或诊断问题。（   ）
7. 分析方案着重是对每个备选方案的可行性、满意程度和可能产生的结果进行分析。（   ）
8. 定性决策方法多应用于综合抽象程度较高的高层次战略问题的决策。（   ）
9. 定量决策方法又称决策的软技术。（   ）
10. 非确定型决策是指决策事件未来的各种自然状态完全未知，各种状态出现的概率也无法估计，只能靠经验、直觉、判断能力做出的决策。（   ）

四、单选题

1. 你正面临是否购买某种奖券的决策。你知道每张奖券的售价以及该期共发行奖券的总数、奖项和相应的奖金额。在这样的情况下，该决策的类型是什么？（   ）。
   A. 确定型决策　　　　B. 风险型决策　　　　C. 不确定型决策　　　　D. 冒险决策
2. 具有极大偶然性、随机性，又无先例可循且有大量不确定性的决策活动，其方法和步骤也是难以程序化、标准化，不能重复使用的。这类决策属于（   ）。
   A. 风险型决策　　　　B. 不确定型决策　　　　C. 非程序化决策　　　　D. 例外决策
3. 业务决策又称（   ）。
   A. 执行性决策　　　　B. 战略决策　　　　C. 战术决策　　　　D. 管理决策
4. 售后服务过程中，对反复出现的产品质量问题所进行的决策属于（   ）。
   A. 确定型决策　　　　　　　　　　B. 程序化决策
   C. 非程序化决策　　　　　　　　　D. 不确定型决策
5. 企业面临的境况日益复杂多变，企业的决策越来越难以靠个人的智慧与经验来确定，因此现代决策应该更多地依靠（   ）。
   A. 多目标协调　　　　B. 集体智慧　　　　C. 动态规划　　　　D. 下级意见
6. 主要是根据决策者的直觉、经验和判断能力来进行的决策是（   ）。
   A. 确定型决策　　　　　　　　　　B. 程序化决策
   C. 非程序化决策　　　　　　　　　D. 不确定性决策
7. 针对欧美国家对我国家电产品的配额限制，某公司决定在美国投资设立子公司，这种决策属于（   ）。
   A. 管理决策　　　　B. 战略决策　　　　C. 业务决策　　　　D. 程序化决策
8. 在管理中决策是（   ）。
   A. 高层管理人员所承担的任务
   B. 高层和中层管理人员所承担的任务
   C. 高层主管和参谋人员所承担的任务
   D. 每一个管理人员都可能要从事的活动
9. 库存控制属于（   ）。
   A. 管理决策　　　　B. 战略决策　　　　C. 业务决策　　　　D. 技术决策
10. 决策树决策法是（   ）。

A．期望值决策法的一种形式　　　　B．主观决策的一种方法
C．线性规划法的一种形式　　　　　D．定性决策的一种方法

11．美国克莱斯勒汽车公司的总经理艾柯卡曾经说过："等到委员会讨论以后再射击，野鸡已经飞走了。"关于这句话，正确的理解是（　　）。

A．委员会决策往往目标不明确　　　B．委员会决策的正确性往往较差
C．群体决策往往不能把握市场的动向　D．群体决策往往时效性较差

12．如果你是总经理，当企业出现以下几件事需要做出决策时，你将把主要精力放在哪件事上？（　　）。

A．原材料的采购　　　　　　　　　B．资金的安排
C．组织结构的调整　　　　　　　　D．生产计划的制订

13．以下哪种行为不是决策？（　　）。

A．决定开发一种新产品　　　　　　B．扩大生产规模
C．对例行问题做决定　　　　　　　D．接受上级命令

14．相对于个体决策而言，群体决策既有其优点，也存在着比较明显的缺点。因此，必须根据所做决策的具体情况，决定采用相应的决策方式。以下几种情况中，哪一种通常不采取群体决策方式？（　　）。

A．确定长期投资于哪种股票　　　　B．决定一个重要副手的工作安排
C．选择某种新产品的上市时机　　　D．签署一项产品销售合同

五、简答题

1．什么是决策？如何理解决策的含义？
2．决策应遵循的原则有哪些？
3．为什么在决策过程中要遵循相对满意原则？
4．简述决策的流程。
5．确定决策目标时应注意什么？
6．确定备选方案应考虑哪些因素？
7．分析方案时，重点应考虑哪几方面？
8．头脑风暴法是如何激发人的创造力的？
9．简述德尔菲法的概念和实施步骤。

六、案例分析

阿斯旺水坝的灾难

规模在世界数得着的埃及阿斯旺水坝在 20 世纪 70 年代初竣工了。表面上看，这座水坝给埃及人带来了廉价的电力，控制了水旱灾害，灌溉了农田。然而，实际上却破坏了尼罗河流域的生态平衡，造成了一系列灾难：由于尼罗河的泥砂和有机质沉积到水库底部，使尼罗河两岸的绿洲失去肥源——几亿吨淤泥，土壤日益盐渍化；由于尼罗河河口供沙不足，河口三角洲平原向内陆收缩，使工厂、港口、国防工事有跌入地中海的危险；由于缺乏来自陆地的盐分和有机物，致使沙丁鱼的年捕获量减少 1.8 万吨；由于大坝阻隔，使尼罗河下游的活水变成相对静止的"湖泊"，为血吸虫和疟蚊的繁殖提供了条件，致使水库一带血吸虫病流行。埃及造此大坝所带来的灾难性后果，使人们深深的感叹：一失足成千古恨！

根据上述情况，请回答下列问题。

1. 埃及建造阿斯旺水坝决策的失误,最可能发生在决策过程的哪一环节?(　　)。
   A. 情报活动　　　　B. 审查活动　　　　C. 抉择活动　　　　D. 设计活动
2. 阿斯旺水坝的决策属于何种类型?(　　)。
   A. 简单的确定型决策　　　　　　　B. 复杂的确定型决策
   C. 风险型决策　　　　　　　　　　D. 不确定型决策
3. 在判断该项决策的类型时,以下哪个要素起了最重要的作用?(　　)。
   A. 决策依据的准则　　　　　　　　B. 决策后果
   C. 决策方案　　　　　　　　　　　D. 决策方案的自然状态
4. 关于埃及建造阿斯旺水坝的这项决策,以下哪种说法是最不可能成立的?(　　)。
   A. 人们在做出决策时,对于决策结果究竟要达到什么样的预定目标,这种认识往往与价值判断有关
   B. 尽管人们能对决策要实现什么样的预定目标作出事实判断,但决策方案在实施中总难免要做出一定的代价
   C. 现实中的决策往往是多目标决策
   D. 任何决策方案在带来实现预定目标所希望的正面效果的同时,往往也可能引起各种副面效果

技能训练

项目1:运用头脑风暴法进行决策

技能培养目标

1. 运用头脑风暴法,培养学生的创新能力。
2. 培养决策过程的控制能力。

管理情境设计

学生自愿分组,每组6人左右,你和你的团队试图决定在购物中心开设一家什么样的饭店。困扰你们的问题是,这个城市已经有了很多的饭店,这些饭店能够提供各种价位的不同种类的餐饮服务。你们拥有开设任何一种类型饭店的足够资源。你们所面对的问题是决定什么样的饭店是最成功的。

实训要求

1. 小组集体利用5～10分钟时间,形成你们最可能成功的饭店类型。你要充分调动组内每个成员的积极性和想象力,促使小组成员提出富有创新性和创造力的方案,对任何提议都不能加以批评。
2. 指定一位小组成员把所提出的各种方案写下来。
3. 再用10～15分钟时间讨论各个方案的优点与不足。通过研讨,确定一个组内成员都能接受的最可能成功的方案。
4. 在做出你们的决策后,对头脑风暴法的优点与不足进行讨论,确定是否有产生阻碍的现象。

项目2:运用定量决策方法进行决策

技能培养目标

1. 能够正确选择定量决策方法。

2. 能够正确使用决策技术做出合理决策。

管理情境设计

1. 企业为产品更新换代设计了两个方案：一个方案是上新产品 A，须追加投资 400 万元，经营期为 5 年。若产品销路好，每年可获利 300 万元；若销路差，每年将亏损 20 万元。估计在此期间，产品销路好的概率是 0.7，销路差的概率是 0.3。另一方案是上新产品 B，须追加投资 200 万元，经营期为 5 年。若产品销路好，每年可获利 100 万元；若销路差，每年可获利 20 万元。估计在此期间，产品销路好的概率是 0.8；销路差的概率是 0.2。试问哪个方案总利润额大？

2. 某企业生产机床，每台售价为 6 万元，单位变动成本为 4 万元，年固定成本为 200 万元。试求：（1）盈亏平衡时的产量；（2）目标赢利为 50 万元时的产量；（3）产量为 150 台时的赢利。

3. 某食品商场经销各种食品，其中一种食品进货价是 3 元/斤，出售价是 5 元/斤。如果这种食品当天卖不出去，就要造成损失 1 元/斤。根据以往的销售情况，这种食品每天的销售量可能为 600、900 和 1500 斤。商场经理要决定每天进多少货才能获得最大利润，试给出不同类型的商场经理可能采取的决策方案（假设乐观系数为 0.6）。

实训要求

1. 认真审题，确定每个情境应采购的定量决策方法。
2. 运用正确的定量决策方法对以上问题做出决策。

相关链接

企业环境分析

企业环境分析所采用的主要方法是 SWOT 分析方法。SWOT 分析就是综合分析企业内部环境中的优势(Strength)和弱势(Weakness)，企业外部环境中的机会(Opportunity)和威胁(Threat)。

企业外部环境分析包括一般环境分析和任务环境分析两部分。一般环境分析是指各个企业经营所共同面对的、对企业经营活动产生间接影响的环境，如社会经济环境、宏观技术环境、社会政治与法律环境、宏观社会与心理环境等，一般采用 PEST 分析模型，如图 2-7 所示。任务环境分析是某一个企业或某一类企业开展经营活动所直接面临的环境，主要指产业环境，一般采用迈克尔·波特提出的产业竞争结构分析模型，如图 2-8 所示。

企业内部环境分析是在分析企业经营的各种营运范畴、企业制度与组织结构、企业文化等因素的基础上，找出企业的优势与弱势。企业的营运范畴主要包括市场营销、研发管理、生产与作业管理、财务与会计管理、人力资源管理等；企业制度与组织结构主要包括企业制度、组织结构、领导方式等影响企业经营管理效率的重要因素；企业文化因素主要包括企业精神、士气、人际关系、凝聚力与向心力等一个企业有别于其他企业的重要特质。企业内部环境分析主要采用价值链分析方法。价值链也称增值链，是企业创造价值的一系列经营活动所组成的链条。这个链条包括采购、生产、储运、营销、服务等基本活动和技术开发、人力资源管理和财务等支援活动。价值链分析就是通过对上述基本活动和支持活动的分析，找出优势与弱势，以提高企业价值的创造能力。

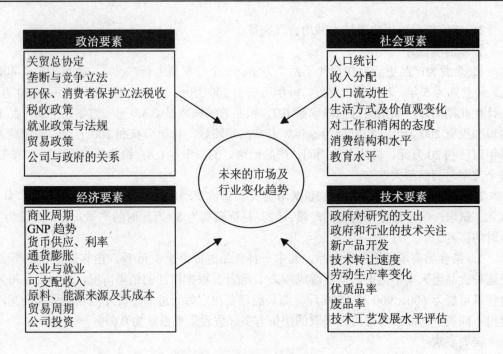

图 2-7　PEST 要素分析模型

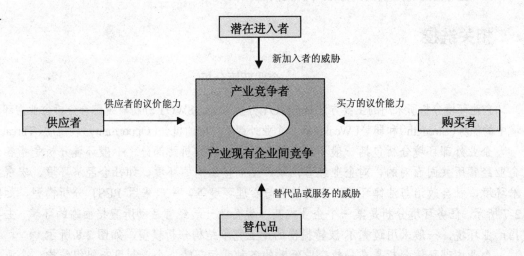

图 2-8　五种竞争力分析模型

参考文献

1. 单凤儒. 管理学基础实训教程 [M]. 北京：高等教育出版社，2005.
2. 王凤彬，李东. 管理学 [M]. 第二版. 北京：中国人民大学出版社，2006.
3. 周三多. 管理学 [M]. 北京：高等教育出版社，2000.
4. 单凤儒. 管理学基础 [M]. 北京：高等教育出版社，2000.
5. 孙晓林. 管理学 [M]. 北京：科学出版社，2006.
6. 陈琳. 管理原理与实践 [M]. 北京：国防工业出版社，2007.

7. 刘秋华. 管理学 [M]. 北京：高等教育出版社，2005.

8. 梁雄健，蔡淑溶等. 现代通信企业管理 [M]. 北京：人民邮电出版社，2002.

9. 郭跃进. 管理学 [M]. 第三版. 北京：经济管理出版社，2005.

10. 余秀江，张光辉. 管理学原理 [M]. 北京：中国人民大学出版社，2004.

11. 王德中. 管理学 [M]. 北京：西南财经大学出版社，2001.

12. 徐国良，王进. 企业管理案例精选精析 [M]. 北京：经济管理出版社，2003.

13. 〔美〕普蒂，韦里奇，孔茨. 管理学精要（亚洲篇）[M]. 北京：机械工业出版社，1999.

14. 杨先举. 工商企业管理案例 [M]. 北京：中国人民大学出版社，1994.

15. 吴志清. 管理学基础 [M]. 北京：机械工业出版社，2006.

16. 芮明杰. 管理学 [M]. 第二版. 北京：高等教育出版社 2005.

参考答案

二、填空题

1．目标　目标

2．过程

3．调整

4．管理决策　中层管理者

5．可控　结果

6．战略决策　战术决策　作业决策

7．程序化决策　非程序化决策

8．确定型决策　风险型决策　非确定型决策

9．高层决策　中层决策　基层决策

10．个体决策　群体决策

11．初始决策　追踪决策

12．长期决策　短期决策

13．时间敏感型决策　知识敏感型决策

14．整体性原则　相对满意原则　预测在先原则　可行性原则　经济性原则　民主性原则

15．决策者　决策目标　决策准则　决策对象　决策工具　决策结果

三、判断题

1．错　2．对　3．错　4．错　5．对　6．对　7．对　8．对　9．错　10．对

四、单选题

1．B　2．B　3．A　4．B　5．B　6．D　7．B　8．D　9．C　10．A　11．D　12．C　13．D　14．B

六、案例分析

1．C　2．D　3．B　4．B

第三章 计　　划

计划是管理的职能之一，是在对某个组织的外部环境和内部条件进行研究的基础上，运用科学的方法，对组织活动的目标和实现目标的途径做出的筹划和安排。它对组织活动目标的确立和实现起着至关重要的作用。本章将着重介绍计划的含义、种类和表现形式，计划工作编制的程序和编制方法。

知识目标

（1）理解计划的概念与特征；
（2）熟悉计划的种类及表现形式；
（3）掌握计划工作的流程及常见的计划编制方法。

技能目标

（1）能够运用计划流程，学会如何分析环境、分解任务目标，制订计划；
（2）能够根据管理任务，运用计划编制的常用方法，编制各种计划。

导入案例

同样的目标　不同的结局

1911年，有两支雄心勃勃的探险队，要完成一项艰巨而伟大的任务，就是跨上南极，成为登上南极第一人！

一支探险队的领队是挪威籍的探险家阿尔德·阿曼森。队伍出发前，阿曼森仔细研究了南极的地质、地貌、气象等，还细致地研究了爱斯基摩人以及极地旅行者的生存经验，又实地勘察了旅程的路线，分析旅途中可能发生的每种状况和问题，并设计好周全的计划与预备方案。同时，预先在旅程中选定合适的地方储存大量补给品，这些预备将减轻队伍的负荷。他还为每个队员提供了最完善的配备。

为完成到达南极这一伟大目标，他们制定了一个最佳的行动策略：使用狗拉雪橇运送一切装备与食物，为了与之相匹配，在队员选择上，他们将滑雪专家和驯狗师吸纳进队伍。每天只用6小时前进15英里至20英里，大部分工作皆由狗来完成。这样人与狗都有足够的休息时间，以迎接第二天新的旅程。

这些有备无患的措施,使他们在向南极的挺进中,即使遇到了问题也能很顺利地解决。最终,他们成功地实现了自己的夙愿,使挪威的国旗第一个插在了南极。

几乎同期进发的另一支探险队是由英国籍的罗伯特·史考特率领。这支队伍采取了与阿曼森队截然不同的策略:他们不用狗拉雪橇,而采用机械动力的雪橇及马匹。结果,旅程开始不到五天,马达就无法发动,马匹也维持不下去了,当他们勉强前进到南极山区时,马匹被统统杀掉。所有探险队员只好背负起200磅重的雪橇,艰难地行进。

在队员的装备上,史考特也考虑不周,队员的衣服设计不够暖和,每人都长了冻疮,每天早上队员们都要花费近一小时的工夫,将肿胀溃烂的脚塞进长筒靴中。太阳镜品质太差,使得每个队员的眼睛被雪的反射而刺伤。更糟糕的是,粮食及饮水也不足,每个队员在整个行程中几乎处于半饥饿状态。史考特选择的储备站之间相距甚远,储备不足,标示不清楚,使他们每次都要花费大量的时间去寻找。更要命的是,原计划四个人的队伍,史考特临出发时又增添了一个人,使粮食供应更加不足。

这支探险队在饥饿、寒冷、疲惫,甚至绝望中,花费了10个星期走完了800英里的艰辛旅程,精疲力竭地抵达了南极,当他们到达南极时,挪威的国旗早于一个多月前便在此飘扬了。更惨的是,所有队员在顶着刺骨的寒风和饥饿的回程中,不是病死、冻死,就是被暴风雪卷走了。这支探险队最终全军覆没。

问题思考

(1)为何这两支探险队会有截然不同的命运,一支成为人们赞美的英雄,一支却悲壮地牺牲了?

(2)从这两支探险队的行动方案的比较中,你会发现哪些问题?

(资料来源:谭晓珊,《水浒行动》),地震出版社,2004)

第一节 计划概述

在日常生活中,我们会经常谈到个人的学习计划、家庭收支计划、企业发展规划、社会发展规划、市场销售计划以及新产品开发计划等。那么,什么是计划?计划的种类有哪些?计划有哪些具体表现形式?这些就是本节要解决的问题。

一、计划的含义

(一)计划的含义

计划工作作为管理的一项基本职能,是20世纪初古典管理学派的主要代表人物之一的法国管理学家亨利·法约尔最先提出来的。法约尔在1916年出版的《工业管理与一般管理》一书中首次提出了著名的企业管理五种职能,即计划、组织、指挥、协调、控制。他指出,计划是规划未来,确定目标,以及提出实现目标的途径和方法的一种管理活动。他说:"管理应当预见未来。"这个格言使人们对工商企业的计划工作的重要性有所理解。古典管理学派认为,计划职能包括决定最终目标以及决定实现最终目标的适当手段的全部管理活动。

计划是指为实现一定目标而科学预计和制订的未来行动的方案。狭义的计划是指一个组织在未来一定时期内，用文字和指标等具体形式表达的，关于组织成员的行动方针、行动目标、行动内容及行动安排的管理文件或方案。广义计划是指管理者制订计划、执行计划和检查计划执行情况的过程，即计划工作，它是贯彻执行组织所确定的目标、任务的具体实践过程。我国的企业把计划看做是企业经营思想、经营方针、经营目标、经营决策和经营策略的具体化，是统率企业人、财、物、供、产、销各项生产技术经济活动的龙头，是统一企业全体员工行为的行动纲领。

计划是针对将来的工作而制订的，因此，它应在预测未来不确定因素影响的基础上，通过管理者的创造性管理思想预先提出解决办法，也体现了制订者的管理智慧。同时，由于计划工作是指向具体管理活动，因此，计划工作必然事先为组织活动可能涉及资源的筹措、优化配置提供依据，其实质是强调使用的效率性。此外，计划工作也为组织活动的检查和控制提供了依据。

因此，计划是一个完整的过程。即通过调查研究，预测未来，进行决策，从而制定组织的目标和实现目标的行动方案，统一组织各个部门、各级单位与各类人员的思想和行为，以实现组织目标的一种管理活动。它涉及做什么、什么时间做、什么地点做、谁来做和如何做等具体问题，即"5W1H"：

做什么（What to do）：要明确所要进行的具体活动内容及其要求。

为什么做（Why to do it）：要明确计划的宗旨、目标和战略，并论证其可行性。

何时做（When to do it）：要规定计划中各项工作的开始和完成的进度，工作能力和资源要匹配和平衡。

何地做（Where to do it）：要规定计划实施地点和场所，合理安排计划实施的空间。

谁去做（Why to do it）：要规定由哪些部门和人员负责实施计划。

怎么做（How to do it）：要制定实现计划的措施、相应的政策、规则等，进行最后的综合平衡。

(二) 计划的作用

计划工作具有承上启下的作用，一方面，计划工作是决策的逻辑延续，为决策选择的目标活动的实施提供了组织实施保证；另一方面，计划工作又是组织、领导、控制和创新等管理活动的基础，是组织内不同部门、不同成员行动的依据。

1. 计划是管理活动的依据

计划为管理工作提供了基础，是管理者行动的依据。管理者要根据计划分派任务，确定下级的权力和责任，使组织中全体成员的活动方向趋于一致，协调行动，利于组织目标的实现。计划使得管理者的指挥、控制、协调更有效，使管理工作的监督、检查和纠偏有了明确的依据。

2. 计划是合理配置资源的手段

计划明确了组织不同部门从事各项活动所需资源的时间、数量和种类等，为合理配置资源提供了依据。科学的计划，可以减少资源的浪费，并通过预先的估计，做好资源的采购、运输等管理工作。

3. 计划是降低风险、掌握主动的依据

计划作为一种未来行动的筹划，促使管理者展望未来，预见变化，考虑内外环境变化给组织带来的冲击,从而制定适当的对策,以最合理的方案安排组织的各项活动,从而降低组织未来活动的风险。

4. 计划是实施控制的依据

计划的重要内容是组织目标,它是制定控制标准的主要依据。有了控制标准才能衡量实际的实施效果,发现偏差及时纠正,使组织活动不脱离管理者期望的发展方向。没有计划,控制就成为无本之末。实际上,许多控制方法本身就是计划方法,如目标管理和网络计划技术等。

（三）计划的基本特征

1. 目的性

任何组织或个人制订计划都是为了有效达到预期目标。在制订计划之前,这种目标可能还不十分具体。例如,某企业总裁希望下一季度销售额和利润额要有较大幅度增长,这是不明确的目标。为此,就要制订计划,必须根据过去的情况和现在的条件确定一个可行目标。比如,销售额增长30%,利润增长10%。具体的目标不是单凭主观愿望就能确定的,它要符合实际情况,要通过对内部条件和外部环境进行预测和分析加以确定。在计划工作过程的最初阶段,制定具体的明确的目标是其首要任务,其后的所有工作都要围绕目标进行。

2. 首位性

计划在管理职能中处于首要地位,是进行其他管理职能的基础或前提条件。换言之,计划在前,行动在后。主要基于两种情况:一种情况是该项目只能有一种结果,没有必要采取进一步行动。例如某医药企业拟开发一种新药,这项工作的首要任务就是进行可行性分析、进行市场调查,若分析结果表明不合适,那么所有工作就告一段落,无须进行其他管理职能。另外一种情况是管理过程中的其他职能都是为了支持、保证计划目标的实现。组织、领导、控制职能都是依照计划而转移的。仍以某制药企业为例,如果该企业在对新产品开发计划进行可行性分析以后,认为可以继续开发,则开发该产品,需要其他管理职能支持,该项目计划继续进行。

只有在制订计划的前提下,才便于管理人员了解需要什么样的组织关系、什么样的人员、按照什么样的方针去领导下属,以及采用什么样的控制。因此,要使所有其他管理职能发挥效用,就必须优先做好计划(具体如图3-1所示)。

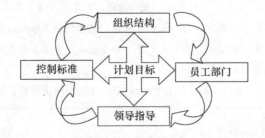

图3-1 计划先于其他管理职能示意图

3. 普遍性

在组织中,计划涉及组织管理区域内的每一个层次、每一位管理者及员工。高层管理者不可能也没必要对组织内部的一切活动作出确切的说明，这是有效管理者必须遵循的原则。高层管理者仅对组织活动制订结构性计划，即只负责制订战略性计划；而中低层管理者负责制订战术性计划或生产作业计划。这种情况的出现主要是由于人的精力有限，这样做可以减轻高层管理者的负担，同时授予下级某些权利，有助于调动员工的积极性，挖掘下级的潜在能力。因此，计划是各级主管人员的一个基本职能，具有普遍性。

4. 效率性

计划的目的就是促使组织的活动获得良好的经济效益和社会效益。计划的效率性主要是指时效性和经济性两个方面：计划的时效性是指计划期及实施计划时机的选择，计划工作必须在计划期开始前完成计划的制订工作，并慎重选择计划期的起止时间；计划的经济性是指组织计划应以最小的资源投入获得尽可能多的产出。如果一个计划能够达到目标，但它需要付出的代价太大，这个计划的效率就很低，因此不是一个好的计划。只有能够实现收入大于支出，并且兼顾国家、集体和个人三者利益的计划才是一个完美的计划，才能真正体现出计划的效率。

5. 创新性

计划总是针对需要解决的新问题和可能发生的新变化、新机会而作出的决定，因而计划是一个创新性的管理过程。有点类似于一个产品或工程的设计，产品畅销或工程成功都需要创新，成功的计划也需要创新。

管理智慧 3-1

创新智胜

1800年5月，当拿破仑得知"意大利军团"处境极端危险的消息后，毅然改变计划，决定选择经大圣伯纳德山口那条比较短但异常险峻的路线。

"能不能穿过那条小路？"拿破仑在行军前夕问那些从可怕的欧洲第一峰圣伯纳德险路归来的工程师。

"也许能。"他们吞吞吐吐地回答，"在可能的范围之内。"

"那么就前进。"这位矮个子男人全然不听他们所描述的种种不可逾越的困难。英国人和奥地利人对他要翻过阿尔卑斯山的想法嗤之以鼻，因为"没有车轮从那里碾过，也不可能从那里碾过"，更何况这是一支6万人的队伍，拖着笨重的大炮、成吨的弹药，以及大量的军需品。

当这项"不可想象的"壮举被完成后，人们才意识到这项壮举在很久以前就能完成。从前，将军们总是借口说这些困难是不可逾越的，而不去克服困难。还有许多人虽有充足的补给、顽强的战士和必需的工具，却唯独缺乏拿破仑的气魄和决心。

（资料来源：陈盛企，《金牌直销员的9堂训练课》，中国纺织出版社，2006）

6. 可操作性

制订的计划要易于理解，能被接受，便于落实、执行、监督和评估，过于花哨、太过完美或太超前的计划，犹如海市蜃楼，脱离现实，可望而不可及；而太繁琐复杂的计划，则令执行者晕头转向，如坠云里雾里，最终是计划的执行大打折扣，甚至是计划失败。

管理案例 3-1

老鼠的困惑

一群老鼠吃尽了猫的苦头，它们召开全体大会，商量对付猫的万全之策，争取一劳永逸地解决事关老鼠家族生死存亡的大问题。

众鼠们冥思苦想良久，有的提议培养猫吃鱼、吃鸡的新习惯，有的建议加紧研制毒猫药，还有的提出让老鼠和猫通婚，以改变猫的性情和DNA……

最后，一只老奸巨滑，堪称老鼠爷爷的老鼠眯着鼠眼，得意洋洋地说："我的方案是，给猫的脖子上挂一只铃铛，只要猫一动，就有响声，犹如给大家发出了警报，我们可事先躲起，免遭被袭。"众鼠们一听，连呼高明，对这位老鼠爷爷佩服得五体投地。

这一决议很快被全体老鼠投票通过了，但有一个问题讨论半天仍未解决，那就是：由谁来执行这项决议呢？经过一番甄别评选，有五个年轻力壮的老鼠入围，其中一个老鼠当庭婉言谢绝了担此重任，另四个老鼠在高额奖励、颁发荣誉证书等利益的驱动下，承接了这项光荣而艰巨的任务。

遗憾的是，这四个老鼠尽管满怀信心、全力以赴地去完成任务，却屡屡败北而归。其中两个老鼠献出了年轻而宝贵的生命，另一个老鼠拖着半截尾巴跑回来了，还有一个老鼠见自己的伙伴死的死，伤的伤，还未出征迎敌，便患上了"恐猫忧郁症"，整天茶饭不思，一听到"猫"叫，就会全身哆嗦。

思考题：
（1）老鼠们冥思苦想的计划为什么不能实现？
（2）你能从中得到什么启示？
（资料来源：谭晓珊，《水浒行动》，地震出版社，2004）

二、计划的种类

计划可以根据实际工作的需要，采用不同的分类方法，划分出很多种类。一般常用的有以下几种分类方法：如按计划的时间可分为长期计划、中期计划、短期计划；按计划的层次可分为战略性计划和行动计划；按计划的强制程度可分为指令性计划与指导性计划；按计划的对象可分为综合性计划和专业性计划；按计划的专业职能可分为生产计划、财务计划、供应计划、销售计划，人力资源计划等各种业务计划，如表3-1所示。

表3-1　计划的种类

分类标准	类型	分类标准	类型
时间跨度	短期计划、中期计划、长期计划	职能	生产计划、销售计划、科研计划、财务计划、人事计划等
层次	战略性计划、行动计划	主体	基层计划、中层计划和高层计划
强制程度	指令性计划、指导性计划	对象	专业性计划、综合性计划

（一）长期计划，中期计划和短期计划

长期计划一般指 5 年以上（含 5 年）的计划，主要是规划组织在较长时期的发展方针、发展方向，应达到的规模和水平，应实现的目标和要求，展示了组织的长远发展蓝图。

中期计划一般指 1 年以上 5 年以内的计划。企业常用的是年度计划，主要是按照长期计划的要求，确定一个年度计划的指导方针及其应当完成的目标任务。

短期计划是指 1 年以内的计划。在企业中通常是指季度计划和月份计划。短期计划是贯彻执行年度计划的具体作业计划，主要是明确规定组织内各个部门、各级单位和各类人员在最近一段时间内，要完成的具体任务及要达到的目标和要求。

（二）战略性计划与行动计划

战略性计划，是指从战略的高度出发，规划组织在较长时期内涉及全局性发展的目标和整体性目标，进行重大战略性部署的综合性计划。对一个企业来说，战略性计划应包括企业使命、经营方针、经营目标、整体布局、技术进步、产品开发、人力资源开发、市场规划、法人治理结构、组织机构建设、企业竞争战略、企业发展策略等方面的总体计划。

行动计划又称作业计划，是依据战略性计划的内容和要求，贯彻落实到组织下属各个部门、各基层单位在某一阶段内如何分步实施战略计划的具体计划。战略性计划是制订行动计划的依据，行动计划是实现战略性计划的保证，两者是相辅相成的。

（三）指令性计划与指导性计划

指令性计划是指带有行政权威性与强制性，有明确的计划目标和必须达到的要求，下属机构和人员必须严格执行，没有自由处置权的计划。如 2008 年 1 月，我国南方地区遭受了 50 年不遇的暴风雪袭击，许多城市的发电厂用煤及抢险救灾物资告急，个别城市的发电用煤仅有 1～2 天的储备量，针对这一紧急情况，国务院下达紧急通知，要求铁路、港口调整运输计划，确保电煤运输，有效地保证了抢险救灾物质的及时到达。

指导性计划是指不带有行政的强制性，没有明确规定的目标与要求，只提出一般的指导方针和原则性意见，下属机构和人员有一定自由处置权的计划。

指令性计划主要用于部署解决组织重大事项，实现关系全局的核心指标。指导性计划则多用于复杂多变的外部环境中，灵活机动地处理组织的应变问题及一般问题。

（四）综合性计划与专业性计划

综合性计划是指对组织业务经营过程的各个方面所做的全面规划和安排，关系组织多个目标和多方面内容的计划。在较长时期内执行的战略计划往往是覆盖面较广泛的综合性计划，短期计划也有综合性的，如企业的年度综合经营计划。

专业性计划是指按照专业职能分工的各个职能管理部门的业务工作计划，包括销售计划、生产计划、劳资计划、财务成本计划、物资供应计划、产品质量计划、新产品开发计划、生产技术准备计划、设备维修计划、工具计划、动力计划、运输计划、技术组织措施计划、环保计划、基本建设计划等，是生产经营管理的各个部门、各个环节的具体业务工作的行动计划。专业性计划一般通过具体的计划指标来体现。

计划指标是指组织在计划期内用数字表示的各方面活动所应达到的目标任务和发

展水平,是组织目标的量化表示。组织的各项计划除必要的文字部分外,往往是通过一系列数据指标来集中表示。指标是构成计划的主要内容,如企业的人、财、物、供、产、销等各项指标,它们是相互联系、相互制约的,这就构成了企业生产经营计划的指标体系。

组织的各项计划指标按其内容性质和表现形式的不同,可以划分为以下几种。

1. 数量指标与质量指标

数量指标是指组织在计划内的各方面活动应达到的数量要求,一般用绝对数来表示。企业计划中的数量指标,如商品产量、总产值、净产值、职工人数、工资总额、总成本、销售收入、利润总额等。

质量指标是指组织在计划期内各方面活动应达到的质量要求,一般用相对数来表示。常用的相对数有百分率、比例、比值等,主要用来表明资源的利用程度、生产力发展水平及质量、成本水平等,如企业计划中的劳动生产率、设备利用率、工时利用率、材料利用率、资金利润率、可比产品成本降低率、产品合格率等。

2. 实物指标与价值指标

实物指标是根据现象的属性和特征,采用自然单位或公认标准计量单位计量的计划指标,如以实物的体积、面积、容积、长度、重量、件数等单位计算的指标,其特征是直接反映使用价值,表示某种现象的规模、水平,比较直观、具体,是计算价值指标的基础。但不同性质的实物因其计量单位不同,无法直接加总,有一定的局限性。

价值指标是以货币形式及货币单位来反映和计量的计划指标。价值指标由于统一使用货币单位来计量,可以把各种不同的实物按照价值尺度来衡量,因而具有很强的综合能力和广泛的用途。它能综合反映经济活动的总规模、总水平和总成果,在各种组织的管理活动中都普遍使用。

3. 正指标与反指标

计划指标还可以按其对组织活动效益的影响情况,划分为正指标和反指标。

正指标是指与效益成正比例变化的指标,如企业计划指标中的产量、销售量、销售收入等。在一般情况下,这些指标越大,企业的利润就愈多,经济效益就愈好。反指标是与效益成反比例变化的指标,如企业计划指标中的成本、费用、原材料消耗等。一般来说,这些指标愈大,企业的利润就愈少,经济效益就愈差。

三、计划的表现形式

计划的表现形式多种多样,根据计划形式对组织的不同意义,可以分为由低到高九个层次,即宗旨、使命、目标、战略、政策、程序、规则、规划、预算等,如图3-2所示。

1. 宗旨

宗旨描述组织的价值观、组织的抱负和组织存在的原因,宗旨就是着重表明社会对该组织的基本要求、组织的基本作用和根本任务的计划。一个组织的宗旨可以看做是它最基本的目标,也是组织继续生存的目的和原因。一个组织的宗旨可以概括为两类:一类是对组织以外的自然、社会所作的贡献;一类是组织内部的成员生存和发展的必需条件。这两者之间彼此相连、相辅相成。英特尔公司的宗旨是:在工艺技术和经营这两方面都成为并被认为是最好的、领先的、是一流的。

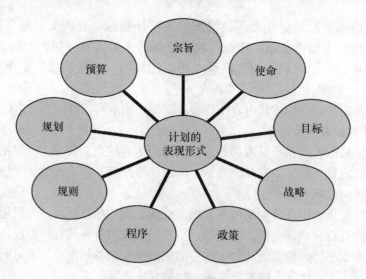

图 3-2　计划的表现形式

  2. 使命
  明确了组织宗旨以后，管理者要选择能最好地实现这一宗旨的服务领域或事业，被选定的服务领域或事业就是组织使命。如：一家制药企业和一家汽车制造公司同样为了创造利润，一个选择了提供以健康民生为主的医药产品，一个选择提供交通运输工具汽车产品。总之，使命是组织实现宗旨的手段，而不是宗旨存在的理由，组织为了自己的宗旨，可以选择不同的事业。杜邦公司的具体使命是"通过化学方法生产更好的产品"。
  3. 目标
  组织使命说明了组织要从事的事业，目标更具体地说明组织从事这项事业的预期结果。目标不仅是计划的终点，也是组织工作、人事工作、领导工作和控制活动所要达到的结果。组织的目标包括了组织在一定时期内的目标以及组织各个部门的具体目标等两个方面的内容。组织中不同层次的管理人员涉及不同类型的目标，也就是说，目标具有层次性，高一级的宏观目标支配着低一级的目标，但不如低一级的目标具体；同时，目标具有多重性，现代组织是一个复杂的社会机构，它需在多重目标和需要之间求得平衡。过分强调某一个目标，会忽视其他目标，靠单一标准很难有效衡量和评价一个组织是否成功履行其使命。
  4. 战略
  战略是为了实现组织目标而采取的行动和利用资源的总计划。组织的使命和目标只能指明组织服务的领域和预期结果，而要实现组织的使命和目标必须制定科学的战略，主要涉及组织的活动方向、工作重点和资源配置优先次序的总体框架。战略并不确切地概述组织怎样完成目标，而是为组织提供指导思想和行动框架。
  5. 政策
  政策是指在决策或处理问题时用来指导和沟通思想与行动方针的明文规定。政策规定了组织活动的范围与界限，鼓励什么与限定什么，以保证行动与目标的一致性，有助于目标的实现。作为明文规定的政策，一般列入计划之中，而一项重大的政策，则往往单独发布。政策规定了范围与方向，但目的不是要约束下级使之不敢擅自决策，而是鼓励下级在规定的范围内自由处置问题，主动承担责任，将一定范围内的决策权授予下级，使下级在不违反政策的前提下，尽可能发挥自己的判断潜力，作出更符合实际的决定。为了有助于组织目标的实现，政策必须保持一贯性和完整性。

管理智慧 3-2

凭智慧战胜对手

1984 年，东京国际马拉松邀请赛上，名不见经传的日本选手山田本一郎出人意料地夺得了世界冠军。当记者问他凭什么取得如此惊人的成绩时，他说："凭智慧战胜对手。"许多人听后，觉得这个貌不惊人的矮个子是在故意玄弄，马拉松赛是体力和耐力的运动，与智慧有何关系？两年后，在意大利国际马拉松比赛上，山田本一郎又获得了世界冠军。记者又请他谈获胜的经验，他的回答仍是："凭智慧战胜对手。"

10 年后，他在自传中写道：每次比赛之前，我都要乘车把比赛线路仔细勘察一遍，并把沿途比较醒目的标志画下来。比如，第一个标志是银行；第二个标志是一棵大树；第三个标志是一座红房子……一直画到赛程终点。比赛开始以后，我以百米冲刺的速度奋力向第一个目标冲去，到达第一个目标后，我又以同样的速度向第二个目标冲去。40 多公里的赛程，就这样轻松跑完了。起初，我总是把目标定在 40 多公里外位于终点线的那面旗帜上，结果我跑到十几公里时，已经疲惫不堪，无法想象前面还有一大段路程要完成。

请问：你是如何理解"凭智慧战胜对手"这句话的。

（资料来源：陈龙海、韩廷卫，《企业管理培训故事全书》，海天出版社，2005）

---

6. 程序

程序是一种经过优化的计划，它是对经常发生的问题的解决方法和步骤的提炼和规范化，程序规定了处理那些重复发生的例行问题的标准方法。通俗地说，程序就是办事手续，是真正的行动指南而不是思想指南，即对所要进行的行动规定操作顺序，也是一种工作步骤。管理者一般把反复出现的业务制成程序，一旦该项业务再次出现，就可以调用原来编好的程序。程序可以提高工作效率，管理的程序化水平是管理水平高低的重要标志。由于程序确定了一个管理人员在一个特定的情况下应采取的行动，所以相对政策而言，它们要具体得多。

7. 规则

规则是对具体场合和具体情况下，允许或不允许采取某一种特定行动的规定。它是最简单的一种计划，政策、规则和程序之间容易混淆，所以要特别注意区分。规则和政策之间的区别在于规则在应用中不具有自由处置权，而政策在决策时则有一定自由处置权（虽然有时不是很广泛）；规则与程序之间的区别在于规则不规定时间顺序，可以把程序看做是一系列规则的总和。规则和程序实质上是压抑思考的，所以有些组织只是在不希望它的员工运用自由处置权的情况下才加以采用。

8. 规划

规划是一种综合性计划，包括目标、政策、程序、规则、任务分配、执行步骤、使用资源以及完成既定行动方针所需的其他因素。组织的规划是一种综合性、粗线条和纲要性的计划。

9. 预算

预算作为一种计划，是一种用数字表示预期结果的报告书，也称为"数字化"计划。

如：企业中的财务收支预算，勾勒出未来一段时期内现金流量、收入、费用、资金支出等的具体安排。预算还是一种主要的控制手段，是计划和控制工作的连接点——计划的数字化产生预算，而预算又可作为控制的衡量基准。

四、计划工作原理

在制订计划的过程中，应遵循限制因素原理、许诺原理、灵活性原理和改变航道原理。

1. 限制因素原理

限制因素是指妨碍目标得以实现的因素。在制订计划的过程中，要努力寻找和把握好这些限制因素，在其他因素不变的情况下，抓住这些因素就能顺利实现期望的目标。

2. 许诺原理

许诺原理是指任何一项计划都是对完成各项工作做出的承诺。因而许诺越大，实现许诺的时间就越长，实现许诺的可能性就越小，这一原理涉及计划期限的问题。要选择合理的计划期限，做到长计划短安排。

3. 灵活性原理

计划中体现的灵活性越大，未来意外事件引起损失的危险性就越小。但是不能总是以推迟决策的时间来确保计划的灵活性。同时弹性过大指导性就越小，要正确处理好灵活性与指导性之间的关系。

4. 改变航道原理

改变航道原理强调在计划执行过程中要具有应变能力。因计划的制订不可能面面俱到，而且环境复杂多变，主管人员要定期地检查现状，并与目标和计划相对比，就像航海家一样，必须经常核对航线，一旦遇到情况，可改变航线绕道而行，适当修订计划，达到殊途同归的效果。

第二节　计划的编制程序

管理案例 3-2

如何安排生产

一家食品公司通过市场调查和分析，发现儿童营养食品具有非常广阔的市场，该食品公司又有能力研究开发和生产此类产品，这是一种市场机会，该公司估量了该机会之后，就确立了生产儿童营养食品的目标，即确定具体生产何种产品，每年生产多少，需要投入多少人力、物力和财力，各部门具体应该做哪些工作等。食品公司确定生产儿童营养食品后，具体分析了当前的消费水平，公司制造能力，生产什么产品，产品市场价格，原材料的种类、来源、价格，市场潜力多大，市场竞争者情况等。那么如何组织安排该儿童食品的生产呢？

（资料来源：吴志清，《管理学基础》，机械工业出版社，2005）

计划的表现形式和种类多种多样，科学的、合理的编制工作计划，是成功管理的关键。总体而言，计划的编制需要经过搜集资料、目标分解、综合平衡、编制行动计划等环节。企业需要根据内部条件和外部环境等相关信息的分析，科学合理地确定自身的发展目标，并对目标进行分解，形成多种可行方案，通过综合平衡，选择最适宜的计划，并付诸实施和反馈。

一、计划编制的程序

计划编制本身也是一个过程，通常包括以下八个环节，如图 3-3 所示。

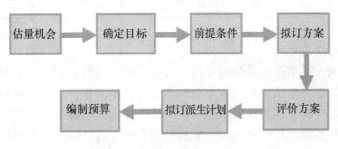

图 3-3　计划的制订程序

1. 估量机会

估量机会是在实际的计划工作开始之前就着手进行，它是对将来可能出现的机会加以估计，并在全面清楚地了解这些机会的基础上，进行初步的探讨。组织的管理者要充分认识到自身的优势、劣势，分析在市场因素、竞争环境、顾客需要等方面面临的机会和威胁，要做到心中有数，知己知彼，才能真正摆正自己的位置，明确组织希望解决什么问题，为什么要解决这些问题，要期望得到什么结果等。虽然估量机会要在实际编制计划之前进行，不作为计划工作的一个组成部分，但它却是计划工作的真正起点，必须在估量机会的基础上，确定可行性目标。

2. 确定目标

计划工作的目标是指组织在一定时期内所要达到的效果。目标是一个组织的灵魂，是组织期望达到的最终结果。在确定目标的过程中，要说明基本方针和达到的目标是什么，要告诉人们战略、政策、程序、规划和预算的任务，要指出工作的重点。目标的确定要符合实际条件，体现出一定的弹性。同时，要对目标进行层层分解，形成合理的目标结构。目标的分解可以沿空间和时间两个方向进行，即将决策确定的组织目标分解落实到各个部门、各个活动环节乃至个人，同时也将长期目标分解为各个阶段的目标。

目标分解的结果会在组织内形成两种目标结构，一种是目标的空间结构，一种是目标的时间结构。目标结构描述了组织中较高层次或较长时期的目标与较低层次或较短时期的目标相互间的指导及保证关系。在目标分解过程中应进行目标结构的合理性分析，着重分析较低层次或较短时期的目标对较高层次或较长时期的目标的保证能否落实。

管理智慧 3-3

目标要明确

有一位父亲带着三个孩子,到沙漠去猎杀骆驼。他们到了目的地后,父亲问老大:"你看到了什么?"老大回答:"我看到了猎枪,还有骆驼,还有一望无际的沙漠。"父亲摇摇头说:"不对。"父亲以同样的问题问老二。老二回答说:"我看见了爸爸、大哥、弟弟、猎枪,还有沙漠。"父亲又摇摇头说:"不对。"父亲又以同样的问题问老三。老三回答:"我只看到了骆驼。"父亲高兴地说:"你答对了。"

管理启示:一个人要想走上成功之路,首先必须要有明确的目标。目标一经确立,就要心无旁骛,集中全部精力,坚定信念,周密计划,勇往直前,才能实现目标。

(资料来源:陈龙海、韩廷卫,《企业管理培训故事全书》,海天出版社,2005)

3. 确定前提条件

计划工作的前提条件就是计划工作的假设条件,也就是执行计划时的预期环境。确定前提条件,就是要对组织未来的内外部环境和所具备的条件进行分析和预测,弄清计划执行过程中可能存在的有利条件和不利条件。确定计划的前提条件主要靠预测,但未来预期环境的内容多种多样,错综复杂,影响的因素很多,这些因素有的可以控制,如开发新产品、新市场、资源分配等;有的不能控制,如宏观环境、政府政策等。一般来说,不可控因素越多,预测工作的难度就越大,对管理者的素质要求就越高。

4. 确定备选方案

在计划的前提条件明确以后,就要着手去寻找实现目标的方案和途径。完成某项任务总会有很多方法,即每项行动都有异途存在,这就是"异途原理"。方案不是越多越好,我们要做的工作是将诸多备选方案逐步减少,对一些最有希望的方案进行分析。通常,最显眼的方案不一定是最佳的方案,只有发掘了各种可行的方案才有可能从中选出最优的方案。计划工作者往往要通过数学方法和计算机来择优,排除希望最小的方案。

5. 评价备选方案

评价备选方案就是要根据计划目标和前提来权衡各种因素,比较各个方案的优点和缺点,对各个方案进行评价。各种备选方案一般都各有其优缺点,如有的方案利润大,但支出大,风险高;有的方案利润小,但收益稳定,风险低;有的方案对长远规划有益;有的方案对眼前有利。这就要求管理者根据组织的目标并结合自己的经验和直观判断能力对方案做出评价,在分析时可借助数学模型和计算机,要做到定性分析和定量分析相结合,才能选择一个最合适的方案。

6. 选择可行方案

选择可行方案就是选择行为过程,正式通过方案。选择方案是计划工作最关键的一步,也是抉择的实质性阶段。在做出抉择时,应当考虑在可行性、满意度和可能效益三方面相结合的最好的方案。有时我们在评选中会发现一个最佳方案,但更多的时候可能有两个或多个方案是合适的,在这种情况下,管理者应决定首先采用哪个方案,而将其余的方案进行细化和完善,作为后备方案。

7. 拟订派生计划

派生计划就是总计划下的分计划。其作用是支持总计划的贯彻落实。一个基本计划总是需要若干个派生计划来支持,只有在完成派生计划的基础上,才可能完成基本计划。如果想完成销售利润计划,就必须首先完成销售量计划、销售额计划、销售成本计划、销售费用计划、销售税金计划等。而销售量计划、销售额计划、销售成本、销售费用计划、销售税金计划就属于派生计划。

8. 编制预算

计划工作的最后一步就是编制预算,使计划数字化,即将选定的方案用数字更加具体地表现出来,如收入和费用总额、取得的利润和发生的亏损等。通过编制预算,对组织各类计划进行汇总和综合平衡,控制计划的完成进度,保证计划目标的实现。

二、"PDCA 循环"的运转

由于管理的环境是动态的,管理活动也在不断地变化和发展,计划是作为行动之前的安排,因此计划工作是一种连续不断的循环。一个好的计划必须有充分的弹性,计划—再计划,不断循环,不断提高。上述过程实质上是按照"计划(Plan)——实施(Do)——检查(Check)——处理(Action)"四个环节周而复始运转的。我们把这个循环称为"PDCA 循环"。

管理专栏 3-1

"PDCA 循环"

"PDCA 循环"是大循环套小循环的循环。即大循环套小循环,一环扣一环;小循环保大循环,推动大循环。如图 3-4 所示。

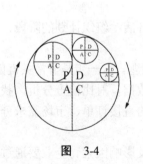

图 3-4

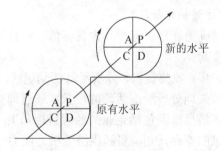

图 3-5

"PDCA 循环"作为计划工作的科学方法,可用于经济活动各个环节、各个方面的计划工作。通过"PDCA 循环",使经济活动组织各个环节、各个方面的管理有机结合,互相促进,形成一个整体,整个经济活动组织的计划工作体系构成一个大的"PDAC 循环",而各部门、各单位又都有各自的"PDCA 循环",依次又有更小的"PDCA 循环",从而形成了一个大循环套小循环的综合体系。上一级"PDCA 循环"是下一级"PDCA 循环"的根据,下一级"PDCA 循环"又是上一级"PDCA 循环"的具体保证。通过大小"PDCA 循环"的不停转动,把经济活动各个环节、各项工作有机地组织成统一的计划工作系统,实现总的目标。因此,"PDCA 循环"的转动,不是个人的力量,而是组织的力量、集体的力量,是整个经济活动组织全员推动的结果。

> "PDCA 循环"每转动一次,就提高一步。"PDCA 循环"是螺旋式上升的。每循环一次,转动一圈,就前进一步,上升到一个新的高度,并在新的基础上,制定新的目标,赋予新的内容,开始新的循环,如图 3-5 所示。这样,循环往复,周而复始,存在或发现的问题不断地被解决,不断适应新的变化形势的需要,管理水平也就不断地提高。
>
> "PDCA 循环"是综合性的循环。"PDCA 循环"的四个阶段是相对的,各阶段之间不是截然分开的,而是紧密衔接连成一体的,甚至是边计划、边执行,边执行、边检查,边检查、边总结,边总结、边改进地交叉进行的。

"PDCA"循环一般需要经历四个阶段和八个步骤,如图 3-6 所示。"PACD"循环不停地运转,原有经济活动组织管理中存在的问题解决了,又会产生新的问题,问题不断地产生又被不断地解决,如此往复,周而复始,这就是管理循环不断前进的过程,也是计划工作必须坚持的科学方法。

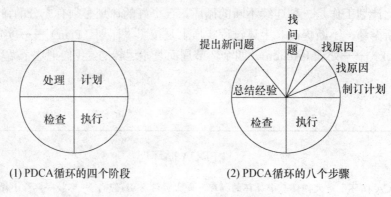

(1) PDCA循环的四个阶段　　　(2) PDCA循环的八个步骤

图 3-6　"PACD"循环图

1. 计划制订阶段

这是确定计划目标、制定目标值,拟订措施、编制经济活动组织计划的阶段,包括以下四个步骤。

第一步:收集资料,分析经济活动现状,找出存在的问题。这一步是非常关键的一步,要有的放矢地分析经济活动的现状,通过调查,收集各种数据,对比检查分析,找出存在的问题。信息来源包括企业的经营目标和生产战略、用户的直接订单、市场需求分析及预测、未来的库存计划、资源供给分析、能力分析等数据。

第二步:分析经济活动组织产生问题的各种具体原因及影响因素。企业要通过内部和外部两个方面,对影响经济活动生产经营管理的因素进行分析。包括人的因素、商品的因素、技术设备等方面的因素,同时要充分考虑政治、经济、社会、文化以及同行业的发展因素。

第三步:从经济活动组织内部可控制因素中,找出关键因素、主要因素。从解决最关键的问题入手,以解决质量问题。

第四步:针对经济活动组织影响生产经营工作的主要原因制定对策,拟定管理、技术的组织实施,提出执行计划和预计结果。

2. 计划的实施

计划的实施阶段,也是第五步。就是按预订计划、目标和措施及分工,实实在在地去执行计划，脚踏实地按照计划去做。

3．计划检查阶段

计划检查阶段也是第六步。就是把实施的结果和计划的要求进行对比，检查计划的执行情况和实施的效果如何，是否达到预期的目标和效果，哪些是成功的，其经验是什么？哪些做得不好或失败了，教训是什么？是什么原因致使计划没有达到预期目标。在此过程中，要注意事前检查、事中检查和事后检查相结合，要掌握好进度，检查效果和找出问题。

4．计划处理阶段

处理阶段也是总结经验教训，找出存在的问题，并修订计划的阶段。包括两个步骤。

第七步：总结经验教训，巩固成绩并对出现的问题加以处理。把成功的经验和失败的教训都规定并纳入相应的标准、制度或规定之中，以巩固已经取得的成绩，防止发生已经发生过的问题。

第八步：计划的修订。经济活动组织计划是人们通过对资料的收集和分析后对总体发展提出的设想，它是一种主观的预测。这种预测有时会随着环境的变化而出现问题，需要及时进行修订。

计划修订，就是根据经济活动组织的内部条件和外部环境的变化，围绕组织自身的目标，不断修订经济活动组织计划体系，使其重新进行协调与平衡，使经济活动组织计划随时符合经济组织活动这个总系统的发展规律。计划修订通常采用滚动计划法。

管理专栏 3-2

目标管理专家——彼得·杜拉克

彼得·杜拉克，是当今世界著名的管理大师（1909—2005 年），奥地利裔美国人，1933 年在伦敦成为投资银行家，移居美国后在报业部门工作。在他的职业生涯中，曾做过许多家大公司的咨询顾问。他的主要著作有《管理实践》、《有效的管理者》、《管理：人物、责任、实践》、《管理学的前沿》等。

他是一位涉及管理各个方面的作家和思想家。他所写的《管理实践》被公认是最早论述目标管理的著作。目标管理的综合过程的完善应归功于杜拉克，是他把所有的要素结合在一起，并将其融入目标管理的管理哲学之中。在他的职业生涯中，最引人注目的是他的非凡的洞察力。杜拉克预言了现在所谓的后工业主义，并且研究了它将如何影响管理的最佳实践。对管理新天地的讨论，如果没有 20 世纪最有影响的管理思想家彼得·杜拉克，就不完整。杜拉克对当代管理理论及管理思想有着深远的影响，被誉为"现代管理之父"。

他的目标管理思想集中体现在目标管理的三大要素上，即简洁明了、可以传达的目标，让工作的员工参与目标的制定和对履行情况进行评估。

第三节　制订计划的方法

计划的编制方法很多，这里着重介绍滚动计划法、甘特图法、运筹学方法和网络分析技术（计划评审技术）等几种方法。

一、滚动计划法

1. 滚动计划法的基本原理

滚动计划法是一种动态编制计划的方法。它是指在制订或调整计划时,根据本期计划的执行情况和客观环境的变化情况,逐期往后推移,将短期计划、中期计划和长期计划有机结合起来,连续滚动编制计划的方法。滚动计划法的主要特征是以滚动形式来编制出具有弹性的计划,计划内容采用近细远粗的办法,使组织在适应环境变化的同时,保持组织运作的稳定性和灵活性。

2. 滚动计划法的编制原则和方法

由于在现实的计划工作中,往往很难准确地预测将来影响企业经营的经济、政治、文化、技术、产业、顾客等各种因素,而且随着计划期的延长,这种不确定性越来越大。因此,若机械地按几年前的计划实施,或机械地、静态地执行战略性计划,则可能导致巨大的错误和损失。滚动计划法的编制就是要避免这种不确定性可能带来的不良后果。因此,"近细远粗"是编制滚动计划的基本原则,也是编制滚动计划法的基本思想。

具体编制方法是:把计划分为若干段,前段是比较详细的实施计划,也叫执行计划;后段是比较粗略的预算计划,也叫展望计划。当一个计划被执行完后,相关部门应根据实施计划的完成情况及滚动期内各种内外环境因素变化的情况,对预定计划进行调整,并续编一段计划,始终保持该计划的规模。由于滚动计划法既适用于长期计划的编制,也适用于短期计划的编制,所以被许多单位用来编制五年发展计划。如图 3-7 所示,就是采用滚动计划法编制的五年计划。

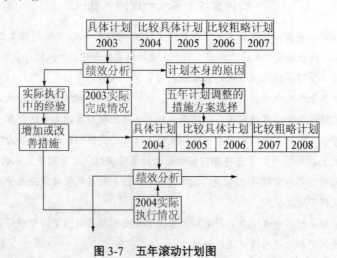

图 3-7　五年滚动计划图

由图 3-7 可以看出,在计划期的第一阶段结束时,要根据该阶段计划的实际执行情况和外部与内部有关因素的变化情况,对原计划进行修订,并根据同样的原则逐期滚动。每次修订都使整个计划向前滚动一个阶段。

3. 滚动计划法的评价

滚动计划法虽然使得计划编制和实施工作的任务量加大,但在计算机时代的今天,其优点十分明显。

(1) 计划更加切合实际,并且使战略性计划的实施也更加切合实际。由于人们无法对未来的环境变化作出准确的估计和判断,所以计划针对的时期越长,不准确性就越大,其实施难度也越大。滚动计划法相对缩短了计划时期,加大了计划的准确性和可操作性,从而是战略性计划实施的有效方法。

(2) 滚动计划法使长期计划、中期计划与短期计划相互衔接,短期计划内部各阶段相互衔接。这就保证了即使由于环境变化出现某些不平衡时也能及时地进行调节,使各期计划基本保持一致。

(3) 滚动计划法大大加强了计划的弹性,这对环境剧烈变化的时代尤为重要,它可以提高组织的应变能力。

二、甘特图

甘特图(Gantt Chart)是由亨利·甘特于 1910 年开发的,通过条状图来显示项目、进度和其他时间相关的系统进展的内在关系随着时间进展的情况。其中,横轴表示时间,纵轴表示活动(项目)。线条表示在整个期间计划和实际的活动完成情况。甘特图可以直观地表明任务计划在什么时候进行,及实际进展与计划要求的对比。管理者由此可以非常便利地弄清每项任务(项目)还剩下哪些工作要做,并可评估工作是提前还是滞后,亦或正常进行。除此以外,甘特图还有简单、醒目和便于编制等特点。所以,甘特图对于项目管理是一种理想的控制工具。

1. 甘特图的含义

(1) 以图形或表格的形式显示活动。

(2) 现在是一种通用的显示进度的方法。

(3) 构造时应包括实际日历天和持续时间,并且不要将周末和节假日算在进度之内。

下面我们以图书出版的例子来说明甘特图(见图 3-8)。

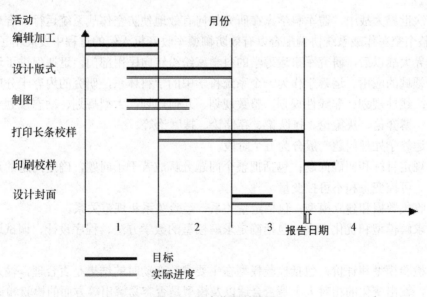

图 3-8 图书出版甘特图

时间以月为单位表示在图的下方,主要活动从上到下列在图的左边。计划需要确定书的出版包括哪些活动,这些活动的顺序,以及每项活动持续的时间。时间框里的线条表示计划的活动顺序,空白的线框表示活动的实际进度。甘特图作为一种控制工具,能帮助管理者发现实际进度偏离计划的情况。在本例中,除了打印长条校样以外,其他活动都是按计划完成的。

2. 甘特图的优点

(1)图形化说明,通用技术,易于理解。

(2)中小型项目一般不超过30项活动。

(3)有专业软件支持,无须担心复杂计算和分析。

3. 甘特图的局限

(1)甘特图事实上仅仅部分地反映了项目管理的三重约束(时间、成本和范围),因为它主要关注进程管理(时间)。

(2)软件的不足。尽管能够通过项目管理软件描绘出项目活动的内在关系,但是如果关系过多,纷繁复杂的线图必将增加甘特图的阅读难度。

(3)为了不至于转移阅读者的注意力,最好避免使用栅格。

另外,个人甘特图与平常我们使用的时间表是两种不同的任务表达方式。个人甘特图使用户可以直观地知道有哪些任务在什么时间段要做,而时间表则提供更精确的时间段数据。此外,用户还可以在时间表中直接更新任务进程。

三、运筹学方法

"运筹"在中文意义上即运算筹划,以策略取胜的意义。运筹学是指用数学方法研究经济、社会和国防等部门在内外环境的约束条件下合理调配人力、物力和财力等资源,使实际系统有效运行的技术科学。它可以用来预测系统发展趋势,制定行动规划或优选可行方案。

第二次世界大战中,盟军科学家在研究如何有效地使防空作战系统运行,合理配置雷达站,使整个空军作战系统协调配合以有效防御德军收音机入侵的过程中发展出了运筹学。第二次世界大战以后,研究军事运筹学的科学家纷纷转向民用部门,迅速促进了运筹学在社会经济领域的应用。运筹学作为一个系统科学中的学科体系,研究的内容十分广泛,主要分支有:线性规划、非线性规划、整数规划、几何规划、大型规划、动态规划、图论、网络理论、博弈论、决策论、排队论、存储论、搜索论等。

应用运筹学处理问题一般分为五个阶段。

(1)规定目标和明确问题:包括把整个问题分解成若干子问题,确定问题的尺度、有效性度量、可控变量和不可控变量。

(2)收集数据和建立模型:包括定量关系、经验关系和规范关系。

(3)求解模型和优化方案:包括确定求解模型的数学方法、程序设计、调试运行和方案选优。

(4)检验模型和评价:包括检验模型在主要参数变动时的结果是否合理,输入发生微小变化时,输出变化的相对大小是否合适以及模型是否容易解出等方面的检验和评价。

(5)方案实施和不断优化:包括应用所得的结果解决实际问题,并在方案实践过程中发现新的问题以及不断优化。

上述五个阶段在实际过程中往往交叉重复进行,不断反复。

例如,振兴机械公司的管理者正准备编制 2003 年生产计划,根据往年的统计资料,A 产品(产量为 X_A)与 B 产品(产量为 X_B)的边际利润为 3 000 元和 4 500 元,目标函数是:

$$F_{max}=3\ 000\ X_A+4\ 500\ X_B$$

振兴机械公司生产上述两种产品主要的约束条件是装配车间与包装车间。对于两种产品的单位产品所需的工时以及装配与包装车间的生产能力如表 3-2 所示。

表 3-2 装配与包装车间的生产能力

车间名称	单位产品所消耗的工时数/小时		各车间的月生产能力件/小时
	A 产品	B 产品	
装配车间	60	45	9 500
包装车间	30	40	6 000
单位产品的利润/元	3 000	4 500	

约束条件函数为:

$60\ X_A+45\ X_B \leqslant 9\ 500$

$30\ X_A+40\ X_B \leqslant 6\ 000$

$X_A \geqslant 0 \quad X_B \geqslant 0$

目标函数为:

$F_{max}=3\ 000\ X_A + 4500\ X_B$

四、网络分析技术

(一)网络分析技术的基本原理

网络分析技术,又称计划评审技术、关键路线法、组合网络法,它是在 1958～1959 年发展起来的。当时,美国海军北极星导弹计划采用了这种方法,使之比原计划提前了 18～24 个月。从 1959 起,计划评审技术几乎已成功地应用于各种大企业中。1965 年,著名数学家华罗庚教授在推广这项技术时,称为统筹法。实践证明,网络分析技术是十分有效的科学管理方法。

该方法的基本原理是:运用网络图形式表达一项计划工作之间的先后次序和相互关系。在此基础上进行网络分析,计算网络时间,确定工序和关键路线。然后,不断地改善网络计划,求得工期、资源与成本的优化方案并付诸实施。在计划执行中,通过信息反馈进行监督和控制,以保证预期计划目标的实现。

网络计划技术是一种计划方法,特别适用于大型项目的计划安排。大型项目一般规模大、环节多,涉及大量的人力、物力和财力,建设周期长,如何合理地安排各种资源,使之在时间上紧密衔接,并合理调配人力、物力,在有限的资源条件下,用最短的时间、最少的费用保质保量完成项目,是人们追求的目标。

网络技术能够帮助人们在众多的项目中,找到影响项目工期的关键作业和关键路线,并绘制成网络图。在网络图上,每一条从任务开始到结束的通道叫一条路线,其中最长的路线叫关键路线,它决定了完成整个任务所需要的时间。因此,找出关键路线,组织就可以合理配置资源用于关键路线,从而达到缩短整个工期的目的。

(二)网路分析技术运用的步骤

网络分析技术的应用主要遵循以下6个步骤。

1. 确定目标

确定目标,是指决定将网络分析技术应用于哪一个工程项目,并提出对工程项目和有关技术经济指标的具体要求,如在工期方面、成本费用方面达到什么标准。依据企业现有的管理基础,掌握各方面的信息和情况,利用网络分析技术,为实现工程项目寻求最合适的方案。

2. 分解工程项目,列出作业明细表

一个工程项目是由许多作业组成的,在绘制网络图前就要将工程项目分解成各项作业。作业项目划分的粗细程度视工程内容以及不同单位要求确定。而通常情况下,作业所包含的内容多、范围大时多可分粗些,反之则可细些。作业项目分得细,网络图的节点和箭线就多。对于上层领导机关,网络图可绘制得粗些,主要是通观全局、分析矛盾、掌握关键、协调工作、进行决策等;对于基层单位,网络图就可绘制得细些,以便具体组织和指导工作。

在工程项目分解成作业的基础上,还要进行作业分析,以便明确先行作业(紧前作业)、平行作业和后续作业(紧后作业)。即在该作业开始前,哪些作业必须先期完成,哪些作业可以同时进行,哪些作业必须后期完成,或者在该作业进行的过程中,哪些作业可以与之平行交叉地进行。

在划分作业项目后,便可计算和确定作业时间。一般采用单点估计或三点估计法,然后一并填入明细表中。明细表的格式如表3-3所示。

表3-3 作业时间明细表

作业名称	作业代码	作业时间	紧前作业	紧后作业

3. 绘制网络图,进行节点编号

根据作业时间明细表,可绘制网络图。网络图的绘制方法有顺推法和逆推法。

(1)顺推法。即从始点时间开始,根据每项作业的直接紧后作业的顺序,依次绘出各项作业的箭线,直至终点事件为止。

(2)逆推法。即从终点事件开始,根据每项作业的紧前作业逆箭头前进方向,逐一绘出各项作业的箭线,直至始点事件为止。

同一项任务用上述两种方法画出的网络图是相同的。一般习惯于按反工艺顺序安排计划的企业,如机器制造企业,采用逆推较方便;而建筑安装等企业,则大多采用顺推法。按照各项作业之间的关系绘制网络图后,要进行节点编号。

4. 计算网络时间，确定关键路线

根据网络图和各项活动的作业时间，可以计算出全部网络时间和时差，并确定关键线路。具体计算网络时间并不太难，但比较烦琐。在实际工作中影响计划的因素很多，要耗费很多人力和时间。因此，只有采用电子计算机才能对计划进行局部或全部调整，这也对推广应用网络计划技术提出了新内容和新要求。

5. 进行网络计划方案的优化

找出关键路线，也就初步确定了完成整个计划任务所需要的工期。这个总工期是否符合合同或计划规定的时间要求，是否与计划期的劳动力、物资供应、成本费用等计划指标相适应，需要进一步综合平衡，通过优化，择取最优方案。然后正式绘制网络图，编制各种进度表以及工程预算等各种计划文件。

6. 网络计划的贯彻执行

编制网络计划仅仅是计划工作的开始。计划工作不仅要正确地编制计划，更重要的是组织计划的实施。网络计划的贯彻执行，要发动群众讨论计划，加强生产管理工作，采取切实有效的措施，保证计划任务的完成。在应用电子计算机的情况下，可以利用计算机对网络计划的执行进行监督、控制和调整，只要将网络计划及执行情况输入计算机，它就能自动运算、调整，并输出结果，以指导生产。

（三）网络图的画法

网络图是表达一项计划任务时的进度安排、各项作业（或工序）之间的相互衔接关系，以及所需的时间、资源的图解模型。

1. 网络图的构成

网络图主要由活动、事项和路线组成。

（1）活动。是指一项作业或一项工序。一项生产任务可以划分为若干个活动，在网络图上用箭头表示。一般来说，完成活动需要消耗资源和时间。如零部件的修整、加工等。一般活动既要消耗资源又要占用时间，但有些活动虽然不消耗资源，却占用时间。如油漆的干燥，酿酒的发酵过程等。活动一般用"→"表示，活动开始→活动结束。即箭尾表示活动的开始，箭头表示活动的结束，箭头指示活动进行的方向，箭线上方标明活动的名称，箭线下方标明活动所需要的时间。

一般情况下，箭头的长短与时间无关。标准网络图中，箭线的长短与时间要成正比。一道工序完成之后，紧接着开始进行的工序称为该工序的紧后工序。同样一道工序只有在前面工序活动完成后才能开始，前面紧接着的工序称为本工序的紧前工序。

一项工程或计划任务，任务开始前没有紧前工序，任务结束后没有紧后工序，被称之为虚活动。虚活动是一种特殊活动，只是用来表示活动之间相互依存和相互制约的逻辑关系，它不消耗资源也不占用时间，用虚箭线表示。

（2）事项（节点）。事项是表示一项活动的开始和结束，它是相邻活动的分界点或衔接点。在网络图中，它是两条或两条以上箭线的交接点，故称节点。事项用标有号码的圆圈表示，网络图中只有一个起点事项，表示一项工作或者计划的开始，只有一个终点的事项，表示工程或计划的结束，其余的事项都有双重的意义，既是前项活动的结束又是后项活动的开始，事项既不消耗资源，也不占用时间，仅仅表示某项活动开始或结束时瞬间的一个符号。

（3）路线。在网络图中，路线是指从始点开始，顺着箭头所指的方向，连续到达终点为止的通道。一般网络图中有多条路线，一条路线中各工序活动的作业时间之和称为路长。在所有路线的路长中，总有一条最长的路线，也即需要工时最多的路线，称为关键路线。关键路线用粗箭头或双箭线表示。关键路线上的工序称为关键工序。在实践中，关键路线并不是唯一的，而且经常发生变化的，即在一定条件下，非关键路线与关键路线可以相互转换。如图3-9所示。

在图3-9中，共有6条路线，每条路线及时间周期分别为：

（1）①→②→③→⑥→⑧　　　[4+8+3+4]天=19天
（2）①→②→③→⑤→⑧　　　[4+8+5+15]天=32天
（3）①→②→③→⑤→⑥→⑧　[4+8+5+0+4]天=21天
（4）①→②→④→⑤→⑧　　　[4+2+6+15]天=27天
（5）①→②→④→⑤→⑥→⑧　[4+2+6+0+4]天=18天
（6）①→②→④→⑦→⑧　　　[4+2+8+6]天=20天

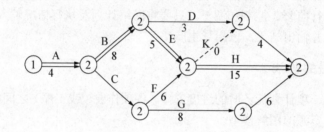

图 3-9　网络图示例

2. 网络图的绘制方法

每项计划任务都是由许多作业活动组成的，这些活动之间存在着相互依存、相互制约的关系。组织安排计划必须服从于客观存在的这种逻辑关系，才能使这些作业活动顺利进行，保证任务按期完成。依据这些逻辑关系，绘制网络图时可以用顺推法和逆推法。

3. 网络图绘制的原则

（1）两个节点之间只允许有一条箭线。如两节点之间有数条平行的作业活动，需增加节点和引入虚工序加以解决，如图3-10所示。

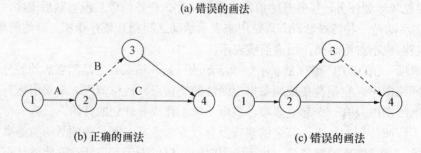

图 3-10　绘制网络图原则 1

(2) 在网络图中不允许出现"闭路循环"。如出现"闭路循环",在使用电子计算机时会出现死环,而没有结论,图3-11所示。

图 3-11　绘制网络图原则 2

(3) 每个网络图中只能有一个始点,一个终点。即所谓 "一源"、"一汇",中间不允许出现死节点和终节点。源是指没有先行活动的事项,即始点事项;汇是指没有后续活动的事项,即终点事项,如图3-12所示。

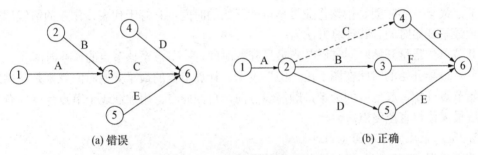

图 3-12　绘制网络图原则 3

(4) 箭线的首尾都必须有节点,不能在一条线的中间引出另一条箭线来,如图3-13所示。

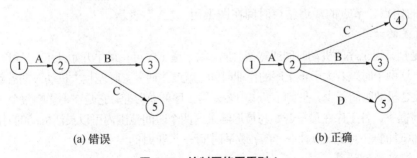

图 3-13　绘制网络图原则 4

(5) 节点的编号不能重复。编号原则是网络图中的节点要统一编号。每个节点都应编排一个顺序号,由左向右,由上向下,由小到大不能重复。对某一项活动,箭尾的编号小于箭头编号。

(四)网络时间的计算

网络图画出后,要进行网络时间的计算。需要计算的时间包括作业时间、事项(节点)时间、工序时间和时差。

1. 作业时间的确定

作业时间是指在一定技术组织条件下,为完成某一项作业或一道工序所要花费的时间。也就是每一项活动的延续时间。确定作业时间有两种方法。

(1)单一时间估计法。也称为确定时间估计法,是指对各项活动的作业时间只确定一个时间值。这个时间值是根据大多数人的经验估计的最大可能的一个作业时间。它适用于不可知因素较少、有经验可借鉴的情况。

(2)三种时间估计法。也称为不确定时间估计法,是指根据概率论和数理统计的理论,先估计三个时间,然后再求最可能的平均时间的方法,其计算公式为:

不确定时间的作业时间=(最乐观时间+4×最可能时间+最保守时间)÷6

2. 节点最早开始时间的计算(TE)

节点最早开始时间是指该作业最早可能开始的时间,它等于代表该作业的箭线尾所接触事项最早开始时间。其计算方法为:

某节点的最早开始时间=前一节点最早开始时间+前一节点至该节点的作业时间

节点最早开始的时间在图上用"□"表示。计算节点的最早开始时间规则是从网络图的开始节点开始,起点时间为零,顺箭线方向,自左向右,用加法逐个节点计算,有多条线的取最大值,直至终点。

3. 节点最迟完工时间(TL)

节点最迟结束时间是指以该节点为结束的各工序最迟必须完工的时间,目的是为了保证后续工序按时开始,或整个工程按期完工。其计算公式为:

某节点的最迟结束时间=后一节点的最迟结束时间-该节点到后一节点的作业时间

计算节点的最迟结束时间,是从网络的终点开始,逆箭线方向自右向左,用减法逐节点计算。终点的最迟结束时间等于终点的最早开始时间。多线路的节点取线路中最小值,直到网络的始点。节点的最迟结束时间在图上用"△"表示。

4. 时差的计算

时差是指某道工序的机动时间或宽裕时间。如某道工序可在最早开始开工,又可在最迟时间结束完工,这两个时差若大于该工序的作业时间,就产生时差。时差越大机动时间就越大,潜力就越大,反之机动时间就少。在实际工作中多采用工序的总时差,它是在不影响整个工程最早完工日期的前提下,各工序在最早开始与最迟结束这两个时间范围内可以灵活机动的时间。

工序总时间=工序最迟时间-工序最早时间-作业时间

5. 关键路线的计算

在网络图中,时差为零的关键工序连接起来的路线,即为关键路线。关键路线的确定有三种方法。

(1)最长路线法。这种方法是从网络的起点节点顺箭头方向到结束点,有许多线路,计算其中需要时间最长的路线,即关键路线。

(2)时差法。先计算出各工序的总时差,工序总时差为零的工序连接起来,即为关键路线。

(3) 破圈法。从网络图的起始节点开始,顺着箭头的方向找出由几个节点围成的圈,即由两条不同的线路形成的环。如果形成圈的路线作业时间不等,可将其中作业时间短的一条线删去,保留下来的是作业时间长的一条路线,这样依次破圈,直至结束节点,最后留下来的就是关键路线。

【实例透视】

某项工程的作业程序及所需时间如表 3-4 所示。

表 3-4　某工程的作业程序及所需时间表

作业名称代码	A	B	C	D	E	F	G	H	I	L
紧前作业	—	A	A	B	B	C	C	E、F	D、E、F	G
作业时间/天	4	8	2	3	5	6	8	15	4	6

求:(1) 根据资料绘制网络图。
(2) 计算事项最早开工时间和最迟完工时间。
(3) 计算工序时差。
(4) 确定关键路线与总工期。

解:
(1) 绘制的网络图如图 3-14 所示。
(2) 为了计算方便,作业最早开工时间记在符号"□"内,最迟完工时间记在符号"△"内。
(3) 用每一作业上最迟完工时间减去最早开始时间就得出每一个工序的时差,即 △-□=时差,将时差值记在[ ]内标到作业箭线旁。
(4) 通过计算得知,该网络图的总工期为 32 天,关键路线为 A→B→E→H 线路,即:
①→②→③→⑤→⑧

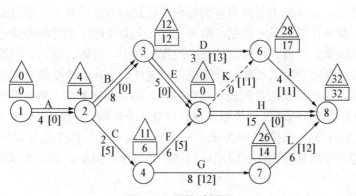

图 3-14　网络计划图

(五) 网络图的优化

就是通过利用时差,不断改善网络计划的最初方案,在满足既定的条件下,使之获得周期最短、成本最低、资源得到最有效利用的方案。最优的网络计划应该是工期短、资源省、成本低的计划方案。所以要达到这个目的，就要对网络计划进行优化。包括时间优化、时间—资源优化、时间—成本优化。

1. 时间优化

即在人力、材料、设备、资金等资源基本有保证的条件下，寻求最短的生产周期，其具体方法包括：一是采取措施，在压缩各工序作业时间的同时，利用时差，从非关键路线上抽调部分人力、物力集中用于关键路线，以缩短关键路线的时间。尤其要在关键路线上寻找最有利的工序来压缩作业时间，可以收到缩短工期的良好效果。二是在工艺技术许可的条件下，采取改变工序衔接关系，组成平行交叉作业等方法缩短生产周期。

2. 时间—资源优化

就是在资源有限的条件下，寻求最短的生产周期，或在一定周期的条件下，使投入的资源最少。

3. 时间—成本优化

就是在工期一定的条件下，求得最低成本，或者是在成本既定的条件下，使工期最短。

小　　结

本章主要介绍了计划的概念、类型、编制程序和编制方法等内容。

计划是指一个组织在未来一定时期内，用文字和指标等具体形式表达的，关于组织成员的行动方针、行动目标、行动内容及行动安排的管理文件或方案。

计划的作用表现在计划是管理活动的依据，计划是合理配置资源的手段，计划是降低风险和掌握主动的依据，计划是实施控制的依据。

计划具有目的性、首位性、普遍性、效率性、创新性和可操作性六个基本特征。

计划按不同标准可以有很多种分类方式，如按计划的时间可分为长期计划、中期计划、短期计划；按计划的层次可分为战略性计划和行动计划；按计划的强制程度可分为指令性计划与指导性计划；按计划的对象可分为综合性计划和专业性计划；按计划的专业职能可分为生产计划、财务计划、供应计划、销售计划、人力资源计划等各种业务计划。

计划通常以宗旨、使命、目标、战略、政策、程序、规则、规划、预算等形式表现。

制订计划应遵循限制因素原理、许诺原理、灵活性原理和改变航道原理。

计划的编制，通常遵循估量机会、确定目标、确定前提条件、确定备选方案、评价备选方案、选择可行方案、拟订派生计划和编制预算八个步骤。并按照"PDCA循环"，即"计划（Plan）—实施（Do）—检查（Check）—处理（Action）"四个循环周而复始运转。

现代企业通常采用甘特图法、滚动计划法、运筹学、网络计划技术等方法编制计划。

知识检测

一、名词解释

1. 计划　2. 综合性计划　3. 宗旨　4."PDCA循环"　5. 甘特图

二、填空题

1. 计划的作用体现在以下四个方面，即（　　）、（　　）、（　　）和（　　）。
2. 计划一般具有（　　）、（　　）、（　　）、（　　）、（　　）和（　　）六个基本特征。

3. 计划在管理职能中处于（   ）地位，是进行其他管理职能的基础或前提条件。
4. 计划涉及组织管理区域内的每一个层次、每一位管理者及员工，这说明计划具有（   ）。
5. 计划的效率性主要是指（   ）和（   ）两个方面。
6. 科学的计划要兼顾（   ）、（   ）和（   ）三者的利益关系。
7. 按时间尺度可将计划分为（   ）、（   ）和（   ）；按计划的层次可分为（   ）和（   ）；按计划的强制程度可分为（   ）和（   ）；按计划的对象可分为（   ）和（   ）。
8. （   ）是指对组织业务经营过程的各个方面所做的全面规划和安排，关系到组织多个目标和多方面内容的计划。
9. 正指标是指与效益成（   ）变化的指标。
10. 计划通常以（   ）、（   ）、（   ）、（   ）、（   ）、（   ）、（   ）和（   ）等形式表现。
11. 关键路线的确定有（   ）、（   ）和（   ）三种方法。
12. 网络图的优化包括（   ）、（   ）和（   ）三个方面。

三、单选题

1. 计划工作的步骤有：①确定目标；②估量机会；③编制预算；④拟订派生计划；⑤选择方案。请选择正确的排序（   ）。
   A．①②③④⑤   B．②①③④⑤
   C．②①⑤④③   D．⑤④③②①
2. 中国有句古话："望山跑死马"，这是形容在马知道人们在"马放南山"时，一看到"南山"马就会拼命地向着大山跑去，尽管有些时候由于山高路远，马需要跑很长时间，甚至可能没有跑到大山就累死了，但是它还是会使劲跑。在我们的现实生活中也有许多这方面的事例，你认为根据管理的基本原理我们能够从这当中得到的重要的启示是什么？（   ）。
   A．组织的计划管理应该符合组织的实际情况
   B．组织和个人都要量力而行
   C．目标具有很强的激励力量
   D．组织和个人都不应该过于强求
3. 两经理正在讨论如何为提高工作绩效给员工设置目标的问题。一个经理认为应该设置总体目标，这样可以保持管理的灵活性。另一个经理认为，只有确定具体目标才能取得良好的效果。他们还讨论了其他一些确立目标的方法，在以下四种方法中最好的方法是（   ）。
   A．由经理给员工设置总体目标
   B．由经理给员工设置具体目标
   C．由员工提出总体目标，并获得管理部门的同意
   D．由员工提出具体目标，并获得管理部门的同意
4. 在当前飞速变化的市场环境中，人人常常会感到"计划赶不上变化"，有人甚至怀疑制订计划是否还有必要，对此，应当采取的正确措施是（   ）。
   A．坚持计划工作的必要性，批判怀疑论者
   B．"计划赶不上变化"不以人的意志为转移，应当经常修改计划
   C．如果形势变化快，可仅仅制订短期计划

D．在变化频繁的环境中，更倾向于制订指导性计划和短期计划

5．某化工企业为了在竞争中处于有利地位，开发了某种投资很大的新产品，投产后非常畅销，企业领导也倍感欣慰。但不久便得知，由于该产品对环境有害，国家正在立法，准备逐步取缔该产品。企业顿时陷于一片阴影之中。从计划过程来看，该企业最有可能在哪个环节上做得不够周到？（　　）。

  A．估量机会、确立目标
  B．明确计划的前提条件
  C．提出备择方案，经过比较分析，确定最佳或满意方案
  D．拟订派生计划，并通过预算使计划数字化

6．在下列计划的诸形式中，哪种是主要针对反复出现的业务而制定的？（　　）。
  A．目标　　　　B．规则　　　　C．程序　　　　D．预算

7．"它是主管人员决策的指南，它使各级主管人员在决策时有一个明确的思考范围，它允许主管人员有斟酌的自由，它是一种鼓励自由处置问题和进取精神的手段。"在下列几种计划的具体形式中，最符合上述描述的是哪一种？（　　）。
  A．目标　　　　B．政策　　　　C．规则　　　　D．策略

8．某君到一百货商店考察，随手翻阅了其规章制度手册，有三条特别引起他的注意：
——"我们只售高贵时髦的衣服和各种高级用具。"
——"货物售出超过7天，不再退还购货款。"
——"在退还顾客购货款前，营业员需注意检查退回的货物，然后取得楼层经理的批准。"

试问这三条规定各自是属于常用计划的哪一种形式？（　　）。
  A．都是规则　　　　　　　　　B．都是政策
  C．分别是政策、程序、规则　　D．分别是政策、规则、程序

9．大地公司准备投资一个大型房地产项目。总经理责成规划部小王做一个完整的计划。一个月后，小王提交了一份长达30页的项目计划书。在计划书中详细介绍了该项目的情况，包括该项目的目标是什么、项目准备什么时候开始和结束、有哪些部门负责、项目在哪里进行，以及项目具体的运营思路。在你看来，要成为一份完善的计划书，小王的计划存在哪些欠缺？（　　）。

  A．没有明确高层管理者的责任
  B．没有对项目的可行性进行论证
  C．没有划分各部门的责任
  D．没有考虑和政府机构的协调问题

10．某生物制品企业运用原有技术优势，开发了一种固定资产投资极大的新产品，投产后非常畅销。几家竞争对手看到该产品的巨大潜力，也纷纷跃跃欲试。此时有资料证实，该产品可以通过完全不同的其他途径加以合成，而投资只是原来的几分之一。该企业顿时陷入一片恐慌之中。从计划过程来看，该企业最有可能在哪个环节上出了问题？（　　）。

  A．估量机会、确立目标
  B．明确计划的前提条件
  C．提出备择方案，经过比较分析，确定最佳方案
  D．拟订派生计划，并通过预算使计划数字化

四、判断题

1．决策是计划的前提，计划是决策的逻辑延续。（　　）
2．计划工作在管理职能中处于首位。（　　）

3. 计划是不随条件变化而变化的。（　　）
4. 战术显著的特点是长期性和整体性。（　　）
5. 计划工作不仅具有首位性、普遍性的特征，而且还带有明显的目的性。（　　）
6. 指导性计划主要用于部署解决组织的重大事项，实现关系全局的核心指标。指令性计划则多用于复杂多变的外部环境下，灵活机动地处理组织的应变问题及一般问题。（　　）
7. 甘特图可以使管理者非常便利地弄清每一项任务（项目）还剩下哪些工作要做，并可评估工作是提前还是滞后，亦或正常进行。（　　）
8. 滚动计划法在制定时要本着"近粗远细"的原则。（　　）
9. 作业时间是指在一定技术组织条件下，为完成某一项作业或一道工序所要花费的时间。也就是每一项活动的延续时间。（　　）
10. 网路图的优化就是对时间的优化。（　　）

五、简答题

1. 试论述计划工作的重要性。
2. 从计划的概念中我们可以看出计划有哪些特征？
3. 为什么说计划是管理职能的首要职能？
4. 试述计划的类型与计划的表现形式。
5. 计划的编制包括哪些步骤？
6. 计划的编制有哪些具体方法？
7. 滚动计划法的基本思想是什么？如何评价滚动计划法？
8. 说明用网络分析技术制订计划的基本程序。

六、案例分析

红星汽车公司改制计划

1. 红星汽车公司的基本情况

红星汽车公司是一个特大型企业。它的资产总额超过 100 亿元，净资产 49 亿元。1992 年实现销售额 220 亿元，税利 21 亿元，是我国十强工业企业之一。

根据党和国家关于建立现代企业制度的要求，红星汽车公司正在积极思考和拟订改制计划。由于历史原因，红星汽车公司下属生产企业与单位之间，主要靠产品和技术纽带联系，而靠资金纽带联系的不多。目前红星汽车公司下属共有 15 个国有企业、3 个合资子公司、11 个合资企业和 3 个科研单位，总计职工 5 万多人。红星汽车公司的产品包括卡车、客车、轿车及汽车零部件，品种系列较多。

2. 红星汽车公司面临的形势和环境

首先，红星汽车公司面临国内竞争对手日趋激烈的竞争。红星汽车公司的竞争优势体现在轿车工业起步早，国产率高，生产批量大，销售网络建立早，技术开发和产品更新换代较快。但在其他汽车产品及零部件产品上就不存在竞争优势。有些竞争对手，无论是在资产还是在人才、技术创新能力和资金规模上，实际更具明显优势。红星汽车公司清醒认识到这种现实和潜在的竞争威胁，迫切感受到需要有更多的资金投入，才有可能保持在国内竞争的优势，使之快速发展。但资金从何而来？靠自己积累，每年只有 5 亿元可用的扩大再生产资金，显然是不够的，靠政府拨款和优惠政策显然不符合宏观经济调控和政府职能改革的大方向，公司原享有的优惠政策和拨款只会逐年减少，直至取消，贷款也不会增多。因此，必须靠联合的力量、横向的力量、社会的力量。这就要尽快把红星汽车公司改组改制成股份制企业集团。

其次,从国际汽车市场看,汽车大战正愈演愈烈。据预测,在21世纪前20年内世界汽车的需求量将从目前的4亿辆增加到7亿辆,汽车工业有着很大的需求,是带动相关产业发展和增加收入的最重要工业之一。一些世界著名的汽车公司正在制订雄心勃勃的计划,如排名世界第二位的福特公司就制订了一项投资60亿美元的汽车开发计划;日本的丰田和日产公司及本田和马自达公司,通过实施投资计划、技术引进和产品开发,使日本的汽车销往全球,甚至打入头号老牌汽车国美国市场。在汽车世界里,具有竞争实力的汽车公司一般都具有以下特点:一是集团化,以核心企业为主,组成紧密层、半紧密层和松散层企业集团,发挥集团整体优势;二是大型化,往往都是托拉斯、康采恩,更多的是跨国公司;三是股份化,汽车公司多为股份有限公司,甚至是国际证券市场上著名的上市公司;四是高度专业化和协作,汽车公司能做到品种多且系列化,新产品开发快、产量大、质量好、成本低。对于红星汽车公司来说,如按以上世界标准来对照,目前集团化、大型化、股份化都是空白,仅在专业化协作方面有所行动,但按世界水准衡量也还是远远不够的。因此,从国际市场竞争看,红星汽车公司要在世界市场上把握机遇迎接挑战,就必须当机立断,借鉴和吸取许多著名汽车公司发展和成功的经验,尽快把红星汽车公司改制成企业集团。

最后,中国加入WTO后,对中国汽车工业企业来说,既有机遇,又有挑战。而且从总体和中长期上讲,挑战会大于机遇。对红星汽车公司来说,尽管现在取得了很好的业绩,例如销售收入超过230亿元,主要汽车的市场占有率也高达60%,但这些成绩应该说是在国家保护下取得的。随着中国入世后,对外国汽车进口的关税将逐年大幅度下降,非关税壁垒也要逐步撤除,外国汽车大量自由进入中国市场的日子迟早会到来,即使按照WTO条款,我国可以实行对汽车这种幼稚工业的保护,但保护期也不是无限的,一般最多10年期限。一旦离开了国家的保护,在自由贸易公平竞争条件下,红星汽车公司是否具备与众多外国汽车公司进行竞争的能力呢?是否能继续取得这样好的业绩呢?答案是否定的。因为无论是从产量、成本、质量、品种、产品开发能力任何一个方面都无法与国外汽车公司抗争。因此,对红星汽车公司来说,入世后挑战的形势是严峻的。保护期只有10年时间,如果能在近几年内把公司改组好、改制好,把汽车产量、质量、品种和效益都搞上去,才有可能在国内市场面对群雄竞争,也才有资格去世界市场抓住机遇。

3. 红星汽车公司改组改制的意义和可行性

红星汽车公司虽是一个企业性公司,但在产供销和人财物等方面都不同程度地受到上级主管部门的控制和干预,独立的商品生产经营者的地位并未真正落实。在市场经济快速发展的今天,客观上要求红星汽车公司成为自主经营、自负盈亏、自我发展、自我约束的真正的商品生产经营者。把红星汽车公司改组改制为股份制企业集团后,就能做到这一点,这是因为:第一,公司董事会中代表国家资产所有权的董事长和董事们,同时也受到代表其他资产所有权的董事们的制约;直接接管公司的总裁是受托于公司董事会的,不再对政府部门直接负责和报告工作。这就保证了红星汽车公司真正实现政企分开,能自主经营、自主决策。第二,红星汽车公司改制成股份公司制集团后,股东是多元化的,既有国家股东,又有法人股东、社会自然人股东和公司内部职工股。不仅股东与公司形成命运共同体,不同股东之间也能实现利益共享。企业要对所有股东的利益负责,任何股东都要对企业的效益负责。这种相互负责的特殊关系,使得任何股东及股东代表都不能任意干预公司的经营活动，从而保证了公司总裁能自主地不受干扰地行使董事会赋予的一切职权和履行自己的责任。

红星汽车公司改制改组，既是企业本身的客观需求，又是振兴中国汽车工业和国际分工协作及国际经济合作的需要。这是符合经济规律和历史潮流的正确举措，完全可行。第一，红星汽车公司的改制改组，有利于吸引国外更多厂商来投资、合资、合作，也有利于红星公司走出国门，在国外筹资、投资、合作，从而加速国际分工协作和经济合作的进程。第二，为了从根本上解决中国汽车企业规模小、质量差、消耗高、品种少、产品更新慢的顽症，汽车工业的改组联合是必然趋势和正确选择。红星汽车公司在不少汽车企业及相关企业中有影响力和吸引力，它们愿意联合在红星公司的内层和外围，形成汽车集团的强大优势。通过对红星汽车公司的改制改组，就可打破所有制、隶属关系等套在企业头上的绳索，使它们联合的愿望能够实现。第三，汽车工业是重要的支柱产业，它的发展不仅可以促进经济和技术进步，而且可以带动一大批相关产业的发展，如钢铁、机械、仪表、电子、石油、化工、橡胶、塑料、轻纺织等工业的发展。将红星汽车公司改制成股份制企业集团，会受到相关行业和企业的大力支持。第四，红星汽车公司是作为国有资产授权经营的企业，对被授权资产的经营和处置得到法律确认和保护，这就使红星汽车公司有条件作为核心企业进行改制。当然，红星汽车公司也有条件作为核心企业来组建企业集团，因为它拥有很多的领先产品、优质产品、拳头产品，具有较强的实力和较大的规模，它对股东和希望加入集团的企业都有巨大的感召力和吸引力。

4. 红星汽车公司改制计划方案

总体计划：一是对红星汽车公司的下属企业进行重组，把效益差的企业和与中长期发展目标不太相关的企业暂时分离出去，这部分企业的资产仍属于红星汽车公司，但不参与改制。将来这些公司发展了，仍可由股份公司适时合并。二是把红星汽车公司所属的、不分离出去的部分资产作存量发股，另外部分作增量发股，改制成红星汽车股份公司。三是把红星汽车公司在七家合资公司企业中的中方资产作为存量，增量发股到国外注册红星汽车公司海外股份公司。红星汽车公司改造计划的结构框架如图 3-15 所示。

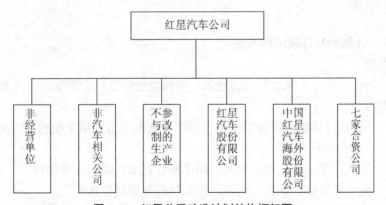

图 3-15　红星公司改造计划结构框架图

5. 红星汽车公司改制的评估

红星汽车公司改制计划如能实现，就能取得以下方面的成效：第一，采用重组方式把红星汽车公司下属企业改制成股份公司，能提高股份公司的股本利润率，从而提高股票发行价格,进一步提高红星公司的知名度,最终有利于公司股票发行和上市。这是改制的首要问题。预计红星公司发行 A 股、B 股和 H 股后,市盈率 A 股为 15,B 股与 H 股为 10,净资产利润率为 0.4,这些数据有利于红星公司股份制改制成功。第二,有利于红星公司筹集到所需资金。预计红星汽车公司通过存量与增量资产发股,总股本可达 40 亿元,由于溢价发行,预计筹集资金总量达 80 亿元,可满足红星汽车公司发展规划的资金缺口需要。第三,有利于红星汽车公司进一步规范和提高改制后的管理。红星汽车公司使国有资产的授权和管理真正落实到法定代表人,同时通过资产一体化的纽带,使红星公司与下属企业的关系更加紧密,决策和指挥更加高效顺畅。当然,红星汽车公司改制计划方案也面临一些不利因素,需要采取措施加以克服和化解,主要有以下几种方式。

(1) 采用净资产存量发股既有利于国有资产的增值和保值,又可提高发行溢价,增加筹资总额。但存量发股目前还处于试点阶段。红星汽车公司如能按此方式发行股票,有些难度。但采取措施向国家证监委争取特事特批,也是可以解决的。

(2) 利用合资企业中的中方资产到境外和国外注册公司发行股票,国际上有此先例。红星汽车公司也有条件走这条国际化—规范化筹资捷径。但需征得合资外方的同意才可行。所以需做一些沟通、协调工作,以取得外方同意,能成功在海外发行股票。

(3) 有一部分红星汽车公司的下属单位和企业暂不参与公司改制,可能会为顺利改制增加一些阻力。需要对职工做细致的思想工作,讲明公司改制的重大意义和树立全局观念的重要性,同时在不参与改制的企业与参与改制的企业中,从利益的享有和分配上进行适当的处理。这样做后,可以减少改制阻力,从而保证红星公司改制顺利进行。

思考题

1. 红星汽车公司在确定改制计划时,是怎样分析公司所面对的环境的?你认为环境分析与计划有什么关系?

2. 红星汽车公司改制计划的宗旨和目标是什么?你认为红星改制计划的目标是否合理?

技能训练

项目 1:计划的制订程序和方法

实训目的

使学生结合实际,加深对计划的理解,掌握企业年度计划的编制方法和程序。

实训内容

参观一个目标管理较为成功的企业,请企业管理人员介绍企业的基本情况,重点了解企业的年度计划的编制情况。

1. 该厂年度计划由哪个部门编制?用哪种计划法?编制程序如何?
2. 今年的计划指标有哪些?确定这些指标的依据是什么?
3. 你认为在该企业的计划中,还存在哪些不足?怎样补充或修订?

实训组织

教师组织学生参观、调查,然后分组讨论,搜集、整理资料,形成报告。

实训考核

1. 每小组写一份该厂年度计划编制情况报告。
2. 结合参观情况，组织课堂交流与讨论。
3. 由教师根据各成员讨论发言及计划编制报告评估打分。

项目 2：网络图的绘制及分析

技能培养目标

1. 初步培养网络图绘制能力及科学决策的观念。
2. 培养分析问题的能力。

管理情境设计

学生自愿分组，每组 5 人左右，选择一个同学们比较熟悉的项目，深入企业进行调查走访，完成以下调查项目：

1. 了解该企业的经营项目有哪些工序组成。
2. 了解该项目事项时间参数。
3. 了解各工序时间参数。
4. 了解工序总时差。
5. 了解关键路线及时间周期。

实训要求

1. 在调查走访之前，要制定调查访问提纲，包括调查单位、调查对象、调查时间、调查地点的安排和调查内容的设计。并做好相关准备工作（预约、路线的选择、笔和本等用品的携带、访谈问题的设计等）。
2. 进行组内研讨，分析所调查的项目可能存在哪些工序，并将数据填写在表 3-5 中。

表 3-5　作业时间明细表

作业名称	作业代码	工序时间	紧前作业	紧后作业

3. 填写工序时间参数、总时差和关键路线信息表 3-6，画出该项目的网络图，并帮助企业进行决策分析。

表 3-6 工序时间参数、总时差和关键路线信息表

工序 $i-j$	工序时间 $T(i,j)$	工序最早开始时间 $ES(i,j)$	工序最早结束时间 $EF(i,j)$	工序最迟开始时间 $LS(i,j)$	工序最迟结束时间 $LF(i,j)$	总时差 $TF(i,j)$	关键路线

相关链接

目 标 管 理

目标管理（Management by Objectives，MBO），20 世纪 50 年代出现于美国，最早由彼得·杜拉克提出。目标管理是让组织的管理人员和员工亲自参加目标的制定，在工作中实行"自我控制"并努力完成工作目标的一种管理制度或方法。目标管理是以泰勒的科学管理和行为科学理论为基础的。

1．目标管理的特点

（1）目标管理强调以目标为中心进行管理。这是有效管理的首要前提。目标的确定是一切管理活动的开始，组织目标是组织行为的导向，同时也是任务完成情况的考核依据。

（2）目标管理是参与管理的一种形式。目标管理中，目标的实现者同时也是目标的制定者，即上级与下级共同确定目标。首先确定出总目标，然后对总目标进行分解逐级展开，通过上下协商制定出企业各部门、各车间直至各个员工的目标。用总目标指导分目标，用分目标保证总目标，形成一个"目标—手段"链。

（3）目标管理强调"自我控制"。目标管理强调用"自我控制"代替"压制性管理"，使管理人员能够控制自己的成绩。这种自我控制可以成为强烈的动力，推动成员尽最大努力把工作做好。

（4）注重管理实效，是一种成果管理。目标管理非常强调成果，注重目标的实现，重视目标的评定，因此也叫"根据成果进行组织管理的方法"。

2．目标管理的过程

目标管理是一个循序渐进的过程，大致包括以下三个阶段：

第一阶段：建立目标体系。制定组织总目标，明确指导方针，鼓励下级根据指导方针拟定自己的目标，然后由上级批准，这样，自上而下制定出部门目标和个人目标。

第二阶段：组织实施。在实施过程中，上级尽可能下放权限，给下级自由处理的余地，

权限下放的同时强调下级执行责任和报告的义务。并通过下级自我检查和上级巡视指导相结合的方式，对目标实施过程进行检查与控制。

第三阶段：业绩考评。业绩考评是目标管理的最后一环。业绩考评包括两种方式：一种是组织各层次、各部门、各个成员的自我考评，即自己对照目标和自己所取得的工作业绩来判断自己做得如何；另一种是组织的上级部门对下级部门及组织成员进行考评，考评过程也是对照工作业绩与下达的目标进行分析评判。评判一般涉及目标的达成程度、目标复杂程度和完成目标的努力程度三个要素。

3．目标管理的实施

目标管理的成功实施取决于组织状况、目标设定分解、考核评价的公正以及组织领导层的正确理解和推行。

（1）目标管理实施的前提。一是组织成员的自我管理能力，较强的自我管理能力除了表现在能够根据目标要求自觉努力完成之外，还应表现在能够自觉主动地了解合作者，主动配合合作者或其他各方共同把各自分内的、本部门的、本层次的目标完成；二是组织的价值理念一定会渗透到组织总目标和具体分解的目标之中，从而决定了这些目标的特性，决定了这些目标对组织成员行为的影响；三是组织高层领导的重视程度，这里强调的是组织高层领导本身对目标管理有深刻的认识，并且能够向其下属及员工非常清楚地阐述目标管理是什么，它怎样起作用，为什么要目标管理，目标管理与组织共同愿景有什么关系，它在评价业绩时起什么作用，尤其要说明参与目标管理实施的所有组织成员将随着组织的发展也得到共同的发展。

（2）目标的有效设定。目标设定要遵循定性目标向定量方面转化、长期目标的短期化、目标实施的资源配合三项准则。在给组织各层次、各部门、各管理主管及员工制定目标后，绘制目标分解图。在分解目标时，要注意以下问题：如目标本身的覆盖范围是否适当，目标分解后上下前后是否协调，有无相互矛盾的目标函数；目标评判的标准是否已经确定，有无问题，分解的目标有无相应责任和授权？等等。哈罗德·孔茨设计了主管人员目标检验表，可作为参考（如表3-7所示）。

（3）目标管理实施的控制。目标管理实施过程中的控制，除了目标设定与分解、绩效评价外，还要做好员工培训。通过培训解决好以下几个问题：

① 组织引入目标管理的目的，对组织发展、个人发展有无好处；

② 对目标管理方式的本质、基本知识、运作过程，尤其是对组织目标的性质、目标完成的共同要求、设定目标时自上而下和自下而上的过程解释清楚；

③ 目标分解与授权范围，目标完成后的评价、激励手段；

④ 目标分解后分工完成，但仍要注意相互的交流沟通，需要大家共同自觉努力；

⑤ 目标管理作为带有一种自我管理特性的方式，需要组织成员在理念、行为习惯等方面做出相应的调整；

⑥ 对组织成员进行一些模拟性训练。

（资料来源：芮明杰，《管理学第二版》，高等教育出版社，2005）

表 3-7　主管人员目标检验表

如果目标符合标准，就在右边的方框中写"+"来表示；如果不符合，用"-"号表示。

1. 目标是否包括我的工作的主要特征？　□
2. 目标的数目是否太多？　□
   如果太多，能合并一些目标吗？　□
3. 目标是否是可考核的，亦即，我知道期末是否已经实现了目标？　□
4. 这些目标是否表示了：　□
   （1）数量（多少）？　□
   （2）质量（如好到什么程度或具体的特性）？　□
   （3）时间（何时）？　□
   （4）成本（按什么成本）？　□
5. 这些目标有挑战性吗？尚合理吗？　□
6. 是否已给这些目标安排了优先程序？（次序、侧重等）　□
7. 这套目标是否包括：　□
   （1）改进工作的目标；　□
   （2）个人发展的目标。　□
8. 这些目标是否同其他主管人员和组织单位的目标协调？　□
   它们是否和我们上级领导人的、我们部门的、公司的目标协调？　□
9. 是否已将目标传达给所有需要掌握这种信息的人？　□
10. 短期目标是否与长期目标相一致？　□
11. 目标依据的假定是否已清楚载明？　□
12. 目标表达是否清楚并用文字写出？　□
13. 这些目标是否能随时提供反馈，从而采取必要的纠正步骤？　□
14. 所掌握的资源与权力是否足以去实现这些目标？　□
15. 是否考虑给予那些想实现目标的个人一些机会去提出他们的目标？　□
16. 分派给下属人员的责任是否都能控制？　□

参考文献

1. 单凤儒．管理学基础［M］．第二版．北京：高等教育出版社，2005．
2. 倪成伟．经济管理基础［M］．北京：高等教育出版社，2005．
3. 吴志清．管理学基础［M］．北京：机械工业出版社，2005．
4. 张炜．新编管理学原理［M］．北京：苏州大学出版社，2007．
5. 陈琳．管理原理与实践［M］．北京：国防工业出版社，2007．
6. 刘晓峰．现代工业企业管理［M］．北京：机械工业出版社，2007．
7. 薛威，孙鸿．物流企业管理［M］．第二版．北京：机械工业出版社，2007．
8. 王惠琴，丁勇．管理原理［M］．北京：河海大学出版社，2008．

参考答案

二、填空题

1. 计划是管理活动的依据　计划是合理配置资源的手段　计划是降低风险和掌握主动的依据　计划是实施控制的依据

2. 目的性　首位性　普遍性　效率性　创新性　可操作性

3. 首位

4. 普遍性

5. 时效性　经济性

6. 国家　集体　个人

7. 长期计划　中期计划　短期计划；战略性计划　行动计划；指令性计划　指导性计划；综合性计划　专业性计划

8. 综合性计划

9. 正比例

10. 宗旨　使命　目标　战略　政策　程序　规则　规划　预算

11. 最长路线法　时差法　破圈法

12. 时间优化　时间—资源优化　时间—成本优化

三、选择题

1．C　2．A　3．D　4．D　5．B　6．C　7．B　8．D　9．B　10．C

四、判断题

1．错　2．对　3．错　4．错　5．对　6．错　7．对　8．错　9．对　10．错

第四章 组 织

一个组织的目标、计划制订出来以后,一个重要的问题就是如何使它们变为现实。这就要求管理者按照组织目标和计划所提出的要求,设计出合理、高效、能顺利实现组织目标的结构和体制,合理配置组织的各种资源,以保证计划和组织目标的顺利实现。

本章将着重介绍组织的设计原则、影响组织设计的因素、组织设计的步骤与几种常见的组织结构形式等基础知识,同时对组织的运行及组织变革进行了全面介绍。

知识目标

(1) 了解组织的含义与类型;
(2) 理解组织工作的过程;
(3) 掌握组织结构设计的原则及影响组织设计的因素;
(4) 掌握组织设计的基本程序;
(5) 掌握几种常见的组织结构。

技能目标

(1) 具备组织结构的初步设计能力;
(2) 具备制定制度规范的基本能力;
(3) 锻炼团队合作能力。

导入案例

通用公司的组织结构变革

当杜邦公司刚取得对通用汽车公司的控制权的时候,通用公司只不过是一个由生产小轿车、卡车、零部件和附件的众多厂商组成的"大杂烩"。这时的通用汽车公司由于不能达到投资人的期望而濒临困境,为了使这一处于上升时期的产业为它的投资人带来应有的利益,公司在当时的董事长和总经理皮埃尔·杜邦以及他的继任者艾尔弗雷德·斯隆的主持下进行了组织结构的重组,形成了后来为大多数美国公司和世界上著名的跨国公司所采用的多部门结构(Multidivisional Structure)。

在通用公司新形成的组织结构中，原来独自经营的各工厂，依然保持着各自独立的地位，总公司根据它们服务的市场来确定其各自的活动。这些部门均由企业的领导，即中层经理们来管理，它们通过下设的职能部门来协调商品从供应者到生产者的流动。这些公司的中低管理层执行总公司的经营方针、价格政策和命令，遵守统一的会计和统计制度，并且掌握这个生产部门的生产经营管理权。公司设立了执行委员会，并把高层管理的决策权集中在公司总裁一个人身上。执行委员会的时间完全用于研究公司的总方针和制定公司的总政策，而把管理和执行命令的负担留给生产部门、职能部门和财务部门。同时总裁和执行委员会之下设立了财务部和咨询部两大职能部门，分别由一位副总裁负责。财务部担负着统计、会计、成本分析、审计、税务等与公司财务有关的各项职能；咨询部负责管理和安排除生产和销售之外的公司的其他事务，如技术、开发、广告、人事、法律、公共关系等。职能部门根据各生产部门提供的旬报表、月报表、季报表和年报表等，与下属各企业的中层经理一起，为该生产部门制定"部门指标"，并负责协调和评估各部门的日常生产和经营活动。同时，根据国民经济和市场需求的变化，不时地对全公司的投入—产出作出预测，并及时调整公司的各项资源分配。

公司高层管理职能部门的设立，不仅使高层决策机构（执行委员会）的成员们摆脱了日常经营管理工作的沉重负担，而且也使得执行委员会可以通过这些职能部门对整个公司及其下属各工厂的生产和经营活动进行有效的控制，保证公司战略得到彻底的和正确的实施。这些庞大的高层管理职能机构构成了总公司的办事机构，也成为现代大公司的基本特征。

另外，在实践过程中，为了协调职能机构、生产部门及高级主管三者之间的关系和联系，艾尔弗雷德·斯隆在生产部门间建立了一些由三者中的有关人员组成的关系委员会，加强了高层管理机构与负责经营的生产部门之间广泛而有效的接触。实际上这些措施进一步加强了公司高层管理人员对企业整体活动的控制。

问题思考
（1）分析通用公司的组织结构改革的成功之处。
（2）事业部制适用于我国什么样的组织？在应用事业部制时应注意哪些问题？

第一节 组 织 概 述

在有了共同目标和计划之后，必须把实现目标和计划所不可缺少的业务活动进行分类，建起组织机构，明确它们各自的职责权限及相互的分工协作关系，制定规章制度并认真落实、严格执行。

一、组织的含义

（一）组织的含义

不同学科的学者对"组织"都有自己的理解。刘易斯. A. 艾伦（Louis A.Allen）将正式的组织定义为：为了使人们能够最有效地工作以实现目标而进行明确责任、授予权力和建立关系的过程。切斯特·巴纳德（Chester Barnard）将一个正式的组织定义为：有意识地协调两个或多个人活动或力量的系统。

通俗地理解，组织有两重含义：其一是作为名词，指按照某种目的建立起来的人的有序集合体，是人的工作协调与配合关系存在的形式。这一定义强调"组织"是为了达到管理目标而结合在一起具有正式关系的一群人，每个组织都有一个明确的目标或目的，从而提供了它存在的依据。另外，每个组织在其组织结构里都有某种行为规范，从而将其成员的行为约束在一定的条规和限制中。其二是作为动词，指为达到预定目标，安排分散的人或事物使之具有一定的系统性和整体性，涉及建立组织结构、配备人员、使组织协调运行等一系列活动的过程。组织是重要的管理职能，它是确保人类社会、经济活动协调，使之顺利达到预期目标的必要条件。为此，管理的任务之一是建立一个有效的组织。通过有效的组织可以增强工作责任，提高工作效率。防止由于分工、职权范围不明确而出现的"互相推诿"、"彼此摩擦"、"政令不通"、"管理混乱"等不协调、低效率现象。

那么，从管理学的意义上来说，什么是组织呢？根据国内外有关学者的最新研究，可以给组织作出如下定义：所谓组织，是为有效地配置内部有限资源的活动和机构。组织是为了实现一定的共同目标而按照一定的规则、程序所构成的一种责权结构安排和人事安排，其目的在于确保以高效率实现组织目标。

这一定义强调了三层含义：一是组织必须具有一定的目标。无论是营利性组织还是非营利性组织，都是为了实现一定的目标而存在的；二是每一个组织都由一定人群组成。人们为了共同的目标而聚合在一起，并为了目标的实现而相互协作、共同工作；三是组织必须有不同层次的权力和责任制度。组织的各个部门和每个人要赋予相应的权力和责任，分工与协作是组织有效运作的手段。

（二）组织的特性

1. 协作性

当人们为了一定的目的集中其力量时，不论是多么简单的工作，为了达到某个明确的目标，需要两个人以上的协作劳动时，就会形成组织。为了达到共同的目的，协作性是组织的重要特性，能更有效地实现组织的经营目标。

2. 有效性

组织的有效性就是为了推进组织内部各成员的活动，确定最有效果的经营目标，而规定各个成员所承担的任务及成员间的相互关系。组织是达成有效管理的手段，是管理的一部分，管理是为了实现经营的目的，而组织是为了实现管理的目的。也就是说，组织是为了实现更有效的管理而规定各个成员的职责及职责之间的相互关系。

3. 群体性

组织的核心是协作的群体。由于组织是人们受到生理、物质及社会等各方面的限制而形成的有机整体，所以需要协调有效地实现个人及群体的共同目标。

4. 功能放大性

在现实社会中，人们都是生活在各种不同组织之中的，如工厂、学校、医院、军队、公司等，人们依赖组织，组织是人类存在和活动的基本形式。没有组织，仅凭人们个体的力量，无法有所成就；没有组织，也就没有人类社会今天的发展与繁荣。组织的作用就是协调有效地将个体或群体的功能放大，即实现组织的功能放大性。用简单的数学表示就是"1+1＞2"。

管理小故事 4-1

"1+1＞2"的组织效应

爱迪生是世界大发明家,一生有2 000多项发明,平均13天一项,这么多发明对于一个有限的精力和生命来说,实在是不可思议的,爱迪生却把它变成现实,这其中的奥秘就是爱迪生实验室,可以说,出自爱迪生实验室的成果远远要多于工作人员独自努力成果的总和,爱迪生的发明离不开三个助手:美国人奥特,他在机械方面有专长,超过爱迪生;英国人白契勒,沉默寡言,肯于钻研,常常提出一些离奇古怪的问题,给爱迪生极大的启发;瑞士人克鲁西,擅长绘图,爱迪生的手稿无论多草都能绘制成正式图纸,让奥特原原本本地把爱迪生的设想做成实物。此外,还有几个实干家作下手,这就是实验室相得益彰的组织结构。手握拳头要比所有的手指分开出击有力量,即"1+1＞2"的组织效应。

二、组织的类型

组织是人们有计划地建立起来的具有特定的目标、执行一定职能的机构。对于组织的种类,我们可以依据不同的标准划分为不同的类型。

（一）根据组织目标划分

1. 互益组织

根据成员的利益需要而成立的组织。如工会、俱乐部、政党、团体、各种职业协会等。

2. 工商组织

从事工商经营活动的组织。如工矿企业、商业公司、银行、跨国公司等。

3. 服务组织

为社会提供服务的组织,如学校、医院、社会福利机构等。

4. 公益组织

为维护公众利益而建立的,以社会公众的利益为前提的组织,如政府机构、公安机关、消防队和科研机构等。

（二）根据组织的社会职能划分

1. 经济组织

经济组织是人类社会最基本最普遍的社会组织。指在人们经济关系基础上建立的,并以经济活动为中心而服务的组织。它担负着人类的物质文明和精神文明（提供衣食住行和文化娱乐等物质生活资料）建设,履行社会的经济发展功能,包括生产领域的工厂、农场,流通领域的各种商业组织,还有交通组织、金融组织、商业及服务组织等。

2. 政治组织

指人们在政治领域中的组合形式,其特点是具有各种政治职能,包括政党组织、政权组织、立法与司法组织、军事组织等。如政党、政府、法律、公安、监察等政治行政机关。

3. 文化组织

文化组织是一个广义的概念，包括科研组织、教育组织、医疗卫生组织、文艺团体、体育组织等。其特点是以满足人们的各类文化需求为目的，以文化活动为其基本内容的社会团体，履行着文化和教育的功能。

4. 群众组织

群众自发形成的，具有某种共同爱好、共同愿望的组织。如工会、妇女联合会、科学技术协会等。

5. 宗教组织

这类组织是由具有共同信仰的人们组合起来的。它包括佛教协会、道教协会、天主教爱国会等。

（三）根据组织形成方式划分

1. 正式组织

正式组织是指按照一定的法律程序和明文规定建立起来的有形组织。所有成员彼此互相沟通，为既定目标采取共同行动，并依法或依规章制度的有关规定。它有以下特点：经过某种社会认可的程序而成立，有相对稳定的权利关系；有十分明确的组织目标和分工协作关系，讲究效率，协调处理人、财、物之间的关系，以最经济有效的方式达到目标；制定各种规章制度以约束组织成员的行为，建立权威，组织赋予领导以正式的权力，下级必须服从上级；组织内个人的职位可以相互替代。

2. 非正式组织

管理学家发现一个规则：即人们有互相结合的需要，倘若不能从正式组织或领导措施上获得需要的满足，则非正式的结合就会增多。非正式组织是在满足需要的心理推动下，比较自然地形成的心理团体，其中蕴藏着浓厚的友谊与感情的因素。非正式组织具有以下特征：组织的建立以人们之间具有共同的思想，相互喜爱、相互依赖为基础，是自发形成的；组织最主要的作用是满足个人不同的需要；组织一经形成，会产生各种行为规范，约束个人的行为。这种规范可能与正式组织目标一致，也可能不一致，甚至产生抵触。管理人员必须意识到非正式组织的存在，避免与之对立。管理者若能对此类组织的行为与关系加以研究与重视，必可对正式组织产生莫大的裨益。

另外，我们还可以根据权力配置的方式不同，把组织划分为：集权型组织与分权型组织；根据管理事项及复杂程度的不同，把组织分为综合性组织与专门性组织等。

管理专栏 4-1

非正式组织类型

从"安全性"和"紧密度"两方面来考察非正式组织，非正式组织可分为四种类型：

（1）消极型：既不安全，也不紧密。这种非正式组织内部没有一个得到全部成员认可的领袖，分为好几个小团体，每个团体都有一个领袖，同时某些领袖并不认同组织，存在个人利益高于组织利益的思想。

（2）兴趣型：很安全，但不紧密。由于具有共同的兴趣、爱好而自发形成的团体，成员之间自娱自乐。

> （3）破坏型：很紧密，但不安全。这种非正式组织形成一股足以和组织抗衡的力量，而且抗衡的目的是出于自身利益，为谋求团体利益而不惜损害组织利益。同时，团体内部成员不接受正式组织的领导，而听从团体内领袖的命令。
>
> （4）积极型：既积极，又很紧密。一般出现在企业文化良好的企业，员工和企业的命运紧密地联系在一起。
>
> 对于企业来讲，虽然一般的非正式组织很少存在破坏型的，但是如果出现一定的内外部诱因，那么消极型、兴趣型和积极型非正式组织都有可能迅速地转化为破坏型非正式组织。作为组织的管理者需要对组织内存在的诸多非正式组织有一个清晰的界定，消除破坏型非正式组织，促使消极型、兴趣型转化为积极型非正式组织。

三、组织的功能

组织的类型尽管多种多样，但作为一种具有明确目的和系统性结构的人群集合体，通常均具有以下四大功能。

1. 凝聚功能

有效率的组织会产生很强的向心力和凝聚力，通过目标和任务，引导成员的思想和行为，朝着共同的方向努力，并通过营造良好的软环境，提升成员对组织的认同感和归属感。组织汇聚了人、财、物等资源，通过生产、加工、协作系统完成特定的目标。它是社会资源的配置载体，是优化资源配置的一种方式，也是改善资源配置效率的场所。

2. 协调功能

一个组织面临复杂的分工协作关系，不仅要协调好组织内部的关系，包括部门之间的关系、成员间的关系，各尽其职、分工协作，提升工作绩效；还要协调好组织与外部环境的关系，顺应环境变化，把握好机遇，化解危机。

3. 制约功能

在一个组织里，每个成员被指派担任一定的职务，赋予相应的权利，承担一定的责任，并且依靠不同层次、不同职位的权利和责任的制度，保证组织活动的和谐统一。从一定意义上说，组织正是由职位、权力、责任组合而成的结构系统。这种职位、权力和责任所构成的制约力量，制约着组织成员的行为，关系到组织的功能。

4. 激励功能

一个有效的组织，能够合理确定成员分工，科学赋予权力和责任，充分发挥成员的长处，激发成员的责任心、荣誉感、团队精神和创造力。并通过部门的配合、成员的协作，实现预期目标。

四、组织工作的过程

组织工作是根据组织的目标、考虑组织内外部环境来建立和协调组织结构的过程。设计、建立并维持一种科学的、合理的组织结构，是为成功地实现组织目标而采取行动的一个连续的过程。这个过程涉及组织设计、组织运行和组织变革三大阶段，如图4-1所示。

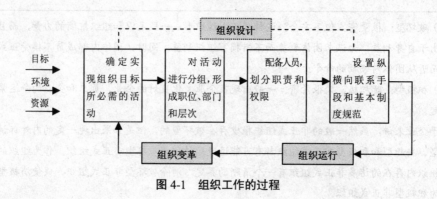

图 4-1 组织工作的过程

1. 第一阶段：组织设计

组织设计是组织工作中最重要、最核心的一个环节，着眼于建立一种有效的组织结构框架，对组织成员在实现组织目标中的分工协作作出正式、规范的安排。

2. 第二阶段：组织运行

组织运行是使设计好的组织运作和运转起来，主要涉及组织制度的建立、组织冲突的协调、运行机制的健全、运行过程的调控等工作。

3. 第三阶段：组织变革

组织变革是对组织的调整、改革与再设计。根据组织内外部要素的变化，适时调整与修改组织设计，以适应环境的变化，发挥组织最大功效。

第二节 组 织 设 计

组织结构的设计应该明确谁去做什么，谁要对什么结果负责，并且消除由于分工含糊不清造成的执行中的障碍，还要提供能反映和支持企业目标的决策和沟通网络。

——哈罗德·孔茨（Harold Koontz）

一、组织设计的任务

在组织目标明确之后，为了实现组织目标，就必须科学系统地设计组织机构。组织设计就是对组织的结构和活动进行创建、变革和再设计。组织设计的任务是提供组织结构系统和明确职能权限责任书。

1. 提供组织结构系统图

组织结构也称组织的框架体系，是对一个组织的一整套基本活动和职能责任可视化的描述。每个组织结构系统图有两个维度：一个代表垂直的权力等级，一个代表水平的专门化或部门化。垂直的权力等级建立指挥链，以确定基本的权力等级和职权结构。水平的部门化建立劳动分工。如图 4-2 所示，图中的方框表示各种管理职务或相应的部门，箭头表示权力的指向，通过箭线将各方框进行连接，表明了各种管理职务或部门在组织结构中的地位及关系。

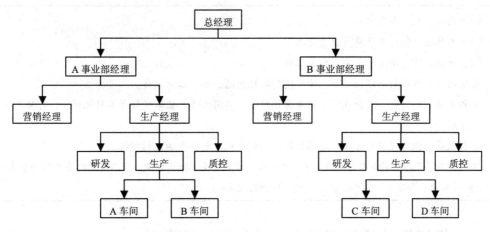

图 4-2 某公司组织系统结构图

2. 明确职能权限责任书

组织结构系统图建立以后,需要根据职能与职务的分析与设计对相应岗位的要求做出具体规定,也就是编写职务说明书。职务说明书要求能简单明确地指出该管理职务的名称、所属部门、工作的性质、工作内容、工作对象和方法、步骤、与组织中其他部门和职务的关系,担任该职务者所应具备的基本素质、知识结构、工作经验、技术专长等条件。

职能权限责任书

职务:发货员

部门:仓库大楼C

职务概况:听仓库经理指挥,根据销售部门递来的函或委托单据,将货品发往客户。和其他发货员、打包工一起,徒手或靠电动设备从货架搬卸货品、打包装箱,以备卡车、火车、空运或邮递。正确填写、递送相应的单据报表,保存有关记录文件。

教育程度:高中毕业

工作经历:可有可无

岗位责任:

1. 花70%的工作时间做以下的工作:
(1)从货架上搬卸货品、打包装箱;
(2)根据运输单位在货运单上标明的要求,用磅秤秤纸箱并贴上标签;
(3)协助送货人装车。

2. 花15%的工作时间干以下的工作:
(1)填写有关运货的各种表格(例如装箱单、发货单、提货单);
(2)凭借监控穿孔或理货单,保存发货记录;
(3)打印五花八门的表格和标签;
(4)把有关文件整理归档。

3. 剩余的时间干以下的工作:
(1)开公司的卡车送货去邮局,偶尔也做当地的直接投递;

（2）协助别人盘点存货；
（3）为其他发货员或售货员核查货品；
（4）保持工作场所清洁，要求独立工作。

管理状态：听从仓库经理指挥，除非遇到特殊问题，要求独立工作。

工作关系：与打包工、仓库保管员等密切配合、共同工作。装车时与卡车司机联系，有时也和订销部门接触。

工作设备：操作提货升降机、电动运输带、打包机、电脑终端及打字机。

工作环境：干净、明亮有保暖设备。行走自如，攀登安全，提货方便。开门发货时要自己动手启门。

（资料来源：孙晓琳，《管理学》，科学出版社，2006）

二、组织设计的原则

1. 目标一致原则

每个组织都有一个基本的目标，并以此来分配资源。每个机构和这个机构的每一部分，都与特定的任务、目标有关，而且都应与组织目标一致。组织结构如果能促进个人在实现组织目标中作出贡献，它就是有效的。

2. 专业分工原则

任何一项活动都由许多环节构成，专业分工是社会化大生产的必然要求，正确利用专业分工不但可以提高劳动效率，还可以有效利用人力资源，做到人尽其才。组织设计就要求把实现任务目标所需要的全部活动，划分成各种基本作业。把各种基本作业，按其职能要求，分配给这方面的专业人员。组织结构越能反映为实现目标所必要的各项任务和工作分工以及彼此间的协调，委派的职务越能适合于担任这一职务的人们的能力与动机，那么这样的组织结构就越有效。

3. 有效管理跨度与层次原则

管理跨度（Span of Control）是指一个管理者能够有效指挥下属的数目。管理层次是指机构分设的自上而下或自下而上的管理等级。管理跨度决定着组织层次的多少。在总量一定的情况下，管理层次和管理跨度是反向变化。我们在应用这一原则时，应选择合适的管理跨度与幅度，既要避免跨度太窄造成组织层次过多，也不能盲目扩大管理跨度造成管理失控。

4. 职责与职权对等原则

职责是某个人在一定职位上应该担负的责任，职权是为了担负责任所应该具有的权力。为了能够完成任务，又不至于滥用权力，要求职权与职责对等，这就是职权与职责对等原则。在任何工作中，权与责必须大致相等。更移责任时，必须同时更移与责任相应的权力；更移权力时必须同时更移与权力相应的责任。如果要求一个管理人员履行某些责任，那就要授予他充分的权力以使他履行责任。

5. 因事设职，才职相称原则

机构设计以事为中心，因事设机构、设职务、配人员。人与事要高度配合，不能以人为中心，因人设职，因职找事。同时在进行人员分配时，要做到才职相称。每种职位、职务都有其所要求的能力水平。设置的机构应尽可能使才智相称，人尽其才，才得其用，用得其所。

6. 统一指挥原则

统一指挥原则是指在组织设计的过程中,应明确各种重要事务的命令通道,避免政出多门,每个下属应当而且只能接受一个上级机构的命令和指挥,向一个上级主管直接负责,一个机构不能有多头指挥。

7. 精干高效原则

明确在能够有效管理的情况下扩大管理跨度,以减少管理层次,精简部门,精简人员。精简有利于建立良好的沟通,减少内耗,降低管理成本,从而提高组织效率。队伍精干即设置必要的、胜任的工作人员,调整不必要的、不胜任的工作人员,减少机构的管理费用。同时,在分解任务、职能时安排的负荷要饱满,做到人人有事做,事事有人管,达到精干高效的目的。

8. 灵活性原则

组织机构对客观环境的变化要有适应性,这就要求组织设计时就保持灵活性。组织结构的设计必须考虑到可能的环境因素的变化、对变化作出的各种战略以及技术反映,能否适应社会和经济发展的需要是检验组织机构优劣的重要标准。

三、影响组织设计的因素

在进行组织设计时,除了要把握好上述基本原则以外,还要了解影响组织设计的因素。影响组织设计的因素主要有规模、环境、技术、目标与战略、文化、战略选择和制度因素等。

1. 目标因素

为组织目标服务是组织设计的出发点和归宿。设计组织结构的根本目的是为实现组织目标创建良好的组织环境。组织的目标不同,为实现其所需进行的活动也不同,组织中需要设立哪些岗位和部门,横纵向关系如何,都会影响组织的经营活动,经营业务活动的内容也是设置工作岗位的依据,经营业务活动的运行方式决定着部门的划分和组织结构框架。因此,不同目标对应于不同的组织结构。

2. 环境因素

环境因素,如社会、文化、经济、物理或技术等,都会影响和限制组织结构的设计。变化频繁的环境则要求组织结构应具有灵活的动态性。环境越是复杂和动荡不定,就越要组织内部协调合作,形成统一整体。

3. 技术因素

组织中使用的技术决定了任务如何执行,因此也影响组织设计。一般来说,技术越复杂,组织结构的管理层级越多,管理人员和生产工人比例越大,也就是纵向差异化程度增加。技术越复杂,部门或个人之间的信息传输量越大,传输频次越大,相互之间的协调沟通变得越复杂。为了有效协调,就要或者增加协调机构,或者调整组织结构。技术复杂程度高的组织,其自动化程度也高,操作人员和工作岗位减少,基层管理的跨度可能变小。但对上层管理人员来说,由于专业化程度和标准化程度高,管理跨度可以增大。

4. 规模因素

规模的大小是影响组织结构中管理跨度和层次结构的重要因素。组织规模的增大一般会导致任务的专业化程度的增加,标准化操作程序就越容易建立。这样管理者用于处理日常事务的时间就少,因而管理跨度可以大一些。从这一点来说,规模大的企业,由于管理跨度可以大一些，有利于减少管理层次。即组织规模较大，组织中的分工就较细，组织水平差异化的部门和垂直管理层也会较多，组织的行为规范程度也较高。但是，规模大的企业，经营范围广，业务量大，有些管理职能就可能需要独立出来，这就会增加机构，增加层次。而且规模太大，受管理者能力的限制，分权的程度就会高，有可能需要建立分权式的组织结构。

5. 组织文化

组织文化是指控制组织内行为、工作态度、价值观以及关系设定的规范。简单地说，组织文化是指组织成员的共同价值观体系，它使组织独具特色，区别于其他组织。组织文化是组织核心价值观和组织结构要素的综合体现，组织文化决定组织设计。

6. 人员素质因素

人是组织中的决定因素。组织结构设计出来后，是由人来担任各个职位上的角色。各个职位上的责任和权力，以及相互之间的各种关系，都要通过人的活动才能体现出来。所以，组织中人的素质对组织结构起着决定性作用。人员的素质包括身体条件、政治思想、职业道德、知识水平等。高素质的管理者，可以承担更多的责任，可以赋予他更大的权力；一专多能的人才，可以身兼多职，这样可以减少人员和机构。管理人员的素质也是影响权力来源结构的重要因素。

7. 地理因素

地理分布是指组织经营活动或业务在地理位置上的分布。地理上分布越分散，内部的信息沟通就越困难，集中控制的难度就越大。因此，地理分布会影响管理的跨度，影响集权分权的程度。但随着信息技术的发展，这个因素的影响在减弱。

管理专栏 4-2

福特汽车企业文化变革四部曲

谈起福特汽车，那真是一家充满光荣历史的企业，身为全球第二大的汽车厂，福特汽车确有独到的经营之处，但也有包袱存在。福特汽车的企业文化是以生产为导向的，在世界各地逐步建立起了生产据点，逐步形成了全球各分公司各自为政的心态。在面临来自日本汽车公司"低价高质"的大举入侵后，福特汽车公司展开了第一波的改造，除了用裁员来降低成本外，还陆续引进了多项产品质量改革计划。

经过八九十年代的改革阵痛，福特公司开始面对"文化改革"的新挑战。1998年，董事会决定任命纳瑟担任首席执行官，在纳瑟的倡导下福特汽车描绘出了新的企业文化四要素：具有全球化想法、注重顾客需求、追求持续成长，以及深信"领导者是老师"等四项概念，并逐步进行企业文化改革。其主要由四部分组成：

第一部分：巅峰（Capstone）课程

这是一个为期半年的学习过程，对象是企业内较高层的管理人员。首先学员必须参加一个5天的密集训练。在这五天当中，由高层主管团队担任讲师，与这些学员经历团队建立的过程，讨论福特所面对的挑战，并且分配未来六个月所需完成的项目任务。

随后的六个月，学员必须花费1/3的时间，通过电子邮件、视频会议甚至面对面方式，讨论、分析与完成所指派的任务。在这过程中，学员会与讲师一起，也就是高层主管团队再见一次面，讨论项目的困难和进度。

最后，学员会再参加一个密集训练，提出改革的想法，并与高层主管团队再次进行分享、讨论与学习。于是，在这次的密集训练中，会立刻决定改革计划，并且在一周之内执行。这项计划在1996年，纳瑟刚接手福特时就开展了，不仅让福特100多位高层主管成为企业内的种子讲师，也实际推动了福特的全球改革计划。

第二部分：领导者工作间（Business Leader Initiative）

这类似于巅峰课程，但所教育的对象扩展到了中层与基层主管，执行时间大约是100天。进行的方式还是从三天的密集课程开始，而后分配专项任务，运用100天的时间进行学员间的讨论、分享与发展改革计划。最后，再通过密集训练，讨论与确定改革计划。

在整个领导工作中，有两个地方相当特别：第一，所有的学员都必须在100天内，参加半天的社区服务。这项做法的主要目的，除了可以让这些未来领导者，了解福特所强调的"企业公民"精神，也让他们感受到生活中有这么多更需要帮助的人，进而不再有抱怨或不满的心态。第二，所有的学员要以拍摄影带的方式，呈现"新福特"与"旧福特"，以突出新旧文化的差异性。

第三部分：伙伴课程（Executive Partnering）

伙伴课程则是专为培养年轻却深具潜力的经理人成为真正的领导者而设立的。基本上，每次都是三位学员组成一个实习小组。这个实习小组必须花费八周的时间，与七位福特汽车的高层主管每天一起工作、开会、讨论或拜访客户。针对一些企业问题或挑战，高层主管甚至会请实习小组提出可行的解决方案。对于实习小组而言，这是一个绝佳的观察和学习的机会。通过八周的实际工作，这些年轻主管不仅可以学习高层主管的思考观点，更可以了解公司的资源分配、长短期目标，以及策略挑战与问题。

第四部分：交谈时间（Let Us Chat about the Business）

交谈时间由纳瑟自己进行。每周五的傍晚，他会寄一封电子邮件给全世界大约10万名福特员工，分享自己经营事业的看法。同时，他也会鼓励所有的员工，回寄任何的想法、观点或是建议。

纳瑟认为，福特要转变为以顾客为导向的文化，必须要让每位员工了解如何经营一家企业。因此，在每周一次的电子邮件中，他会谈全球的发展趋势，谈克莱斯勒与奔驰的合并，谈福特的亚洲市场发展等主题，让员工了解高层主管的经营观点，进而让他们也能有类似的思考角度。

自从福特的改革教学计划实行以后，福特汽车公司的文化逐渐产生一些化学变化，不仅有更多的员工参与了公司的改革，还有更多的主管承诺了自己曾经传授的观念。虽然对福特这样一家大型公司而言，改革的确是漫长艰巨的历程。但是，运用上述模式，福特公司正逐步完成改革计划，为成为以顾客为导向的企业而努力。

（资料来源：http: //wiki.mbalib.com，MBA智库百科网）

四、组织设计的步骤

（一）岗位设计

亚当·斯密在《国富论》中的第一句话就是："劳动生产力最大的增进，是分工的结果。"从亚当·斯密的分工理论可以知道，专业化分工可以提高效率和经济效益。工作岗位是根据专业化分工原则，按工作职能划分而成的工作职位，是构成组织结构的基本单位。但是，如果分工过细，一方面会使工作人员感到工作单调而厌烦，另一方面还会增加内部调节的工作量，使交往成本上升。因此，进行工作岗位设计时，既要进行合理分工，又要适当扩展工作内容，使工作人员感到内容丰富充实，富有挑战性。不同的组织，可根据自己活动的特点和内部的条件，或把岗位分得更细，或设计出具有综合性的工作岗位。但必须强调的是，工作岗位是根据组织目标的需要来设计的，不能设计出与目标无关的岗位。

（二）部门划分

部门划分就是确定组织中一个管理人员有权执行所规定的活动的一个明确的范围。也可称为是组织机构的设置，因为这些部门实际是承担某些工作职能的组织机构，一个部门通常是由若干个工作岗位组成的。

划分部门的具体方法，通常会按职能划分、地域划分、产品划分、业务环节划分等。各组织可根据自己的特点选择采用，也可同时采用几种方法。

具体有以下几种划分部门的方法。

1. 按人数划分

这是一种最简单的划分方法，即每个部门规定一定数量的人员，由主管人员指挥完成一定的任务。这种划分的特点是只考虑人力因素，在企业的基层组织的部门划分中使用较多，如每个班组人数的确定。

2. 按时间划分

这种方法也常用于基层组织划分。如许多任务按早、中、晚三班制进行生产活动，那么部门设置也是早、中、晚三套。这种方法适用于那些正常工作日不能满足市场需求和连续性生产的企业。

3. 按职能划分

这种方法是根据生产专业化原则，以工作或任务的性质为基础来划分部门的。这些部门被分为基本的职能部门和派生的职能部门，如图 4-3 所示。基本的职能部门处于组织机构的首要一级，当基本的职能部门的主管人员感到管理幅度太大，影响管理效率时，就可将本部门任务细分，从而建立派生的职能部门。这种划分方法的优点是遵循了分工和专业化原则，有利于充分调动和发挥企业员工的专业才能，有利于培养和训练专门人才，提高企业各部门的工作效率。其缺点是，各职能部门容易从自身利益和需要出发，忽视与其他职能部门的配合，各部门横向协调差。

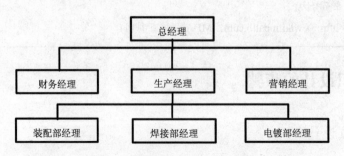

图 4-3　按职能划分的部门组织图

4. 按产品划分

这种方法划分的部门是按产品或产品系列来组织业务活动的,如图 4-4 所示。这样能发挥专业设备的效率,部门内部上下关系易协调;各部门主管人员将注意力集中在特定产品上,有利于产品的改进和生产效率的提高。但是这种方法使产品部门的独立性比较强而整体性比较差,加重了主管部门在协调和控制方面的负担。

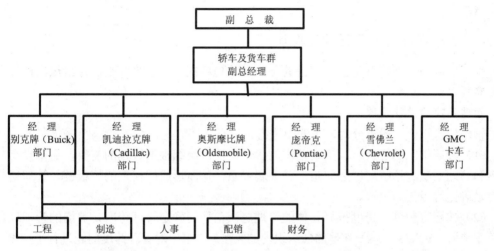

图 4-4 通用汽车 (General Motors) 曾采用的按产品划分的部分组织图

5. 按地区划分

相比较而言,这种方法更适合于分布地区分散的企业。当一个企业在空间分布上涉及地区广泛,并且各地区的政治、经济、文化、习俗等存在差别并影响到企业的经营管理时,就将某个地区或区域的业务工作集中起来,委派一位主管人员负责,如图 4-5 所示。这种方法的优点是:因地制宜,取得地方化经营的优势效益。其缺点是:需要更多的具有全面管理能力的人员;增加了最高层主管对各部门控制的困难,地区之间不易协调。

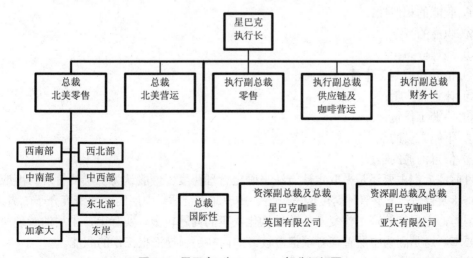

图 4-5 星巴克 (Starbuck) 部分组织图

6. 按服务对象划分

这种方法多用于最高层主管部门以下的一级管理层次中的部门划分。它根据服务对象的需要,在分类的基础上划分部门。如生产企业可划分为专门服务于家庭的部门、专门服务于企业的部门等。这种方法的优点是:提供的服务针对性强,便于企业从满足各类对象的要求出发安排活动。其缺点是:按这种方法组织起来的部门,主管人员常常列举某些原因要求给予特殊照顾和优待,从而使这些部门和按照其他方法组织起来的部门之间的协调产生困难。

(三)管理层次及管理跨度设计

管理层次与管理跨度是密切相关的,而且管理层次和管理跨度是决定组织结构的两个重要参数。

管理层次的设计步骤

管理层次设计一般可分为以下四个进行:

(1)按照组织的等级链,确定基本的管理层次。组织根据管理的需要,通常设有若干指挥和管理层次。这些层次之间是一种隶属关系,从而形成职权上的等级链。管理层次设计就是确定等级链的级数。

(2)按照有效管理跨度推算具体的管理层次;如何确定管理跨度,美国的管理理论家格兰库纳斯(V.A.Graicus)在他的《组织内的关系》一书中对管理跨度问题进行了探索,提出了一个领导者与其下级之间发生联系的关系总数与下级人数之间的关系的数学表达式为

$$I = N[2^{N-1} + (N-1)]$$

式中,I——领导者与其直属下级发生联系的关系总数;

N——直接下级的数量。

格兰库纳斯虽然没有得出直接计算管理跨度的公式,但从他建立的关系式可以看出,当领导的直属下级人数以算术级数增加时,领导者与其下级发生联系的工作量将呈几何级数增加。要扩大管理跨度,减少管理层次,领导者就应抓大事,避免在下级身上花费太多的时间。

影响管理跨度的客观因素主要有:

① 职能的相似性;
② 职能的复杂性;
③ 地理分布;
④ 指导和控制工作量;
⑤ 计划工作量;
⑥ 协调工作量;
⑦ 下属人员的能力;
⑧ 信息沟通的程度。

目前,人们主要还是采取定性方法来确定管理跨度。一般认为上层的管理跨度应窄一些,4~8人合适;下层管理跨度应宽一些,15~20人合适。中层的管理跨度介于二者之间。这是因为,上层的管理工作复杂,非结构化决策的问题较多。实际上,中层的管理跨度比上层要窄,这是因为中层管理者承担着较多的向高层领导汇报工作的职能。

管理跨度确定之后,就可以组成一个由一定层次构成的组织结构。

（3）按照提高组织效率的要求，确定具体的管理层次。现代化大生产和市场经济要求组织具有高效率，即能够使人们以最低限度的成本实现组织的目标，这样的组织在市场竞争中才能生存和发展。这一客观要求对组织结构的各个方面都有影响，如果管理层次太少，致使主管人员领导的下属人数过多，超过有效管理跨度，那就必然会降低组织效率。

（4）按照组织职能纵向结构特点，对管理层次做局部调整。纵向职能结构是通过职能分析，全面考虑了影响组织职能结构的各种因素，包括组织经营领域、产品结构、规模、生产技术特点等而设计的。因而它所规定的纵向职能分工的不同层次，反映了组织外部环境和内部条件的客观要求。

（四）职务设计与授权

前三个阶段组织的构架已经形成，这个构架是由各工作岗位构成的。岗位是以工作任务为中心确定的，任何工作任务都必须由人去完成。因此，组织工作还必须给各个岗位确定工作任务，并规定任职资格，这就是职务设计。常见的职务设计形式有以下五种：职务专业化、职务轮换、职务丰富化、职务扩大化、工作团队等。

管理专栏 4-3

职务设计的几种常见形式

职务专业化。20世纪上半叶，职务设计是与劳动分工或职务专业化同一意义的。管理者都在设法将其组织中的职务设计得尽可能简单、细小、易做。专业化因工作熟练、减少工作变换时间等有利之处，而有利于提高工作效率。

职务轮换。职务轮换会使工人的活动得以多样化，拓宽了员工的工作领域，给予他们更多的工作体验，一方面避免了专业化所产生的厌倦，另一方面也使人们对组织中的其他活动有了更多的了解，从而为人们担任更大责任的职务奠定了基础。

职务扩大化。职务扩大化是与职务专业化相对立的一种设计思想。将职务范围增大，也就是增加了一项职务所完成的不同任务数目，并减少了职务的循环重复频率，提高了工作的多样性。

职务丰富化。将部分管理权限下放给下级人员，使其在完成任务过程中也有参与做决定的权力，使其体验到工作的内在意义、挑战性和成就感。

工作团队。团队是由一小群技能互补的成员组成的人群结构，团队成员致力于共同的宗旨、绩效目标和通用方法，并且共同承担责任。

不同的工作岗位有不同的职权。这里的职权是指在职责范围内承担一定责任所应具有的权力。它与一般所说的权力不一样。权力是一个广泛的概念，是指一个人或组织影响他人行为的能力。一般来说，权力有五种表现形式。

（1）法定权：它是由于组织内部的等级制度而形成的权力。

（2）强制权：是由于下级对上级的惧怕感而形成的强制性权力。

（3）奖励权：建立在下级追求满足某种欲望而形成的权力。

（4）专长权：由于管理者个人具有某种专门知识和技能所形成的权力。

（5）个人影响权：由于管理者的资历、品德或感情所形成的权力。

可以看出，前三种权力，是由于个人在组织中的职位，由上级组织或领导授权形成的，属于职权部分。后两种权力是由于个人因素所形成的，不属于职权。一个单位的较高一级的领导或组织通过一定的形式或程序把一部分工作的责任和职权交给其下属个人或组织的过程就是授权。

授权者对于被授权者有指挥和监督之权，被授权者对授权者负有报告及完成任务的责任。授权是一门艺术，是一项原则性强、政策性高的严肃工作，必须谨慎操作。

（1）授权必须责任明确。责任不明、责权不符，一方面下属不能理解责任的性质和具体要求，不能按要求完成任务；另一方面也容易造成下属互相推诿。

（2）授权要责权对应。权力是为了使下属承担一定的责任而授予的，是承担责任的保证，二者必须对应。有责无权，使下属没有能力承担责任；有权无责，会出现滥用职权、瞎指挥的现象，造成管理混乱。

（3）授权要适度。授权的目的是为了更好地控制和管理好组织的活动，以实现组织目标。授权的根本原因是由于一个人的精力有限，管理的范围不可能太宽。因此，授权只能是在对自己管理的范围不失去控制的前提下，把自己的责任和权力的一部分交给下属。一般来说，应保留带全局性和战略性的责任和权力，将日常经营的管理和操作性的事务下放给下属。

（4）授权要视能而授。授权的多少或大小，要根据下属管理者的能力大小而定。能力强的，多授一点，可以交给一些重要一点的权力；能力弱的就要少授一些。

（五）组织的协调

组织设计的最后一项工作，就是协调组织中各个部门、各级人员的各项活动，从而使全体人员步调一致地加速组织目标的实现。一个组织是由分布在不同的层次上，承担着不同的工作任务，具有不同的权力和责任的部门和个人组成的。组织运行时，这些部门和个人之间存在着大量的、复杂的相互关系。这些关系中有相互制约的，有相互依存的。由于主客观原因，在组织运行过程中发生这样或那样的矛盾是不可避免的。解决矛盾的有效办法是通过制定各种规章制度进行协调。首先，依法制定的规章制度可以保障组织合法有序地运作，将纠纷降低到最低限度；其次，好的规章制度可以保障组织的运作有序化、规范化，可以防止管理的任意性，保护员工的合法权益；再次，对员工来讲服从规章制度，比服从主管任意性的指挥更易于接受，制定和实施合理的规章制度能满足职工公平感的需要。最后，优秀的规章制度通过合理地设置权利义务责任，使职工能预测到自己的行为和努力的后果，可以激励员工为企业的目标和使命努力奋斗。总之，通过各项规章制度，可以减少矛盾的发生，从而保持组织的统一性。

五、几种常见的组织结构形式

设置组织结构，需要选择适当的组织结构形式，因不同的组织有不同的特点，不可能用统一的固定模式，每个组织在进行组织结构设计时，可以把已有的组织结构模式作为参考。常见的组织结构的基本类型有直线制、职能制、直线职能制、事业部制、矩阵制度、多维立体结构、控股性结构与网络型结构等。下面以企业为例介绍几种基本的组织结构形式。

（一）直线制

1. 组织结构图及特点

直线制,又称"军队制组织",这是一种最简单的组织形式,也是人类社会各种组织存在的最基本形式。组织的各级管理者都按垂直系统对下级进行管理,指挥和管理由各级行政领导直接行使,各级主管人员对本部门的一切问题负责,一个下属部门或个人只接受一个上级的指令,如图4-6所示。

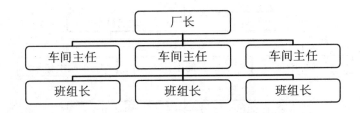

图 4-6 直线制组织结构简图

直线制组织结构的特征：
（1）各级领导人执行全部管理职能（不设职能机构）；
（2）自上而下执行单一命令原则；
（3）主要管理人员必须通晓各种专业知识,亲自处理各种业务；
（4）机构简单,权责分明,联系简捷；
（5）管理费用低。

2. 优点

结构线条清晰,责任分明,命令统一,决策迅速,指挥灵活,效率高。命令系统单一直线传递,管理权力高度集中。

3. 缺点

缺少专业分工,权力过于集中,领导负担较重。这种组织由于它完全以行政首长完整行使权力为组织活动的动力,因此它要求行政负责人通晓多种知识和技能,亲自处理各种业务,这对行政首长的技能素质要求较高。这在业务比较复杂、企业规模比较大的情况下,把所有管理职能都集中到最高主管一人身上,显然是难以实现的。

4. 适用性

这种组织形式适用于规模较小,任务比较单一,生产技术比较简单,人员较少的组织。对生产技术和经营管理比较复杂的企业并不适宜。

（二）职能制

19世纪末的美国,直线制管理导致劳资之间的矛盾,基本问题不能直接向最高权力机关反映,必须通过中层领导机关层层反映。另外,为了解决权力过于集中、领导负担重这个缺点,泰罗在《科学管理原理》一书中提出了以分工负责为特点的职能制组织形式。

1. 组织结构图及特点

职能制组织结构，为了克服直线制的缺点，各级行政单位除主管负责人外，在组织中设置若干职能专门化的职能机构，分担某些职能管理业务，这些职能机构在自己的职权范围内，都有权发布命令和指示，因此下级直线主管除了接受上级的直线领导外，还必须接受上级各级职能机构在其专业领域的领导和指示。直线制组织结构如图 4-7 所示。

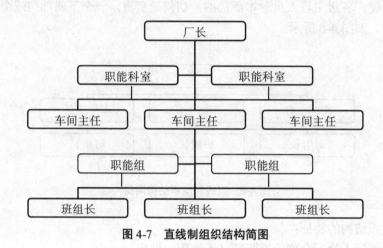

图 4-7 直线制组织结构简图

2. 优点

这种组织结构类型的优点是能够适应比较复杂和管理分工较细的特点，能适应现代化工业企业生产技术比较复杂，管理工作比较精细的特点，能够从充分发挥职能机构的专业管理作用，减轻行政领导的工作负担。

3. 缺点

其缺点比较明显，即这种结构形式妨碍了组织中必要的集中领导和统一指挥，形成了多头领导，违背了统一指挥原则，不利于明确划分直线人员和职能科室的职责权限，容易造成管理上的混乱，不利于建立和健全各级行政负责人和职能科室的责任制等。

4. 适用性

由于职能制的明显缺点，另外，职能制也只是表明了一种强调职能管理专业化的意图，无法在现实中真正执行，因此现代企业一般都不采用职能制组织形式。

（三）直线—职能制

1. 组织结构图及特点

为了克服直线制和职能制的缺点，法约尔提出了直线—职能制，又称直线—参谋制，也叫生产区域制。这是一种综合直线制和职能制两种类型组织的特点而形成的组织结构形式。它是在直线制和职能制的基础上，设置两套系统，一是命令统一原则的组织指挥系统，直线部门的管理人员在自己的职权范围内有决定权，对其下属的工作实行指挥和命令，并负全部责任；二是在各级行政领导之下设置了相应的职能部门，分别从事职责范围内的专业管理，作为高层管理者的参谋和助手，没有直接指挥权，它与业务部门的关系只是一种指导关系，而非领导关系。按专业化原则组织的职能系统，各职能机构只作为直线主管的参谋发挥作用，并起业务指导的作用。只有当直线主管授予他们直接向下级发布指示的权力时,才拥有一定程度的指挥命令权,即职能职权。直线—职能制组织结构图如图 4-8 所示。

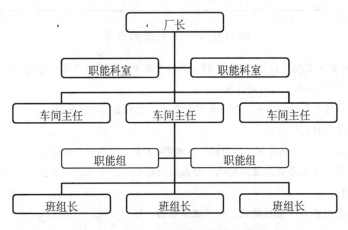

图 4-8　直线—职能制组织结构简图

2. 优点

它在保留直线制优点的基础上,引入管理工作专业化,既能统一指挥,又有职能部门的参谋、指导,弥补了领导管理各专业方面能力的不足,协助领导决策。既发挥了职能机构专业管理的作用,又便于领导者统一指挥,避免多头领导。

3. 缺点

各职能部门之间横向的协作和配合性较差,信息传递路线较长,适应环境变化差。职能部门的许多工作要直接向上层领导报告请示才能处理,这一方面加重了上层领导的工作负担,另一方面也造成办事效率低。

(1) 各职能部门之间横向联系较差。各职能单位自成体系,往往不重视工作中的横向信息沟通,加上狭窄的隧道视野和注重局部利益的本位主义思想,可能引起组织中的各种矛盾和不协调现象,职能部门的许多工作要直接向上级领导报告请示才能处理,加重领导的协调负担,对企业生产经营和管理效率造成不利的影响,随着企业规模的扩大,管理部门和人员膨胀。各部门之间也变得更加复杂、冲突。同时各部门都得向企业领导请求汇报,使其往往无暇顾及重大问题。

为了克服困难,可设立各种会议制度,以起到沟通作用。

(2) 如果职能部门被授予的权力过大过宽,则容易干扰直线指挥命令系统的运行。

(3) 按职能分工的组织通常弹性不足,对环境的变化反应比较迟钝。

(4) 职能工作不利于培养综合管理人才。

4. 适用性

直线职能是一种普遍适用的组织形式,目前,在我国绝大多数企业尤其是面临较稳定环境的中小企业中得到了广泛采用。对于规模较大,决策时需要考虑较多因素的组织则不太适用。

管理智慧 4-1

如何发挥参谋人员的作用

美国学者路易斯·艾伦（Louis Alan）提出的六个有效发挥参谋作用的准则，有助于把握直线与参谋的关系，更好地发挥参谋人员的作用。

(1) 直线人员可作最后的决定，对基本目标负责，故有最后之决定权。

(2) 参谋人员提供建议与服务。

(3) 参谋人员可主动地从旁协助，不必等待邀请，应时刻注意业务方面的情况，予以迅速协助。

(4) 直线人员应考虑参谋人员的建议，当最后决定时，应与参谋人员磋商，参谋人员应配合直线人员朝目标前进。

(5) 直线人员对参谋人员的建议，如有适当理由，可予拒绝，此时上级主管不能干预，因直线人员有选择之权。

(6) 直线与参谋人员均有向上申诉之权，当彼此不能自主解决问题时，可请求上级解决。

（四）事业部制

1. 组织结构图及特点

事业部制最早是由美国通用汽车公司总裁斯隆于1924年提出的，故有"斯隆模型"之称，也叫"联邦分权化"，是一种高度（层）集权下的分权管理体制。这种结构的基本特征是，战略决策和经营决策分离。根据业务按产品、服务、客户、地区等设立半自主性的经营事业部，公司的战略决策和经营决策由不同的部门和人员负责，使高层领导从繁重的日常经营业务中解脱出来，集中精力致力于企业的长期经营决策，并监督、协调各事业部的活动和评价各部门的绩效。事业部的主要特点是：经营单一产品系列，对产品的生产和销售实行统一管理，自主经营，独立核算。事业部长负责其全面工作，并设相应的辅助职能部门。事业部制组织结构图如图4-9所示。

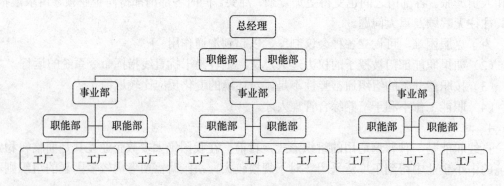

图 4-9 事业部制组织结构简图

事业部制是分级管理、分级核算、自负盈亏的一种形式，即一个公司按地区或按产品类别分成若干个事业部，从产品的设计、原料采购、成本核算、产品制造，一直到产品销售，均由事业部及所属工厂负责,实行单独核算,独立经营,公司总部只保留人事决策、预算控制和监督大权,并通过利润等指标对事业部进行控制。也有的事业部只负责指挥和组织生产,不负责采购和销售,实行生产和供销分立,但这种事业部正在被产品事业部所取代。

2. 优点

总公司领导可以摆脱日常事务,集中精力考虑全局问题;事业部实行独立核算,更能发挥经营管理的积极性,更利于组织专业化生产和实现企业的内部协作;各事业部之间有比较、有竞争,这种比较和竞争有利于企业的发展;事业部内部的供、产、销之间容易协调,不像在直线职能制下需要高层管理部门过问;事业部经理要从事业部整体来考虑问题,这有利于培养和训练管理人才。

3. 缺点

公司与事业部的职能机构重叠,造成管理人员浪费;事业部实行独立核算,各事业部只考虑自身的利益,影响事业部之间的协作,一些业务联系与沟通往往也被经济关系所替代。甚至连总部的职能机构为事业部提供决策咨询服务时,也要事业部支付咨询服务费。

4. 适用性

它适用于规模庞大、品种繁多、技术复杂的大型企业,是国外较大的联合公司所采用的一种组织形式,近几年我国一些大型企业集团或公司也引进了这种组织结构形式。

(五)矩阵制组织结构

1. 组织结构图及特点

矩阵结构又叫规划—目标结构,在组织结构上,既有按职能划分的垂直领导系统,又有按产品(项目)划分的横向领导关系的结构,故称为矩阵组织结构。矩阵制组织是为了改进直线职能制横向联系差、缺乏弹性的缺点而形成的一种组织形式。它把按职能划分的部门与按项目划分的小组结合起来组成矩阵,使小组成员接受小组和职能部门的双重领导。例如组成一个专门的产品(项目)小组去从事新产品开发工作,在研究、设计、试验、制造各个不同阶段,由有关部门派人参加,力图做到条块结合,以协调有关部门的活动,保证任务的完成。它的特点表现在围绕某项专门任务成立跨职能部门的专门机构上,这种组织结构形式是固定的,人员却是变动的,任务完成后就可以离开。矩阵结构适用于一些重大攻关项目,特别适用于以开发与试验为主的单位。矩形制组织结构图如图 4-10 所示。

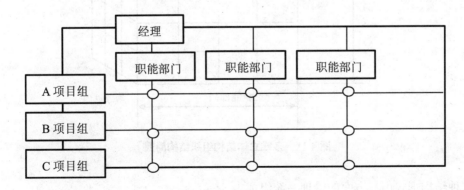

图 4-10 矩形制组织结构简图

织结构形式是固定的,人员却是变动的,任务完成后就可以离开。矩阵结构适用于一些重大攻关项目,特别适用于以开发与试验为主的单位。

2. 优点

(1) 加强了横向联系,专业设备和人员得到了充分利用。
(2) 具有较大的机动性。
(3) 促进各种专业人员互相帮助,互相激发,相得益彰。

3. 缺点

(1) 成员位置不固定,有临时观念,有时责任心不够强。
(2) 人员受双重领导,有时不易分清责任。

4. 适用性

矩阵结构适用于一些重大攻关项目。企业可用来完成涉及面广的、临时性的、复杂的重大工程项目或管理改革任务。特别适用于以开发与试验为主的单位,例如科学研究,尤其是应用性研究等。

(六) 多维立体结构

1. 组织结构图及特点

多维制结构,又称立体组织结构,是参照矩阵组织结构原理建立起来的。是由美国道-科宁化学工业公司(Dow Corning)于 1967 年首先建立的。它是矩阵型和事业部制机构形式的综合发展。在矩阵制结构(即二维平面)基础上构建产品利润中心、地区利润中心和专业成本中心的三维立体结构。若再加时间维可构成四维立体结构。虽然它的细分结构比较复杂,但每个结构层面仍然是二维制结构,而且多维制结构未改变矩阵制结构的基本特征,多重领导和各部门配合,只是增加了组织系统的多重性。因而,其基础结构形式仍然是矩阵制,或者说它只是矩阵制结构的扩展形式。多维立体结构组织结构图如图 4-11 所示。

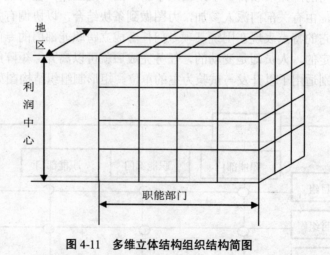

图 4-11　多维立体结构组织结构简图

这种结构形式由三方面的管理系统组成。

(1) 按产品(项目或服务)划分的部门(事业部),是产品利润中心。
(2) 按市场研究、生产、技术、质量管理等划分的是职能利润中心。

(3) 按地区划分的管理机构是地区利润中心。

在这种组织结构形式下，每个系统都不能单独做出决定，而必须由三方代表，通过共同的协调才能采取行动。因此，多维立体型组织能够促使各部门从组织整体的角度来考虑问题，从而减少了产品、职能和地区各部门之间的矛盾。即使三者间有摩擦，也比较容易统一和协调。

2. 优点

通过多维立体组织结构，可使这三方面的机构协调一致、紧密配合，为实现组织的总目标服务。多维立体组织结构适用于多种产品开发、跨地区经营的跨国公司或跨地区公司，可以为这些企业在不同产品、不同地区增强市场竞争力提供组织保证。

3. 适用性

多维立体制组织适用于从事大规模生产经营而又需要保持灵活反应的跨国公司或大型的跨地区企业。

（七）控股性结构

1. 组织结构图及特点

集团控股型组织结构是通过企业之间控股、参股，形成由母公司、子公司和关联公司的企业集团。各个分部具有独立的法人资格，是总部下属的子公司，也是公司分权的一种组织形式。控股型组织结构图如图 4-12 所示。

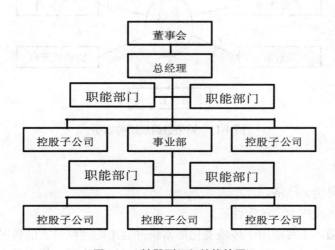

图 4-12 控股型组织结构简图

一些大公司超越企业内部边界的范围，在非相关领域开展多种经营，对各业务经营单位不进行直接管理和控制，只在资本参与的基础上进行持股控制和形成产权管理关系。

2. 优点

总公司对控股子公司具有有限的责任，风险得到控制。大大增加了企业之间联合和参与竞争的实力。可以调动各个控股子公司的积极性和主动性。

3. 缺点

战略协调、控制、监督困难，资源配置也较难，缺乏各公司之间的协调，管理变得间接，难以明确责任。

4. 适用性

控股型组织,是在非相关领域开展多种经营的企业常用的一种组织结构形式。

(八)网络型结构

1. 组织结构图及特点

网络型组织结构是利用现代信息技术手段,以契约关系的建立和维持为基础,发展起来的一种新型的组织结构,是近年来发展起来的一种组织形式,它使管理当局对于新技术、时尚,或者来自海外的低成本竞争具有更大的适应性和应变能力。网络结构是一种很小的中心组织,依靠其他组织以合同为基础进行制造、分销、营销或其他关键业务的经营活动的结构。被联结在这一结构中的两个或两个以上的单位之间并没有正式的资本所有关系和行政隶属关系,但却通过相对松散的契约纽带,透过一种互惠互利、相互协作、相互信任和支持的机制进行密切的合作。由于网络型企业组织的大部分活动都是外包、外协的,因此,公司的管理机构就只是一个精干的经理班子,负责监管公司内部开展的活动,同时协调和控制与外部协作机构之间的关系。网络型组织结构图如图4-13所示。

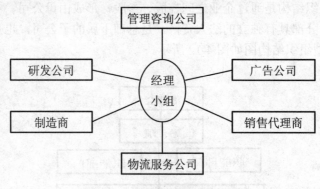

图4-13 网络型组织结构简图

2. 优点

(1)快速、灵活、经济。

(2)固定资产投放少,风险性低。

(3)适应性强。主要适用于环境变化非常快并且不确定性较大的情况。它能够针对外界环境激烈变化,及时迅速地做出反应。在网络型组织结构中,组织的大部分职能从组织外"购买",这给管理当局提供了高度的灵活性,并使组织集中精力做它最擅长的事。因此,在既非市场又非等级制度的组织模式中,网络型是一种独特的经济组织模式。

3. 缺点

(1)网络结构的管理当局对其制造活动缺乏紧密的控制力,难以有绝对的把握控制供应品的质量。

(2)网络型组织结构需要科技与外部环境的支持。

4. 适用性

网络型组织结构不仅是小型组织的一种可行选择,也是大型企业在联结集团松散层单位时通常采用的组织形式。网络型组织结构并不是对所有的企业都适用,它比较适合于玩具和服装制造企业。它们需要相当大的灵活性以对时尚的变化做出迅速反应。网络组织也适合于那些制造活动需要低廉劳动力的公司。

第三节 组织运行

组织运行指的是使设计好的组织运作和运转起来。任何组织在运行时都会在一定的环境下承受外部的干扰。对于不同的组织,这些压力与干扰会产生不同的效果。有的组织抗干扰,长盛不衰,立于不败之地;有的组织抗干扰能力差,内部变得动荡不安,最终走向瓦解。一个组织在其运行过程中应首先制定和落实规范与约束员工行为的各项规章制度;其次,要进行组织冲突的协调及运行机制的健全,同时,组织还要在运行过程中进行合理地调控,合理地选聘人员,并鼓励上级合理授权、每位员工对工作全面负责,以实现组织运行的正常化、规范化和制度化。

一、组织制度的建立

常言道:好的制度使坏人办不了坏事,而坏的制度却使好人办不成好事。美国钢铁大王卡内基曾说过这样的话:"假如将我所有的工厂、设备、市场、资金全部夺走,只要保留我的组织,四年以后,我仍是一个钢铁大王。"对于一个健康、持续发展的企业来说,关键是要建立一套完善的组织机构和体系。

所谓组织制度,广义地可泛指组织的各种规则,包括组织产权制度和在特定产权关系下的具体管理制度。科学的管理是靠完善的制度体现出来的。外部的良好环境对组织发展很重要,但任何外部环境的改善都不可能取代组织内部的精确管理。组织要发展,必须练好内功,固本才能强基,向管理要效益,而组织管理的基础工作就是建立制度。规范的管理制度不仅可以保证公司持续健康的发展,而且还可以有效地解决和防范组织的危机。成功的组织都有一套系统、科学、严密、规范的管理制度。

建立组织制度是组织一项长期的复杂的系统工程。涉及的面十分广泛,也非常复杂,但从总体上看,需要解决的问题是产权明晰、权责明确、政企分开、管理科学四大方面。

(一) 产权明晰

这是建立组织制度的基础和前提条件。产权问题是建立组织制度的关键问题。现代组织制度的财产责任特征,即有限责任,包括两个方面,一方面是组织以自己的全部财产担责任,对组织自身来说是无限责任;另一方面,投资者以出资额或所持的股份为限,对组织承担责任,这是有限责任。因此,一方面,投资者即股东享有法律规定的股东权利,并承担有限责任;另一方面,组织对股东入股的货币投资、实物投资乃至无形财产均享有自主、充分、完整的控制权,并以其全部财产对它的债务承担责任。这样的财产责任有利于组织建立新型的融资体制,形成融资渠道的多元化,极大地增强了经济能力。在产权明晰的前提下,组织才能确立法人财产制度,确保组织的资产得到法律保护,并体现投资者的权责关系。

（二）权责明确

"权责明确"是指合理区分和确定所有者、经营者和劳动者各自的权利和责任。

责任是中心，权力是保障，利益是动力。没有责任只有权力会造成权力的浪费，而只有责任没有权力会导致无法履行其职责。

（三）政企分开

"政企分开"是建立组织制度的必要条件。组织能否成为市场竞争的真正主体，取决于政府的职能转换和政府行为的规范。政府优化市场竞争环境，为组织创造良好的外部条件。组织实行自主经营、独立核算、自负盈亏，完全消除计划经济体制下政企不分的痕迹，真正实现政企职能分开。

1. 政府管理职能和管理体制

作为国有资产所有者，政府可以建立一套科学有效的国有资产管理制度，对国有资产实行国家所有、分级管理、授权经营、分工监督。政府作为社会管理者，可以依据法律制定各种必要的规章制度，培育和促进市场体系的发展，形成比较完善的市场规则和社会秩序。政府作为宏观经济的调控者可以合理确定经济发展战略目标，制定和运用相应的政策来引导和协调整个社会经济的发展。

2. 国有企业组织制度

国有企业组织制度改革的重点是建立公司制企业，为此，必须建立符合市场经济规律和我国国情的企业领导体制与组织管理制度。即建立包括股东会、董事会、监事会和经理层在内的公司法人治理结构，处理好党委会、职代会和工会与股东会、董事会、监事会的关系；建立由国务院向大型国有企业派驻稽查特派员制度，地方政府向所属大中型企业派财务总监制度。还有就是，对国有企业进行战略性调整。即通过国有资产的流动和重组，改变国有资产过度分散的状况，集中力量发展和加强国家重点产业和重点企业，扩大企业组织规模。

（四）管理科学

组织管理科学揭示了组织适应外部环境和内部各种资源的优化配置的一般规律、程序和原则，克服了经验主义的主观性和片面性，是建立组织制度的必要手段。人们在组织管理实践中自觉地遵循规律与原则，就能进行科学决策，引导组织健康发展。也只有不断地借助当代的科学思想和科学方法，才能推动管理科学的不断发展。

二、组织冲突的协调

组织通过分工按照一定的方式互相协作，在分工与协作过程中，组织必须具备自己的规则和标准，来协调矛盾并解决问题。但对于同一个问题往往有着不同的看法，以及人们在为实现自己的目标而奋斗时，往往会触犯他人的利益。

（一）冲突产生的原因

导致组织产生冲突的原因通常有如下四种。

1. 组织的目标产生了混淆甚至是内部的冲突

组织是有目标，但何为组织目标，何为组织内部每个部门的目标，答案却不是惟一的，且很多人认为一个组织应该有多个目标，并坚持这些目标可以随时改变。其实对于企业组织而言，它的目标非常简单：这个正确的目标就是——塑造超强持续赢利能力。组织目标有时候会产生混淆，让人忽略了组织的根本与长期目标，而陷入一些短期的目标之中。

2. 责权配置不当

在组织中应遵循"责权利对等"原则，但在大部分组织中并没有得到很好的贯彻和实施。当组织结构臃肿、效率低下、人浮于事、责任不清、互相推诿的情况出现的时候，管理者必须先看看是否存在同一件事情有两组人在做，同一个责任有两组人在承担，同一个权力有两组人在使用的情况，而这些正是出现上述情况的根本原因所在。

3. 责权履行不当

在我们的组织中，每个人都有自己的职责与权限，要做自己专业范围内的事情。某国际知名的跨国公司，两位员工（一个是部门经理，一个是基层员工）都对公司的发展战略提出了优化建议，结果是那位部门经理得到了奖励，基层员工却被开除了。组织中的每位员工应该有强烈的权责的界限感，因为这是保障企业整行运行的基础，即"职责清晰，权责对等"。

4. 有分工，无协作

在组织内，只分工不协作问题导致"部门本位主义"等影响组织运行效率和效果的现象。

（二）组织冲突的解决

解决组织冲突的对策有以下几种方法：

1. 合作

这种方法是让冲突双方或代表将他们的分歧进行开诚布公地讨论，辨明是非，找出分歧的原因，提出办法，以及最终选择一个双方都满意的解决方案。让他们以面对面的形式进行沟通，可以促进相互理解。这可以使各方的利益都得到满足，因此从结果来说是最好的选择。

2. 目标提升

冲突之间存在着相互依赖关系时，"目标提升"这种策略有助于管理者处理组织冲突和提高组织效率。提升了的目标的作用在于使双方冲突的成员感到紧迫感和吸引力，当任何一方单独凭借自己的资源和精力又无法达到目标时，冲突双方可能会进行合作并作出一定让步，为完成更高的目标而统一起来，共同为这个目标作出贡献，从而使原有的冲突可以与新目标统一起来，因此有助于确保组织自觉地为这个目标努力。

3. 建立联络小组

当组织内的群体交往不是很频繁，而组织目标又要求他们协同解决问题时，群体间就可能产生冲突。因此，在这种情况下，相互交往对组织是非常重要的，这时应采取建立联络小组的方法来处理群体之间的相互关系。联络小组可以促进两个群体之间的交往。管理者所面临的挑战是物色能胜任这种边界扩展工作和充当群体代表的人选。

4. 强制解决

管理者可利用组织赋予的权力有效地处理并最终从根本上强行解决群体间的冲突。当管理者需要对一个事情作出迅速的处理时，或当管理者的处理方式其他人赞成与否无关紧要时，可以采取强制的办法。在强制解决中，往往以牺牲某一方的利益为代价。

5. 回避

这是解决冲突的最简单的一种方法，即让冲突双方暂时从冲突中退出或抑制冲突。当冲突微不足道时，或当冲突双方情绪非常激动时，可以采取让双方暂时回避的方法来解决冲突。回避作为处理冲突的常见对策的前提是，只要这种冲突没有严重到损害组织的效能，管理者是可以采取这一办法的。虽然对于群体间某些不太严重的冲突，回避方法是合适的，但管理者在处理群体间的冲突时，往往还是要采取较主动的态度。

三、运行机制的健全

组织运行机制，是指围绕实现组织建设的目标、任务，必须形成的一套科学合理、切实有效的规划、制度、运作规范和相应的措施、办法。组织要想正常运行、快速发展，必须建立科学合理、灵活多样、运转协调、监督有力的运行机制。具体说，就是要建立科学的分类管理机制、高效的公平竞争机制、有力的监督约束机制、健全的激励机制。

（一）科学的分类管理机制

分类管理是一种科学管理方法。组织要对不同类型的部门及不同人员，实行不同的管理办法，必须建立一套符合管理人员、专业技术人员和工勤人员各自岗位要求的具体管理制度。

1. 要对现有的组织进行全面清理

区分不同的类别，在此基础上，采取保留、转制、撤销、合并、分离、下放管理权限等不同的管理方式，对组织进行整合，调整组织布局，实现资源优化配置，形成组织新格局。

2. 要合理划分职责权限

组织在经营管理中，要合理设置分工，合理划分职责权限，各层次把自己该管的事情管住、管好，既不能越位，也不能缺位，更不能错位。贯彻不相容职务相分离及每个人的工作能自动检查另一个人或更多人工作的原则，形成相互制衡机制，建立了岗位责任制，以防止错误或舞弊行为的发生。

（二）高效的公平竞争机制

公平竞争是促使优秀人才脱颖而出、不断提高管理质量的重要前提。

1. 在组织全面推行聘用制

努力形成一种人员能进能出、职务能上能下、待遇能升能降、优秀人才能够脱颖而出、充满生机与活力的用人机制。通过全面推行聘用制，引入竞争机制，实现用人上的公开、公平、公正，通过全面推行聘用制，转换组织的用人机制，实现由固定用人向合同用人转变，由身份管理向岗位管理转变，最终实现组织人事管理的科学化、规范化、制度化，逐步建立固定与流动相结合的用人制度。搞好聘用制的组织实施工作，建立健全岗位设置管理制度。不仅要科学设岗、因事设岗，而且要按岗聘人、以岗定薪。还要科学设置岗位类别、岗位等级、岗位结构比例关系，明确不同岗位的职责、权利和任职条件。同时，要实行竞聘上岗、公开招聘制度。通过制定具体的招聘考试办法，从制度上规范组织选人用人的程序和做法，防止通过各种非正当途径向组织安排人员，防止用人腐败，把真正优秀的人才吸引到组织中来，提高组织中各类人员的素质，充分体现公开、平等、竞争、择优的原则，做到能者上、庸者下、劣者汰。与此同时，要建立完善的解聘辞聘制度。

2. 要改革组织领导人员的选拔任用方式，打破单一的委任制方式

虽然目前绝大多数组织（除高等院校和少数组织外）都实行了首长负责制，但是，在领导人员的任用方式上，仍然主要是采取单一的委任制方式，不利于组织的发展。对此，必须打破过去那种单一的委任制做法。在组织领导人员的选拔任用中，要引入竞争机制，改进管理方法，对不同类型组织的领导人员，按照干部管理权限和一定程序，实行直接聘任、招标聘任、推选聘任、委任、选任等多种任用形式，要实行明确的任期制和任期目标责任制。

（三）有力的监督约束机制

加快组织改革的步伐，确保组织的运行既有活力，又规范有序，必须建立一种符合组织特点的、强有力的监督约束机制。

1. 要在组织建立一种双向约束机制

目前，组织中只有自上而下的单向约束，即只有单位领导对所有职工的管理、监督、约束权。而单位领导干得怎么样？业绩如何？职工则没有任何的监督、约束权，非常不利于组织的健康发展。对此，必须进行改革。

一方面，要通过实行聘用制，根据岗位设置的情况及不同岗位的职责任务和任职条件，进行公开招聘、竞聘上岗，最后由组织领导人员集体讨论决定具体的聘用人员，并与聘用人员签订聘用合同，确定相应的工资待遇，从而实现对组织的各类管理人员、专业技术人员和工勤人员的监督约束。

另一方面，对组织的领导人员也要加强监督约束，防止其以权谋私、任人唯亲、任人唯帮、任人唯派。不仅在选拔任用组织领导人员的过程中，要加大民主监督的力度，通过民意测验和民主测评，保证组织广大职工的知情权、参与权表达权和监督权，实现自下而上的监督，而且要建立健全组织领导人员任期目标责任制，加大对组织领导人员任期考核的力度，对其思想政治表现、履行岗位职责和完成任期目标的情况进行全面考核，重点考核工作实绩。并将考核结果与任用、奖惩、升降等挂钩，做到奖罚分明。对那些不能完成任期目标、业绩平平的事业单位领导人，应就地免职，不能易地为官。从而形成一种双向约束机制。

2. 要加强对组织的政策指导、宏观调控和监督管理

人事管理部门作为岗位设置管理的综合管理部门，要制定和完善相关的政策措施，加强对组织岗位设置的指导、监督和管理，定期检查，及时纠正各种违纪违规行为。

（四）健全的激励保障机制

调动广大职工的积极性、主动性和创造性，充分发挥他们的潜能，还必须建立一种健全的激励保障机制。这就要求坚持按劳分配为主体、多种分配方式并存的分配制度，而且

要确立劳动、资本、技术和管理等生产要素按贡献参与分配的原则。做到以岗定薪,岗位不同,贡献不同,薪酬不同,岗变薪变。逐步建立重实绩、重贡献,向优秀人才和关键岗位倾斜,形式多样、自主灵活的分配激励机制。

四、运行过程的调控

一个组织是否能够长治久安,并能够自我调整、自我约束和自我发展,关键在于其是否能够建立一种有效的调控机制。

西方一些管理学家和领导者都很重视一种被称作"金鱼缸"的效应。即组织的一切活动都必须像金鱼缸一样透明,其目的在于增加组织活动的透明度,使组织活动处于最广泛的监督之下。因为只有建立了最广泛的监督机制,一切与目标相违背的行为活动才能得到迅速被察觉和修正。

控制论的反馈原理认为反馈有两种类型:一种是正反馈,它会使系统偏离目标的运动加强,甚至使系统产生振荡和解体;一种是负反馈,它会使系统偏离运动减弱,使系统趋于稳定。因此,一个系统是否能够在稳定中求发展,是否能够根据外界的干扰和压力,自我调节,不断完善系统的功能,关键在于是否能够建立一种有效的负反馈机制。

现代组织中把决策者或决策部门、执行者或执行部门看做是"受控系统",而把咨询或咨询部门、监督者或监督部门看做是"反馈系统"。这个系统就是以咨询、监督的反馈调节为基础的系统,既是具有自我调节、稳定发展的系统,又是具有最优结构,能获得最大整体功能的系统。

这种体制从系统上说是反馈调节的自控系统,归根到底是决策、执行、咨询和评价、监督的分工及其独立的分权分责。它的最大优越性是保证决策科学化,如有失误也能迅速纠正,能自行调整。

第四节 组 织 变 革

一、组织变革的含义

组织成功的关键因素是保持与环境一致性的能力,只有适应不断变化的外部环境的组织才能生存。随着全球化的加快、知识经济的出现,组织面对的环境前所未有的多变和复杂。为了生存和发展,组织必须致力于提高组织整体绩效,提升组织的系统产出,增强组织的反应速度。

所谓组织变革是指组织根据外部环境变化和内部情况的变化,对组织结构中不适应的地方进行调整和修正,甚至是对整个组织进行重新架构,以适应客观发展的需要,以便更有效地实现组织目标的过程。

组织变革=策略变革+文化变革+结构变革

变革过程是一种破旧立新，自然会面临推动力与制约力相互交错和混合的状态。变革管理者的任务，就是要采取措施改变这两种力量的对比，促进变革顺利进行。具体的改变措施有三类：一类是增强或增加驱动力；二类是减少或减弱阻力；三类是同时增强动力与减少阻力。有实践表明，在不消除阻力的情况下增强驱动力，可能加剧组织中的紧张状态，从而无形中增强对变革的阻力；在增加驱动力的同时采取措施消除阻力，会更有利于加快变革的进程。所以，组织行为学者提出了有效的组织变革要经历三部曲过程，即解冻（破旧）——变动（改变）——再冻结。

二、组织变革的动力与阻力

在现代社会，越来越多的组织面临着一种复杂、动态多变的环境。如果说以前的管理特点是长期的稳定伴随着偶尔的短期的变革，今天的情形正好相反，往往是长期的变革伴随着短期的稳定。在这种情况下，管理者必须比以往任何时候更加关注变革和变革管理，帮助员工更好地理解不断变革中的工作环境，并采取措施克服变革的阻力，激发变革的动力，使组织在变革中求得繁荣和发展。

任何变革都面临着动力和阻力问题。这是对待变革所表现出来的两种不同的态度及方向相反的作用力量。这两种力量的强弱对比，从根本上决定了变革的进程、代价乃至成败。

（一）组织变革的动因

1. 组织结构变革的征兆

一般来说，企业中的组织变革是一项"软任务"，即有时候组织结构不改变，企业仿佛也能运转下去，但如果要等到企业无法运转时再进行组织结构的变革就为时已晚了。因此，企业管理者必须抓住组织变革的征兆，及时进行组织变革。组织结构需要变革的征兆有以下几个。

（1）部门工作效率低，如市场占有率下降，产品质量下降，消耗和浪费严重，企业资金周转不灵等。

（2）组织经营缺乏创新，如企业缺乏新的战略和适应性措施，缺乏新的产品和技术更新，没有新的管理办法或新的管理办法推行起来很困难等。

（3）组织机构本身病症的显露，如决策迟缓，指挥不灵，信息交流不畅，机构臃肿，职责重叠，管理跨度过大，扯皮增多，人事纠纷增多，管理效率下降等。

（4）职工士气低落，不满情绪增加，如管理人员离职率增加，员工旷工率，病、事假率增加等。

当一个企业出现以上征兆时，应及时进行组织诊断，用以判定企业组织结构是否有加以变革的必要。

2. 组织结构变革的动因

组织是一个不断地与其环境发生作用的开放系统，其内外部环境因素的变化，必然要求组织做出相应的变革。组织面临着来自竞争对手的、信息技术的、客户需求的各种压力。首先来源于组织内外部环境因素的变化。

一般来说，组织结构变革的原因有以下几点。

（1）外部变革推动力。组织变革的外部环境推动力包含政治、经济、文化、技术、市场等方面的各种因素和压力，其中与变革动力密切相关的有以下几方面。

① 社会政治特征。全国的经济政策、企业改革、发展战略和创新思路等社会政治因素也许是最为重要的因素，对于各类组织会形成强大的变革推动力。国有企业转制、外资企业竞争、各种宏观管理体制改革、加入"世贸"和开发西部地区，都成为组织变革的推动力。

② 技术发展特征。机械化、自动化，特别是计算机技术对于组织管理产生了广泛的影响，成为组织变革的推动力。由于高新技术的日益采用，计算机数控、计算机辅助设计、计算机集成制造以及网络技术等的广泛应用，对组织的结构、体制、群体管理和社会心理系统等提出了变革的要求。尤其是网络系统的应用显著地缩短了管理和经营的时间和距离，电子商务打开了新的商业机会，也迫使企业领导人重新思考组织的构架和员工的胜任力要求，知识管理成为重点。

③ 市场竞争特征。全球化经济形成新的伙伴关系、战略联盟和竞争格局，迫使企业改变原有经营与竞争方式。同时，国内市场竞争也日趋激烈，劳务市场正在发展深刻的变化，这使企业为提高竞争能力而加快重组步伐，进行大量的裁员和并购，管理人才日益成为竞争的焦点。

（2）企业内部条件的变化。组织变革的内部推动力包括组织结构、人员条件和团队工作模式等方面的因素。

① 组织结构变化。组织变革的重要内部推动力是组织结构。由于外部的动力带来组织的兼并与重组，或者因为战略的调整，要求对组织结构加以改造。这样往往还会影响整个组织管理的程序和工作的流程。因此，组织再造工程也成为管理心理学与其他学科研究的新领域。

② 人员条件的变化。由于劳动人事制度的改革不断深入，干部员工来源和技能背景构成更为多样化，人员结构和人员素质的提高，无疑成为组织变革的推动力；实行计算机辅助管理，实行优化组合等。这些管理活动是组织变革的必要基础和条件。

③ 团队工作模式。各类组织日益注重团队建设和目标价值观的更新，形成了组织变革的一种新的推动力。组织成员的士气、动机、态度、行为等的改变，对于整个组织有着重要的影响。随着电子商务的迅猛发展，虚拟团队管理对组织变革提出了更新的要求。

（3）企业本身成长的要求。企业处于不同的生命周期时对组织结构的要求也各不相同，如小企业成长为中型或大型企业，单一品种企业成长为多品种企业，单厂企业成为企业集团等。

（二）组织变革的阻力

阻力是动力的对立面，有动力就有阻力。组织变革也必然会遇到阻力，如果不弄清阻力的来源、性质和力度，改革就是一种盲目的改革。

阻力是人们反对变革、阻挠变革甚至对抗变革的制约力。变革的阻力可能来源于个体、群体，也可能来源于组织本身，甚至外部环境。

1. 个人层面

让人们放弃他们原有的态度与习性而适应新的环境，有时的确很困难，即使事实证明他们的行为与目前的环境不适合，他们也会以各种方法来反对变革。

以下因素都可能导致他们抵制组织变革。

（1）个人对变革产生不安全感和恐惧感。变革导致组织改变其现状，以达到预期的未来状态的过程，这就意味着组织变革本身充满不确定性。人们一旦处在不确定的环境中，会对未来产生不安全感和恐惧感，进而产生抵制变革的情绪与行为。最主要的表现有：懒的心理，多一事不如少一事，不改不变最省事；稳的心理，生怕变革中出乱子，以致丢乌纱帽；怕的心理，怕担风险，怕变革失败，怕受人指责；等的心理，想等上面推着改，想等人家搞出了一套成熟的经验后再改。总之，不想做先行者，不愿当出头鸟，对组织变革没有信心，没有热情，没有冒险意识，没有敢闯精神，时时事事显得小心翼翼，谨慎有余，缺乏一种改革的勇气和必要的心理承受能力。邓小平同志南巡讲话之前，很多民营组织家不敢露富，不敢建厂加快发展步伐，都是因为当时政策不明朗，民营经济姓资姓社还没确定，他们害怕自己的投资打了水漂。在邓小平同志的"白猫黑猫论"出来后，民营组织家立即增强了发展的信心。在组织中，员工的心态也大致如此。

（2）个人态度与其个性。那些敢于接受挑战，乐于创新，具有全局观念，有较强适应能力的人通常变革的意识较为强烈。而那些有强烈成就欲望的人，或是一些因循守旧、心胸狭窄、崇尚稳定的人对变革的容忍度较低，变革的抵触情绪较大。一些依赖性较强、没有主见的员工常常在变革中不知所措而出现依附于组织中群体的态度倾向。

（3）个人对自身既得利益的担忧。组织变革的目标就是要追求组织整体利益的最大化，实现组织利益最大化需要个人利益主体的有效组合，这样就必然会对组织内的各个主体的权利和利益进行重新分配。由于变革会打破现状，破坏已有的均衡，必然会损害一部分人的既得利益。在现实社会中，一些领导和员工只顾自己的个人利益和短期利益，他们常常散布谣言、制造混乱，盲目抵制变革，使得组织的变革难以有效地实施。

（4）个人的习惯、价值观与变革发生冲突。个人的习惯、价值观是长期积累、相对稳定的心理结构，改变起来相对困难。一旦组织变革冲击到个人习惯和价值观，抵制变革的阻力便会随之产生。此类冲突通常在不同组织文化的公司合并过程中出现。

（5）个人对变革的目的、意义了解不足。一个人一旦确立起自己的态度体系之后，就必然对外部输入的信息在既定的态度体系框架内作出反应。人们对组织变革的目的、机制和前景是怎样理解的，有时差别很大，其结果就是基于理解不清或理解混乱而抵制、干扰变革。加上组织变革前的信息沟通不够，更会引起一些有关人员的不满和误解，形成一些阻力。有些员工根本就认为当前的变革是错误的，因而会抵制组织的变革。部分组织的管理层总是一厢情愿地认为，变革是管理者的事，只要管理层（主要是高层管理者）清楚变革的目的、意义，将任务分配给下属去完成便足矣。其实，如果员工不清楚变革的目的与意义，他们很快便会失去参与变革的热情。如果连组织中的部分高层管理者都不清楚变革的意义所在，那情况自然会更糟。

（6）个人的能力或资源不足。变革往往伴随着新业务流程、新技术、新工作方法的导入，办公自动化的建立、新技术的应用都要求员工不断提高自己的知识和能力，以适应组织变革的需要。当员工对自己的能力产生怀疑，就认为变革对自己是一种威胁。而一些员工担心自己的技术已经过时，一旦组织发生变革，自己就会被淘汰或是地位遭到挑战，因此，他们宁愿维持现状。这类人，常常是那些墨守成规、进取心较差的员工或是组织中的高龄员工。故此，对员工个人现有技术能力提出挑战，当员工能力不足以完成工作任务时，阻力便随之产生。在变革过程中，组织往往会忽略给员工提供足够的资源支持，"既要马儿跑，又要马儿不吃草"，其后果可想而知。

（7）对发起变革的人怀有成见。有时人们之所以反对变革，并不表示他们反对变革本身，而是因为对发起这场变革的人心怀成见，看不顺眼，推人及物，由反对变革者而导致反对变革。这种情况普遍存在于一般组织之中，人们有时候对变革本身并不真正了解，也不想去了解，但只要看到是由他所不喜欢的人发起的变革，就感到从感情上接受不了，会产生一种十分盲目而强烈的抵触情绪。因此，我们在进行组织的变革时，要注意选择容易为大多数人所接受的人选，以尽量减少变革的阻力。

2. 组织方面因素

组织变革就是要改变那些不能适应组织内外环境、阻碍组织可持续发展的各种因素如组织的管理制度，组织文化，员工的工作方式、工作习惯等。这种变革必然会涉及组织的各个层面，引起组织内部个人和部门利益的重新分配。因此，必然会遭到来自组织各个方面的阻力。

（1）管理层积极性不高。管理层对组织变革的积极参与是组织变革成功的关键。但管理者可能不重视组织变革，认为组织不需要变革；或者本身观念陈旧，不愿意轻易改革；或者对组织变革的前景没有信心时，会有意无意地阻碍变革；或是由于组织变革会对组织内部各部门、各个群体的利益进行重新分配，那些原本在组织中权利较大、地位较高的部门和群体必然会将变革视为一种威胁，为了保护自身利益常常会抵制变革。管理层变革的积极性不高，变革的结果也就可以预见了。在国企改革中，管理层的利益不明确，是挫伤他们积极参与变革的一个重要因素。

（2）组织的业务流程再造会涉及部门利益。组织的业务流程再造必然会重组企业的组织结构，对某些部门、某些层次予以合并、撤减，以及重新进行权责界定，一些处于不利地位的部门和层次就会反对变革。

（3）组织结构或管理制度与改革缺乏相适性。当组织结构、相应的管理制度不能配合变革所需时，也不利于变革的推进。组织流程再造、信息系统引入，需要组织结构的变化来配合。在变革中，为了鼓励利于变革的员工行为，人力资源管理体制（如薪酬、考核、员工发展）也应做相应的调整。

（4）组织文化的作用未充分发挥。组织文化对组织中员工行为的影响已经被证实。但相当一部分组织在组织变革过程中还是未能充分发挥组织文化的作用。在变革过程中，注重企业文化的重塑，变革的阻力会少很多。相对组织内的显性阻力而言，组织内的隐性阻力就更加隐蔽，而且一时间难以克服。组织内的文化、员工的工作方式已经成为一种工作习惯。在长期的工作中，员工与员工之间、员工与领导之间、员工与组织之间已经形成了某种默契或契约，一旦实行变革，就意味着改变员工已形成的工作关系和工作方式，必然会引起员工的不满。

三、组织变革的过程

组织的发展离不开组织变革，内外部环境的变化、组织资源的不断整合与变动，都给组织带来了机遇与挑战，这就要求组织关注组织变革。无论是规模如海尔、TCL、联想这样的巨型企业，还是一个年销售额仅一两千万的小企业，都面临着全方位的体制变革，战略目标、管理模式、组织架构、竞争策略等都面临着市场环境变化和国际竞争的挑战。"企业必须变革，否则就会死亡"，汤姆·彼得的这句格言也不断地得到企业家的认同，变革已成当务之急。在这些变革中，对组织自身工作系统的变革是提高组织效率与绩效的关键。能适应环境变化的组织是那些能够自我发展、自我提高的组织，是那些不仅能领导变革，更能创造变革的组织，是那些能够根据环境变化进行有效变革的组织，是那些不断发展的组织。而那些墨守成规、安于现状的组织最终将被淘汰出局。

管理专栏 4-4

公 司 再 造

美国人迈克尔·哈默（Michael Hammer)和詹姆斯·钱比（James Champy)于1994年出版了一本著作，名为《公司再造》（Reengineering the Corporation, A Manifesto for Business Revolution)。该书一出版便引起管理学界和企业界的高度重视。

哈默与钱比认为，工业革命两百多年以来，亚当·斯密的分工理论始终主宰着当今社会中的一切组织，大部分的企业都建立在效率低下的功能组织上。公司再造是根据信息社会性要求，彻底改变企业的本质，抛开分工的旧包袱，将硬被拆开的组织架构，如生产、营销、人力资源、财务、管理信息等部门，按照自然跨部门的作业流程，重新组装回去。显然这样一种重新组装是对过去组织赖以运作的体系与程序的一种革命。这种革命将是美国企业恢复竞争力的唯一希望，也是面向未来的唯一选择。

福特汽车公司在取得日本马自达公司的25%股权之后，经过观察，福特的主管阶层发现，马自达公司物资采购部全部的财务会计工作，竟然只用了5个人，福特汽车公司却用了500多人，与马自达公司区区5个人相比，简直天壤之别。就算福特公司借助办公室自动化，降低了两成的人事费用，仍无法和马自达公司精简的人事相提并论。二者根本的不同之处在于作业流程的不同，因此修正流程就成为提高企业效率的根本。然而修正流程不能仅从财务部门做起，而要从整个企业的流程改革着手。

流程的改革建立在信息技术得以高度发展的今天，这是因为信息技术的发展使得效率不一定产生于分工，而有可能产生于整合。事实上，现代组织面临的各种管理问题已经很难将其确立为一个专业性的问题，因而将其交给一个分工性的职能部门处理已经不妥，也难使其有效处理此类问题。为了针对某一类问题而特设部门进行专门负责处理，则使得本来已经膨胀了的组织机构更加繁多，这又使管理成本上升，协调困难，效率降低。在信息技术发达的今天，人们已经准备了对综合性问题进行整合性处理的方案，这就是流程革命可以进行的基础。

（资料来源：尼克·奥博伦斯，《公司再造》，华夏出版社，2003）

组织变革是一个复杂、动态的过程，为了科学地、有步骤地进行变革，需要遵守一定的合理程序和步骤。

美国学者勒温从探讨组织变革中组织成员的态度出发，提出组织变革要经历"解冻、改变、冻结"三阶段的理论。勒温认为，在组织变革中，人的变革是最重要的，组织要实施变革，首先必须改变组织成员的态度。组织成员态度发展的一般过程及模式，反映着组织变革的基本过程。

我们认为科学完整的组织变革步骤包含组织诊断、解冻、变革、再冻结等四个步骤（如图4-14所示）。

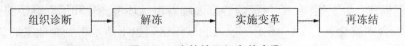

图 4-14　完整的组织变革步骤

（一）组织诊断

组织结构适合组织实际情况和发展需要，是检验组织结构优劣的唯一标准。没有普遍适用的组织结构，每个组织的组织结构，都应在组织理论指导下，参考行业经验，结合自身实际进行变革。没有特色的组织结构，很难为组织提供竞争优势。因此，为组织结构号脉，必须在组织特定性质和发展阶段下，来分析和评价其效能、效率和安全性，以辨证的、权变的观点作出诊断，从而为组织是否需要进行组织结构变革、何时和如何变革提供依据。有效地进行组织诊断需要进行组织调查和组织分析。

1. 组织调查

组织调查是指收集关于组织的各种资料和情况。在组织调查中，比较适用的方法有以下三种。

（1）系统地收集现成资料。这方面的主要资料有以下几种。

① 职位说明书：它包括组织各种管理职位的名称、职能性质、各项职权和责任、薪金级别以及该职位同其他有关职位的关系。

② 组织系统图。

③ 组织手册：通常是职位说明书与组织系统的综合。

④ 管理业务流程图。这是用图解的方法来表示某一管理子系统的业务工作流程，其内容一般包括：程序；岗位，即根据程序及分工协作的要求设置若干岗位，并确定它们之间的联系；信息传递，即信息传递的载体、手续、传递路线等；岗位责任制，即各岗位的责任、权限及工作要求等。

⑤ 管理工作标准。

⑥ 管理工作的定员和人员配备。

⑦ 员工的绩效考评及奖惩制度。

（2）组织问卷调查。组织问卷调查的主要对象是管理人员，抽样比例一般为总人数的5%～20%。进行问卷调查需要有科学的问卷设计、严格的调查实施和科学的结果分析。

（3）个别面谈和小型座谈会。对高级管理人员进行调查，一般采取个别面谈和小型座谈会的方式。这样有利于了解到比较深层次的情况。在进行这种调查之前，应事先拟好谈话提纲。

2. 组织分析

在掌握了丰富、真实的资料和情况后，接下来应该进行组织分析，明确现行组织结构在设置和运行上的问题和缺点，为组织变革打下基础。组织分析的内容从总体上说，可以归纳为以下四个方面。

（1）职能分析(业务分析)。职能分析的主要内容有以下几种。

① 组织需要增加减少、合并的职能。

② 确定组织的关键职能，即对组织实现战略目标有关键作用的职能。

③ 分析职能的性质和类别。这里所说的职能指的是产生成果的职能、支援职能和附属职能。

（2）决策分析。其内容有以下几种。
① 应该制定的决策。
② 制定这些决策的管理层。
③ 制定决策应该牵涉到的业务。
④ 制定决策后应该通知的负责人。
（3）关系分析。即管理层次间、各管理职能间的相互关系的分析，主要包括以下一些内容。
① 各个部门的职能分析，各个部门包括的职能。
② 各个部门的职能是否有重叠或空白。
③ 各个部门所担负的是直接指挥还是参谋服务职能。
④ 各个部门的业务工作联系与协调配合。
（4）运行分析。这是对组织的动态分析，包括以下三方面。
① 人员配备状况分析。
② 管理人员的考核制度是否健全和得到贯彻。
③ 奖惩制度是否完善和得到落实。

例如，企业文化的变革在这一阶段需要外部专家对现存的文化进行诊断，因为企业内的成员不可能对他们的文化做清楚和无偏见的分析。主要任务是收集数据、分析测定现存企业文化的现状及其与向往状态的差距。它如实反映了企业环境中的现状，提供了企业在为达到目标工作状态这一过程中有利的和不利的因素。企业文化变革的方向则体现在企业目标和如何实现这些目标中。组织评估是企业明白为达到目标需要加以改变的范围和需承担的义务，确定并公布企业环境中积极的方面和有必要加以保持的方面，承认并解决企业文化中形成的障碍。

（二）解冻

这一步骤的焦点在于创设变革的动机。鼓励员工改变原有的行为模式和工作态度，采取新的适应组织战略发展的行为与态度。为了做到这一点，一方面，需要对旧的行为与态度加以否定；另一方面，要使干部员工认识到变革的紧迫性。可以采用比较评估的办法，把本单位的总体情况、经营指标和业绩水平与其他优秀单位或竞争对手——进行比较，找出差距和解冻的依据，帮助干部员工"解冻"现有态度和行为，迫切要求变革，愿意接受新的工作模式。此外，应注意创造一种开放的氛围和心理上的安全感，减少变革的心理障碍，提高变革成功的信心。例如，企业的文化变革在这一步骤要打破已有的行为方法和程序，引导人们关注这些固定程序，在需求评估的基础上，告诉人们为何要发生变革。人们除需要知道变革的内容外，还要确切地知道为何要发生以及它会在协作、成果等方面如何对他们形成期望。人们只有接受了变革的需求，才能自觉地加入变革中来，成为变革中聪明的支持者和贡献者。

（三）变革

变革是一个学习过程，需要给干部员工提供新信息、新行为模式和新的视角，指明变革方向，实施变革，进而形成新的行为和态度。这一步骤中，应该注意为新的工作态度和行为树立榜样，采用角色模范、导师指导、专家演讲、群体培训等多种途径。变革是个认知的过程,它由获得新的概念和信息得以完成。例如,企业文化变革在这一步骤的转变是组织管理制度、风格和共有价值观的重塑过程,是在高层管理者的领导支持下,全员积极参与,更新观念和行为的过程。

(四)再冻结

在再冻结阶段,利用必要的强化手段使新的态度与行为固定下来,使组织变革处于稳定状态。为了确保组织变革的稳定性,需要注意使干部员工有机会尝试和检验新的态度与行为,并及时给予正面的强化;同时,加强群体变革行为的稳定性,促使形成稳定持久的群体行为规范。例如,如果个人或企业处于不断的变化状态下,宗旨和目标是无法实现的。这就需要将变革产生的好的方法、行为稳定下来,固化为企业整体的工作程序,成为新的企业文化的组成部分。

总而言之,在组织结构的变革中,要不断对变革的效果和存在的问题进行检查、分析、评价,及时反馈,对原定改革方案和计划做修正。作为一名管理人员,要做的大部分工作是设法让部门中的员工,了解他们应该为变革做些什么?并置身于这一变革中,以变革小组的一个成员开展工作。

四、变革阻力的克服

一般而言,如果一个组织的组织结构能够对其所处的环境做出适应性调整,那么,它就能获得巨大而持久的成长。反之,它将会走向衰退,甚至消亡。同时,几乎没有哪个组织能够改变自己生存的环境,因而只能去适应它。为了应对环境的变化,当前组织变革已呈不可逆之势。对组织变革的力量的抵制不可避免,如果管理得当,总是可以消除抵制变革的阻力,保证变革的成功。

(一)变革成为革新的源泉

组织在变革过程中会遇到上述分析的各种阻力,作为一名合格的管理者应该正确分析变革的阻力:

1. 变革并不一定正确

只有在看到变革的结果后,方能判断变革的功过。因此,在改革伊始就否定、抵制改革是危险的。

2. 抵制变革有助于平衡鼓励变革和寻求稳定之间的内外部力量

在变革中,既要避免变革过头,又要避免过分强调稳定而导致变革停滞不前。抵制变革可以引导管理者找到变革与稳定之间最佳平衡的方法。

3. 变革阻力能吸引管理层关注变革所带来的潜在危险

很多时候,管理者在做决策时并非相当理性,他们提出的改革可能存在先天缺陷,如果得不到他人的建议,很可能无法提出多种解决方案,给企业带来潜在的威胁。在变革中,员工抵制变革所带来的不稳定性,也正是由于这个原因,变革阻力能吸引管理层更多地关注变革所带来的潜在危险。

（二）排除组织变革阻力的方法

组织的变革往往是大势所趋，不以人的意志为转移，但还是要注意组织变革中的艺术性，应积极地创造条件，采取措施，消除阻力，保证组织的变革顺利进行。排除组织变革中阻力的方法有以下几点。

1. 保持公开性，增加透明度

对于组织目前所处的运行环境、所面临的困难与机遇等，要坦诚布公，从而使组织上下形成共识，增强变革的紧迫感，扩大对变革的支持力量，使组织变革有广泛而牢固的群众基础，这是保证组织变革得以顺利进行的首要条件。

2. 相互尊敬，增进信任

有的变革者总认为人们都会抗拒变革，个个都因循守旧，因此，他们总想通过强制手段，或利益诱导或巧妙的设计安排来把人们引入其所无法了解的变革内，这反映了变革者对组织成员的一种不尊敬、不信任，无形中会增加许多阻力。实际上，几乎每个人都急切地希望生活和环境中发生某种类型的变革。只要我们对变革的力量合理地加以因势利导，及时增进相互的沟通与尊重，变革的阻力就会减小。

3. 加强培训，提高适应性

要通过自上而下的培训教育，使大家学习新知识，接受新观念，掌握新技术，学会用新的观点和方法来看待和处理新形势下的各种新问题，从而增强对组织变革的适应力和心理承受能力，增进他们对组织变革的理性认识，使他们自觉成为改革的生力军。要使人们深刻认识到，虽然每种变革都会影响某些人的特权、地位或职权，但如果不实施变革，停滞下来，那将会威胁整个组织的生存和发展。

4. 启用人才，排除阻力

要大胆启用那些富有开拓创新精神、锐意进取、目光远大且年富力强的优秀中青年人才，把他们充实到组织的重要领导岗位，为顺利地实施变革提供组织保障。人事变革既是组织变革的重要内容，又是确保组织变革成功的重要条件。有的组织学家认为，组织变革首先是人的思想观念的变革，如果某些人不能换脑筋，那就得换人，这是极有见地，也是极有魄力和勇气的。

5. 注意策略，相机而动

变革要选准时机，把握好分寸，循序渐进，配套进行。变革是革命，但不等于蛮干，要特别注意策略和艺术。成功的变革不仅在于增进组织的效率，维持组织的成长，同时也在于提高成员的工作士气，满足成员的合理欲望。

因此，在变革前，应详细分析可能发生的各种问题，预先采取防范措施，从而为组织创造最佳的变革环境与变革气氛。当组织变革的大政方针决定以后，策略和艺术就成为保证变革成功的生命所在。

变革自始至终要有群众基础。因此，要减少变革的阻力，就应该让有关的人员公开讨论变革的内容与执行的方式，以减少他们内心的恐惧与不安，以利于变革的顺利推进与实施。

（三）克服组织变革阻力的有效措施

抵制组织变革的阻力并不可怕，导致失败的结果往往是因为没有有效地管理变革的阻力。在消除变革的阻力时，做到下面几点是相当有效的。

1. 精心设计变革的时间和进程

组织结构的变革能否成功、成效如何，首先取决于有没有好的"设计蓝图"，这是保证组织变革取得预期成效的第一道关键工序。合理安排变革的时间与进程，不要为了变革而变革，变革中需要时间去适应新的制度，排除障碍。因此，在正式实施组织变革前，要经过深入调查，仔细研究，充分论证各种可行的方案，要把目前所存在的问题看透、摸准，然后才能对症下药。变革的方向、变革的方针、变革所要达到的目标要十分明确，这是对组织结构进行变革和重新设计的客观依据。要避免那种心血来潮式的和朝令夕改式的变革方式，如果领导觉得不耐烦，加快速度推行变革，对下级会产生一种压迫感，产生以前没有过的抵制。同时还应该避免持续不断的变革，持续不断的变革会令员工没有安定感。一切要按照精心设计好的"图纸"按部就班、有条不紊地进行。

2. 全面发动做好教育和沟通工作

无论在什么时候，管理层都应积极要求员工参与到改革中来。员工由此会产生主人翁感和对变革的控制感，他们会更加积极地投身到变革中去。让员工知道改革的重要性，改革对个人和组织会产生什么样的影响，告诉他们改革能给他们带来的好处，以及企业采取什么样的方式弥补其损失。通过各种手段告诉员工改革迫在眉睫，使他们有充分的心理准备。

研究表明，人们对某事的参与程度越大，就越会承担工作责任，支持工作的进程。因此，当有关人员能够参与有关变革的设计讨论时，参与会导致承诺，抵制变革的情况就会显著减少。参与和投入方法在管理人员所得信息不充分或者岗位权力较弱时使用比较有效。这就要求切实做好全面的宣传工作。

（1）要创造一种改革的讨论氛围，使大家充分认识到组织变革的紧迫性与重要意义。

（2）要讲清变革的艰巨性与复杂性，使大家对组织变革的困难所在有比较清醒的认识，从而做好思想上和心理上的准备。

（3）要讲清变革的有利条件与有利时机，做好宣传鼓动工作，以增强对改革成功的信心，要全员参与变革，而不要弄成"少数人干、多数人看"的局面。

（4）加强教育和沟通，是克服组织变革阻力的有效途径。通过教育和沟通，让变革有关人员充分了解组织变革的目的、目标、原则、程序与方法等，使大家一切胸中有数，尽可能消除不必要的误解，降低员工对变革的抵制，以保证组织改革过程中的科学性与平稳性。

3. 精心组织

组织的变革要按照"图纸"的要求精心组织实施。

（1）尽可能地先进行试点，摸索经验，再逐步推广，避免采取一哄而起的群众运动方式，那样容易造成很大的损失，甚至造成被动局面。

（2）要注意突破难点，抓住重点，加强薄弱点，消除盲点，要进行各方面的改革配套，整体推进，循序渐进。

（3）要注意把组织结构的变革同提高成员的素质紧密结合起来，因为人的素质是根本，离开了人的素质的提高，不论什么样的组织结构，都是没有创造力的，最终也不可能达到组织变革的目的。

（4）要注意把组织结构的变革同建立健全的基本管理制度结合起来，要把改革的成果用管理制度的形式来规范，这也是对改革成果的一种肯定和巩固。

（5）在组织变革的实施过程中，要注意做好思想工作，善于转化矛盾，减少冲突，消除阻力，确保变革顺利进行。

此外，还要注意处理好组织改革与开展正常的组织运行活动的关系，要保持组织运行活动的连续性，不要"齐上齐下"，不要关起门来搞改革，不要把改革当成最终的目的。

4. 群体促进和支持

许多管理心理学家提出，运用"变革的群体动力学"，可以推动组织变革。这里包括创造强烈的群体归属感，设置群体共同目标，培养群体规范，建立关键成员威信。

五、组织变革的趋势

进入21世纪，知识经济的浪潮冲击着人类社会的方方面面，包括人们的思维模式、工作方式和生活方式。组织结构也同样面临着知识经济的严峻挑战。随着社会的发展和时代的变迁，传统的组织结构已经不能适应当今时代，尤其是日后变化迅捷的经营环境，知识管理组织变革，已成为大势所趋。纵观国内外企业组织架构已经或即将发生的变化，其变革的主要趋势可概括为以下几点。

1. 扁平化

所谓扁平化，是指在组织内纵向减少层次、横向打破部门壁垒，将一切不增值的环节去掉，缩小组织规模，拓宽管理跨度，使组织的中间管理设置变得简单，并侧重两头发展。也就是减少中间层次，增大管理跨度，促进信息的传递与沟通。其主要优点是：管理层次少，管理跨度大，上司放权、放手、放心，换来下属尽职、尽责、尽力。

2. 分立化

面对日趋复杂多变的信息时代，压缩组织规模，划小核算单位，已经成为现代组织的一种时尚。在竞争激烈的今天，众多组织家对"船小好掉头"的认识越来越深刻。不仅组织如此，就连国家机构也在走向流线型和灵巧化，小政府、大社会已经成为当今世界的一种潮流。小巧玲珑的组织架构已成为当今世界一切组织的普遍追求。可以预料，随着传统观念的逐渐破除，组织结构将会逐步走向分立化。资产运营、委托生产、业务外包等已经为组织小型化提供了实现的条件。

3. 柔性化

组织结构的柔性化，就是说组织为了实现某一目标，而把在不同领域工作的具有不同知识和技能的人，集中于一个特定的动态团体之中，共同完成某个项目，待项目完成后团体成员各回各处，也就是在组织结构上不设置固定的和正式的组织结构，而代之以一些临时性的、以任务为导向的团队式组织，其目的是使一个组织的资源得到充分的利用，增强组织对环境动态变化的适应能力。这种机动团队的优点是灵活便捷、能伸能缩、博采众长、集合优势，不仅可以大大降低成本，而且能够促进组织人力资源的开发，还推动着组织结构的扁平化。在市场不断变化、竞争环境难以预测的情况下快速反应，不断重组其人力和技术资源，获得竞争优势，这就要求产品与服务的开发、生产、销售以顾客价值为中心，组织的生产运营、组织结构、管理思想、人员需求及技术投资均由顾客需求"拉动"。组织采取柔性化能缩短产品生产周期，节省劳动力并增强制造能力，还可以弥补规模经济的不足，有效防止决策的随意性。高水平的柔性化能帮助组织在瞬息万变和激烈竞争的市场中获得竞争优势。

4. 虚拟化

随着知识经济时代的到来，电脑软件及其网络技术的蓬勃发展，大量的劳动力将游离于固定的组织系统之外，分散劳动、家庭作业等将会成为新的工作方式，虚拟组织将会大量出现。届时诸多组织都不必再去建造庞大的办公大楼，取而代之的是各种形式的流动办公室，组织形式将由以往庞大合理化的外壳逐渐虚拟，流动办公、家庭作业必将受到广泛青睐。

5. 网络化

随着经济全球化和世界市场化进程的加快，众多组织之间的联系日益紧密起来，构成了组织形式的网络化。组织结构的网络化主要体现在四个方面：一是组织形式集团化；二是经营方式连锁化；三是组织内部组织网状化；四是信息传递网络化。随着网络技术的蓬勃发展和计算机的广泛应用，组织的信息传递和人际沟通已逐渐数字化、网络化。

综上所述，知识经济使组织形态和功能将要发生重大变化，传统的人事管理方式也要进行相应的变革。组织信息网络的建立，促进了信息论的流通，使得每个人都能纵观全局，高层与基层更容易沟通，中间层次的功能逐渐淡化，中层管理人员将逐渐退出管理领域。组织的高层领导也不能继续充当预言家和裁判长，而要成为一名设计师，设计出灵活多变、充满活力的组织体系。只有这样，才能使自己的组织在竞争日趋激烈的今天立于不败之地。

小　　结

组织是为了实现一定的共同目标而按照一定的规则、程序所构成的一种责权结构安排和人事安排，其目的在于确保以最高的效率使目标得以实现。

组织一般具有协作性、有效性、群体性和功能放大性四个特性。

依据不同的标准可以把组织划分为不同的类型，如根据组织目标可以分为互益组织、工商组织、服务组织和公益组织；根据组织的社会功能可以分为经济组织、政治组织、文化组织、群众组织和宗教组织；根据组织形成方式可以分为正式组织和非正式组织。

组织一般具有凝聚功能、协调功能、制约功能和激励功能。

组织工作涉及组织设计、组织运行和组织变革三大阶段。

组织设计就是对组织的结构和活动进行创建、变革和再设计。组织设计的任务是提供组织结构系统图和明确职能权限责任书。

组织设计一般要遵循目标一致原则、专业分工原则、有效管理跨度与层次原则、职责与职权对等原则、因事设职才职对称原则、统一指挥原则、精干高效原则、灵活性原则。

影响组织设计的因素包括目标因素、环境因素、技术因素、规模因素、组织文化、人员素质因素、地理因素。

组织设计的步骤包括岗位设计、部门划分、管理层次与管理跨度设计、职务设计与授权、组织的协调。

常见的组织结构的基本类型有直线制、职能制、直线职能制、事业部制、矩阵制、多维立体结构、控股型结构与网络型结构等。

组织运行需要解决好组织制度的建立、组织冲突的协调、运行机制的健全、运行过程的调控四个方面的问题。

组织变革涉及策略变革、文化变革和结构变革三个方面。科学完整的组织变革步骤包含组织诊断、解冻、变革、再冻结等四个步骤。

知识检测

一、名词解释

1．组织 2．组织结构 3．管理跨度 4．组织变革 5．非正式组织 6．授权 7．网络型组织 8．组织制度

二、填空题

1．（   ）是组织有效运作的手段。

2．组织具有（   ）、（   ）、（   ）和（   ）四个特性。

3．依据不同的标准可以把组织划分为不同的类型，如根据组织目标可以分为（   ）、（   ）、（   ）和（   ）；根据组织的社会功能可以分为（   ）、（   ）、（   ）、（   ）和（   ）；根据组织形成方式可以分为（   ）和（   ）。

4．组织一般具有（   ）、（   ）、（   ）和（   ）。

5．组织设计就是对组织的结构和活动进行（   ）、（   ）和（   ）。组织设计的任务是（   ）和（   ）。

6．组织设计一般要遵循（   ）、（   ）、（   ）、（   ）、（   ）、（   ）和（   ）。

7．影响组织设计的因素包括（   ）、（   ）、（   ）、（   ）、（   ）和（   ）。

8．组织设计的步骤包括（   ）、（   ）、（   ）、（   ）和（   ）。

9．常见的一些组织结构的基本类型有（   ）、（   ）、（   ）、（   ）、（   ）、（   ）和（   ）等。

10．组织运行需要解决好（   ）、（   ）、（   ）和（   ）四个方面的问题。

11．组织变革涉及（   ）、（   ）和（   ）三个方面。科学完整的组织变革步骤包含（   ）、（   ）、（   ）和（   ）等四个步骤。

12．解决冲突的方法有（   ）、（   ）、（   ）、（   ）和（   ）。

13．运行机制需要解决的是（   ）、（   ）、（   ）和（   ）。

14．常见的职务设计的形式有以下五种：（   ）、（   ）、（   ）、（   ）和（   ）等。

15．权力有五种表现形式：包括（   ）、（   ）、（   ）、（   ）和（   ）。

16．组织变革涉及（   ）、（   ）和（   ）三个方面。

17．现代组织制度需要解决（   ）、（   ）、（   ）和（   ）四大方面的问题。

18．组织变革的趋势是（   ）、（   ）、（   ）、（   ）和（   ）。

三、判断题

1．体育赛场的观众是拥有特定的共同目标的群体，所以，他们是一个组织。（   ）

2．事业部制的优点之一是高层权力比较分散。（   ）

3．因事设职是组织设计的基本原则，而因人设职是与组织设计原则相悖的，因此二者是不相容的。（   ）

4．综合管理者的管理幅度大于专业管理者的管理幅度。（   ）

5．组织层次过多，不利于组织内的沟通。（　　）
6．组织变革的阻力是直接的、公开的。（　　）
7．直线制企业组织结构是一种古老的组织形式，对于任何企业，其效率都比矩阵制组织结构差。（　　）
8．组织设计应满足事事有人做的原则。（　　）
9．非正式组织对组织目标的实现存在负面影响，因此应该尽量避免组织内部非正式组织的形成。（　　）
10．分工是社会化大生产的客观要求，有利于生产力的提高，因此分工越细组织效率越高。（　　）
11．管理宽度和上下级关系是同比例增加的。（　　）
12．考察一个组织的分权程度，关键是看决策命令权的下放和保留程度。（　　）

四、单选题

1．矩阵制组织形式在（　　）环境中较为有效。
A．复杂　　　　　　B．静态　　　　　C．复杂—动态　　　D．简单—静态

2．某公司设立了工程部、物资部、设计部、规划部、财务部、人事行政部等主要部门，当公司承接一个新项目时，从上述部门中各抽调若干人组织项目小组进行项目开发和实施，由此判断，该项目小组的组织形式为（　　）。
A．行政层级式　　　B．职能制　　　　C．矩阵式　　　　　D．直线—参谋制

3．某组织的组织结构如图 4-15 所示。

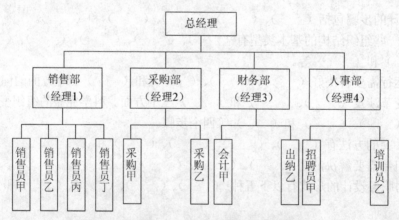

图 4-15　某组织的组织结构简图

该组织中销售经理的管理跨度为（　　）
A．2　　　　　　　　B．4　　　　　　　C．10　　　　　　　D．3

4．接上题，请问该组织的管理层次为（　　）
A．2　　　　　　　　B．4　　　　　　　C．10　　　　　　　D．3

5．关于组织设计的陈述，正确的是（　　）。
A．只对组织结构进行的设计称为静态组织设计
B．只对组织运行制度进行的设计称为动态组织设计
C．古典的组织设计理论包括组织结构设计和运行制度设计

D. 现代的组织设计理论只针对组织运行制度
6. "任务分工的层次、细致程度"描述的是组织结构中的（　　）。
    A. 规范性　　　　B. 集权度　　　　C. 复杂性　　　　D. 稳定性
7. "各管理层次、部门在权力和责任方面的分工和相互关系"指的是组织结构体系中的（　　）。
    A. 部门结构　　　B. 层次结构　　　C. 职能结构　　　D. 职权结构
8. 技术发展迅速、产品较多、创新性强、管理复杂的企业，最适合采用的组织形式是（　　）。
    A. 行政层级式　　B. 职能制　　　　C. 矩阵式　　　　D. 直线—参谋制
9. 某制衣有限公司地处香港，为全世界约 30 个国家的 350 多个经销商生产制造各种服装，是世界知名的制衣公司。但说起"生产制造"，它却没有一个车间和生产员工，而是与很多国家和地区的 8 000 多个服装生产厂家保持密切的业务联系。该公司是家族企业，十分强调员工对公司的忠诚度，而且在管理中也特别看重员工的资历。

    该公司的组织结构形式属于（　　）。
    A. 行政层级式　　B. 职能制　　　　C. 事业部制　　　D. 虚拟组织
10. 出现较早，适用于小型企业的组织结构是（　　）。
    A. 事业部制　　　B. 矩阵型　　　　C. 直线—职能型　D. 多维立体结构
11. 部门划分是为了解决组织的（　　）。
    A. 纵向结构问题　　　　　　　　　B. 横向结构问题
    C. 纵向协调问题　　　　　　　　　D. 横向协调问题
12. 直线—参谋型组织结构的主要缺点是（　　）。
    A. 结构复杂
    B. 多头指挥
    C. 职责权限不清
    D. 不利于调动下属的积极性和主动性
13. 采用"集中决策，分散经营"的组织结构是（　　）。
    A. 直线型　　　　B. 职能型　　　　C. 事业部制　　　D. 矩阵型
14. 下列分权程度最高的组织结构形式是（　　）。
    A. 直线制
    B. 直线—参谋制
    C. 直线—职能参谋制
    D. 事业部制
15. 在管理学中，组织工作这一概念属于（　　）。
    A. 协作关系　　　　　　　　　　　B. 人员群体
    C. 组织机构　　　　　　　　　　　D. 管理职能之一
16. 直线型组织结构一般适用于（　　）。
    A. 大型组织
    B. 小型组织
    C. 需要职能专业化管理的组织
    D. 没有必要按职能实现专业化管理的小型组织
17. 职能型组织结构的最大缺点是（　　）。
    A. 横向协调　　　　　　　　　　　B. 多头领导

C. 不利于培养上层领导　　　　　　D. 适用性差

18. 事业部制组织结构产生于20世纪（　　）。
 A. 20年代　　　B. 30年代　　　C. 40年代　　　D. 50年代

19. 部门划分普遍采用的是按（　　）划分。
 A. 产品　　　　B. 地区　　　　C. 职能　　　　D. 时间

20. 管理层次产生的主要原因是（　　）。
 A. 职能分工的需要　　　　　　　B. 管理宽度的限制
 C. 权责明确的需要　　　　　　　D. 部门划分的需要

21. 组织规模一定时，组织层次和管理宽度呈（　　）关系。
 A. 正比　　　　B. 指数　　　　C. 反比　　　　D. 相关

22. 层次划分的目的是解决组织的（　　）。
 A. 纵向协调问题　　　　　　　　B. 横向结构问题
 C. 纵向结构问题　　　　　　　　D. 横向协调问题

23. 管理宽度小而管理层次多的组织结构是（　　）。
 A. 扁平结构　　　　　　　　　　B. 直式结构
 C. 直线型组织结构　　　　　　　D. 直线—参谋型组织结构

24. 管理宽度是指一名主管人员有效管理其直接下属的（　　）。
 A. 工作情况　　B. 人数　　　　C. 年限　　　　D. 档案

25. 组织的最高决策层，由于工作复杂多变等因素影响，其管理宽度一般应（　　）。
 A. 适当宽些　　　　　　　　　　B. 宽窄没有关系
 C. 宜随机安排　　　　　　　　　D. 适当窄些

26. 某市通信规划设计院是一家具有甲级资质的设计单位，建院20多年来，形成了特别看重员工资历的文化，也曾经创造过辉煌的业绩。在设计院里，员工对组织具有很高的忠诚度，很少有人离职。最近几年，在激烈的市场竞争中，设计院在技术和服务等方面相对滞后，在几次大的竞标中落败，老客户投诉率增加，业绩逐年下降。去年初，竞选上来的刘院长在单位改制之际，借助外部咨询专家的力量对设计院进行了如下变革。

第一，对组织结构进行了调整，将核心业务重组，合并为三个设计所和一个咨询部；第二，打破了资历制，制定出以员工绩效为标准的薪酬制度，重奖有突出贡献者；第三，营造出良好的氛围，鼓励员工进行技术革新和服务创新，并设立了院长信箱和创新奖；第四，完成了设计院的VI设计（VI，即企业形象视觉识别系统，包括设计院的名称标志、招牌与旗帜、办公用品、衣着制服、纪念物等）。经过一年多的运行，组织变革已初见成效。

根据上述描述，该设计院所进行的组织变革属于（　　）。
 A. 以人员为中心的变革　　　　　B. 以结构为中心的变革
 C. 以技术为中心的变革　　　　　D. 以系统为中心的变革

五、多选题

1. 职能制组织形式的优点有（　　）。
 A. 可以提高工作效率，节约成本　　B. 有利于强化专业管理，提高工作效率
 C. 可以消除设备及劳动力的重复　　D. 有明确的任务和确定的职责

2. 职能制的组织结构主要适用于（　　）。
 A. 大型企业　　　　　　　　　　B. 中小型企业

C. 产品品种单一的企业　　　　　　D. 生产技术发展变化较慢的企业
3. 矩阵组织形式的特点包括（　　）。
A. 在同一组织内部，既设置具有纵向报告关系的若干职能部门，又建立具有横向报告关系的若干产品部门
B. 一名员工有两位领导
C. 组织内部有纵向和横向两个层次的协调
D. 产品部门所形成的横向联系灵活多样
4. 某公司是一家高新技术企业，目前正在进行股份制改造。公司高层决定以此为契机，对公司进行重新设计，并着力进行组织文化建设，以形成鼓励创新和民主参与的文化。为此，公司决定聘请某著名管理咨询公司帮助公司进行变革。双方商定，在组织结构设计中，应重点考虑公司战略、管理层次和管理跨度、制度化程度、关键职能、人员素质等五个要素，同时还要能够促进组织文化建设。
（1）案例中所考虑的要素属于组织结构设计的特征因素的是（　　）。
A. 公司战略　　　　　　　　　　　B. 管理层次和管理跨度
C. 制度化程度　　　　　　　　　　D. 关键职能
（2）案例中所考虑的要素属于组织结构设计的权变因素的是（　　）。
A. 公司战略　　　　　　　　　　　B. 管理层次和管理跨度
C. 制度化程度　　　　　　　　　　D. 人员素质
（3）关于管理层次与管理跨度关系的陈述，正确的是（　　）。
A. 管理层次是指从组织最高一层管理组织到最低一级管理组织的各个组织等级，而管理跨度是指一名领导者直接领导的下级人员的数量
B. 管理层次与管理跨度存在正比的数量关系
C. 管理跨度决定管理层次，管理层次的多少取决于管理跨度的大小
D. 管理层次对管理跨度具有一定的制约作用
5. 矩阵组织形式的优点包括（　　）。
A. 有利于加强各职能部门之间的协作配合
B. 有利于提高组织的稳定性
C. 有利于顺利完成规划项目，提高企业的适应性
D. 有利于减轻高层管理人员的负担
E. 有利于职能部门与产品部门相互制约，保证企业整体目标的实现
6. 矩阵组织的缺点主要有（　　）。
A. 稳定性较差　　　　B. 双重领导　　　　C. 适应性不强
D. 难以协调　　　　　E. 灵活性不够
7. 事业部制适合于（　　）。
A. 小型企业　　　　　B. 现场管理　　　　C. 大型企业
D. 跨国公司　　　　　E. 集权型企业
8. 组织结构的类型主要有（　　）。
A. 直线型　　　　　　B. 扁平结构　　　　C. 直式结构
D. 职能型　　　　　　E. 矩阵结构

9. 职能型组织结构的优点有（　　）。
   A．便于专业管理　　　　B．部门间易于协调　　　　C．减轻直线人员的负担
   D．适应环境变化　　　　E．有利于培养上层主管人员
10. 直线型组织结构的优点有（　　）。
    A．结构简单　　　　　　B．分工较细　　　　　　　C．决策迅速
    D．民主管理　　　　　　E．责权明确
11. 多维立体组织结构适合于（　　）。
    A．跨国公司　　　　　　B．小型企业　　　　　　　C．中型企业
    D．高科技企业　　　　　E．跨地区的大公司
12. 决定管理宽度的因素取决于（　　）。
    A．授权　　　　　　　　B．计划　　　　　　　　　C．管理人员的人数
    D．组织结构的类型　　　E．面对问题的种类
13. 扁平结构的主要缺点是（　　）。
    A．不能严密监督下级　　B．上下级协调差　　　　　C．管理费用高
    D．同级间沟通联络困难　E．影响下级积极性和创造性
14. 扁平结构的优点是（　　）。
    A．缩短了上下级的距离　B．信息纵向流通快　　　　C．严密监督下级
    D．宜于横向协调　　　　E．管理费用低

六、简答题

1. 如何理解组织的含义？
2. 组织设计应遵循怎样的原则？
3. 扁平结构有何优缺点？
4. 直式结构有何优缺点？
5. 如何进行有效的授权？
6. 简述划分部门的原则。
7. 简述影响管理宽度的因素。
8. 如何克服组织变革的阻力？

七、案例分析

IBM 矩阵式的组织结构

近些年来，IBM、HP 等著名的外国企业都采用矩阵式的组织结构。尽管我们在管理学的教科书上看到过对矩阵组织优劣的探讨，但很难有切身的感受。下面我们来听听叶成辉先生对 IBM 公司的矩阵组织的亲身感受。

1987 年，加州伯克利大学电子工程专业出身的叶成辉在美国加入 IBM 旧金山公司，成为一名程序员。因为不喜欢编程等技术类工作，梦想着做生意、当经理（比较喜欢跟人沟通），他便主动请缨到销售部门去做，经过差不多 5 年时间的努力，获得提升，成为一线的经理。随后，叶先生回到 IBM 香港公司，作产品经理。由于个人"斗志旺盛"，业绩不错，而且"官运亨通"，差不多每两年他都能蹦一个台阶，如今，叶成辉已经是 IBM 大中华区服务器系统事业部 AS/400 产品的总经理。

从旧金山到中国香港，再到广州到北京；从普通员工到一线经理，再提升到现在做三线经理；从一般的产品营销，到逐步专注于服务器产品，再到 AS/400 产品经理，10 多年来，叶成辉一直在 IBM 的"巨型多维矩阵"中不断移动，不断提升。他认为，IBM 的矩阵组织是一个很特别的环境，"在这个矩阵环境中，我学到了很多东西。"IBM 是一个巨大的公司，很自然地要划分部门。单一地按照区域、业务职能、客户群落、产品或产品系列等来划分部门，在企业里是非常普遍的现象，从前的 IBM 也不例外。"近七八年来，IBM 才真正做到了矩阵组织。"这也就是说，IBM 公司把多种划分部门的方式有机地结合起来，其组织结构形成了"活着的"立体网络——多维矩阵。IBM 既按地域分区，如亚太区、中国区、华南区等；又按产品体系划分事业部，如 PC、服务器、软件等事业部；既按照银行、电信、中小企业等行业划分，又按销售、渠道、支持等不同的职能划分等，所有这些纵横交错的部门划分有机地结合成为一体。对于这个矩阵中的某一位员工比如叶成辉经理而言，他既是 IBM 大中华区的一员，又是 IBM 公司 AS/400 产品体系中的一员，当然还可以按照另外的标准把他划分到其他的部门里。

IBM 公司这种矩阵式组织结构带来的好处是什么呢？叶成辉先生认为，非常明显的一点就是，矩阵组织能够弥补对企业进行单一划分带来的不足，把各种企业划分的好处充分发挥出来。显然，如果不对企业进行地域上的细分，比如说只有大中华而没有华南、华东、中国香港、中国台湾，就无法针对各地区市场的特点把工作深入下去。而如果只进行地域上的划分，对某一种产品比如 AS/400 而言，就不会有一个人能够非常了解这个产品在各地表现出来的特点，因为每个地区都会只看重该地区整盘的生意。再比如按照行业划分，就会专门有人来研究各个行业客户对 IBM 产品的需求，从而更加有效地把握住各种产品的重点市场。

叶成辉说："如果没有这样的矩阵结构，我们要想在某个特定市场推广产品，就会变得非常困难。"比如说，在中国市场推广 AS/400 这个产品吧，由于矩阵式组织结构的存在，我们有华南、华东等各大区的队伍，有金融、电信、中小企业等行业队伍，有市场推广、技术支持等各职能部门的队伍，以及专门的 AS/400 产品的队伍，大家相互协调、配合，就很容易打开局面。"首先，我作为 AS/400 产品经理，会比较清楚该产品在当地的策略是什么。在中国，AS/400 的客户主要在银行业、保险业，而不像美国主要是在零售业和流通业；在亚太区，AS/400 的产品还需要朝低端走，不能只走高端；中国市场上需要 AS/400 的价位、配置以及每个月需要的数量等，只有产品经理，才能做到非常清楚。从产品这条线来看，我需要跟美国工厂订货，保证货源供应。从产品销售的角度看，AS/400 的产品部门需要各相关地区的职能部门协助，做好促销的活动；然后需要各大区、各行业销售力量把产品销售出去。比如，我需要在媒体上做一些访问，就要当地负责媒体公关的部门协助。再如，我认为'莲花宝箱'（为中国市场量身定制的 AS/400）除了主打银行外，还要大力推向中小企业市场，那么就需要跟中国区负责中小企业的行业总经理达成共识。当然，'莲花宝箱'往低端走，还需要分销渠道介入，这时，就需要负责渠道管理的职能部门进行协调。从某种意义上讲，我们之间也互为'客户'关系，我会创造更好的条件让各区、各行业更努力推广 AS/400。"叶成辉说。

任何事情都有它的"两面性"。矩阵组织在增强企业产品或项目推广能力、市场渗透能力的同时，也存在它固有的弊端。显然，在矩阵组织当中，每个人都有不止一个老板，上上下下需要更多的沟通协调，所以，"IBM 的经理开会的时间、沟通的时间，肯定比许多小企业要长,也可能使得决策的过程放慢。"叶成辉进一步强调,"其实,这也不成为问题,因为大多数情况下还是好的,IBM 的经理们都知道一个好的决定应该是怎样的。"另外,每位员工都由不同的老板来评估他的业绩,不再是哪一个人说了算,评估的结果也会更加全面,"每个人都会更加用心地去做工作,而不是花心思去讨好老板。"同时运用不同的标准划分企业部门,就会形成矩阵式组织。显然,在这样的组织结构内部,考核员工业绩的办法也无法简单。在特定客户看来,IBM 公司只有"唯一客户出口",所有种类的产品都是一个销售员销售的;产品部门、行业部门花大气力进行产品、客户推广,但是,对于每笔交易而言,往往又是由其所在区域的 IBM 员工最后完成;等等。问题是,最后的业绩怎么计算?产品部门有多少贡献,区域、行业部门又分别有多少贡献呢?叶成辉说:"其实,IBM 经过多年的探索,早已经解决这个问题了。现在,我们有三层销售——产品、行业和区域,同时,我们也采取三层评估,比如说经过各方共同努力,华南区卖给某银行10 套 AS/400,那么这个销售额给华南区、AS/400 产品部门以及金融行业部门都记上一笔。"当然,无论从哪个层面来看,其总和都是一致的。比如从大中华区周伟锟的立场来看,下面各分区业绩的总和,大中华区全部行业销售总额,或者大中华区全部产品(服务)销售总额,三个数字是一样的,都可以说明他的业绩。

在外界看来,IBM 这架巨大的战车是稳步前进的,变化非常缓慢。叶成辉认为,这其实是一种误会。对于基层的员工,对于比较高层的经理,这两头的变化相对比较小,比较稳定。比如说一名普通员工进入 IBM,做 AS/400 的销售,差不多四五年时间都不会变化,然后,可能有机会升任一线经理。再比如亚太区的总经理,也可能好多年不变,因为熟悉这么大区域的业务,建立起很好的客户关系,也不太容易。所以,外界就觉得 IBM 变动缓慢。"但是,在 IBM 矩阵内部的变化还是很快的。中间层的经理人员差不多一两年就要变化工作,或者变化老板、变化下属,这样就促使整个组织不断地创新,不断地向前发展。"叶成辉说,"我在 IBM 公司 10 多年,换了 10 多位老板。每位老板都有不同的长处,从他们那里我学到了很多。其实,IBM 的每位员工都会有这样的幸运。"矩阵组织结构是有机的,既能够保证稳定的发展,又能够保证组织内部的变化和创新。所以,IBM 公司常常流传着一句话:换了谁也无所谓。

讨论题

1. 从理论上来说矩阵组织有哪些优势和不足?你认为这种优势在 IBM 公司有哪些体现?
2. 通过阅读案例材料你有何感受?

技能训练

项目:组织结构设计

技能培养目标

1. 增强学生对企业组织结构的感性认识。
2. 初步培养学生对企业组织结构的设计能力。

管理情境设计

如果你是一家饭店的老板,手下有 12 名员工,你将如何确定管理模式与层次?三年后,由于你经营有方,饭店规模扩大,手下已有 150 名员工,并且经营范围也同步扩大,涉及了餐饮、洗浴、休闲,你将如何安排管理模式?提出设计方案。

五年后,由于你经营有方,你的企业已无法为所有客源提供服务,出现了大批客人由于无位置而流失的情况,你会怎么办?又如何安排管理与经营模式?如果再大呢?

实训要求

1. 调研不同规模的饭店,绘制企业的组织结构图,了解企业主要职位、部门的职责权限及职权关系,了解企业现有的规章制度。

2. 对所调研的企业的组织情况进行分析诊断,主要进行以下评价:该企业的组织结构是否规范或有特色;组织结构的设置是否满足了企业目标的需要,运行是否有效;主要职位的权责关系是否配置合理,是否协调;制度规范是否健全,能否有效执行。并提出对这些企业组织状况改革的建议。

3. 针对给定的管理情境,以小组为单位开展讨论,提出小组设计方案和理由。

4. 撰写实训报告,并在班级内交流。

相关链接

第五项修炼

彼得·圣吉(Peter M. Senge)于1990年出版了名为《第五项修炼——学习型组织的艺术与实务》的著作,其以全新的视野来考察人类群体危机最根本的症结所在,认为我们片面和局部的思考方式及由此所产生的行动,造成了目前切割而破碎的世界,为此需要突破线性思考的方式,排除个人及群体的学习障碍,重新就管理的价值观念、管理的方式和方法进行革新。

彼得·圣吉提出了学习型组织的五项修炼,认为这五项修炼是学习型组织的技能。

第一项修炼:自我超越。它是学习型组织的精神基础。自我超越需要不断认识自己,认识外界的变化,不断地赋予自己新的奋斗目标,并由此超越过去,超越自己,迎接未来。

第二项修炼:改善心智模式。"心智模式"是指根深蒂固于每个人或组织之中的思想方式和行为模式,它影响人或组织如何了解这个世界,以及如何采取行动的许多假设。个人与组织往往不了解自己的心智模式,故而对自己的一些行为无法认识和把握。第二项修炼就是要把镜子转向自己,先修炼自己的心智模式。

第三项修炼:建立共同愿景。如果有任何一项理念能够一直在组织中鼓舞人心,凝聚一群人,那么这个组织就有了一个共同的愿景,就能够长久不衰。如 IBM 公司的"服务",福特汽车公司的"提供大众公共运输",苹果电脑公司的"提供大众强大的计算能力"等,都是为组织确立了共同努力的愿景。第三项修炼就是要求组织能够在今天与未来环境中寻找和建立这样一种愿景。

第四项修炼:团队学习。团队学习的有效性不仅在于团队整体会产生出色的成果,而且其个别成员学习的速度也比其他人的学习速度快。团队学习的修炼从"深度汇谈"开始。"深度汇谈"是一个团队的所有成员,说出心中的假设,从而实现真正一起思考的能力。"深度汇谈"的修炼也包括学习找出有碍学习的互动模式。

第五项修炼:系统思考。组织与人类其他活动一样是一个系统,受到各种行动的牵连而彼此影响着,这种影响往往要经年累月才完全展现出来。我们作为群体的一部分,置身其中而想要看清整体的变化，非常困难。因此第五项修炼，是要让人与组织形成系统观察、系统思考的能力，并以此来观察世界，从而决定我们正确的行动。

参考文献

1. 程厦千. 管理心理学[M]. 南海：南海出版社，2005.
2. 张一纯，王蕴. 组织行为学[M]. 北京：清华大学出版社，2006.
3. 单凤儒. 管理学基础实训教程[M]. 北京：高等教育出版社，2005.
4. 刘秋华. 管理学[M]. 北京：高等教育出版社，2005.
5. 芮明杰. 管理学[M]. 第二版. 北京：高等教育出版社，2005.
6. 孙晓林. 管理学[M]. 北京：科学出版社，2006.
7. 陈琳. 管理原理与实践[M]. 北京：国防工业出版社，2007.
8. 王凤彬，李东. 管理学[M]. 第二版. 北京：中国人民大学出版社，2006.

参考答案

二、填空题

1. 分工与协作
2. 协作性　有效性　群体性　功能放大性
3. 互益组织　工商组织　服务组织　公益组织；经济组织　政治组织　文化组织　群众组织宗教组织；正式组织　非正式组织
4. 凝聚功能　协调功能　制约功能　激励功能
5. 创建　变革　再设计　提供组织结构系统图　编制职务说明书
6. 目标一致原则　专业分工原则　有效管理跨度与层次原则　职责与职权对等原则　因事设职才职对称原则　统一指挥原则　精干高效原则　灵活性原则
7. 目标因素　环境因素　技术因素　规模因素　组织文化　人员素质因素　地理因素
8. 岗位设计　部门划分　管理层次与管理跨度设计　职务设计与授权　组织的协调
9. 直线制　职能制　直线职能制　事业部制　矩阵制　多维立体结构　控股型结构与网络型结构
10. 组织制度的建立　组织冲突的协调　运行机制的健全　运行过程的调控
11. 策略变革　文化变革　结构变革　组织诊断　解冻　变革　再冻结
12. 合作　目标提升　建立联络小组　强制解决　回避
13. 建立科学的分类管理机制　高效的公平竞争机制　有力的监督约束机制　健全的激励机制
14. 职务专业化　职务轮换　职务丰富化　职务扩大化　工作团队
15. 法定权　强制权　奖励权　专长权　个人影响权
16. 策略变革　文化变革　结构变革
17. 产权明晰　权责明确　政企分开　管理科学
18. 扁平化　分立化　柔性化　虚拟化　网络化

第四章 组　织

三、判断题

1. 错 2. 错 3. 错 4. 错 5. 对 6. 错 7. 错 8. 对 9. 错 10. 错 11. 错 12. 对

四、单选题

1. C 2. C 3. B 4. D 5. A 6. C 7. D 8. C 9. D 10. D 11. B 12. D 13. C 14. D 15. D 16. D 17. B 18. A 19. C 20. B 21. C 22. C 23. B 24. B 25. D 26. D

五、多选题

1. ABCD 2. BCD 3. ABCD 4.（1）BCD　（2）AD　（3）ACD 5. ACDE 6. AB 7. CE 8. ADE 9. AC 10. ACE 11. AE 12. ABC 13. ABD 14. ABE

第五章 领　导

领导是管理的一项重要职能。因为最完善的组织也不能自发地保证组织中的人们有效地工作，所以使组织中的人们的工作积极性得到最充分的发挥是组织中领导者的使命。本章将着重介绍领导的含义、领导与管理的异同、领导者权力构成、领导的职责、领导理论、领导艺术；激励的含义、激励过程、激励理论、激励原则、激励方法；沟通的含义、沟通过程、沟通形式、有效沟通。

知识目标

（1）了解领导理论、激励理论。
（2）理解领导的含义、领导与管理的异同、领导者权力构成；激励的含义、激励过程、激励原则；沟通的含义、沟通过程、沟通形式。
（3）掌握领导者的职责、领导艺术、激励措施、沟通方法。

技能目标

（1）学会选择合适的领导方式。
（2）培养灵活的沟通能力。
（3）能够有效利用激励手段。

导入案例

"雷尼尔效应"

位于美国西雅图的华盛顿大学选择了一处地点，准备修建一座体育馆。消息一传出，立刻引起了教授们的反对。校方则顺从教授们的意愿，取消了这项计划。教授们为什么会反对校方修建体育馆呢？原因是校方选定的位置是在校园的华盛顿湖畔，体育馆一旦建成，恰好挡住了从教职工餐厅可以欣赏到的美丽湖面风光。为什么校方又会如此尊重教授们的意见呢？原来，与美国教授的平均工资水平相比，华盛顿大学教授的工资一般要低20%左右。教授们之所以愿意接受较低的工资，而不到其他大学去寻找更高报酬的教职,完全是出于留恋西雅图的湖光山色。西雅图位于北太平洋海岸,华盛顿湖等大大小小的水域星罗棋布,天气晴朗时可以看到美洲最高的雪山之———雷尼尔山峰,开车出去还可以到一息尚存的火山——海伦火山……为了美好的景色而牺牲更高的收入机会,被华盛顿大学经济系的教授们戏称"雷尼尔效应"。

出色的企业家纳尔逊女士是美国卡尔松旅游公司的总裁,以魅力和智慧领导着其公司。该公司规定:公司的员工有为期一周的带薪休假;公司对好的建议、出色的工作给予奖励;公司还开办了一个内部幼儿园。纳尔逊女士坚定不移地信守诺言使她获得了美誉,员工欣赏她的企业是因为她的企业不只是追求利润,而且也关心自己的员工。

我国加入 WTO 以后,越来越多的外国公司对我国人才进行"蚕食",国内人士竞争也越来越激烈。面对这种严重的甚至是致命的挑战,企业能否吸引和留住人才,成为一个企业成败的关键。"雷尼尔效应"对企业吸引和留住人才有一定的借鉴意义。美丽的西雅图风光可以使华盛顿大学的教授们不愿到其他大学去寻找教职,同样的道理,企业也可以用"美丽的风光"来吸引和留住人才。当然,这里的美丽风光不是自然界的风光,而是良好的人际关系和亲和的文化氛围。

问题思考

(1)"雷尼尔效应"反映了人们怎样的心理?

(2)试用本章相关理论进行深入分析。

(资料来源:韩晓虎,《新编管理概论》,清华大学出版社,2005)

第一节 领 导 概 述

从组织运行过程看,领导是管理的一项重要职能。领导的根本任务是将独立的个人组织起来,实现个人难以实现的预定目标。在实际的组织管理工作中,即使组织计划完善,组织结构合理,如果没有卓有成效的领导去协调、影响组织成员的行动和具体指导实施组织计划,也很容易使组织产生混乱,失去管理效能,降低工作效率,从而影响甚至丧失组织功能的发挥,偏离组织目标。因此,领导要与时俱进,不断改善自己的领导艺术;要根据员工的具体情况,合理地运用激励理论和方法;要研究有效的沟通方法,提高管理效率,促进组织良好运行。

一、领导的含义

对于什么是领导,管理学家和心理学家一直存在着不同的看法。到目前为止,没有一个明确的统一的定义。有的强调领导是一种指挥、影响他人的程序。如阿克利斯认为,领导即有效的管理。海曼和 W.C.施考特所下的定义是:领导是一个程序,使人在选择目标及达成目标上接受指挥、导向及影响。有的是从领导活动所涉及的过程角度来阐述这一现象的。如华伦·本尼斯认为,领导是促使一位下属按照所要求的方式活动的过程。约翰·科特所下的定义是:领导指的是有助于引导和动员人们的行为和思想的过程。有的是从个人的品质特征、行为方式以及对他人的影响来描述这一活动。如 K.泰维斯认为领导是一种说服他人热心于追求一定目标的能力。科·扬所下的定义是：领导是一种统治形式，其下属或多或少愿意接受另一个人的指挥或控制。

我们认为：作为名词，领导指的是确定和实现组织目标的首领。作为动词，领导是在一定客观环境下，指引和影响个人或组织，在一定条件下实现某种目标的行动过程。其中，实行指引和影响的人是领导者，接受这种指引和影响的人是被领导者，而一定的条件就是指领导过程所处的环境。

领导包括三方面的含义：第一，领导者必须有追随者，没有追随者的领导就不能称其为领导；第二，领导者拥有影响追随者的能力，这些能力包括由组织赋予领导者的职位和权力，也包括领导者个人所具有的影响力；第三，领导者的目的是通过影响力来影响人们心甘情愿地努力，以达到组织的目标。

由此可见，领导是一个动态过程，受到领导者、被领导者和环境三因素的制约。领导的本质是被领导者的追随和服从。

管理智慧 5-1

优秀的领导者要会明辨时势

北宋名将曹玮有一次率军与吐蕃军队作战，初战告胜，敌军溃逃。曹玮故意命令士兵驱赶着缴获的一大群牛羊往回走。牛羊走得很慢，落在了大部队后面。有人向曹玮建议："牛羊用处不大，又会影响行军速度，不如将它们扔下，我们能安全、迅速地赶回营地。"曹玮不接受这一建议，也不作任何解释，只是不断派人去侦察吐蕃军队的动静。吐蕃军队狼狈逃窜了几十里，听探子报告说，曹玮舍不得扔下牛羊，致使部队乱哄哄地不成队形，便掉头赶回来，准备袭击曹玮的部队。

曹玮得到这一情报，便让队伍走得更慢，到达一个有利地形时，便整顿人马，列阵迎敌。当吐蕃军队赶到时，曹玮派人传话给对方统帅："你们远道赶来，一定很累吧。我们不想趁别人劳累时占便宜，请你让兵马好好休息，过一会儿再决战。"吐蕃将士正苦于跑得太累，很乐意地接受了曹玮的建议。等吐蕃军队歇了一会儿，曹玮又派人对其统帅说，"现在你们休息得差不多了吧?可以上阵打一仗啦！"于是双方列队开战，只一个回合，吐蕃军队就被打得大败。

这时曹玮才告诉部下："我扔下牛羊，吐蕃军队就不会杀回马枪而消耗体力，这一去一来的，毕竟有百里之遥啊!我如下令与远道杀来的吐蕃军队立刻交战，他们会挟奔袭而来的一股锐气拼死一战，双方胜负难定。只有让他们在长途行军疲劳后稍微休息，腿脚麻痹、锐气尽失后再开战，才能一举将其消灭。"

二、领导与管理的异同

领导与管理既相互联系，又相互区别。美国著名领导学专家华伦·本尼斯在《重塑领导者——对话集》中曾经做出明确的界定。他指出：管理者寻求稳定，领导者探求革新；管理者循规蹈矩，领导者独辟蹊径；管理者维持现状，领导者提高发展；管理者注重企业结构，领导者注重人力资源；管理者依赖控制，领导者激发信任；管理者目光短浅，领导者目光远大；管理者重视方式和原因，领导者重视事情和原因；管理者注重结果，领导者注重希望。

（一）二者联系

管理学的研究对象之一是人与人的关系和人与事的关系。计划、组织、领导和控制是对组织的人、财、物和其他资源进行的管理活动，而在组织的各种资源中，人的要素和人力资源是第一位的，能够直接或间接地决定组织目标的实现与否。领导职能就是专门从事处理人与事的工作，处理组织内外的人际关系。

领导职能是管理的核心职能，贯穿于管理的其他各个职能——计划、组织、控制之中。领导职能所涉及的一些内容，如能否正确地引导组织成员，有效地实现与组织成员之间的沟通，促进组织成员行动协调，开发人的潜能，调动人的积极性和创造性，就是管理的核心问题。

因此，领导同管理一样都是一种在组织内部通过他人的协调活动，实现组织目标的过程；并且两者都是在劳动分工的基础上，组织内部部门化和层级岗位设置的结果。

（二）二者的区别

1. 概念的内涵不同

管理包括领导，领导的范围小于管理。

2. 权力基础不同

管理是建立在法定权力、正式职位权力基础上对下属进行组织、指挥和控制的行为，下属必须服从管理者的指令。领导则既可能建立在职位权力的基础上，也可能建立在个人权力的基础上。具有个人影响力的管理者也是领导者，没有下属追随和服从的管理者则不是领导者，非正式组织中最具影响力的人不是管理者而是领导者。

3. 作用对象不同

管理的对象既包括人，也包括财、物、技术、信息等，是对组织有效资源的统筹安排和合理利用，包括决策、计划、组织、领导、控制和创新等职能。而领导是管理的职能之一，领导的对象主要是人，是通过指挥和影响下属完成组织目标的过程。

4. 工作注重的内容不同

管理注重微观，领导注重宏观。

5. 人员安排要求不同

管理者的任用强调专业素质与能力，领导者的选用强调综合素质与能力。

6. 使用手段不同

管理多用控制和约束手段，领导多用激励和沟通手段。

7. 功能与作用不同

管理的功用是维持秩序，领导的功用是推动变革和创新。具体说，管理是为组织活动选择方法、建立秩序、维持运动的行为；领导则是为组织的活动指出方向、创造态势、开拓局面的行为。

三、领导者权力构成

权力，最简单的理解，就是影响别人行为的能力。领导影响别人行为能力的内容比较广泛，一般包括职位权力与个人权力。主要依靠法定权力、奖赏权力和强制权力而形成的影响力，统称为职位权力；而与个人因素相关的专家权力、感召和参考权力统称为个人权力。职位权力带来强制性影响力，个人权力带来非强制性影响力。

（一）职位权力

1. 法定权力

法定权力指组织内各领导职位所固有的合法的、正式的权力。这种权力可以通过领导者利用职权向直属人员发布命令、下达指示来直接体现，有时也可借助于组织内的政策、程序和规则等而得到间接体现。一个工人对不符合质量标准的产品要进行返工，是因为他知道质量标准是必须遵守的，返工是合法的要求。士兵听从连首长指挥向敌军阵营发起猛攻，因为连首长具有这种人们所接受的合法的职权。同样，企业中的各级管理人员对其下属也拥有法定权力，这种权力是组织的等级指挥链所固有的。

2. 奖赏权力

奖赏权力指提供奖金、提薪、升职、赞扬、安排理想工作和给予下属其他任何令人愉悦的东西的权力。由于被领导者感觉到领导者有能力使他们的需要得到满足，因而愿意追随和服从他。可以说，领导者所控制的奖赏手段越多，而且这些奖赏对下属越显得重要，那么他拥有的影响力就越大。

3. 强制权力

强制权力指给予扣发工资资金、降职、批评乃至开除等惩罚性措施的权力。强制权力和奖赏权力一样，都是与法定权力密切相关的，如采购员可以通过向生产现场提前或拖延供应急需的零部件而发挥影响力，交通警察可以对违反交通规则的驾驶员发出违章罚款单或扣留驾驶执照，这些权力的行使都与其所担负的工作和职务相关。

（二）个人权力

1. 专家权力

专家权力指由个人的特殊技能或某些专业知识而产生的权力。如律师、医生、大学教授和企业中的工程师可能拥有相当大的影响力。与之相反，一个身居领导职位的人，如缺少某种专业知识，就可能缺乏相应的专家权力。所谓提倡"内行当家"，就是这个道理。

2. 感召权力

是指与个人的品质、魅力、经历、背景相关的权力。例如，黑人领袖马丁·路德·金，尽管法定的权力很小，但凭着他人格的力量，影响了许多人的行为。同样的情形还见于电影明星、战斗英雄和其他具有表率作用的榜样人物身上。感召权力亦称为个人影响力。

3. 参考权力

有些人因为与某领导者或某权威人物有着特殊的关系，可能因此具有与普通人不同的影响力，此称为参考权力。如董事长的夫人，她虽然不在公司担任职务，却可能对该企业内的员工产生影响力。又如，总经理的秘书，其头衔和职务远低于部门经理，却可能令这些人对他或她敬畏三分。

总之，一个领导者获得影响力的途径是多样的，主要包括以上所讲的职位权力与个人权力。正式组织中有效的领导者应该是兼具职位权力和个人权力的领导。仅有职位权力的领导者只会是指挥官，而不能成为令人信赖和敬佩的领袖。非正式组织的领导者并不拥有职位权力，但却能使周围的人对他一呼百应，其影响力就主要来源于其个人的力量。这从一个侧面说明，正式组织的领导者应该加强个人素质的修炼，以便在拥有职位权力的同时获得更大的个人权力,增强其影响力。

(三)权力使用的三条原则

1. 慎重用权

成熟的领导者必须十分珍惜组织和组织成员给予自己的权力,绝不滥用权力,但是在确实需要使用权力时,领导者又要当机立断地使用权力来维护组织和组织成员的利益,而不应为了维护个人的私利患得患失、谨小慎微、坐失良机,使组织和组织成员的利益受到损失。

2. 公正用权

领导者运用权力最重要的原则是公正廉明。领导者必须用自己的实际行动向下属证明,他在运用权力时一定能做到不分亲疏、不徇私情、不谋私利,公开、公正、廉明,只有如此,才能服众。

3. 例外处理

领导者必须按照规章制度的要求正确行使他手中的权力,但在特殊情况下,也有权进行特殊事件的例外处理。这种例外处理不是破坏规章制度,是在坚持组织根本目标和员工普遍利益不受损害的原则下,使规章制度的执行更符合实际情况。

(四)领导力

1. 领导力的含义

领导的实质是追随关系,领导者的主要任务是阐述一个组织的目标和价值,并与他人进行沟通;赢得他人对其目标和价值的支持;加强其所倡导的目标和价值。企业的领导者有三项关键任务:战略、组织和人。战略,决定一个企业要做什么,如何做;组织,决定企业的内外部组织架构;人,具体实施战略。

领导力是使下属或相关的人主动追随,并全力以赴地完成任务的素质和能力。领导力是个人行为的综合体现,它可以让个人争取到热诚的追随者,并在这个过程中培养出其他的领导者。

2. 领导力的构成

具有卓越领导力的人除了应该具备正直诚实、坦率豁达、积极乐观、公正、公私分明、勇于挑战、富有激情、志存高远等素质,还应具备文化塑造力、战略力、思考力、决断力、执行力、激励力、学习力、自省力、组织力、判断力、适应力、创新力、人才培养力、人才运用力和制度建设力等方面的能力。

3. 领导力的特点

主要包括:一是具有情境性。历史上,很多领导人的成功首先来自于出现在合适的时间和地点,但当情况发生变化时,他们的特质就不再具有吸引力了。二是同层级无关。领导力不是个别人的特权,是一种良性的影响力,而绝非一个职位所赋予的操纵力。成功的组织在各个层面培育领导力,如葡萄牙最大的公司 Sonae 的组织口号是"在 Sonae,你不是领导者,就是候选领导者"。三是表现为一种关系。这种关系需要领导和被领导者双方的参与、投入、承诺和付出。

管理智慧 5-2

话粗理不粗的巴顿将军

"美国最伟大的作战将领和常胜将军",这是第二次世界大战中美军总参谋长马歇尔送给著名军事统帅巴顿将军的称号,巴顿在军中以粗鲁和蛮横著称,然而,他所带的部队让敌人闻风丧胆,他的语言富有激情和感染力,他的士兵勇敢而团结一致。

巧设情境,动员参战

凯旋回家后,今天在座的弟兄们都会获得一种值得夸耀的资格。20年后,你会庆幸自己参加了此次世界大战。到那时,当你在壁炉边,孙子坐在你的膝盖上,问你:"爷爷,你在第二次世界大战时干什么呢?"你不用尴尬地干咳一声,把孙子移到另一个膝盖上,吞吞吐吐地说:"啊……爷爷我当时在路易斯安那铲粪。"与此相反,弟兄们,你可以直盯着他的眼睛,理直气壮地说:"孙子,爷爷我在第三集团军和那个狗娘养的乔治·巴顿并肩作战!"

面对残酷现实,有的人也许会退缩,这时候,用巧设美好情境的方法,就能够把人隐藏在心底的勇气和热情激发出来。用20年后的天伦之乐式的美好遐想,而非豪言壮语和空洞的说教,展现当时参加第二次世界大战并取得辉煌胜利的骄傲和自豪,形象生动,让人向往,一下子就点燃了台下勇士们强烈的爱国热情,激发出参战护国的信念,为打造一支不可战胜的队伍打下了基础。讲粗话,是巴顿的一个缺点,然而,在当时特殊的历史环境下,一句"狗娘养的"却显示出了无所畏惧的气概,听来让人热血沸腾。

趣讲往事,宣扬勇气

每个战士不能只想着自己,也要想着身边一起出生入死的战友。我们军队容不得胆小鬼。所有的胆小鬼都应像耗子一样被斩尽杀绝。否则,战后他们就会溜回家去,生出更多的胆小鬼来。老子英雄儿好汉,老子狗熊儿软蛋。干掉所有狗日的胆小鬼,我们的国家将是勇士的天下。我所见过的最勇敢的好汉,是在突尼斯一次激烈的战斗中,爬到电话杆上的一个通信兵。我正好路过,便停下来问他,"在这样危险的时候爬到那么高的地方瞎折腾什么?"他答道:"在修理线路,将军。"我问:"这个时候不是太危险了吗?"他答道:"是危险,将军,但线路不修不行啊。"我问:"敌机低空扫射,不打扰你吗?"他答:"敌机不怎么打扰,将军,你倒是打扰得一塌糊涂。"弟兄们,那才是真正的男子汉,真正的战士。他全心全意地履行自己的职责,不管那职责当时看起来多么不起眼,不管情况有多危险。——用事实讲道理,是最让人信服的方法。带兵人用亲身经历的往事进行训导,常常能收到好的效果。巴顿常说:"每个部门、每个战斗团队,对整个战争的宏伟篇章,都是重要的。只有所有环节都各司其职,整个链条才会坚不可破。"然而,每个士兵是否都有勇气面对死亡?巴顿讲述突尼斯战斗中的一名通信兵的事迹,肯定他"那才是真正的男子汉,真正的战士"。号召大家勇敢向前,只有心往一处想,劲往一处使,干好自己的本职工作,才能打败德国法西斯。

四、领导的职责

心理学观点认为,领导者的职责在于建立有效的激励制度。社会学观点认为,领导的作用在于提供便利。彼此均衡观点认为,领导施加影响和做决定的权力是组织赋予的,影响是相互作用的。综合以上观点，我们认为领导的职责应包括指挥、激励、沟通、协调等。

1. 指挥

作为领导，他不必技术超群，因为有工程师；他也不必八面玲珑，因为有公关经理。但是他必须是头脑清醒、胸怀全局、高瞻远瞩、运筹帷幄的领导者，能够帮助组织成员认清所处的环境和形势，指明活动的目标和达到目标的途径。领导就是引导、指挥、指导和先导，领导者应该帮助组织成员最大限度地实现组织的目标。领导者不是站在群体的后面去推动群体中的人们，而是站在群体的前列，指挥人们前进并鼓舞人们去实现目标。

管理智慧 5-3

> ### 刘邦的领导才能
>
> 刘邦因怀疑韩信谋反而捕获韩之后，君臣有一段对话。刘问："你看我能领兵多少？"韩答："陛下可领兵十万。"刘问："你可领兵多少？"韩答："多多益善。"刘不悦，问道："既如此，为何你始终为我效劳又为我所擒？"韩答："那是因为我们俩人不一样呀，陛下善于将将，而我则善于将兵。"
>
> 刘邦在打败项羽的庆功宴上兴奋地说："运筹帷幄，我不如张良；决胜于千里之外，我不如韩信；筹集粮草银饷，我不如萧何。他们却都为我所用，这就是我得天下的原因。"

2. 激励

组织是由具有不同需求、欲望和态度的个人所组成的，因而组织成员的个人目标与组织目标不可能完全一致。领导的目的就是把组织目标与个人目标结合起来，引导组织成员满腔热情地为实现组织目标作出贡献。领导者为了使组织内的所有人都最大限度地发挥其才能，实现组织的既定目标，就必须关心下属，激励和鼓舞下属的斗志，挖掘、充实和加强人们积极进取的动力。一个组织的领导者，犹如一支交响乐队的指挥，好的指挥能调动乐队中每一个成员的激情，并使整个乐队协调配合，奏出和谐自然、优美动听的乐曲。没有优秀的指挥，即使每个演奏者都很出色，也不可能有出色的乐队。

3. 沟通

实践证明：点子最值钱，而架子最让人厌恶；智力最值钱，而权力在某些时候并不值钱。电脑和互联网在提高工作效率的同时也不一定会使人情变得冷漠，冷漠的电脑中也可以有炽热的激情，关键在于领导是否会沟通。领导者是组织的各级首脑和联络者，在信息传递方面发挥着重要作用，是信息的传播者、监听者、发言人和谈判者，在管理的各层次中起到上情下达、下情上达的作用，以保证管理决策和管理活动顺利进行。

4. 协调

在组织实现其既定目标的过程中，因组织成员对目标的理解、对技术的掌握、对客观的认知会有所差异，加之外界环境的干扰，因而人与人之间、部门与部门之间发生各种矛盾冲突及在行动上出现偏离目标的情况是不可避免的。因此，领导者的任务之一就是协调各方面的关系和活动，保证各个方面都朝着既定的目标前进。

第二节 领导理论

在管理学领域中，现有的领导理论大致归纳为三种典型，即特质理论、行为理论和权变理论。

一、领导特质理论

领导特质理论的基本观点：关注领导者个人，并试图确定能够造就伟大管理者的共同特性。这实质上是对管理者素质进行的早期研究，该理论认为领导工作效能的高低主要与领导者的素质、品质或个性特征密切相关，而这种特质是天生的。领导特质理论是一种古老的领导观点，它对领导行为的解释是不完善的，受到了许多人的批评。

实际上，领导者的特性和品质是在实践中逐渐形成的，可以通过教育和培训而造就。不同的环境对合格领导者提出的标准是不同的。

日本有效领导观要求一个领导者具有 10 项品德和 10 项能力。10 项品德是：使命感、责任感、信赖感、积极性、忠诚老实、进取心、忍耐性、公平、热情和勇气。10 项能力是：思维能力、决策能力、规划能力、改造能力、洞察能力、劝说能力、对人理解能力、解决问题能力、培养下级能力、调动积极性能力。

美国企业界认为一个企业家应具备 10 个条件，即合作精神、决策才能、组织能力、精于授权、善于应变、敢于求新、勇于负责、敢担风险、尊重他人、品德超人。

苏伦斯·格利纳在哈佛大学通过对 300 多人进行调查，提出了有效领导者的 10 项重要特质：①劝告、训练与培训下属；②有效地与下属沟通；③让下属人员知道对他们的期望；④建立标准的工作要求；⑤给予下属参与决策的机会；⑥了解下属人员及其能力；⑦了解组织的士气状况，并能鼓舞士气；⑧不论情况好坏，都应让下属了解实情；⑨愿意改进工作方法；⑩下属工作好时，及时给予表扬。

研究表明，个人品质和领导有效性之间确实存在某种联系，领导者起码有六项特质不同于非领导者：①进取心。领导者表现出高努力水平、拥有较高的成就渴望，他们进取心强、精力充沛，对自己所从事的活动坚持不懈，并有高度的主动精神。②领导愿望。领导者有强烈的愿望去领导和影响别人，他们表现为乐于承担责任。③诚实与正直。领导者通过真诚与无欺以及言行高度一致而在他们与下属之间建立关系。④自信。下属觉得领导者从没缺乏过自信。领导者为了使下属相信他的目标和决策的正确性，必须表现出高度的自信。⑤智慧。领导者需要具备足够的智慧来搜集、整理和解释大量信息，并能够确立目标、解决问题和做出正确的决策。⑥工作相关知识。有效的领导者对于公司、行业和技术事项拥有较高的知识水平。广博的知识能够使他们做出富有远见的决策，并能够理解这种决策的意义。

管理智慧 5-4

鹦 鹉 老 板

一个人去买鹦鹉，看到一只鹦鹉前标着：此鹦鹉会两门语言，售价 200 元；另一只鹦鹉前则标道：此鹦鹉会四门语言，售价 400 元。该买哪只呢？两只鹦鹉都毛色光鲜，非常灵活可爱。

这人转啊转，拿不定主意。结果突然发现一只老掉牙的鹦鹉，毛色暗淡散乱，标价八百元。这人赶紧将老板叫来：这只鹦鹉是不是会说八门语言？店主说：不。这人奇怪了：那为什么又老又丑，又没有能力，会值这个数呢？店主回答：因为另外两只鹦鹉叫这只鹦鹉老板。

注释：真正的领导人，不一定自己能力有多强，只要懂信任、懂放权、懂珍惜，就能团结比自己更强的力量，从而提升自己的身价。相反许多能力非常强的的人却因为过于完美主义，事必躬亲，认为什么人都不如自己，最后还是成不了优秀的领导人。《三国演义》中的刘备、《水浒》中的宋江，文武才略都不如别人，更没有什么英雄气概，但却能让别人都追随他们，这个本事就是领导才能。

二、行为理论

从 20 世纪 60 年代开始，研究者们开始将注意力从领导者内在的素质转移到领导者外在的行为上。领导行为理论试图用领导者的行为解释领导现象和领导绩效，并主张判断领导者好坏的主要标准应是领导者的行为，而不是领导者的内在素质。

行为理论主要研究领导者应该做什么和怎样做才能使工作更有效。集中在两个方面：一是领导者关注的重点是什么，是工作的任务绩效，还是群体维系？二是领导者的决策方式，即下属的参与程度。

行为理论的重要组成部分是管理方格理论。这一理论是由布莱克和穆顿在 1964 年提出的，他们认为，领导者在工作关心与对人关心之间存在着多种复杂的领导方式，因此，用坐标图来加以表示，以横坐标代表领导者对工作的关心，以纵坐标代表领导者对人的关心，各划分九个格，反映关心程度，这样形成 81 种组合，代表各种各样的领导方式，如图 5-1 所示。

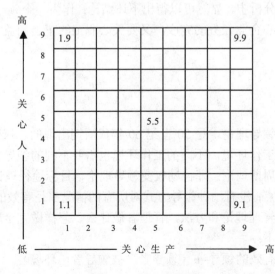

图 5-1　管理方格图

我们可以把企业的例子当作一般组织来看，关心工作就是关心组织的主要业务工作。是指领导者对下面许多不同的事项所持的态度，如政策决定的质量、程序和过程、研究工作的创造性、职能人员的服务质量、工作的效率以及产量等。关心人是指个人对实现目标所承担的责任，保持工人的自尊，基于信任而非服从的职责，保持良好的工作环境及满意的人际关系。如果要评价某一位领导者的领导方式，只要在图 5-1 中按照他的两种行为寻找交叉点就行了。

布莱克和穆顿在提出方格理论的同时，还列举了五种典型的领导风格。

（1）1.1 型——放任式管理。领导者即不关心工作任务，也不关心他人，是一种不称职的领导。这种管理方式无疑会使企业失败，在实践中很少见到。

（2）9.1 型——任务式管理。领导者高度关心工作任务，而不关心员工，这种方式有利于短期内工作任务的完成，但容易引起员工的反感，对于长期管理不利。这种领导是一种专权式的领导，下属只能奉命行事，职工失去进取精神，不愿用创造性的方法去解决各种问题，不能施展所有的本领。

（3）1.9 型——俱乐部式的管理。领导者不关心工作任务，只关心人，热衷于融合人际关系。持此方式的领导者认为，只要职工精神愉快，生产自然会好。这种管理的结果可能很脆弱，一旦和谐的人际关系受到影响，生产成绩会随之下降。这不利于工作任务的完成。

（4）9.9 型——团队式管理。领导者即关心工作任务，又关心人，是一种最理想的状态。职工在工作上希望相互协作，共同努力去实现企业目标；领导者诚心诚意地关心职工，努力使职工在完成组织目标的同时，满足个人需要。应用这种方式的结果是，职工都能运用智慧和创造力进行工作，关系和谐，能出色地完成任务。

（5）5.5 型——中间道路式的管理。即领导者对工作任务的关心与对人的关心都处于一个中等的水平上，努力保持和谐和妥协，以免顾此失彼，遇到问题总想敷衍了事。在现实中相当一部分领导者都属于这一类。此种方式比 1.9 型和 9.1 型强些，但是，由于牢守传统习惯，从长远看，会使企业落伍。

一个领导者的理性选择是：在不低于 5.5 的水平上，根据工作任务与环境等情况，在一定时期内，在关心工作任务与关心人之间作适当的倾斜，实行一种动态的平衡，并努力向 9.9 靠拢。

从上述不同方式的分析中，显然可以得出下述结论：作为一个领导者，既要发扬民主，又要善于集中；既要关心企业任务的完成，又要关心职工的正当利益。只有这样，才能使领导工作卓有成效。

三、权变理论

权变理论又称情景领导理论，是 20 世纪 60 年代后期出现的。权变理论认为，不同的领导方式会适应不同的工作环境，不同的工作环境也需要不同的领导方式。权变理论的主要代表理论有领导生命周期理论、菲德勒权变领导理论、目标途径理论等。

权变理论的基本观点：没有一种领导方式对所有的情况都是有效的，没有一成不变的、普遍适用的"最好的"管理理论和方法，管理者做什么、怎样做完全取决于当时的既定情况。用公式反映具体如下：

$$有效的领导=F（领导者，被领导者，环境）$$

权变领导理论的要点是：第一，人们参加组织的动机和需求是不同的，采取什么理论应该因人而异。第二，组织形式与管理方法要与工作性质和人们的需要相适应。第三，管理机构和管理层次，即工作分配、工资分配、控制程序等，要依工作性质、管理目标和被管理者的素质而定，不能强求一致。第四，当一个管理目标达到后，可继续激发管理人员勇于实现新的更高目标。这就要求管理人员深入研究、分析客观情况，使特定的工作由合适的机构和合适的人员来管理和担任，以发挥其最高效率，提高管理水平。

目前，在权变领导理论方面最具影响力的当属菲德勒。通过大量研究，菲德勒提出了一种领导的权变模型，认为任何领导形态均可能有效，其有效性完全取决于是否适应所处的环境。环境影响因素主要有三个方面：一是领导者和下级的关系。它包括领导者是否得到下属的尊敬和信任，是否对下属具有吸引力。下级对上级越尊重，群众和下属越乐于追随，则上下级关系越好，领导环境也越好。二是职位权力。它指领导者所处的职位具有的权威和权力的大小，或者说领导的法定权、强制权、奖励权的大小。权力越大，群体成员遵从指导的程度越高，领导环境也就越好。三是任务结构。它指任务的明确程度和部下对这些任务的负责程度。这些任务越明确，并且部下责任心越强，则领导环境越好。

菲德勒设计了一种"你最不喜欢的同事"的问卷，让被测试者填写。一个领导者如对其最不喜欢的同事仍能给予好的评价，则表明他对人宽容、体谅，提倡好的人际关系，是关心人的领导。如果对其最不喜欢的同事给予低评价，则表明他是命令式的，对任务关心胜过对人的关心。

菲德勒将三个环境变数任意组合成八种情况，通过大量的调查和数据收集，将领导风格同对领导有利或不利的八种情况关联，以便了解使领导有效所应当采取的领导方式，如表 5-1 所示。

表 5-1　菲德勒模型

上下级关系	好				差			
任务结构	明确		不明确		明确		不明确	
职位权力	强	弱	强	弱	强	弱	强	弱
情境类型	1	2	3	4	5	6	7	8
领导所处的情境	有利				中间状态		不利	
有效的领导方式	任务导向				关系导向		任务导向	

菲德勒的研究结果说明，在对领导者最有利和最不利的情况下采用任务导向其效果较好。在对领导者中等有利的情况下，采用关系导向效果较好。菲德勒模型理论在许多情况下是正确的，但也有许多批评意见，如取样太小有统计误差，该理论只是概括出结论，而没有提出一套理论等。尽管如此，菲德勒模型理论还是有意义的，主要表现在：第一，该理论特别强调效果和应该采取的领导方式，这无疑为研究领导行为指出了新方向。第二，该理论将领导行为和情景的影响、领导者和被领导者之间关系的影响联系起来，指出并不存在一种绝对好的领导形态，必须和权变因素相适应。第三，该理论指出了选拔领导人的原则，在最好的或最坏的情况下，应选用任务导向的领导，反之则选用关系导向者。第四，该理论指出，必要时可以通过环境改造以适应领导者的风格。

以上三种领导理论的差异，简单概括如表 5-2 所示。

表 5-2　三种领导理论的比较

领导理论	基本观点	研究目的	研究结果
领导特质理论	领导的有效性取决于领导者个人特性	好的领导者应当具备怎样的素质	各种优秀领导者的描述
领导行为理论	领导的有效性取决于领导行为和风格	怎样的领导行为和风格是最好的	各种最佳的领导行为和风格的描述
权变领导理论	领导的有效性取决于领导者、被领导者和环境的影响	在不同的情况下,哪种领导方式是最好的	各种领导行为权变模型的描述

第三节　领导方式与领导艺术

一、领导方式

领导方式是指领导者与被领导者之间发生影响和作用的方式。研究领导者采取何种领导方式开展领导活动,以何种方式对下属施加影响,以及该方式对达成领导目标的有效性,是进行有效领导的重要课题。按照不同标准可将领导方式分为不同类型。

（一）按权利控制程度划分

1. 集权型领导

领导者决定工作任务、方针、政策及方法,然后布置给下属执行。这种类型的领导偏重于运用权力推行工作而不注意向下属宣传组织的目标,因而,在一定程度上会抑制下属的积极性、创造性和责任感。

2. 分权型领导

领导者只决定目标、政策、任务的方向,对下属在完成任务各个阶段上的日常活动不加干预。领导者只问结果,不问过程与细节。这种领导方式被称作"结果管理"。

3. 均权型领导

领导者与下属的职责权限划分明确。下属在职权范围内有自主权。这种领导方式主张分工负责、分层负责,以提高工作效率,更好地达成目标。

（二）按领导重心所向划分

1. 以事为中心的领导

这种领导者往往以工作为中心,强调工作效率,追求最佳经济效益,以工作的数量与质量及达成目标的程度作为评价成绩的指标。这种领导方式工作抓得紧,但对下属关心不够,感情不深。

2. 以人为中心的领导

这种领导者认为,只有下属心情愉快地工作着,才会产生最高的效率和最好的成果。因此,领导者尊重下属的人格,不滥施惩罚,注重积极的鼓励和奖赏,注重发挥下属的主动性和创造性,注重改善工作环境,注重给予下属合理的物质待遇,从而使其产生良好的归属感和执行力。

3. 人事并重式的领导

这种领导者认为,既要重视人,也要重视工作,两者不可偏废。既要充分发挥主观能动性,也要改善工作的客观条件,使下属既有饱满的工作热情,又有主动负责的精神。领导者对工作要求严格,必须按时保质保量地完成计划,创造出最佳成果。

(三) 按领导者的态度划分

1. 体谅型领导

这种领导者对下属十分关心体谅,注重建立相互理解、相互依赖、相互支持的友谊,注重赞赏下属的工作成绩,以提高其工作热情和绩效。

2. 严厉型领导

这种领导者对下属十分严厉,重组织轻个人,要求下属牺牲个人利益服从组织利益,严格每个人的责任,执行严格的纪律,重视监督和考核。

(四) 按决策权利大小划分

1. 专断型领导

这种领导独断专行,所有决策权集于一身,以权力推行工作。在决策错误或客观条件变化以及贯彻执行困难时,不查明原因,一律归罪下级。对下级奖惩缺乏客观标准,只是按领导者的好恶决定。

2. 民主型领导

这种领导同下属相互尊重,彼此信任。领导者通过多种渠道与下属交流思想,商讨决策,注意按职授权,培养下属的主人翁责任感。奖惩有客观标准,不以个人好恶行事。

3. 自由型领导

这种领导有意分散领导权,给下属以极大的自由度,只检查工作成果,不做主动指导,除非下属要求。

管理案例 5-1

哪种领导类型最有效

ABC公司是一家中等规模的汽车配件生产集团。最近,对该公司的三个重要部门经理进行了一次有关领导类型的调查。

一、安西尔

安西尔对他本部门的产出感到自豪。他总是强调对生产过程、出产量控制的必要性,坚持下属人员必须很好地理解生产指令以得到迅速、完整、准确的反馈。当安西尔遇到小问题时,他会放手交给下级去处理;当问题很严重时,他则委派几个有能力的下属人员去解决问题。通常情况下,他只是大致规定下属人员的工作方针、完成怎样的报告及完成期限。安西尔认为只有这样才能导致更好的合作,避免重复工作。

安西尔认为对下属人员采取敬而远之的态度对一个经理来说是最好的行为方式,所谓的"亲密无间"会松懈纪律。他不主张公开谴责或表扬某个员工,相信每个下属都有自知之明。

据安西尔说,管理中的最大问题是下级不愿意接受责任。他讲到,他的下属人员可以有机会做许多事情,但他们并不是很努力地去做。他表示不能理解以前他的下属如何能与一个毫无能力的前任经理相处,他说,他的上司对他们现在的工作运转情况非常满意。

二、鲍勃

鲍勃认为每个员工都有人权,他偏重于管理者有义务和责任去满足员工需要的学说。他说,他常为他的员工做一些小事,如给员工两张下月在伽利略城举行的艺术展览的入场券。他认为,每张门票才15美元,但对员工和他的妻子来说却远远超过15美元。通过这种方式,也是对员工过去几个月工作的肯定。

鲍勃说,他每天都要到工场去一趟,与至少25%的员工交谈。鲍勃不愿意为难别人,他认为安西尔的管理方式过于死板,安西尔的员工也许并不那么满意,但除了忍耐别无他法。

鲍勃说,他已经意识到在管理中有不利因素,但大都是由于生产压力造成的。他的想法是以一个友好、粗线条的管理方式对待员工。他承认尽管在生产率上不如其他单位,但他相信他的下属有高度的忠诚与士气,并坚信他们会因他的开明领导而努力工作。

三、查理

查理说他面临的基本问题是与其他部门的职责分工不清。他认为不论是否属于他们的任务都安排在他的部门,似乎上级并不清楚这些工作应该谁做。

查理承认他没有提出异议,他说这样做会使其他部门的经理产生反感。他们把查理看成是朋友,而查理却不这样认为。查理说过去在不平等的分工会议上,他感到很窘迫,但现在适应了,其他部门的领导也不以为然了。

查理认为纪律就是使每个员工不停地工作,预测各种问题的发生。他认为作为一个好的管理者,没有时间像鲍勃那样握紧每个员工的手,告诉他们正在从事一项伟大的工作。他相信如果一个经理声称为了决定将来的提薪与晋职而对员工的工作进行考核,那么,员工则会更多地考虑他们自己,由此而产生很多问题。

他主张,一旦给一个员工分配了工作,就让他以自己的方式去做,取消工作检查。他相信大多数员工知道自己把工作做得怎么样。如果说存在问题,那就是他的工作范围和职责在生产过程中发生的混淆。查理的确希望公司领导叫他到办公室听听他对某些工作的意见。然而,他并不能保证这样做不会引起风波而使事情有所改变。他说他正在考虑这些问题。

讨论:

(1)这三个部门经理各采取了什么领导方式?这些方式是建立在什么假设的基础上的?试预测这些方式各将产生什么结果?

(2)是否每种领导方式在特定的环境下都有效?为什么?

二、领导艺术

现代社会中的组织常常是由一个多种要素组成的比较复杂的社会性组织,它不可能脱离整个社会。这对组织中的管理者的领导方法提出了更高的要求,同时也决定了管理者的工作在很大程度上是创造性的。领导艺术就是富有创造的领导方法的体现。下面简要介绍几种领导艺术。

（一）决策艺术

在非程序化的决策过程中，管理者的主观决策技能起着重要的作用。领导者在一定经验的基础上，对未来事件的判断应具有洞察力。主要表现在及早察觉组织发展的有利与不利条件，依靠自己的周密考虑和集中群众的正确意见，做出既有事实根据，又先于别人想到的不寻常的战略决策，促使组织取得重大的成就与改进。做出科学的决策，要求领导者要遵循以下原则：权衡利弊原则、整体谋划原则、周密谨慎原则、创新原则和随机应变原则。除此之外，还要求领导者能够把握具体情况具体对待原则，正确处理好个别与一般的关系；能够正确处理局部与全局的关系，把握好主要矛盾，抓关键问题，善于透过现象看本质；能够正确把握和运用"两分法"，从事物正反两个方面、多视角、全方位地去观察、研究和认识事物，切忌主观片面，只见树木不见森林。

管理案例 5-2

出色的决策者——泰德·特纳

泰德·特纳以其卓越的决策力，不断挑战自我，他的一生是次次的冒险旅程，在所有"权威"都认为他必败无疑时，他却获得了一个又一个的成功。

1963年，24岁的泰德·特纳毅然中止了布朗大学的学业，开始经营家中濒临倒闭的广告牌企业，几年后业务明显好转；他曾购买亚特兰大的一家独立的小型电视台和屡战屡败的勇敢者棒球队，并将最新的卫星转播技术与尚未开发的有线电视市场结合起来，不仅使他的"超级电视台"获得极大成功，也使勇敢者棒球队跻身于世界强手之列；他曾力排众议倾其财产创立了24小时有线电视新闻网，获得了令人难以置信的效益；他曾让认为他是傻瓜的批评家们大跌眼镜，巨资购买联合艺术家电影图书馆，在有线电视台上演经典影片大获成功。

（二）用人艺术

在充分了解和发挥职工长处的基础上，把工作的需要和个人的能力很好地结合起来，使每个职工在各自的工作岗位上兢兢业业，积极进取；把发挥每个人的长处与组织目标很好地结合起来，使每个职工的长处同集体和别人的长处相得益彰，使每个人的短处同集体和别人长处结合起来而不至于有损组织；在组织中创造一种气氛，凡能做出显著成绩的人，都会受到应有的尊重和提拔，能顺利履行职责，依靠和运用平凡人的联盟才智做出不平凡的业绩，促使组织目标的实现。美国通用电气公司总裁杰克·韦尔奇认为，领导者的全部工作就是选择适当的人才。

（三）授权的艺术

根据民主集中制，在不同的主客观条件下把不同程度的领导权力下放给下级管理者或其他人员，并对其进行指导与监督，使每项工作都能在最适当的层次得到较好的处置。这既利于充分发挥下属的积极性、主动性，又能帮助上级领导人集中精力研究和解决主要问题,维护和加强整个组织的统一指挥。

(四)指挥和激励的艺术

领导者应该在实践中树立和维护必要的权威,使职工自觉地团结在管理者的周围,并接受其指挥。在管理过程中,尤其在本职能中,关于运用各种通讯手段进行沟通,认真听取下属的和他们实践的信息,及时对所属人员进行必要的教育或发布必要的指令。指令的内容力求切合实际,详略深浅适度,方法和形式能为有关人员所理解和易于接受。根据加强思想政治教育和物质利益原则的精神,使组织中的鼓动工作和激励制度、方法等能适应广大职工多种多样的、经常变化的需要,进而起到维护纪律、鼓舞士气,充分发掘潜力,克服各种困难,提高效益和效果的作用。

管理案例 5-3

斯通的感情激励

1980年1月,在美国旧金山一家医院里的一间隔离病房外面,一位身体硬朗、步履生风、声若洪钟的老人,正在与护士死磨硬缠地要探望一名因痢疾住院治疗的女士。但是,护士却严守规章制度毫不退让。

这位真是"有眼不识泰山",她怎么也不会想到,这位衣着朴素的老者,竟是通用电气公司总裁,一位曾被公认为世界电气业权威杂志——美国《电信》月刊选为"世界最佳经营家"的世界企业巨子斯通先生。护士也根本无从知晓,斯通探望的女士,并非斯通的家人,而是加利福尼亚州销售员哈桑的妻子。

哈桑后来知道了这件事,感激不已,每天工作达16个小时,为的是以此报答斯通的关怀,加州的销售业绩一度在全美各地区评比中名列前茅。正是这种有效的感情激励管理,使得通用电气公司的事业蒸蒸日上。

(五)领导变革的艺术

组织在发展过程中不断革新技术,改进管理,必然引起人们的思想认识和组织行为的变革。这就要求管理者因势利导,正确处理变革过程中革新与守旧的矛盾,达到既促进变革又保持组织稳定的目的。

第四节 激 励

激励是一种内心体验,管理是一种外在刺激。在合理外在刺激下的预期内心体验,必然内驱出预期的效率化行为。企业首先是人的集合体,企业的生产经营活动是靠人来进行的,企业经营的各种要素是在主动参与经营的人的利用下才发挥作用的。企业管理既是对人的管理,也是通过人的管理。因此,只有使参与企业活动的人始终保持旺盛的士气、高昂的热情,企业经营才能实现较好的绩效。管理的激励功能就是要研究如何根据人的行为规律来提高人的积极性。

管理案例 5-4

张军的困惑

张军已经在数据系统公司工作了五个年头。在这期间，他从普通编程员升到了资深的程序编制分析员。他对自己所服务的这家公司相当满意。

一个周末的下午，张军和他的朋友迪安一起打高尔夫球。他了解到他所在的部门新雇了一位刚从大学毕业的程序编制分析员。尽管张军是个好脾气的人，但当他听说这新来者的起薪仅比他现在的工资少 50 元时，不禁发火了。张军迷惑不解，他感到这里一定有问题。

周一的早上，张军找到了人事部主任赵德华，问他自己听说的事是不是真的。赵德华带有歉意地告诉他确有此事。他试图解释公司的处境，编程分析员的市场相当紧俏，为使公司能吸引合格的人员，我们不得不提供较高的起薪。我们非常需要增加一名编程分析员，因此，我们只能这么做。

张军问能否调高他的工资。赵德华说："你的工资需按照绩效评估时间评定后再调。你干得非常不错，我相信老板到时会给你提薪的。"张军在向赵德华道了声"打扰了！"便离开了他的办公室，边走边不停地摇头，对自己在公司的前途感到很疑虑。

一、激励的含义

通常看到，能力相仿的人，工作成绩却大不相同。同样是分来的大学生，有的工作很卖力，有的却磨洋工，有劲不愿意使；有时甚至能力差的人反而比能力强的人工作得更好。为什么？

通常一个人的工作成绩可以用公式表示：

工作成绩=能力×积极性（动机激发）

在一定时期内，人的能力是一定的，而积极性却有大有小，因此，企业管理的首要问题就是如何调动全体职工的积极性，用心理学的术语就是如何激励。那么，什么是激励呢？激励就是通过一定的方法激发人的内在潜力和工作动机，充分发挥人的积极性和创造性，从而自觉努力地工作。简言之，就是在工作中调动人的积极性的过程。打个比喻，激励就是在人的面前放一大砣金子，身后放一只老虎，要钱的赶快跑，要命的也要赶快跑。重赏之下，必有勇夫。激励是一种看不见、摸不着、听不到，也不能直接测定的干涉变量，但由于激励是一种推动人们努力工作的力量，往往可以根据观察人的行为，判断是否受到激励以及激励的程度如何。

人们加入一个组织或群体，都是为了达到他们个人单干所不能达到的目标。然而，进入组织的人不一定会努力工作，因为人们为组织服务的意愿程度是有高低之分的，有的表现强烈，有的中等，有的则一般，还有的是消极。如何使组织中的各类成员，为实现组织的目标而热情高涨地工作，最大限度地发挥自己的聪明才智，是现代管理要研究的重要内容。

我们可以从以下三个方面来理解激励这一概念。

（1）激励是一个过程。人的很多行为都是在某种动机的推动下完成的。对人的行为的激励，实质上就是通过采用能满足人需要的诱因条件，引起行为动机，从而推动人采取相应的行为，以实现目标，然后再根据人们新的需要设置诱因，如此循环往复。

（2）激励过程受内外因素的制约。激励从创造和设置满足需要诱因开始，其最终结果是通过员工工作行为的积极性来完成的。制约员工工作行为的内外因素有很多，因此，管理者所采取的各种管理措施，应与被激励者的需要、理想、价值观和责任感等内在的因素相吻合，才能产生较强的合力，激发和强化工作动机，否则不会产生激励作用。

（3）激励具有时效性。各项激励措施对员工增强工作动机都会有重要意义。但是，每种激励手段的作用都有一定的时间限度，超过时限就会失效。同时，由于人的主导需要经常处于变化之中，同样的激励方式对同一个人在不同时期也会产生不同的激励效果，因此，激励不能一劳永逸，需要持续进行。

二、激励的过程

激励是一个非常复杂的过程，它从个人的需要出发，引起欲望并使内心紧张（未得到满足的欲求），然后引起实现目标的行为，最后在通过努力后使欲望达到满足。激励过程如图5-2所示。

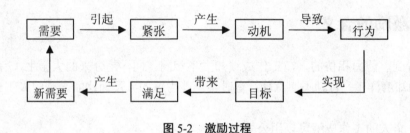

图 5-2　激励过程

1. 需要

我们说，激励的实质就是通过影响人的需要或动机达到引导人的行为的目的，它实际上是一种对人的行为的强化过程。研究激励，先要了解人的需要。需要是人对一定客观事物或某种目标的渴求或期望。

2. 动机

动机是建立在需要的基础上的。当人们有了某种需要而又未得到满足时，心理上便会产生一种紧张和不安，这种紧张和不安就成为一种内在的驱动力，促使个体采取某种行动。需要体现一种主观感受，动机则是内心活动。人们在管理中所采取的各种行动都是由动机驱使的，有什么样的动机，就会产生什么样的行为。激励的关键环节就在于使被激励者产生所希望的动机，以期引起有助于组织目标实现的行为。所以，激励的核心要素就是动机，关键环节就是动机的激发。

3. 行为

这里所说的行为，是指在激励状态下，人们为动机所驱使而采取的实现目标的一系列动作。被管理者做出有利于组织目标实现的行为，是激励的目的，也是激励能否取得成效及成效大小的衡量标准。

4. 需要、动机、行为和激励的关系

通过分析我们知道，人的任何动机和行为都是在需要的基础上建立起来的，没有需要，就没有动机和行为。人们产生某种需要后，只有当这种需要具有某种特定的目标时，才会产生动机，动机才会成为引起人们行为的直接原因。但并不是每个动机都必然会引起行为，在多种动机下，只有优势动机才会引发行为。员工之所以产生组织所期望的行为，是组织根据员工的需要来设置某些目标，并通过目标导向使员工出现有利于组织目标的优势动机，同时按照组织所需要的方式行动。管理者实施激励，就是想方设法做好需要引导和目标引导，强化员工动机，刺激员工的行为，从而实现组织目标。

三、激励理论

（一）内容型激励理论

内容型激励理论主要研究人的需要的类型和内容，寻找推动人行为的根源。

1. 需要层次论

美国心理学家亚伯拉罕·马斯洛在 1943 年提出了需要层次理论。马斯洛认为，人的需求可以归纳为生理、安全、社交、尊重和自我实现五个层次。它们是由低级向高级逐渐发展起来的。当较低层次的需要得到满足后，下一个更高级的需要才开始活动。所谓"衣食足然后知荣辱"就是这个道理。但是，组织也要考虑到：在实际生活中，一个人的各种需要并不是机械地逐级逐一满足的，在较低需要完全满足前也可产生较高需要。而且需要是动态的，当某一需要满足了，就不再具有激励作用，只有未满足的需要才有激励作用。

2. 双因素理论

美国心理学家赫茨伯格等人对他们所在地区 9 个企业中的 200 多名会计师和工程师采用"关键事件法"进行了调查访问，要求会计师和工程师们回答这样两个问题：第一，什么原因使你愿意做你的工作？第二，什么原因使你不愿意做你的工作？实验目的在于验证以下假设：人类在工作中有两类性质不同的需要，即作为动物要求避开和免除痛苦，作为人要求在精神上不断成长。通过实验，赫茨伯格提出了双因素理论。

通过调查发现人们对这两个问题有两类明显不同的反应。人们对本组织的政策、管理、监督系统、工作条件、人际关系、薪金、地位和职业安定以及个人生活所需等，如得不到基本的满足，会导致人们的不满；如果得到了则没有不满。赫茨伯格把这类和工作环境或工作条件相关的因素称为保健因素。而人们对成就、赏识、艰巨的工作和工作中的成长、晋升、责任感等，如得到满足则会给人们以极大的激励，产生满意感，有助于充分、有效、持久地调动人们的积极性。赫茨伯格把这类与工作内容紧密相连的因素称为激励因素。赫茨伯格认为，保健因素不能直接起到激励人们的作用，但能防止人们产生不满情绪。作为管理者，首先必须确保职工在保健因素方面得到满足。要给职工提供适当的工资和安全，要改善他们的工作环境和条件；对职工的监督要能为他们所接受，否则，就会引起职工的不满。但是，即使满足了上述条件，也不能产生激励效果，因此，管理者必须充分利用激励方面的因素，为职工创造出做贡献与成绩的工作条件和机会，丰富工作内容，加强职工的责任心，使其在工作中取得成就，得到上级和人们的赏识，这样才能促使其不断进步和发展。

双因素理论提出后,受到许多非议。有人认为,赫茨伯格所调查的对象大部分是工程师和会计师,不能概括其他类型的职工。如薪金、职务保障等对工程师和会计师来说可能是保健因素,而对于一般职工来说则可能是激励因素。实际上,对于激励因素和保健因素,人们的反应是不一样的,对一个人起激励作用的因素,对另一个人可能起保健作用;反之亦然。因此,在实际工作中,要根据各人的不同情况,进行具体分析。

管理案例 5-5

华东石油管理局关爱到家

华东石油管理局着重把握职工及其家属主导需求的满足,采取一系列措施,要求各单位必须把职工的生活纳入议事日程;利用各泵站站内的空闲土地发展蔬菜生产,解决职工吃菜难的问题;选送了几批炊事员外出进行技术培训,以提高烹调技术水平;选送了一批具有高中、初中文化水平,有一定特长的青年职工到师范学校培训,充实教师队伍,为各幼儿园、托儿所配备了必需的教具、玩具和用品,解决了入托难的问题;组织各单位的职工家属兴办集体福利事业,为职工生活提供方便;积极联系生活物资送货到基层;各单位积极进行绿化,为职工创造优美、舒适的工作、学习和生活环境。同时还积极丰富基层的文化生活,逐步解决基层业余文化生活单调、枯燥的问题。通过这一系列措施的落实,原来存在的问题陆续得到不同程度的解决,从而调动了职工的积极性,促进了工作,保证了生产。

(二)过程型激励理论

过程型激励理论研究从动机产生到采取行动满足需要的内在心理的行为过程。试图回答不同的人或同一个人在不同时期对同样的激励措施会有不同行为反应的原因。

1. 期望理论

期望理论是美国心理学家弗鲁姆在20世纪60年代提出来的。该理论认为,人之所以能够从事某项工作并达成组织目标,是因为这些工作和组织目标会帮助他们实现自己的目标、满足自己某些方面的需要。具体而言,当员工认为努力会带来良好的绩效评价时,他就会受到激励进而付出更大的努力,同时良好的绩效评价会带来诸如奖金、加薪或晋升等组织奖励,这些组织奖励会实现员工的个人目标,满足其某些需求,从而产生激励。

弗鲁姆认为,激励是个人寄托于一个目标的预期价值与他对实现目标的可能性的看法的乘积。用公式表示为:

$$M = V \cdot E$$

M——激励力,表示个人对某项活动的积极性程度,希望达到活动目标的欲望程度;

V——效价,即活动结果对个人的价值大小;

E——期望值,即个人对实现这一结果的可能性的判断。

从公式我们可以看出,促使人们做某种事的激励力依赖于效价和期望值这两个因素。效价和期望值越高,激励力就越大。公式同时还表明,在进行激励时要处理好三个方面的关系,这三方面也是调动人们工作积极性的三个条件。

(1)努力与绩效的关系。人总是希望通过一定的努力达到预期的目标,如果个人主观认为通过自己的努力达到预期目标的概率较高,就会有信心,就可能激发出很强的工作力量。但是如果他认为目标太高，通过努力也不可能会有很好的绩效时，就会失去内在的动力，导致工作消极。

（2）绩效与奖励的关系。人总是希望取得成绩后能得到奖励，这种奖励是广义的，既包括提高工资、多发奖金等物质方面的，也包括表扬、自我成就感、得到同事或领导认可和信赖等。如果他认为取得绩效后能够获得合理的奖励，就可能产生工作热情，否则就没有积极性。

（3）奖励与满足个人需要的关系。人总希望自己所获得的奖励能满足自己某方面的需要。然而，由于人们在年龄、性别、资历、社会地位和经济条件等方面都存在差异，他们对各种需要得到满足的程度不同，因而对于不同的人，采用同一种奖励办法能满足的需要程度不同，能激发出来的工作动力也不同。

2. 公平理论

公平理论是美国的斯达西·亚当斯 1967 年提出的。亚当斯通过大量的研究发现：员工对自己是否受到公平合理的待遇十分敏感。员工首先思考自己收入与付出的比率，然后将自己的收入付出比与其他人的收入付出比进行比较，如果员工感觉到自己的比率与他人的相同，则认为处于公平状态；如果感到二者的比率不相同，则会产生不公平感，也就是说，他们会认为自己的收入过低或过高。

员工的工作积极性不仅受到其所得报酬的绝对值的影响，更受到相对值的影响。相对值来源于横向比较与纵向比较。横向比较是将自己的付出和报酬，与一个和自己条件相当的人的付出和报酬进行比较，从而对此作出相应的反应。纵向比较是指个人对工作的付出和所得与过去进行比较时的比值，比较的结果有三种可能。

（1）感到报酬公平。当企业员工经过比较感到相对值相等时，其心态就容易平衡。有时尽管他人的结果超过了自己的结果，但只要对方的投入也相应大，就不会有太大的不满。他会认为激励措施基本公平，积极性和努力程度可能会保持不变。

（2）感到报酬不足。在比较中，当员工发现自己的报酬相对低了，就会感到不公平，他们就会设法去消除不公，并有可能采取以下措施求得平衡：一是曲解自己或他人的付出或所得；二是采取某种行为使得他人的付出或所得发生改变；三是采取某种行为改变自己的付出或所得；四是选择另外一个参照对象进行比较；五是辞去工作。员工感到不公平时，工作的积极性往往会下降。

（3）感到报酬多了。当员工感到自己相对于他人而言，报酬高于合理水平时，多数人认为不是什么大问题，他们可能会认为这是自己的能力和经验有了提高的结果。但有关研究也证明，处于这种不公平的情况下，工作积极性不会有多大程度的提高，而有些人也会有意识地减少这种不公。例如，通过付出更多的努力来增加自己的投入，有意无意地曲解原先的比率，设法使他人减少投入或增加产出。

公平理论表明公平与否源于个人的感觉。人们在心理上通常会低估他人的工作成绩，高估别人的得益，由于感觉上的错误，就会产生心理不平衡。这种心态对组织和个人都很不利。所以管理人员应有敏锐的洞察力来体察职工的心情，如确有不公，则应尽快解决；如是个人主观的认识偏差，也有必要进行说明解释，做好思想工作。

（三）行为修正型激励理论

1. 强化理论

强化理论是由美国心理学家斯金纳于20世纪50年代提出的。该理论认为人的行为是其后果的函数。如果这种后果对他有利，则这种行为就会重复出现；若对他不利，则这种行为就会减弱直至消失。因此管理要采取各种强化方式，以使员工的行为符合组织目标。

根据强化的性质和目的，强化可以分为四类。

（1）正强化。这是一种增强行为的方法，指用某种具有吸引力的结果，对某一行为进行鼓励和肯定，使其重视和加强，从而有利于组织目标的实现。例如，看到员工工作表现出色，领导立即加以表扬，实际上就是对行为做了正强化。在管理中，正强化表现为奖酬，如认可、赞赏、增加工资、提升职位、提高奖金、提供满意的工作条件等。为了使强化达到预期的效果，还必须注意实施不同的强化方式。正强化方式主要有连续的、固定的正强化和间断的、不固定的正强化两种。前者是指对每次符合组织目标的行为都给予强化，或每隔固定时间就给予一定数量的强化。尽管这种强化有及时刺激、立竿见影的效果，但久而久之，人们就会对这种正强化有越来越高的期望，或者认为这种正强化是理所应当的。企业管理者有时不得不经常加强这种正强化，否则其作用会减弱甚至不再起到刺激行为的作用。后者是指管理者根据组织的需要和个人行为在工作中的反应，不定期、不定量实施强化，使每次强化都能达到较大的效果。实践证明，后一种正强化更有利于组织目标的实现。

（2）负强化。它也是一种增强行为的方法，是指预先告知某种不符合要求的行为或不良绩效可能引起的不愉快的后果，使员工的行为符合要求，从而保证组织目标的实现不受干扰。负强化包括减少奖酬或罚款、批评、降级等。让员工知道做了不符合规定的事会受到批评或惩罚，如能够避免或改正，则不会受到惩罚，以此来引导、强化员工的行为，使之转向符合组织的要求。例如，员工知道随意迟到、缺勤会受到处罚，不缺勤、按时上班则不会受到处罚，于是员工会避免迟到、缺勤，学会按要求行事。实际上，不进行正强化也是一种负强化。比如，过去对某种行为进行正强化，现在组织不再需要这种行为，但这种行为并不妨碍组织目标的实现，这时就可以取消正强化，使行为减少或不再重复出现。实施负强化的方式与正强化有所差异，应以连续负强化为主，即对每一次不符合组织的行为都及时予以负强化，以消除人们的侥幸心理，减少直至消除这种行为重复出现的可能性。

（3）惩罚。惩罚是指用某种令人不快的结果来减弱某种行为。如有员工工作不认真、不负责任，经常出差错，或影响他人工作时，领导就可以用批评、纪律处分、罚款等措施，来制止该行为的再次发生。但是，惩罚也会有副作用，如会激起员工的愤怒、敌意等，因此，管理者最好尽可能用其他强化手段。

（4）自然消退。自然消退是指通过不提供个人所期望的结果来减弱一个人的行为。自然消退有两种方式：一是对某种行为不予理睬，以表示对该行为的轻视或某种程度上的否定使其自然消退；另一种是指原来用正强化手段鼓励的有利行为由于疏忽或情况发生变化，不再给予正强化，使其逐渐消失。研究表明，一种行为如果长期得不到正强化，就会逐渐消失。如员工由于某种原因使工作出现小的差错，上级管理者不予追究，而是给机会使该员工及时自觉改正。

2. 归因论

归因论是美国心理学家凯利等人提出来的。目前归因论着重研究两个方面：一方面是把行为归结为外部原因还是内部原因；另一方面是人们获得成功或遭受失败的归因倾向。人们的行为获得成功还是遭受失败可以归因于四个要素，即努力、能力、任务难度、机遇。这四个因素可以按以下三方面来划分。

（1）内因或外因。努力和能力属于内因，任务难度和机遇属于外因。

（2）稳定性。努力和机遇属于不稳定因素，能力和任务难度属于稳定因素。

（3）可控制程度。努力是可控制因素；能力在一定条件下是不可控制因素，但人们可以提高自己的能力，这种意义上的能力又是可控的；任务难度和机遇是不可控的。

人们把成功失败归因于何种因素，对以后的工作态度和积极性有很大影响。例如：把成功归因于内部原因，会使人感到满意和自豪，归因于外部原因，会使人感到幸运和感激；把失败归因于稳定因素，会降低以后工作的积极性，归因于不稳定因素，可能会提高以后的工作积极性。归因理论有助于管理者了解下属的归因倾向，以便正确指导和训练正确的归因倾向，调动下属的积极性。

四、激励的原则

有人认为，把你的下级看成"经济人"就会采取物质刺激；看成"社会人"就会实施激励；看成"现代人"就会无为而治。科学地运用激励理论，可以有效地激发员工的潜力，使组织目标和个人目标在实现中达到统一，进而提高组织的经营效率。正确地激励应遵循以下原则。

1. 目标结合原则

目标设置必须以体现组织目标为要求，否则激励将偏离组织目标的实现方向。目标设置还必须能满足员工个人的需要，否则无法提高员工的目标效价，达不到满意的激励强度。只有将组织目标与个人目标结合好，才能收到良好的激励效果。

2. 明确性原则

激励目的要明确，以使员工清楚地认识到需要做什么和必须怎么做。激励制度要明确，尤其是关系到职工切身利益的问题。激励原则和标准要明确，避免因人而异。

3. 按需激励的原则

激励的起点是满足员工的需要，但员工的需要存在着个体的差异性和动态性，因人而异，因时而异，并且只有满足最迫切需要的措施，其效价才高，激励强度才大。因此，对员工进行激励时不能过分依赖经验及惯例。激励不存在一劳永逸的解决方法，必须用动态的眼光看问题，深入调查研究，不断了解员工变化了的需要，采取有针对性的激励措施。

4. 合理原则

在激励过程中，如果出现奖不当奖、罚不当罚的现象，就不可能收到真正意义上的激励效果，反而还会产生消极作用，造成不良的后果。因此，在进行激励时，一定要认真、客观、科学地对员工进行业绩考核，做到奖罚分明，不论亲疏，一视同仁，使得受奖者心安理得，受罚者心服口服。

5. 时效性原则

激励越及时，越有利于提高人们的积极性，充分调动员工的工作热情。"雪中送炭"和

"雨后送伞"的效果是不一样的。

五、激励方法

激励机制不是先于管理而存在的,而是在管理活动过程中不断形成的。管理者恰当而有效地运用激励手段和方法,则一方面直接影响员工积极性的发挥,另一方面也是在构建合理的激励机制。激励方法主要有以下几种。

(一)物质利益激励法

1. 物质激励法

物质激励法就是以物质(如工资、奖金、福利、晋级和各种实物等)为诱因对员工进行激励的方法。只有员工的物质利益得到应有的报偿,才能够比较持久地调动他们的积极性。因为获得更多的物质利益是普通员工的共同愿望,它决定着员工基本需要的满足情况。同时,员工收入及居住条件的改善,也影响着其社会地位、社会交往,甚至学习、文化娱乐等精神需要的满足情况。这些激励方式运用得当,将大大激发员工的工作热情。

使用物质激励法应注意以下几个问题:一是物质激励应与相应制度结合起来。企业应通过建立一套制度,创造一种氛围,以减少不必要的内耗,使组织成员都能努力地为实现组织目标而多做贡献。二是物质激励的效用一般具有效益递减性。即当人们达到一定的收入水平或对这些收入习以为常后,同样数量的物质奖励不再具有原来的激励作用,或者需要付出更高的物质成本才能具有原来的激励作用。因此,领导者在动用物质激励时,应注意手段的创新和各种手段的综合运用。三是物质激励必须公平,应充分体现"多劳多得,少劳少得"的分配原则,但反对平均主义。

2. 股权激励

股权激励是指通过奖励股份、股票期股或期权、技术折股等方式将公司的一定股份给予部分员工,形成对员工长期激励的一种激励制度。其中,期股是指按约定价格购入后,可在一定期限内行权变现的一种激励制度;期权是指可按事先约定的价格在一定期限行权购入,并在一定期限内行权变现的一种权利。

通过股权激励,能够有效地将公司的长期利益与员工的收益紧密联系在一起,使员工与公司形成利益与风险共担的整体,既有利于经营者自身价值的实现,增加员工经营好公司的动力;又有利于公司形成开放式的股权结构,吸收优秀人才,稳定管理阶层。

使用股权激励应注意的问题是:对规模小、风险大、正处于成长期的企业特别是高新技术企业来说,运用股权激励的效果显著;但对于规模较大、发展稳定、处于成熟期的传统行业来说,这类公司的股价一般比较稳定,员工的努力对提升公司业绩乃至公司股价的边际效果不太明显,其激励作用相对较弱。

(二)精神激励法

1. 信任关怀激励法

信任关怀激励法是指组织的管理者充分信任员工的能力和忠诚,放手、放权,并在下属遇到困难时,给予帮助、关怀的一种激励方法。这种激励方法没有什么固定的程序,总的思路是为下属创造一个宽松的工作环境,给员工以充分的信任,使其充分发挥自己的聪明才智；时时关心员工疾苦，了解员工的具体困难，并帮助其解决，使其产生很强的归属感。这种激励法是通过在工作中满足组织成员的信任感、责任感等需要，从而达到激励的效果。

2. 榜样激励法

榜样激励法是指通过组织树立的榜样使组织的目标形象化，号召组织内成员向榜样学习，从而提高激励力量和绩效的方法。俗话说，"榜样的力量是无穷的"。通过树立典型和领导者的言行垂范，可以使广大员工找到一个参照并自我鞭策、增强克服困难取得成功的决心和信心。

使用榜样激励方法时还需要注意两点：一是要纠正打击榜样的歪风，否则不但没有多少人愿当榜样，也没有多少人敢于向榜样学习；二是不要搞榜样终身制，因为榜样的终身制会压制其他想成为榜样的人，并且使榜样的行为过于单调，有些事迹多次重复之后可能不再具有激励作用，而原榜样又没有新的更能激励他人的事迹时，就应该物色新的榜样。

3. 形象与荣誉激励法

一个人通过视觉感受到的信息占全部信息量的80%，因此，充分利用视觉形象的作用，激发员工的荣誉感、成就感、自豪感，也是一种行之有效的激励方法。常用的方法是照片、资料张榜公布，借以表彰企业的标兵、模范。在有条件的企业，还可以通过闭路电视系统传播企业的经营信息，宣传企业内部涌现的新人、新事、优秀员工、劳动模范、技术能手、爱厂标兵、模范家庭等。这样可以达到内容丰富、形式多样、喜闻乐见的效果。

4. 兴趣激励法

兴趣对人的工作态度、钻研程度、创新精神的影响是巨大的，往往与求知、求美、自我实现密切联系。在管理中只要能重视员工的兴趣因素，就能实现预期的精神激励效果。国内外都有一些企业允许甚至鼓励员工在企业内部双向选择，合理流动，包括员工找到自己最感兴趣的工作。兴趣可以导致专注，甚至着迷，而这正是员工获得突出成就的重要动力。

业余文化活动是员工兴趣得以施展的另一个舞台。许多企业组织设立了摄影、戏曲、舞蹈、书画、体育等兴趣小组，使员工的业余爱好得到满足，增进了员工之间的感情交流，让员工感受到企业的温暖和生活的丰富多彩，大大增强了员工的归属感，满足了社交的需要，有效地提高了企业的凝聚力。

（三）工作激励法

1. 目标激励法

管理中常说的目标管理，不仅是一种管理活动，也是一种有效的激励方法。所谓目标激励法就是给员工确定一定目标，以目标为诱因驱使员工去努力工作，以实现自己的目标。任何组织的发展都需要有自己的目标，任何个人在自己需要的驱使下也会具有个人目标。目标激励必须以组织的目标为基础，要求把组织的目标与员工的个人目标结合起来，使组织目标和员工目标相一致。

目标管理通过广泛的参与来制定组织目标，并将其系统地分解为每个人的具体目标，然后用这些目标来引导和评价每个人的工作。在目标管理中目标是最重要的，组织目标是组织前进的目的地，个人目标则是个人奋斗所实现的愿望。目标管理的特点之一是把组织的目标分解为各个行动者的目标，而分解过程又充分吸收了行动者。按照这一特点，只要使个人的目标及奖酬与个人的需要一致起来,就提高了目标的效价。而实现目标信心的增加也就是实现目标的期望值的提高。目标管理能充分发挥每个人的能力,使每个人实行自我控制,更容易发挥每个人的潜能和创造力,增加激励力量。

2. 培训激励法

为提高员工素质,增强员工的进取精神,管理者应根据组织的运行情况和发展目标,结合员工个人的特点,对其有计划、有重点、有组织、有针对性地进行培训。比如,有计划地送员工到培训基地或学校进行脱产学习,到国外考察学习,这一行动本身就能使员工明显地感受到组织对他的重视和期望,满足自尊的需求,从而能极大地提高他们的责任心和积极性。通过培训,还可以提高员工实现目标的能力,为他们承担更大的责任、更富挑战性的工作及提升到更重要的岗位创造了条件。在一些知名公司,培训已成为一种正式的奖励。

3. 弹性工作制

弹性工作制是指在工作时间固定的前提下,灵活地选择工作的具体时间的制度。弹性工作制有以下两种形式:一是缩短每周工作天数。这种方法可以使员工有更多的休闲、娱乐时间,提高员工的工作热情和对组织的认同感,增加生产力和设备运转率,减少加班和旷工率。二是弹性工作时间。只规定每天总的工作时间数,员工上下班的时间可以由自己掌握。通常来说组织会规定一段必须在班的共同时间,以避免员工之间没有机会沟通。这种工作制主要被小型组织采用。

管理专栏 5-1

松下激励员工的 21 个技巧

日本松下电器公司的创始人松下幸之助总结自己一生的经营实践,提出了激励员工的 21 个技巧。

1. 让每个人都了解自己的地位,不要忘记定期和他们讨论他们的工作表现。
2. 给予奖赏,但奖赏要与成就相当。
3. 如有某种改变,应事先通知,员工如能先接到通知,工作效率一定比较高。
4. 让员工参与同他们切身有关的计划和决策的研究。
5. 给予员工充分的信任,会赢得他们的忠诚和依赖。
6. 实地接触员工,了解他们的兴趣、习惯和敏感事物,对他们的认识就是你的资本。
7. 注意经常聆听下属的建议。
8. 如果发现有人举止反常,应该留心并追查。
9. 尽可能委婉地让大家清楚你的想法,因为没有人会喜欢被蒙在鼓里。
10. 向员工解释要做某事的目的,他们会把事情做得更好。
11. 万一你犯错误,要立刻承认,并表示歉意。如果你推卸责任、责怪旁人,别人一定会看不起你。
12. 告知员工他所担负职务的重要性,让他们有责任感。
13. 提出建议性的批评,批评要有理由,并帮助其找出改进的方法。
14. 在责备某人之前要先指出他的优点,表示你只是希望能够帮助他。
15. 以身作则,树立榜样。

16. 言行一致,不要让员工弄不清到底该做什么。
17. 把握每一个机会向员工表明为他们骄傲,这样能够使他们发挥最大的潜力。
18. 假如有人发牢骚,要赶紧找出他的不满之处。
19. 尽最大可能安抚不满情绪,否则所有人都会受到波及。
20. 制定长期、短期目标,以便让人据此衡量自己的进步。
21. 维护员工应有的权利和责任。

第五节 沟 通

一、沟通的含义

沟通是指为达到一定的目的,将信息、思想和情感在个人或群体间进行传播与交流的过程。

管理过程中每件事都包含着沟通的任务(注意:不是一些事情,而是每件事情)。管理者没有信息就不可能作出决策,而一旦作出决策,没有沟通就不可能实现目标。因此领导者和员工都要从各自的角度认识沟通的重要性,掌握沟通的有效方法,否则就会陷入无穷的问题与困境之中。

首先,沟通包含着意义的传递。如果信息或想法没有被传送到,则意味着沟通没有发生。也就是说,说话者没有听众或写作者没有读者都不能构成沟通。其次,要使沟通成功,信息不仅需要被传递,还要被理解。比如,我收到一封来自美国的英文信件,但我本人对英语一窍不通,那么不经翻译我就不能看懂,也就无法称之为沟通。所以根据上述定义,沟通有三方面的含义:一方面沟通是双方的行为,必须有信息的发送者和接送者。其中,双方既可以是个人,也可以是群体或组织。一方面沟通是一个传递和理解的过程。如果信息没有被传递到对方,则意味着沟通没有发生。而信息在被传递之后还应该被理解,一般来说,信息经过传递之后,接受者感知到的信息与发送者发出的信息完全一致时,才是一个有效的沟通过程。另一方面要有信息内容,并且这种信息内容不像有形物品一样由发送者直接传递给接受者。在沟通过程中,信息的传递是通过一些符号来实现的,例如,语言、身体动作和表情等,这些符号经过传递,往往都附加了传送者和接受者一定的态度、思想和情感。

良好的沟通常常被错误地理解为沟通双方达成协议,而不是准确理解信息的意义。如有人与我们意见不同,不少人认为此人没有完全领会我们的看法,换句话说,很多人认为良好的沟通是使别人接受我们的观点。但事实上,一方可以很明白另一方的意思却不同意另一方的看法。当一场争论持续了相当长时间,旁观者往往断言这是由于缺乏沟通导致的,然而,调查表明恰恰此时正进行着大量有效的沟通,他们中的每个人都充分理解了对方的观点和见解。存在的问题是人们把有效的沟通与意见一致混为一谈了。

管理智慧 5-5

孔雀向上帝诉苦

孔雀因为大家都爱听黄鹂唱歌,而自己的歌声则只会招致嘲笑而苦恼,就向上帝诉苦。

上帝对它说:"我的孩子,别忘了,你的项颈间有着如翡翠般熠熠生辉的羽毛,你的尾巴上有华丽的尾翼,所以你是很出色的。不要心存嫉妒。"

孔雀仍不满足:"可是在唱歌这一项上有人超过了我,像我这样唱,跟哑巴有什么区别呢?"

上帝回答道:"命运之神已经公正地分给你们每样东西,你拥有美丽,鹰拥有力量,黄鹂能够唱歌,喜鹊报喜,乌鸦报凶,它们都很满意我对它们的赐予。"

得到上帝如此的答复,孔雀终于满意了,张开翅膀飞下天来。自此之后,当它想在人们面前展示自己的时候,就会亮出自己的羽毛。

注释:如果上帝没有及时为孔雀打开心结,恐怕孔雀仍然会为黄鹂的歌喉比自己动听而闷闷不乐,而忽略了自己的美丽其实也是黄鹂所羡慕的。

在成功的企业里,最重要的是沟通。沟通是企业了解员工所思所想,并能因此采取相应的解决办法的最重要最直接的手段。良好的沟通氛围,能使公司内的信息畅通传递,促使决策人员快速做出决定,使员工保持较高的工作效率。因此,有效沟通是公司成为一个高效、透明的优秀组织的前提条件。

二、沟通的过程

沟通是信息从发送者到接受者的传递和理解的过程。在沟通过程中,有一位发送者,他制作信息,传递给接受者。接受者收到信息后,立即将信息加以破解,然后再采取行动,如果他的行动符合信息发送者的原意,就可以说沟通成功了。

需要指出的是,反馈是接受者将对信息的了解、接受和执行情况返回给发送者,使发送者发现信息是否被接受和执行。

沟通应包括以下要素。

(1)发送者需要向接受者传送信息。这里所说的信息包括很广,诸如想法、观点、资料等。

(2)发送者需将信息做成接受者能够理解的一系列符号。为了有效地沟通,这些符号必须能够符合适当的媒体。例如,如果媒体是书面报告,符号的形式应选择文字、图表、照片。

(3)将上述符号传递给接受者。由于选择的符号种类不同,传递的方式也不同。传递的方式可以是书面的,也可以是口头的,甚至还可以通过形体动作来表示。

(4)接受者接受这些信息。接受者根据这些符号传递的方式,选择相应的接受方式。

(5)接受者破译、理解信息的内容。由于接受者接受和破译水平的差异,信息的内容和含义经常被曲解。

(6)接受者执行理解后的信息内容。

(7)通过反馈完成双向沟通,从而了解信息是否被准确无误地接受。

三、沟通的形式

1. 沟通与非正式沟通

按照信息传播的通道不同，可以将沟通分为正式沟通与非正式沟通。

正式沟通就是通过组织明文规定的渠道进行信息传递和交流。例如，组织规定的汇报制度，定期或不定期的会议制度，上级的指示按组织系统逐级下达，或下级的情况逐级上报，等等。正式沟通的优点是：沟通效果好，比较严肃，约束力强，易于保密，可以使信息沟通保持权威性。缺点是：比较刻板，沟通速度慢。

非正式沟通是在正式沟通渠道之外进行的信息传递或交流。例如，组织中职工私下交换意见，议论某人某事，等等。现代管理中很重视研究非正式沟通。因为人们的真实思想和动机往往是在非正式的沟通中表现出来的。这样的沟通，信息传递快而且不受限制，它起着补充正式沟通的作用。

2. 书面沟通与口头沟通

按照传播媒体的形式不同，可以将沟通分为书面沟通与口头沟通。

书面沟通是以书面文字的形式进行的沟通，信息可以长期保存。在组织中，一些重要的文件，如合同、协议、制度、规划等都要运用书面沟通。文字上要求准确、简练，避免在解释上出现歧义。

口头沟通是以口头交谈的形式进行的沟通，包括人与人之间的面谈、电话、开讨论会以及发表演说等。口头沟通的特点是信息传递快，双向交流，信息能够得到立即反馈，是最常见的一种沟通方式。口头沟通也常常带有感情色彩，其规范性不如书面沟通。

3. 上行沟通、下行沟通和横向沟通

按照信息传播的方向划分，有上行沟通、下行沟通和横向沟通。

上行沟通是指下级向上级进行的信息传递。如各种报告、汇报等。上行沟通是领导了解实际情况的重要手段，是掌握决策执行情况的重要途径。所以，领导不仅要鼓励上行沟通，还要注意上行沟通的信息真实性和全面性，防止报喜不报忧的现象。

下行沟通是指上级向下级进行的信息传递。如企业管理者将计划、决策、制度规范等向下级传达。下行沟通是组织中最重要的沟通方式。通过下行沟通才可以使下级明确组织的计划、任务、工作方针、程序和步骤。企业领导者必须做好下行沟通工作，通过下行沟通还可以使职工感到自己的主人翁地位，从而激发他们的积极性。

横向沟通是指正式组织中同级部门之间的信息传递。横向沟通是在分工基础上产生的，是协作的前提。做好横向沟通工作，在规模较大，层次较多的组织中尤为重要，它有利于及时协调各部门之间的工作步调，减少矛盾。

四、有效沟通

（一）有效沟通的先决条件

1. 有效沟通的原则

（1）确立问题。我们常说，问题的明确叙述，便解决了问题的一半。在管理活动过程中,除非管理人员本身建立了清晰的观念,并认清了问题的本质,否则他将无法给人以清晰的印象,只有清楚地认识了问题,才能去收集资料,选择最佳的信息沟通方式。

(2) 征求意见。通常,管理所面临的问题都比较复杂,而且牵涉面较广,不是一两个人就能解决得了的,所以,在做出决策之前,管理者最好能与有关的人员磋商,征求部属的意见和建议。这种方式有三个优点:一是可借他人意见观察验证本身意见的正确性;二是可以收集他人的想法和建议,有助于对问题进行周全的设想;三是由于下属有参与机会,可减少措施推行的阻力,赢得更大支持。

(3) 双线沟通。管理人员在传达意见时,必须考虑传达的内容、对象、方法等,同时还应该顾及许多组织上与心理上的问题。一般而言,组织内不同的层次对一个问题或一项措施的看法都会有所不同,某种本人能理解的话语,并不一定都能为其他人所理解。所以,双线意见沟通十分重要,它可以使下情有所上达,以此来缩减地位上的障碍,从而增进彼此之间信息的沟通了解。

(4) 强调激励。在组织中,信息(尤其是任务)的下达,着重体现激励。要做到使部署不但能了解命令,而且在了解了之后又能欣然产生工作的热情。在意见交流时,管理人员的诚意与表达方式,都会直接影响沟通的效果。

2. 有效沟通的先决条件

(1) 在自上而下方面

① 管理者必须了解下级工作人员的工作情况、欲望及每个人的个人问题。

② 管理者应该有主动沟通的态度:一个团队的主管,应该主动地与下属分享团队内的所有消息、新闻、政策及各项工作措施。这样,才能使上下一致,培养团队合作精神。

③ 团队内须制订完备的沟通计划。任何政策措施,在付诸实施前,须将其内容传达给所有工作人员,以求共同了解,减除工作中的紧张情绪,在人事上产生和谐关系。

④ 主管人员须获得工作人员的信任。工作人员能否了解主管沟通的要义,依赖于其对主管是否信任,因为对主管的不信任,会导致对所有的事情都产生疑惑,往往会曲解主管的用意,使沟通难以达到预期的效果。

(2) 在自下而上方面

① 主管须平等对待下属。领导和蔼可亲、平易近人,是下级与上级沟通的主要因素,如果一个领导终日摆出一副严厉的面孔,使别人不敢亲近、望而生畏,也就谈不上什么良好的沟通了。

② 经常与下级举行工作座谈会。让所有的工作人员都有发言的机会,而主管应多听,并注意综合大家的意见,绝不能趁开会的时候训话或表演自己的口才。

③ 建立建议制度。开明的主管,为力求团队的不断进步,应经常采纳工作人员的意见和建议,不论建议能否立即得到实施,凡提建议的人都应受到鼓励,主管应定期把实施情况或不能采纳的原因,婉转地向提出人解释,一方面表示对建议的重视,另一方面感谢提建议的人,使他们内心愉快而乐于再提建议。

④ 公平而合理的制度。鼓励自下而上的沟通,最主要的是建立公平而合理的升迁、奖惩、考绩等制度。一个组织如果在这些制度上有了不公平的待遇,人们必定心灰意冷或阳奉阴违,沟通也就不能发挥作用了。

(3) 在平行沟通与斜向沟通方面。采取集权制的组织,由于上级事事过问,凡事都须统一指挥、层层上报,在这种情形下,沟通必然贫乏,平行单位或人员之间,也就失去了自由处理问题的权力，从而减少协调的机会。而对于采取分权制或授权制的组织来说，其平行沟通一般则比较畅通，因为下级单位或人员有充分的自由来处理本身权责范围以内的工作，不必事事上呈，如有需要，他们可以在合作的原则下通过平行沟通尽快处理工作任务，以提高效率。因此，可以说，平行沟通的先决条件就在于主管能否适当地授权。

（二）实现有效沟通的方法

1. 强调有效沟通的重要性

首先，要加强组织中管理与被管理者对沟通重要性的认识。通常人们认为沟通是件非常简单的事，并不重视沟通的重要性，同时又在某种程度上对沟通存在着误解。例如，人们常常以为向对方讲述一件事后，沟通就完成了，没有考虑"语言"本身并不代表"意思"，其中还存在一个破译转化的过程。沟通虽然非常普遍，看起来非常容易，但是有效沟通却常常是一项困难和复杂的行为。

其次，管理者和被管理者还要了解组织沟通过程的一些规律，例如，在组织中建立重视沟通的氛围，创造一个相互信任的沟通环境，不仅要在各项管理职能中有效地运用沟通手段，还要重视非正式沟通中"小道消息"对组织管理的重要性等。

2. 提高人际沟通技能

信息发送者和信息接受者都要努力增强自己的人际沟通技能，以提高有效沟通水平。

（1）改进沟通态度。信息沟通不仅仅是信息符号的传递，还包含着更多的情感因素，所以在沟通过程中，沟通双方采取的态度对于沟通的效果有很大的影响。只有双方坦诚相待时，才能消除彼此间的隔阂，从而求得对方的合作。另外，在信息沟通过程中还要以积极的、开放的心态对待沟通，要愿意并且有勇气用恰当的方法展示自己的真实想法，在沟通过程中顾虑重重，会导致很多误解。

（2）提高自己的语言表达能力。身边经常发生这种现象：员工总觉得老板在说"鸟语"，而老板总觉得员工在办"猪事"，从而造成了领导者和员工互不理解。这就需要双方提高自己的语言表达能力，用双方都很熟悉的、简单的共同语言来传达信息才能更有效。只有用平等、真诚才能打开双方的隔阂，荣辱与共。

（3）培养倾听的艺术。管理是在倾听中实现的。但如果你听什么就是什么，对讲话人的目的不加以分析，就可能会误入歧途。以前人们往往只注重说写能力的培养，忽视了听的能力的训练和培养。事实上，没有听就很难接收到有用的信息。而倾听则区别于一般的听，它是一种通过积极的听来完整地获取信息的方法，主要包括注意听、听清、理解、记忆和反馈五层内容。

第一层注意听。要听得投入，全神贯注地听，不仅要用耳朵去听，还要用整个身体去听对方说话。比如，要保持与说话者的目光接触，身体微微前倾，以信任、接纳、尊重的目光让说话者把要说的意思表达清楚。同时，要注意控制自己的情绪，克服心理定式，保持耐心，尽可能站在说话者的角度去听，认真地顺着说话者的思路去听。另外，自己不要多说，尽量避免中间打断别人的谈话。

第二层听清内容。要完整地接受信息，听清全部内容，不要听到一半就心不在焉，更不能匆忙下结论。同时要营造一种轻松、安静的气氛，排除谈话时的各种噪音干扰，使得听者能努力抓住信息的关键点。

第三层理解含义。理解信息并能听出对方的感情色彩，这样才能完全领会说话者的真正含义。同时要准确地综合和评价所接受的信息，对一些关键点要时时加以回顾，通过重复要点或提一些问题来强化和证实你所理解的信息；对一些疑问和不清楚的地方，要在适当的时候向对方提问，以保证信息的准确理解。另外，为了能听懂，还要借助一些辅助材料，如报告、提纲、小册子或讲义等来帮助理解。

第四层记忆要点。在理解对方的基础上要记住所传递的信息，可以通过将对方的话用自己的语言来重新表达，或者通过记住所说的典型事例，以及对信息加以分类和整理的方法，增强有效记忆。另外，如有必要，在听的时候可以做些笔记，以便于事后回忆和查阅。

第五层反馈。给予说话人适当的反馈，可以使谈话更加深入和顺利。在听的时候，用点头、微笑、手势等体态语言对说话人作出积极反应，让对方感觉到你愿意听他说话，以及通过提一些说话人感兴趣的话题，可以加深双方的感情，并使得谈话更加深入。

3. 构建合理的沟通渠道

为实现有效的组织沟通，管理者应在注重人际沟通的基础上，进一步考虑组织的行业特点和环境因素，结合正式沟通渠道和非正式沟通渠道的优缺点，通过对组织结构的调整，设计一套包含正式和非正式沟通的沟通渠道，同时缩短信息传递的链条，以便使组织的信息沟通更加迅速、及时、有效。

4. 采用恰当的沟通方式

选用恰当的沟通方式对增强组织沟通的有效性也十分重要，因为组织沟通的内容千差万别，针对不同的沟通需要，应该采取不同的沟通方式。从沟通的速度考虑，利用口头和非正式的沟通方法，就比书面的和正式的沟通速度快。从反馈性能来看，面对面交谈可以获得立即的反应，而书面沟通有时则得不到反馈。从可控性来看，在公开场合宣布某一消息，对于其沟通范围及接受对象毫无控制；反之，选择少数可以信赖的人，利用口头传达某种信息则能有效地控制信息。从接受效果来看，同样的信息，由于渠道的不同，被接受的效果也不同。以正式书面通知，可能使接受者十分重视；反之，在社交场合提出的意见，却会被对方认为讲过就算了，并不加以重视。因此，要根据沟通渠道的不同性质，采用不同的沟通方式，这样沟通效果才会更好。

管理案例 5-6

张经理的沟通艺术

某公司张经理在实践中深深体会到，只有运用各种现代科学的管理手段，充分与员工沟通，才能调动员工的积极性，才能使企业充满活力，在竞争中立于不败之地。

首先，张经理直接与员工沟通，避免中间环节。他告诉员工自己的电子信箱，要求员工尤其是外地员工大胆反映实际问题，积极参与企业管理，多提建议和意见。经理本人则每天上班时先认真阅读来信，并进行处理。

其次，为了建立与员工的沟通体制，公司又建立了经理公开见面会制度，定期召开，也可因重大事情临时召开，参加会议的员工是员工代表、特邀代表和自愿参加的员工代表。每次会议前，员工代表都广泛征求群众意见，提交经理公开见面会上解答。1998年12月，调资晋级和分房两项工作刚开始时，员工中议论较多。公司及时召开了会议，厂长就调资和分房的原则、方法和步骤等做了解答，使部分员工的疑虑得以澄清和消除，保证了这两项工作的顺利进行。

5. 改进组织沟通的各种技术

在组织的管理中采用一些积极有效的管理技术和方法会增强组织沟通的有效性。一般有以下方法：一是采取信息沟通检查制。这种方法是将信息沟通看成是实现组织目标的一种方式，而不是为了沟通而沟通，因而就可以把组织内外的信息沟通看成是一个与组织目的相关的一组沟通因素，利用这种信息沟通检查制，可以分析所设计的许多关键性管理活动中的沟通。它既可以用于出现问题之际，也可用于事前防范。二是设立建议箱和查询制度。通过设立建议箱来征求员工意见，以此改善自下而上的沟通。查询制度是组织设立的另外一种答复员工所提出的关于组织方面问题的方法。这些问题和答复可以在组织内部刊物上登出，从而使得组织与员工之间有了广泛而有效的交流，促进了组织的有效沟通。三是进行员工调查和反馈。对组织中员工的态度和意见进行调查，是组织中一种有用的自下而上的沟通手段。这种形式的调查使得员工感到他们可以自由表达他们真实的观点。而当调查结果反馈到员工那里时，则变成了自上而下的沟通。调查反馈使员工感到他们的意见已被管理者所听到和考虑，因而增强了组织与员工的有效沟通。

小　　结

领导是管理的一项重要基本职能。结合我国企业实际情况，我们认为，领导是在一定客观环境下，指引和影响个人或组织，在一定条件下实现某种目标的行动过程。领导与管理既相互联系，又相互区别。领导影响别人行为能力的内容比较广泛，一般包括职位权力与个人权力。主要依靠法定权力、奖赏权力和强制权力而形成的影响力，统称为职位权力；而与个人因素相关的专家权力、感召和参考权力统称为个人权力。领导职责包括指挥、激励、沟通、协调等。在管理学领域中，现有的领导理论大致归纳为三种典型，即特质理论、行为理论和权变理论。领导艺术就是富有创造的领导方法的体现。主要有决策艺术、用人艺术、授权艺术、指挥和激励艺术、领导变革艺术等几种领导艺术。

激励就是通过一定的方法激发人的内在潜力和工作动机，充分发挥人的积极性和创造性，从而自觉努力地工作。简而言之，就是在工作中调动人的积极性的过程。激励是一个非常复杂的过程，它从个人的需要出发，引起欲望并使内心紧张（未得到满足的欲求），然后引起实现目标的行为，最后在通过努力后使欲望得到满足。激励理论主要有内容型、过程型、行为修正型三种类型。激励的原则有目标结合原则、明确性原则、按需激励的原则、合理原则、时效性原则。激励方法主要有物质利益激励法、精神激励法、工作激励法。

沟通是指为达到一定的目的，将信息、思想和情感在个人或群体间进行传播与交流的过程。沟通形式主要有正式沟通与非正式沟通，书面沟通与口头沟通，上行沟通、下行沟通和横向沟通。实现有效沟通的方法有强调有效沟通的重要性、提高人际沟通技能、构建合理的沟通渠道、采用恰当的沟通方式、改进组织沟通等。

知识检测

一、名词解释

1．领导　2．领导力　3．激励　4．沟通

二、填空题

1．领导是一个动态过程，受到（　　）、（　　）和（　　）三因素的制约。
2．（　　）是管理的核心职能，贯穿于管理的其他各个职能——计划、组织、控制之中。
3．领导者权力包括（　　）、（　　）、（　　）、（　　）、（　　）、（　　）六个方面。
4．领导的职责应包括（　　）、（　　）、（　　）和（　　）。
5．（　　）是指人类为维持和延续个体生命所必需的一种最基本的需要。
6．沟通是信息从（　　）到（　　）的传递和理解的过程。
7．按照信息传播的通道不同，可以将沟通分为（　　）和（　　）。
8．按照传播媒体的形式不同，可以将沟通分为（　　）和（　　）。
9．按照信息传播的方向划分，有（　　）、（　　）和（　　）。
10．领导理论大致可以分为三种类型，即（　　）、（　　）和（　　）。

三、判断题

1．领导者必须有追随者，没有追随者的领导就不能称其为领导。（　　）
2．奖赏权力指提供奖金、提薪、升职、赞扬、安排理想工作和给予下属其他任何令人愉悦的东西的权力。（　　）
3．能力强的人，工作成绩一定会好。（　　）
4．权力越大，群体成员遵从指导的程度越高，领导环境也就越好。（　　）
5．心理学观点认为，领导者的职责在于建立有效的激励制度。社会学观点认为，领导作用在于提供便利。（　　）
6．期望理论是美国心理学家凯利等人提出来的。（　　）

四、单选题

1．（　　）指组织内各领导职位所固有的合法的、正式的权力。
　　A．专家权力　　　　B．奖赏权力　　　　C．强制权力　　　　D．法定权力
2．黑人领袖马丁·路德·金，尽管法定的权力很小，但凭着他人格的力量，有力地影响着许多人的行为。他的权力属于（　　）。
　　A．奖赏权利　　　　B．感召权利　　　　C．专家权力　　　　D．参考权力
3．管理要采取各种强化方式，以使员工的行为符合组织目标。假如看到员工工作表现出色，领导立即加以表扬属于哪种强化方式。（　　）
　　A．正强化　　　　　B．负强化　　　　　C．惩罚　　　　　　D．自然消退
4．（　　）沟通方式的优点是：沟通效果好，比较严肃，约束力强，易于保密，可以使信息沟通保持权威性。
　　A．口头沟通　　　　B．非正式沟通　　　C．正式沟通　　　　D．书面沟通
5．下列哪项沟通不是有效沟通的原则。（　　）
　　A．口头沟通　　　　B．征求意见　　　　C．双线沟通　　　　D．确立问题

6. 需要层次理论是（　　）提出的。
   A．泰罗　　　　　　B．梅奥　　　　　　C．法约尔　　　　　D．马斯洛
7. 以下哪种现象不能在需要层次理论中得到合理的解释。（　　）
   A．一个饥饿的人会冒着生命危险去寻找食物
   B．穷人很少参加排场讲究的社交活动
   C．在陋室中苦攻"哥德巴赫猜想"的陈景润
   D．一个安全需要占主导地位的人，可能因为担心失败而拒绝接受富有挑战性的工作
8. 公司总经理和副总经理都要求下属人员按他的要求工作，结果下属不知如何是好，问题出在（　　）。
   A．总经理与副总经理不信任下级
   B．总经理与副总经理不知道这种做法的坏处
   C．总经理与副总经理违背统一指挥的原则
   D．总经理与副总经理有矛盾
9. 下述关于信息沟通的认识中，哪一条是错误的？（　　）
   A．信息传递过程中所经过的层次越多，信息的失真度就越大
   B．信息量越大，就越有利于进行有效的沟通
   C．善于倾听能够有效改善沟通效果
   D．信息的发送者和接受者在地位上的差异也是一种沟通障碍
10. 领导"管理方格"理论中，最理想的领导风格为（　　）。
    A．任务式　　　　　B．中庸式　　　　　C．乡村俱乐部式　　D．团队型
11. 某公司总裁老张行伍出身，崇尚以严治军，注重强化规章制度和完善组织结构。尽管有些技术人员反映老张的做法过于生硬，但几年下来企业还是得到了很大的发展。根据管理方格理论观点,老张的作风最接近于（　　）。
    A．1.1 型　　　　　B．1.9 型　　　　　C．9.1 型　　　　　D．9.9 型
12. 玛丽在某快餐店当了两年服务员，最近被提升为领班。她极想在新的岗位上取得成功，故去征求曾作过领班的一位朋友的意见。这位朋友向她道出三大成功要素：第一，能理解人，能敞开地和人沟通，能在部门内外和他人一起工作；第二，能理解组织和整体结构，能解释组织计划和目标，并将其转换为本部门的目标；能够预见问题并对之进行处理；第三，能使自己的想法和建议被上司接受，维护权威，尊重管理阶层。试问，玛丽的朋友所提出的建议中哪一点涉及人际技能？（　　）
    A．第一和第二　　　B．第一和第三　　　C．第二和第三　　　D．第一
13. 某地区政工干部在调查所在区域内企业职工状况时发现了三种现象：
    （1）某机械厂里大龄未婚青年很多，他们常为自己的婚姻问题而苦恼；
    （2）一家地处市郊的丝织厂，由于周围治安不好，上三班的女工在夜间上下班时经常遇到流氓的干扰而不安心工作；
    （3）某钢铁厂有位电子专业毕业的中年知识分子，曾经利用业余时间在研制小型电脑方面有所创新，他本人迫切要求从事这方面的专门研究，以争取早出成果。以上三种需要分别属于（　　）。
    A．生理需要、安全需要和尊重需要
    B．社会需要、安全需要和尊重需要

C. 生理需要、安全需要和自我实现需要
D. 社会需要、安全需要和自我实现需要

14. 人际沟通中会受到各种"噪音干扰"的影响,这里所指的"噪音干扰"可能来自于( )。
A. 沟通的全过程   B. 信息传递过程
C. 信息解码过程   D. 信息编码过程

15. 工作成绩用公式表示为:工作成绩=( )。
A. 能力×积极性   B. 能力×期望值
C. 目标价值×期望概率   D. 目标价值×需要满足度

16. 某大型企业的陈先生多年担任总工程师职务,前不久正式退居二线,但他的继任者在进行重大工程技术决策前,总是要主动征询他的意见。之所以出现这种情况,你认为主要是陈先生拥有以下哪方面的影响力?( )
A. 任职多年   B. 德高望重   C. 势力较大   D. 技术专长

17. 比较马斯洛的需求层次理论和赫茨伯格的双因素理论,马斯洛提出的五种需求中,属于保健因素的是:( )。
A. 生理和自尊的需要   B. 生理、安全和自我实现的需要
C. 生理、安全和社交的需要   D. 安全和自我表现实现的需要

18. 曹雪芹食不果腹,仍然坚持《红楼梦》的创作,是出于其( )。
A. 自尊需要   B. 情感需要
C. 自我实现的需要   D. 以上都不是

19. 商鞅在秦国推行改革,他在城门外立了一根木头,声称有将木头从南门移到北门的,奖励500金,但没有人去尝试。根据期望理论,这是由于( )。
A. 500金的效价太低   B. 居民对完成要求的期望很低
C. 居民对得到报酬的期望很低   D. 枪打出头鸟,大家都不敢尝试

20. 当一位30~40岁的科研工作者显示出卓越的技术才能时,作为该科研人员的领导最应提出的奖励(注意:并不排斥其他方面的适当奖励)是:( )。
A. 高额奖金   B. 配备最好的研究条件
C. 提职   D. 精神奖励(如评为劳模)

五、简答题

1. 领导与管理的异同。
2. 领导者的权力构成有哪些?
3. 激励的过程有哪些?
4. 激励的原则有哪些?
5. 激励的方法有哪些?并举例说明。
6. 沟通的形式有哪些?
7. 实现有效沟通的方法有哪些?

六、案例分析

宏伟服装公司的激励

汪明明是宏利服装公司的人事经理,最近她刚刚兼职学习完MBA的所有课程并且获

得了某著名学府的 MBA 学位。在 MBA 的学习过程中，她对于管理中的激励理论，特别是马斯洛和赫茨伯格的理论相当注意。在她看来，马斯洛的清晰的需求层次和赫茨伯格的激励因素和保健因素理论的划分非常具有操作性。因此她认为可以立即在公司中实际运用它们。据汪明明了解的可靠信息，宏利公司的工资和薪水水平在服装行业中间是最好的。因此，她认为公司在激励下属时应该集中在赫茨伯格的激励因素上。

经过多次会谈，她说服公司高层管理者，公司总裁授权她去制订工作计划并且放手让她去推行。在这种情况下，汪明明开始制订关于强调表彰、提升、更大的个人责任、成就以及使工作更有挑战性等各种计划，并且在组织里开始推行。但是计划运转了几个月后，她迷惑了，发现结果和她的期望相差甚远。

首先是设计师们对于计划的反应很冷漠。他们认为他们的工作本身就是一个很具有挑战性的工作。他们设计的服装在市场上很畅销就是对他们工作成绩的最大肯定，而且公司通过发放奖金的方式对他们的工作已经给予肯定。总之他们认为所有这些新计划都是浪费时间。有一个和汪明明比较熟悉的设计师甚至和她开玩笑地说："明明，你这些玩艺儿太小儿科了，你是不是把我们当成小学生了，我看你理论学得太多了。"

裁剪工、缝纫工、熨衣工和包装工的感受是各式各样的。有些人在新计划的实行过程中受到了表扬，反映良好；但是另一些人则认为这是管理人员的诡计，要让他们更加拼命地工作，同时又不增加任何工资。而且很不幸的是，这些人占大多数。甚至偏激一些的工人开始叫嚷要联合罢工来争取自己的权益。

汪明明万万没有想到事情会发展到这个地步。原来很信任和支持她的高层管理者也开始怀疑她的计划，批评她考虑不周全。

1. 你认为新计划失败的主要原因是什么？（　　）
A. 高层管理者没有参与计划的制订和实施工作中来
B. 企业中的员工对于双因素理论缺乏了解
C. 员工不配合
D. 她忽视了各层次员工的需求不同的事实

2. 汪明明对于这种结果很苦恼，为此她请教了一位资深顾问，如果你是这位顾问，你认为下列做法哪个更可取？（　　）
A. 进行培训，帮助员工了解双因素理论，增进对于新计划的认可
B. 停止该计划，采用调查表调查各层次人员的需求情况，以及他们对于新计划的评价
C. 争取高层管理者的支持，继续推行新计划
D. 安抚一线员工，给予一定的物质补偿

技能训练

项目：角色扮演考绩练习
技能培养目标
培养学生的沟通能力
管理情境设计
这是一套角色扮演练习，背景是一家制造公司，一个角色是总裁张维，另一个角色是生产经理刘彬。

第一步：10 分钟

教师介绍本练习中要扮演的角色。学生分成 5 组，每组 6～8 人，一组中找出一人扮演总裁，一组中找出一人扮演下属生产经理，其他三组是观察者。观察者要阅读"观察者角色说明"、"总裁角色说明"和"生产者角色说明"三份文件；其余两组只阅读分给各自的要扮演的角色说明，不能阅读其他组的角色说明。

第二步：20 分钟

上司约见下属进行考绩谈话。这个过程观察者保持沉默，依据"观察者角色说明"为指导，用笔记本记录谈话过程和内容。在谈话过程结束时，观察者对两人给予反馈。

第三步：15 分钟

讨论：

1．观察者：指出谈话过程的得当之处，说明谈话是如何开始的，有没有什么"关键"点使事情发生转变？说明谈话过程中的欠妥之处。"关键点"何在？这次谈话有什么不当之处？应如何改进？

2．下属对上司所采用的方法有什么反应？

3．每个人应如何做，以使得讨论更有效些？

总裁角色说明

刚才请了刘彬来你办公室开会。刘彬是公司的一位生产经理。从许多方面来说，你承认他是一位不错的经理人员，他有节约意识、聪明能干、积极主动、为人诚恳。在他的领导下，产量稳步上升。此外，他还是你的私人朋友，两人私交挺好。

你请刘彬到你办公室讨论一下自去年以来一直困扰你的问题，尽管他有许多优点，但还有一个不容忽视的问题，那就是他手下的一些主管拒绝为刘彬工作。没有一个生产部门主管能在公司里干到六个月以上。他们抱怨刘彬独断专行，从不允许他们自己处理问题；说刘彬是在监视他们，并明确指示他们该怎么干，甚至是具体的事务也是如此。

公司执行副总裁位置空缺，你本想提升刘彬，但你有一个不同的念头：为了公司，让刘彬走人。这个问题你已经同刘彬谈过好几次了，你觉得你已经足够清楚地告知他能否提升取决于他能否培养出一位继任者来接替他的生产经理职位。

最近，许多不错的年轻人离开了公司。你要决定要么刘彬改变他的做法以遏制人才外流的趋势，要么让他辞职。

（在文件处理上稍微落后了一点，不知道刘彬最近曾给你送来了一份报告。如果他提到，你就说还没有看到。）

正在此时，刘彬如约来到了你的办公室。

生产经理角色说明

你刚才接到上司张维的电话，他要见你。在去他办公室的路上，你寻思他找你干什么。你想可能是下列两件事之一。

一个可能是要提升你做执行副总裁。张维以前已经数次谈过这件事。如张维所言，如果你能在生产经理职位上证明自己是称职的，执行副总裁非你莫属。你当然听出他在暗示你理应得到提升，因为你们的产量创了记录，生产部门在你的领导下有效运转，你对自己的成绩感到自豪。

另一个可能是关于你上周提交给他的那份报告的事。你在那份报告中提出要招聘一些生产监督和工人,你提出:

(1) 实质性增加工资以期延揽资质更佳的人;

(2) 建立一项人事测评项目,以便刷掉不合格的求职者。

虽然你对自己在生产部门的成就感到自豪,但有一个问题一直困绕你,那就是中、低层管理人员素质太差。这些人当中有几个新近离职的,但你宁愿他们统统滚蛋。这些家伙大多让你感到厌烦,不负责任,也不怎么聪明,大多都不能胜任工作,没有一个可以提升。

你总是为促进这些下属的工作而疲于奔命,不管你怎样教导、鼓励甚至威胁,你似乎还是得检查两遍才能保证他们把工作做好。

就你看来,你已通过纠正他们的错误,为公司节约了成千上万块钱。张维是你的一位老朋友,你对你们之间的工作关系一直感到很满意。

想到这里,你踏进了总裁办公室。

观察者角色说明

首先,观察上司开始谈话的方式。

1. 谈话者做了什么?他是否以某种方式创造一种融洽的气氛?
2. 谈话者是否开门见山地说明谈话目的?
3. 谈话目的是否表达得清楚简明?

其次,观察谈话是怎样进行的

1. 谈话者在多大程度上了解下属对工作的感觉?
2. 谈话者是否以广泛的、一般的问题开始谈话?
3. 上司是否批评了下属?
4. 谈话者是否能理解下属的思想感情?
5. 谁说话多?
6. 谈话者了解到别的什么没有?
7. 上司有没有表扬下属?

最后,观察、评价谈话结果。

1. 谈话结束时,谈话者对下属的评价在多大程度上达到了公正和准确?
2. 上司是否给下属以激励?
3. 谈完后,两个人之间的关系是改善了还是恶化了?
4. 谈话者怎样才能做得更好些?

实训要求

1. 指导学生进入设计情境。
2. 实训过程中要注意控制各环节所花费的时间。

相关链接

美国通用电气公司的无边界沟通

越来越多的企业管理者和管理学家认为,全方位的信息共享对于组织来说至关重要。美国通用电气公司的经营哲学是：无边界沟通、快速反应、简化和自信，其中无边界沟通是公司经营哲学的灵魂。无边界沟通把阻隔了公司本身及外界之间的"围墙"一点点地打开，最终彻底推翻它。美国通用电气公司的总裁杰克·韦尔奇是倡导"无边界沟通"的先驱和实行者。

通用电气公司无边界沟通最著名的方式是由一系列会议构成的，这些会议跨越多个等级链，为多个涉及某一业务的人员而召开，以特别深刻、诚恳、激烈的讨论而著称。这些激烈的讨论将纵向的界限扫荡一空。同时，它也吸引供应商和客户参加，这样就打破了公司的外部界限。通用电气公司还有意识地营造超越边界的对话机制，将人们之间的障碍弱化为可穿透的薄膜。

正是在这样一个无界限的组织内，由于信息流动没有障碍，消除了分隔人们的界限，使信息得以根据需要便捷地流动，从而使组织发挥出整体大于部分之和的协同效应。

（资料来源：刘秋华，《管理学》，高等教育出版社，2005）

参考文献

1. 杜明汉. 管理学原理［M］. 北京：中国金融出版社，2006.
2. 单凤儒. 企业管理［M］. 北京：高等教育出版社，2007.
3. 王俊柳，邓二林. 管理学教程［M］. 北京：清华大学出版社，2003.
4. 周三多. 管理学［M］. 北京：高等教育出版社，2000.
5. 赵丽芬. 管理学概论［M］. 北京：立信会计出版社，2003.
6. 韩晓虎，徐澄，谢瑞. 新编管理概论［M］. 北京：清华大学出版社，2005.
7. 吴志清. 管理学基础［M］. 北京：机械工业出版社，2003.
8. 刘兴倍. 管理学原理［M］. 北京：清华大学出版社，2006.
9. 卜军，姜英来. 管理学基础［M］. 北京：大连理工出版社，2005.
10. 蒋永忠，张颖. 管理学基础［M］. 北京：东北财经大学出版社，2007.

参考答案

二、填空题

1. 领导者、被领导者、环境
2. 领导职能
3. 法定权力　奖赏权力　强制权力　专家权力　感召权力　参考权力
4. 指挥　激励　沟通　协调
5. 生理需要
6. 发送者　接受者
7. 正式沟通　非正式沟通
8. 书面沟通　口头沟通
9. 上行沟通　下行沟通和横向沟通
10. 特质理论　行为理论　权变理论

三、判断题
1. 对 2. 对 3. 错 4. 对 5. 对 6. 错
四、单选题
1. D 2. B 3. A 4. C 5. A 6. D 7. C 8. C 9. B 10. D 11. C 12. B 13. C 14. B 15. A 16. D 17. C 18. C 19. C 20. B
六、案例分析
1. D 2. B

第六章 控 制

控制是管理过程的终点,同时又是新一轮管理循环的起点,它是保证企业计划与实际作业动态相适应的管理职能。一个有效的控制系统可以保证各项活动朝着到达组织目标的方向进行,而且,控制系统越完善,组织目标就越容易实现。本章着重介绍控制的含义、控制的类型、控制的程序及方法。

知识目标

(1) 了解控制的概念、控制的类型;
(2) 理解控制的作用与目的,控制与计划、组织间的关系;
(3) 掌握控制的方法、控制过程的步骤;
(4) 掌握有效控制的特征。

技能目标

(1) 区分三种不同类型的控制;
(2) 掌握控制原理,培养控制意识;
(3) 会寻找控制的关键点,并提出解决方案。

导入案例

沃尔沃汽车公司的平衡计分卡应用

自从1993年与雷诺(Renault)汽车公司的兼并计划被取消,整个沃尔沃集团经历了重大的变革。首先,公司把大量的时间与资源花在了阐明沃尔沃集团各个子公司的愿景与战略上。1995年年初,沃尔沃汽车公司(VCC)提出了新愿景:"成为世界上最理想、最成功的专业汽车品牌。"基于该愿景,公司的每个部门都阐明了详细的战略。通过以行动为基础的商业计划,这些战略在整个公司得以实施。

在阐明战略的过程中,公司的管理层意识到沃尔沃集团的预算和计划体系无法提供可靠的预测。管理控制体系没有正确地估计技术、产品以及成为市场上有力竞争者所需要的进程。公司需要一个灵活的管理控制工具，该工具能够模拟现实情况并且能够对商业环境中的变化做出快速反应。这些因索导致公司开始引入"新计划过程"。

新计划过程是一种报告和控制，在该过程中公司一年至少准备4次长期和短期预测，同时还要把关注的焦点放在目标和当前的经营计划上。新计划过程不强调预算安排，甚至会传递这样一种信息："不需要预算"。依照管理的要求，预算已经成为一种形式，一种对有效控制经营起阻碍作用的每年一次的仪式。

利用新计划过程，沃尔沃想把关注的焦点从细节转向目标。沃尔沃认为决策的制定应该尽可能地靠近客户。这就要求有一个能够提供早期预警信号的管理控制体系，一旦现实情况开始偏离预期，应该采取积极决策行动来使公司朝着已经确定的目标前进。

沃尔沃的管理控制是通过测量各个部门的业绩指标进行的，业绩指标以图形显示在计分卡上。业绩指标应该是相关的和易于测量的，并且它们应该包含有货币或者非货币的参数。而且，它们在短期和长期中应该与财务业绩或者资本使用之间有直接或者间接的联系。

每一个业绩指标都对应相应的目标。目标设定过程应该开始于对部门理想状况的清晰定义。通常情况下，在业务发展和战略阐明过程中这个步骤已经完成了。下一步是定义将引导部门朝着理想情况发展。关键的成功要素指标变成可测量的目标。目标应该是有可能实现的、便于理解的、能够分解为次要目标并能够应用于公司不同部门的。应该设定完成每个目标的最后期限，对目标实现的过程能够进行短期或长期的预测。

长期预测每季度进行一次，短期预测按月进行分解。长期预测是针对未来两年的，这样，包括过去的两年，就有五年的时间段在被关注的范围内。用这种方法，可以警告沃尔沃公司的管理层注意将要发生的变化，并采取相应的行动策略。在一年当中，绩效的评估是连续不断地对每一个绩效指标都进行经常的预测和控制。

VCC业绩报告包括VCC公司各部门提交的报告。在业绩指标的基础上通过计分卡对每个部门进行监督（指标事先由VCC的质量管理人员确定）。除了计分卡，还要对趋势、差异以及值得关注的事件发表评论；对任何差异都要提出一个行动计划。这种报告不仅要用书面形式加以记录，而且在每月举行的会议上还要同CEO或者CFO进行口头陈述。根据VCC业绩报告，沃尔沃集团的管理层了解到许多业绩指标的完成情况，包括利润、客户的满意程度、质量、成本以及营运资本等。

通过不断比较真实业绩与预期业绩，公司总是可以保证有一套行动方案来完成确定的目标。按照沃尔沃的规定，这些特点构成了业绩报告和年度预算之间的主要区别。但是，存在一个扩展的目标设定过程，在此过程中值得注意的是短期目标和长期目标总是保持不变，而预期目标却经常随着实际情况的改变而调整。因此，也可以看到补救行动计划是如何较好地完成的。

问题思考

（1）请评价沃尔沃汽车公司对控制的认识。

（2）"不需要预算"，你觉得可行吗?为什么?

（3）沃尔沃汽车公司的做法对我国企业是否有借鉴作用?为什么?

（资料来源：蒋永忠、张颖，《管理学基础》，东北财经大学出版社，2006）

第一节 控制概述

自从诺伯特·维纳创立控制论以来，控制论的概念、理论和方法，被许多学科广泛吸收，用来丰富自己的理论和方法体系，管理学就是其中之一。在管理实践中，任何组织，无论决策多么正确，计划多么周密，组织机构多么科学合理，激励多么有力，也难以确保组织所有的活动都按计划进行。实际工作中，由于外部环境的变化和组织内部因素的影响，使得计划的实际执行情况和计划标准之间总会出现或多或少不一致的地方。因此，为了实现组织目标，提高组织的有效执行力，就必须建立科学完善的控制系统，强化组织的控制职能。

控制与我们日常的学习、工作和生活都息息相关，无论是在国家机关、企事业单位、社会团体，还是人民群众学习、工作和生活的地方，每个人都会受到各种控制的影响，并且处处感受着控制的作用。发射运载火箭上天，需要地面工作人员不断地发送指令校正飞行中的方向，以保证火箭能顺利地进入轨道。在大海中航行的船舰，需要舵手的"控制"将偏离航线的船只拉回到正常的航线上来。高速公路上飞奔的汽车，需要司机结合路标和路况等实际情况，通过方向盘控制它的方向。医生通过望闻问切给病人诊治病情，交通警察和信号灯指挥交通，看电视时我们手中的遥控器等，都是控制功能在发挥作用。可以说，离开了控制，计划和预想的结果就会落空；离开了控制，我们的工作和生活将无法正常进行。

一、控制的含义

控制是为了确保实现组织的目标而实施的检查、监督及纠正偏差的管理活动过程。具体工作涉及以计划为依据制定控制标准，由管理者对被管理者的实际执行活动进行检查、监督，衡量实际工作绩效找出偏差并分析原因，根据偏差或调整实际工作活动或调整既定标准，采取有效的措施使组织活动符合既定要求。计划和决策提出了管理者追求的目标，组织提供了完成这些目标的结构、人员配备和责任，领导提供了指挥和激励的环境，而控制则提供了有关偏差的认识以及确保与计划相符的纠偏措施。

控制的含义包括三个方面：一是控制有很强的目的性，即保证组织中的各项活动按计划或标准进行；二是控制是通过"监督"和"纠偏"来实现的，要求控制系统具有良好的信息系统；三是控制是一个过程，是管理者对被管理者的行为活动进行检查、监督、调整等的管理活动的过程。

控制工作有两种情形：一种是在计划不变条件下的"纠偏"，另一种是顺应环境变化而修改计划的"纠偏"。因此，控制工作的核心在于"纠偏"，而控制要有效地"纠偏"，首先要准确地"识偏"。对管理者而言，只有先确定了一定的标准，再通过将实际执行情况与标准进行对比，才能最终发现偏差的存在。

控制与计划相互依存、密不可分。一方面，计划为控制表明目标，没有计划，人们不会知道要控制什么,也不会知道怎么控制;另一方面,控制为计划提供信息,没有控制,人们无法知道自己干得怎样,存在哪些问题,哪些地方需要改进。计划与控制的效果相互依赖,计划越是明确、全面和完整,控制的效果也就越好;控制工作越是科学、有效,计划也就越容易得到实施。此外,计划与控制的本身相互依存,计划的制订要有一定的控制,才能保证计划工作的质量;控制工作本身也要有计划,离开了计划,控制工作将寸步难行,预算、目标管理、网络计划技术等控制方法首先就是一种计划方法。

无论在计划制订过程中考虑得多么周密细致,因为各种不可预测的环境因素的影响,实行计划过程中总会出现与预定计划偏离的情况。处理各种意外的情况,使组织行动与计划、环境变化相适应,就是控制的任务。

管理智慧 6-1

戴尔公司的别样控制

通常情况下,供应商需将供应的零部件运送到买方那里,经过开箱、触摸、检验、重新包装等环节,经验收合格后,产品组装商便将其存放在仓库中备用。为确保供货不出现脱节,公司往往要储备未来一段时间内可能需要的各种零部件,这是一般的商业惯例。而戴尔公司对部分供应商却采取了特免验收和库存的做法。

戴尔公司是以网络型组织形式来运作的企业,它有许多为其供应计算机硬件和软件的厂商。其中有一家供应厂商,电脑显示屏做得非常好,戴尔公司先是花很大的力气和投资使这家供应商做到每百万件产品中只能有 1 000 件瑕疵品,并通过绩效评估确信这家供应商能达到要求的水准后,戴尔公司就完全放心地让他们的产品直接打上"Dell"商标,并取消了对这种供应品的验收、库存。类似的做法也发生在戴尔其他外购零部件的供应中。

具体运作方式是:当物流部门从电子数据库中得知公司某日将从自己的组装厂提出某型号电脑××部时,便在早上向这家供应商发出配领多少数量显示屏的指令信息,这样等到当天傍晚时分,一组组电脑便可打包完毕分送到顾客手中。这样,不但可以节省检验和库存成本,也加快了发货速度,提高了服务质量。

二、控制的作用和目的

(一)控制的作用

控制是管理过程中的一个阶段,它在允许的限度内维持组织的正常活动。组织的控制活动与计划不可分离地交织在一起,计划规定控制活动的范围。另外,来自于控制阶段的反馈也经常要确定是否有制订新计划的必要,或是对现行计划进行调整的必要。控制在整体管理工作中起着重要的作用,是实现计划的保证。许多组织失败不是因为计划不周或缺乏制度,而是控制不到位。例如有的企业财务管理松懈,导致资金失控,发生严重亏损。控制是上至总经理、下至基层班组长,每个管理人员的职责和最经常的任务。计划和组织一般是阶段性的,而控制则是连续性的。控制的主要作用如下:

(1) 可以有效减轻环境的不确定性对组织活动的影响。现代组织所面临的环境具有复杂多变的特点,再完善的计划也难以将未来出现的变化考虑得十分周全。因此,为了保证组织目标和计划的顺利实现,就必须有控制工作,以有效的控制降低环境的各种变化对组织活动的影响。

(2) 可以使复杂的组织活动能够协调一致地运作。由于现代组织的规模有着日益扩大的趋势,组织的各种活动日趋复杂化,要使组织内众多的部门和人员在分工的基础上能够协调一致地工作,完善的计划是必备的基础,但计划的实施还要以控制为保证手段。控制还可以检验组织的各项活动是否按组织的既定计划进行,同时也检验计划的正确性和合理性。

(3) 可以避免和减少管理失误造成的损失。组织所处环境的不确定性,以及组织活动的复杂性,会导致不可避免的管理失误。控制工作通过对管理全过程的检查和监督,可以及时发现组织中的问题,并采取纠偏措施,以避免或减少工作中的损失,为执行和完成计划起着必要的保障作用。也可以当偏差存在时,调整实际工作或计划,使两者相吻合。

(二) 控制的目的

管理者进行控制的根本目的,在于保证组织活动开展过程和实际结果与计划内容协调一致,最终保证组织目标的实现。具体包括:限制偏差的累积,提高组织的环境适应力。

1. 限制偏差的累积

在实际工作执行过程中,出现偏差是难以避免的。但小偏差会逐渐积累放大并最终对计划的正常实施造成威胁。因此,防微杜渐,及早地发现潜在的问题并进行及时的处理有助于确保组织按既定的路线发展下去。控制应密切关注那些经常发生变化而又直接影响组织活动的关键性问题;应随时将计划的执行结果与标准进行比较,若发现有超过计划允许范围的偏差时,则及时采取必要的纠正措施,使组织内部的系统活动趋于相对稳定,以确保既定组织目标的实现。

2. 适应环境的变化

组织目标的实现总是需要相当长的一段时间,在这期间,对于那些长期存在的影响组织的慢性问题,控制要根据内外环境的变化对组织提出新的要求,打破执行现状,重新修订计划,确定新的管理控制标准,使之更先进、更合理。

三、控制的对象

组织控制系统的对象,即控制的客体,是那些衡量绩效的要素或指标。控制的对象可以从不同角度进行划分。从投入方面看,投入对象应该包括各种资源的获得和使用。这些资源包括人力资源、物质资源、资金、信息资源、关系资源等。从中间转换过程的角度看,控制对象应该是组织的运作过程。这个过程包括了诸多的活动,比如设计、采购、生产、销售、服务等价值链各环节的运作以及文化建设、团队建设等方面。从产出方面看,控制对象既包括财务工作,也包括非财务的一些指标。从利益相关者的方面看,控制对象就是组织所开展的与利益相关者有关的各种工作活动。由于在不同时期,不同的利益相关者对于组织具有不同的影响,因而,控制工作的重点也会有所不同。显然,组织中那些与重要的利益相关者有关的工作活动,应该是控制工作的重点。

四、控制的类型

管理智慧 6-2

扁鹊论医术

魏文王问名医扁鹊说:"你们家兄弟三人,都精于医术,到底哪一位最好呢?"扁鹊答:"长兄最好,中兄次之,我最差。"文王再问:"那么为什么你最出名呢?"扁鹊答:"长兄治病,是治病于病情发作之前。由于一般人不知道他事先能铲除病因,所以他的名气无法传出去;中兄治病,是治病于病情初起时。一般人以为他只能治轻微的小病,所以他的名气只及本乡里。而我是治病于病情严重之时。一般人都看到我在经脉上穿针管放血、在皮肤上敷药,所以以为我的医术高明,名气因此响遍全国。"

(一)按控制目的和对象划分

控制职能可以按控制目的和对象划分为两种类型:纠正执行偏差、调整控制标准。

1. 纠正执行偏差

如果偏差是由于业绩不足造成的,管理者就应该采取一定的纠正行动来改善实际工作绩效。纠正执行偏差是使执行结果符合控制标准的要求,为此需要将管理循环中的实施环节作为控制对象,这种控制的目的就是要缩小实际情况与控制目标的偏差,即负反馈控制。这种纠正行动既可以是管理方式的改变,也可以是组织机构的调整以及人事方面的变动。

2. 调整控制标准

在有些情况下,产生偏差的原因可能来自于不合理的标准。如果标准制定得过高或过低,即使其他因素都发挥正常也难以避免出现偏差。当发现控制标准不切实际时,管理者应调整控制标准。调整控制标准就是使控制标准发生变化,以便更好地符合内外现实环境条件的要求,其控制作用的发生主要体现在管理循环中的计划环节,也就是这种控制对象包括了控制标准本身,这种控制的目的就是使控制标准产生动荡和变动,使之与实际情况更接近,即正反馈控制。

正反馈控制和负反馈控制应该并重使用,现实中要处理好这两方面控制工作的关系并不容易,管理者一定要非常谨慎。因为在实际工作中,无论是普通员工还是管理阶层,当他们的实际工作与控制标准的偏差超过界限范围时,总会指责标准有问题,而这样做的结果就会导致系统运行不稳定、不平衡。另外,平衡不是静态的平衡。现代企业面临复杂多变的环境,环境条件变了,计划的前提也变了,如果还僵硬地抱着原先的控制标准不放,不做任何调整,那么组织很快就要衰亡。现代意义下的控制,应该持一种动态平衡的观念,应能促进被控制系统朝向目标的同时适时地根据内外环境条件做出调整,妥善处理好适应性和稳定性。正反馈控制和负反馈控制是既相互对立又需要统一的关系,是现代企业控制的难点。

(二)按控制点的时间位置划分

根据控制点处于整个活动过程中的位置,可以将控制划分为三种类型:前馈控制、现场控制和反馈控制,如图6-1所示。

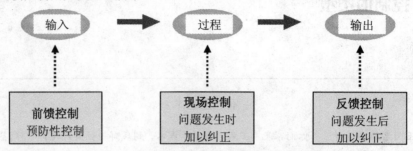

图6-1 按控制点的时间位置划分的控制方法

1. 前馈控制

前馈控制也称事先控制或预先控制,是一种在实际工作开始之前进行的控制,其目的是防止问题的发生而不是当问题出现时再补救。前馈控制是组织活动开始之前对工作中可能产生的偏差进行预测和估计并采取措施,防患于未然,将可能出现的偏差消除于生产之前。它通过情况的观察、规律的掌握、信息的分析、趋势的预测、预计未来可能发生的问题,在其发生前即采取措施加以防止。其特点是偏差发生之前,管理者就采取各种预先防范措施,尽可能地减少偏差的出现,把损失降到最低。前馈控制的着眼点是通过预测对被控制对象的投入或过程进行控制,以保证所期望的产出,并可较好地解决一些非正常现象所带来的问题。前馈控制把重心放在组织的人力资源的选聘考核、原材料的质量检测和成本预算等方面。

前馈控制的优点是可以防患于未然,减少问题所造成的损失,避免了反馈控制对已造成的差错无能为力的弊端;准确的前馈控制能使管理者把握环境的主动性;还能够树立管理者的威信;在工作开始之前针对某项计划行动所依赖的条件进行控制,不针对某一具体人员,因而不易造成冲突,易被员工接受而付诸实施。前馈控制适用于一切领域的所有工作。但是,前馈控制需要及时和准确的信息,并要求管理人员充分了解前馈控制因素与计划工作的影响关系,而及时、准确的信息难以保障,活动过程不易充分了解。

管理智慧6-3

预防比治疗更重要

有位客人到某人家里做客,看见主人家灶上的烟囱是直的,旁边又有很多木柴,于是,客人忠告主人说:"烟囱要改曲,木柴也要移到别的地方去,否则将来可能会有火灾。"

主人听了没有做任何表示。不久,主人家里果然失火,四周的邻居赶紧跑过来救火,最后火被扑灭了。于是,主人烹羊宰牛,宴请四邻,以酬谢他们救火的功劳,但是并没有请当初建议他将木柴移走、烟囱改曲的人。

有人很不解,问主人为何不请那个提建议的人。主人说:"他没有帮我救火,没给我做任何事,我为什么要请他呢?"

那人对主人说:"如果当初你听了那位先生的话,今天也不用准备宴席,而且也没有火灾的损失。现在论功行赏,原先给你建议的人没有被感恩,而救火的人却是座上宾,真是很奇怪的事啊!"

(资料来源:朱晓杰,《一生必知的101个管理寓言》,中国商业出版社,2004)

2. 现场控制

现场控制则是一种同步、实时的控制,即在组织活动开展过程中同步进行的控制,又称为过程控制、同步控制或同期控制。管理者亲临现场进行指导和监督,是一种最常见的现场控制活动。其特点是活动进行中,一旦发生偏差,马上纠正。其目的就是要保证活动尽可能少地发生偏差。其取得实效的程度大小取决于实时信息的获得。

现场控制主要有两大职能:监督与指导。监督是按照预定的标准检查正在进行的工作,以保证目标的实现;指导是管理者针对工作中出现的问题,根据自己的经验指导下属改进工作,或与下属共同商讨矫正偏差的措施以便使工作人员能正确地完成所规定的任务。

现场控制可分为两种:一是驾驭控制,犹如驾驶员在行车当中根据道路的路标和路况等情况使用方向盘和制动系统来把握行车方向和行车的速度。这种控制是在活动进展过程中随时监控各方面情况的变动,一旦发现干扰因素介入立即采取对策,以防执行中出现偏差。二是关卡控制,它规定某项活动必须经由既定程序或达到既定水平后才能继续进行下去。整个活动可能需要达到多个既定水平,通过多个关卡。计算机技术的飞速发展极大地提高了数据的收集、传送和存储能力,信息系统的不断完善为管理决策提供了实时信息,大大缩短了控制决策的周期,这为实现现场控制提供了条件。

现场控制的成效不仅取决于控制人员的素质,还取决于计划执行人员的配合。例如,教师在授课时可根据学生的反应(如表情、提问等)及时调整自己的讲课内容,使之能符合学生的要求。只有学生及时将疑问等有关信息传递给教师,教师才能及时调整讲课内容,及时解答。再如企业生产线上每道工序只接受上道工序传来的合格产品,每道工序的不合格产品不下传,不合格产品不出厂等。这时每个工人都是质检员,没有他们的通力合作,只靠专职质检员则无法达到质量要求。

现场控制的优点是有助于提高员工的工作能力及自我控制能力,提高现场工作效率,减少相应的工作浪费。但是它容易受管理者的工作作风、领导能力、业务水平和时间等因素的制约,管理者不能时时事事都进行现场控制,只能偶尔或在关键项目上使用这种控制方式;现场控制的应用范围较窄。一般来说,对于便于计量的工作较易进行现场控制,而对一些难以计量的工作,就很难进行现场控制,容易造成情绪上的对立,伤害被控制者的工作积极性。

3. 反馈控制

反馈控制是在活动完成之后,通过对已发生的工作结果或行为的测定发现偏差和纠正偏差,或者是在内外环境条件已经发生了重大变化,导致原定标准和目标脱离现实时,采取措施调整计划的控制。根据过去的情况来指导现在和将来。反馈控制又称事后控制或产出控制,其控制重心放在组织的产出结果上——尤其是最终产品和服务的质量,通过对已形成的结果进行测量、比较和分析,发现偏差情况,依此采取措施,以便于矫正组织今后的活动,并将它作为未来行为的基础。比如,企业发现不合格产品后追究当事人的责任且制定规范防止再次出现质量事故,发现产品销路不畅而相应做出减产、转产或加强促销的决定,以及学校对违纪学生进行处罚等,这些都属于反馈控制。反馈控制并不是最好的控制,但它目前仍被广泛地使用着,这是因为有许多工作现在还没有预测方法。其目的是总结经验教训,为未来的计划和活动安排提供借鉴。在组织中应用最广泛的反馈控制方法有:财务报告分析、标准成本分析、质量控制分析与工作人员成绩评定等。

反馈控制的优点有助于总结经验教训,了解工作失误的原因,为进一步实施创造条件,形成良性循环,提高工作效率,可以为奖惩提供依据。但反馈控制的一个致命弱点是滞后性,只能起到"亡羊补牢"的作用,很容易贻误时机,增加控制的难度。

反馈控制可在如下三个方面发挥作用:一是在周期性重复活动中,可以避免下一次活动发生类似的问题。二是可以消除偏差对后续活动过程的影响,如产品在出厂前进行最终的质量检验,剔除不合格品,可避免这些产品流入市场后对品牌信誉和顾客使用所造成的不利影响。人们可以总结经验教训,了解工作失误的原因,为下一轮工作的正确开展提供依据;三是反馈控制可以提供奖惩员工的依据。

(三)按采用的手段划分

按采用的手段可以把控制划分为直接控制和间接控制两种类型。

1. 直接控制

直接控制也称预防性控制。它是着眼于培养更好的管理人员,使他们能熟练地应用管理的概念、技术和原理,能以系统的观点进行和改进他们的管理工作,从而防止出现因管理不到位而造成的不良后果。是指管理者通过行政命令的手段对被控制对象直接进行控制的形式。实现直接控制的关键是对施控人员的精心选择和有针对性的培养。因为工作能力强和综合素质高的施控人员在控制过程中将会不犯错误或少犯错误,控制效果将是高质量的。

直接控制是建立在如下的假设基础之上的:合格的管理人员所犯的错误最少;管理工作的成效是可以计量的;在计量管理工作成效时,管理的概念、原理、方法是一些有用的判断标准;管理的基本原理的应用情况是可以评价的。

直接控制的优点是:在对个人分配任务时能有较大的准确性;同时,为使主管人员合格,对他们经常不断地进行评价,也必定会揭露出工作中存在的缺点,并为消除这些缺点进行专门训练提供依据;直接控制可以使主管人员主动采取纠正措施并使其更加有效;直接控制还可以获得良好的心理效果;由于提高了主管人员的素质,减少了偏差的发生,也就有可能减轻间接控制造成的负担,节约经费开支。

采用直接控制方法是有条件的,管理者必须对管理的原理、方法、职能以及管理的哲理有充分的理解,这就需要管理人员采取各种途径进行学习,不断提高自己的管理水平。

2. 间接控制

管理中的间接控制是相对于直接控制而言的,着眼于发现工作偏差后,分析产生的原因,并追究个人责任使之改进未来的工作的一种控制。间接控制时控制者与被控制对象之间并不直接接触,而是通过中间手段进行控制,如评优、升降职务、税收、奖励惩罚等措施。间接控制是以合格的管理人员差错最少为指导思想,通过控制管理者的素质来控制组织活动。所谓合格的管理者,就是能正确地运用管理原理、方式、方法和技巧来进行工作,这样的管理者才能及时地察觉问题的形成,采取合理的纠正措施,实施有效的控制。间接控制是基于人们常常会犯的错误或者常常没有觉察到那些将要出现的问题,因而未能及时采取适当的纠正或预防措施等事实为依据。在实际工作中,管理人员往往是根据计划和标准,对比或考核实际的结果,研究造成偏差的原因和责任,然后才去纠正。

在工作中出现问题,产生偏差的原因很多:存在未知的不可控的因素;管理人员缺乏知识、经验和判断力等,都会使工作出现问题。对于一些由于不肯定因素所造成的工作上的失误是不可避免的,同时间接控制方法也不起什么作用。但对于由于管理人员主观原因所造成的管理上的失误和工作上的偏差,运用间接控制方法则可帮助其纠正。同时间接控制能帮助管理人员总结吸取经验教训,增加他们的经验、知识和判断能力,提高他们的管理水平,减少管理工作中的失误。

间接控制也存在着许多缺点,最明显的是要出现偏差,造成损失后才采取措施,因此它的费用支出是比较大的。

间接控制的方法是建立在若干假设基础之上的:工作成效是可以计量的;人们对工作成绩具有个人责任感;追查偏差的时间是有保证的;出现的偏差可以预料并能及时发现;有关部门或人员将采取纠正措施。但这些假设在实际当中有时是不能成立的,工作成绩的大小和对责任的重视程度有时是难以精确计量或准确评价的,而且二者之间可能关系不大或根本无关;有时管理人员可能不愿意花费更多的时间去调查、分析偏差产生的原因;有的偏差并不能预先估计或及时发现。因为如上原因,间接控制有很大的局限性,还不是普遍有效的控制方法。

(四)按控制力量的来源划分

按控制源可把控制分为三种类型,即正式组织控制、群体控制和自我控制。

1. 正式组织控制

正式组织控制是由管理人员设计和建立起的那些机构或规定来进行控制,像规划、预算和审计部门等都是正式组织控制的典型例子。组织可以通过规划指导组织成员的活动,通过预算来控制消费,通过审计来检查各部门或各成员是否按照规定进行活动,并提出具体更正措施和建议意见,对违反规定或操作规程者给予处理等,都属于正式组织控制。正式组织控制是确保组织生存、发展及获利的重要手段。

在多数组织中,普遍实行的是正式组织控制。实施标准化,制定统一的规章、制度、制定出标准和工作程序以及生产作业计划等。保护组织的财产不受侵犯,如防止盗窃、浪费等。这包括设备使用记录、审计作业程序以及责任分派等。质量的标准化,包括产品的质量及服务的质量。主要采取的措施有对职工培训、工作检查、质量控制以及激励政策。防止滥用权力,可以通过制定明确的权责制度、工作说明、指导性政策、规划以及严格的财务制度来完成。对员工的工作进行指导和考核,可通过评价系统、产品报告、直接观察和指导等方式来完成。

2. 群体控制

群体控制是基于非正式组织成员的价值观念和行为准则,由非正式组织发展和维持的。非正式组织有自己的一套行为规范,虽然这些规范往往没有明文规定,但对其成员有很大的约束力和控制力,组织内部成员都十分清楚这些规范的内容,都知道自己遵守这些规范,就会得到本组织其他成员的认可,会强化自己在非正式组织中的地位。群体控制可能有助于达成组织目标,也可能给组织带来危害,关键在于对其加以正确引导。群体控制在某种程度上左右着职工的行为,处理得好有利于组织目标的实现,处理不好会给组织带来很大危害。

3. 自我控制

自我控制是个人有意识地按某一行为规范进行活动。如员工不愿意拿回扣,不单单是因为他怕被处分,可能是他具有廉洁的品质、较高的层次需求。这种控制成本低,效果好。

但它要求上级对下级充分的信任和授权,还要把个人绩效与奖惩、薪酬和提升联系起来,要求组织成员具有良好的素质,顾全大局。具有较高层次需求的人比具有较低层次需求的人具有较强的自我控制能力。自我控制能力取决于个人本身的素质。

(五)按问题的重要性和影响程度划分

按问题的重要性和影响程度可以把控制分为任务控制、绩效控制和战略控制三种类型。

1. 任务控制

任务控制亦称业务控制,是针对基层生产作业和其他业务活动而直接进行的控制。任务控制多采用负馈控制法,其目的是确保有关人员或机构按既定的质量、数量、期限和成本标准完成所承担的工作任务。

2. 绩效控制

所谓绩效是指那些经过考评的工作行为、表现及其结果。对企业来说,绩效就是任务在数量、质量、时间、成本及效率等方面的完成情况;对员工个人来说,绩效就是上级、同事和他人对自己状况的评价。绩效控制是针对组织、部门及员工个人等各个层级的绩效进行控制,其目的是为了提升绩效,从而增强组织的竞争优势。它属于绩效管理范畴。

所谓绩效管理,是一种包括财务、客户、流程和学习发展四个或更多的维度在内的管理,由这些维度推导并分解出一定的绩效指标,利用这些指标数据来观测企业的经营活动状况,以此考评各责任中心的工作实绩,控制其经营行为。绩效管理涉及绩效计划的制订、绩效实施与管理、绩效评估、绩效反馈面谈和绩效评估结果的应用等工作。

3. 战略控制

战略控制是对战略计划和目标实现程度的控制。战略控制是站在更高的角度看待问题,而不像低层次的控制活动那样仅局限于矫正眼前的、内部的具体执行工作。

五、控制的基本原则

任何组织要想实现计划目标,必须有一个适宜有效的控制系统作保证,构造这个系统应遵循以下基本原则。

1. 反映计划要求原则

控制的目标是实现计划,控制是实现计划的保证,因此,计划越是明确、全面、完整,控制系统越能反映计划,则控制越有效。控制系统和控制方法应当与计划和组织的特点相适应。所以,在设计控制系统时,每个管理者都必须紧紧围绕计划进行,要根据计划的特点确定控制标准、衡量方法和纠偏措施。

2. 组织适宜性原则

控制还应当反映组织结构的类型和特征。计划需要人来执行,控制也需要人来执行,组织结构决定了组织内每个人所担任的职责和分工。因而,它也成为确定计划执行的职权所在和产生偏差的职责所在的依据。控制必须符合组织结构的要求。组织结构的设计明确、完善、健全,控制系统符合组织结构的职责分工,控制的效用才能充分发挥。否则,只能是空谈。例如,如果产品成本不按制造部门的组织结构分别进行核算和累计,如果每个车间主任都不知道该部门所生产产品的成本目标,那么,他们就不可能知道实际成本是否合理,也就不可能对成本负责任,就更谈不上成本控制了。

3. 控制关键点原则

任何控制都不可能面面俱到，事无巨细同等对待，而是应根据具体情况选择关键点实行重点控制，以取得事半功倍的效果。控制的过程可以说是发现和纠正偏差的过程。在控制过程中不仅要注意偏差，而且要注意出现偏差的具体事项。我们工作中不可能控制所有的事项，而只能针对关键的事项，且仅当这些事项的偏差超过了一定限度，足以影响目标的实现时才予以控制纠正。事实证明，要想完全控制工作或活动的全过程几乎是不可能的，也是不现实的。因此应抓住活动过程中关键点和重点进行局部的和重点的控制。这就是所谓的关键点原则。选择关键点除了要有丰富的经验和敏锐的洞察力和决策能力外，还可以借助有关的方法。像美国的北极星导弹研制工程和杜邦化工厂的建造，就是由于运用了计划评审技术而使工期大大缩短。

控制作为一种管理职能，它为组织目标服务，良好的控制必须有明确的目的，不能为控制而控制。无论什么性质的工作往往都有多个目标，但总有一两个是最关键的，管理者要在这众多的目标中，选择关键的、反映工作本质和需要控制的目标加以控制。

4. 例外原则

有效的控制不仅要对关键点进行控制，还要对超出一般情况的特殊点给予足够的关注，可以使管理者把有限的精力集中在真正需要引起注意和重视的问题上。如质量控制中就广泛地运用例外原则。工序质量是反映生产过程是否稳定的指标，如果影响产品质量的主要因素（如原材料、工具、设备、操作工人等）没有明显变化，那么产品质量就不会发生很大差异，这时我们可以认为生产过程是稳定的，或者说工序质量处于控制状态。不过，例外并不能仅仅根据偏差的大小来确定，而要考虑客观的实际情况，在同一个组织中，对于不同类别的工作，一定额度的偏差所反映的事态严重程度并不一样。反之，如果生产过程出现违反规律性的异常状态时，则表明某些因素可能有问题，应立即查明原因，采取措施使之稳定。

需要指出的是，仅仅注意例外情况是不够的，它们也要受到区别对待。有些例外情况，如利润的下降、产品废品率的上升、市场投诉的增加等必须引起重视。而像出现 6 月职工"节约奖"超出预算 20%、春节期间福利费用超出预算 15% 等情况，则可以不必紧张。另外控制关键点原则和例外原则应结合起来运用，它们两者虽有某些共同之处，但区别在于前者强调选择控制点，后者则强调观察在这些点上的异常变化，管理者应把更多的注意力集中在关键点的例外情况的控制上。

5. 灵活性、及时性和经济性原则

灵活的控制是指控制系统能适应主客观条件的变化，持续地发挥作用，控制工作本是变化的，其依据的标准、衡量工作所用的方法等都可能会随着事情的变化而变化。如果事先制订的计划因为预见不到的情况而无法执行，而事先设计的控制系统仍在如期运行，那将会在错误的道路上越走越远。例如，假设预算是根据一定的销售量制定的，那么，如果实际销售量远远高于或低于预测的销售量，原来的预算就变得毫无意义了，这时就要求修改甚至重新制定预算，并根据新的预算制定合适的控制标准。

控制工作还必须注意及时性。信息是控制的基础，为提高控制的及时性，信息的收集和传递必须及时。如果信息的收集和传递不及时，信息处理时间又过长，偏差便得不到及时矫正。更有甚者，实际情况已经发生了变化，这时采取的矫正措施不仅不能产生积极作用，反而会带来消极的影响。

为了进行控制而支出的费用和由控制而增加的收益都直接与控制程度相关。这就是说，控制工作一定要坚持适度性的原则，以便提高经济性。所以，从经济性角度考虑，控制系统并不是越复杂越好，控制力度也不是越大越好。控制系统越复杂、控制力度越大，只意味着控制的投入越大，而且，在许多情况下，这种投入的增加并不一定会导致计划更顺利实施。

六、控制实施应注意的两个问题

1. 避免出现目标扭曲问题

组织在将规则程序和预算这些低层次的计划作为控制标准时，最容易发生目标与手段相置换的问题。本来，规则程序和预算只是组织实现高层次计划目标的手段，但在实际控制过程中，有关人员对这些手段的关注可能超过对实现组织目标的关注，或者忘记了这些手段性措施只是为实现组织目标服务的，以致出现了为遵守规定或完成预算而不顾实际控制效果的种种刻板、僵硬、扭曲的行为。控制的机能障碍也就由此产生。当人们丧失了识别组织整体目标的能力时，往往会出现"不是组织在运用控制职能，而是控制在束缚着组织"的不正常现象。因此，管理者在控制工作过程中特别要注意次一层级控制标准的从属性和服务性地位，这点对于成功、有效地实施控制至关重要。

2. 培养组织成员的自我控制能力

广大员工在生产和业务活动的第一线，是各种计划、决策的最终执行者，所以，员工进行自我控制是提高控制有效性的根本途径。自我控制具有很多优点。

首先，自我控制有助于发挥员工的主动性、积极性和创造性。自我控制是员工主动控制自己的工作活动，是自愿的。这样，他们在工作中便能潜心钻研技术，对工作中出现的问题会主动想法去解决。

其次，自我控制可以减轻管理人员的负担，减少企业控制费用的支出。

最后，自我控制有助于提高控制的及时性和准确性。实际工作人员可以及时准确地掌握工作情况的第一手材料，因而能及时准确地采取措施，矫正偏差。

当然，鼓励和引导员工进行自我控制，并不意味着对员工可以放任自流。员工的工作目标必须服从于组织的整体目标，并有助于组织整体目标的实现。管理者要从整体目标的要求出发，经常检查各部门和员工的工作效果，并将其纳入企业全面控制系统之中。

第二节 控制的程序

尽管控制的种类很多，但其基本过程是相同的，一般包括确定制定控制标准、衡量工作绩效、分析偏差并予以纠正三个步骤，如图 6-2 所示。其中制定控制标准是基础，采取有效措施纠正偏差是目的。

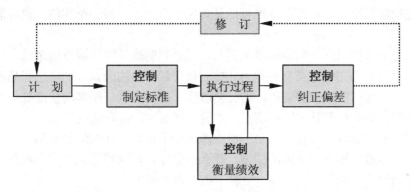

图 6-2　控制的步骤

一、制定控制标准

简单地说,标准是衡量工作绩效的尺度。离开了标准,控制工作就无从谈起。因此,控制标准制定得合理与否是能否有效执行控制的关键,没有科学合理的标准,控制就可能流于形式。

确定控制标准是控制过程的起点,由于计划是控制的依据,所以制订计划就是控制过程的第一步,控制标准是控制工作得以开展的前提,是检查和衡量实际工作的依据和尺度。如果没有控制目标、控制标准,便无法衡量实际工作,控制工作也就失去了目的性。目标和计划是控制的总标准,但由于计划相对来说都比较概括,不可能对组织运行的各方面都制定出非常具体的工作标准。因此,各项业务活动实施控制,还必须以总标准为依据设置更加具体的标准。计划方案的每个目标,所包括的每项活动、每项政策、每项规程以及每项预算,都可以成为衡量实际业绩或预期业绩的标准,标准是一种作为模式和规范而建立起来的测量单位或具体的尺度。对照标准,管理人员可以判断绩效和成果。标准是控制的基础,离开标准而对一个人的工作或一项劳动成果进行评估则毫无意义。如实物标准、成本标准、资本标准、收益标准、计划标准等。在实际工作中,不管采用哪种类型的标准,都需要按照控制对象的特点来决定。

常见的控制标准多种多样,有定量和定性两大类,相比较而言,定量化的控制标准更能保证控制的准确性。因此,在实际工作中,应尽可能地采用定量化和定性化相结合的方式。

1. 常用的控制标准

（1）质量标准。主要是从定性的角度规定工作的范围、水平及质的要求。如产品等级标准、合格标准、名优产品的规定等。

（2）成本标准。主要是反映各种工作与活动所支出的费用的标准。如人力资源总成本、人力资源平均成本、产品总成本、单位产品成本、质量成本等。

（3）数量标准。主要从量的方面规定工作和活动所应达到的水平和完成的时间。如单位工时产品数量、合格品数量、废品数量等。

（4）时间标准。主要是反映工作时间进度的各种标准。如工时、完工日期、生产周期、交货期等。

2. 控制标准的制定过程和方法

（1）确定控制对象。控制首先需要知道是控制什么,只有明确了控制对象,才能有针对性地制定控制标准。一项控制标准可能是为某一个员工、某一个部门，也可能是为整个组织制定的。

（2）选择关键控制点。制定标准的同时，还必须明确关键控制点的选择。所谓关键控制点，是指对计划的完成更具有影响力、控制效果最明显的因素。如可选择品种、产量、质量等作为生产部门的控制关键点，选择熟练度、工作态度、顾客满意度等作为服务部门的控制关键点。只有把握好关键控制点，才能分清主次，提高管理效率。

在选择关键控制点时，管理人员一般应考虑如下问题：什么能最好地反映本组织的指标，什么信息能最好地确定关键的偏差，什么信息能告诉我谁对成功或失败负责，什么样的标准在控制信息的收集中更经济、更易于衡量和把握等。

（3）制定控制标准常用的方法。制定控制标准常用的方法有：①统计计算法，利用统计方法分析各个历史时期的数据，以此为基础为组织的未来活动制定标准，但历史与现实往往存在着差距，故用此方法制定的标准可能低于实际情况；②工程方法，是指通过对工作情况进行全面的、科学的分析，以在此基础上所获得的数据和参数为基础建立的标准，用这种方法建立的标准准确性高，但代价也大；③经验估算法，是指由经验丰富的管理者依据经验和判断来制定标准，这种方法是以上两种方法的补充。

3. 控制标准的制定要求

制定控制标准是控制的前提。标准制定的科学与否以及水平的高低，关系整个控制工作的有效性。

（1）总括性和一致性。标准应具有总括性的特点，不能过于频繁复杂，以免给衡量和鉴定工作带来麻烦；同时，还要保持一致性。标准之间要相辅相成，完成一个标准应对完成另一个标准有促进作用，不能相互矛盾、互相影响。

（2）可行性。可行性是指制定的标准既不能过高，也不能过低。标准过高，经过努力也无法实现，会挫伤员工的积极性；标准过低，不经过努力就能实现，控制也就失去了本来的意义。

（3）稳定性。控制标准一旦定下来之后，要在一定的时间内保持一定的稳定性。一方面可以简化控制工作，另一方面也有利于保持员工的积极性。

管理案例 6-1

"日事日毕，日清日高"——海尔"OEC"管理法

OEC 即英文"Overall Every Control and Clear"的缩写。其含义是每天的工作每天完成，每天工作要清理并要每天有所提高。"OEC"管理法是海尔公司在管理实践中不断创新并提炼总结的企业内部管理控制体系，该体系由日清目标体系、日清控制体系和激励机制三部分构成。

1. 日清目标体系。目标体系是企业各项工作的指南和日常管理的重要依据，是管理体系中提纲挈领的部分。目标体系由集团公司（决策层）、部门或分厂（执行层）、车间（作业层）三个层次组成。逐级分解，最终细化为每个岗位、每个员工每天的工作项目和责任，列入工作控制台账。

2. 日清控制体系。分为纵向（生产作业现场）控制和横向（职能管理）控制。按照问题、发生地点、发生时间、责任者、原因、问题多少、损失大小、解决措施、安全事项等9个因素进行控制。生产作业现场日清的主要对象是质量、工艺、设备、物耗、生产计划、文明生产、劳动纪律等7个项目。由管理人员进行巡回检查，每两个小时将检查结果记录在相应的7张日清表中，同时将各项结果综合评价后，填写日清栏考评意见，一起公布于各车间日清管理栏内。每个员工对照7个方面的标准和要求将自检结果填入"三E"（即每人、每天、每件事三个英文单词的第一个字母E），日清工作记录卡交班长考核确认。各职能管理部门按照月度目标和计划实施控制，每天将实际完成值分别与目标值、上期完成值相比较，记录在日清控制表上，同时找出薄弱的环节和存在的问题列入重点控制项目，并分析原因，及时向有关单位发出纠偏单。对纠偏情况进行跟踪检查，每天记录在现场日清记录表上，对临时性的工作填写工作活页，随时进行控制，纳入例行管理。日清所要解决的问题：使月度目标和工作项目处于受控状态，对出现的问题及时进行分析，提出整改措施，确定责任，严格进行考核。

3. 激励机制。对管理人员每天按日清实际完成值与目标值、上期完成值对比，或超过、或持平、或下降，分别给予A、B、C三个等级的评价。每月全A率在95%以上，则月度考核定为A，每月考核全C率在60%以上则定为C，其余为B。B为标准值（即100%的工资），A=1.5B，C=0.5B，这样就可以直接计算出该岗位的工资金额。对现场作业人员采取签发工作责任价值卷考核奖惩制度，按日清7个工作项目责任分别规定奖罚金额。比如，发生质量问题的处罚原则是：干错一个相当于白干100个，干废一个，按材料成本的1/10处罚。每天日清考核中，对发现问题者当场给予红券并予以奖励，对责任者发给黄券予以处罚，并计入"三E"卡，月终发工资时兑现。除此之外，还多方面建立激励机制：一是完善用人机制，通过公开招聘、竞争上岗，充分挖掘人才；二是实行"三工并存，动态转换"的用工制度，即设置优秀员工、合格员工、试用员工三个等级，依据考核标准有升有降；三是为管理人员设置海尔金、银、铜奖，为工人设置海尔希望奖、合理化建议奖以及信得过班组、自主管理班组奖。

二、衡量实际绩效

控制工作的第二步就是衡量实际绩效。它是按照标准衡量工作实绩达到标准的程度，其实也是控制当中信息反馈的过程。在确定了标准以后，为了确定实际工作的绩效究竟如何，管理者首先需要收集必要的信息，考虑如何衡量和衡量什么。当工作实绩与标准产生差异时，就说明工作出现了偏差。偏差信息是实际工作情况或结果与控制标准要求之间所发生偏离程度的信息。了解和掌握偏差信息，是控制工作的重要环节。如果没有或无法得到这方面的信息，那么就无法知道是否应该采取矫正措施以及应采取多大强度的矫正措施，这样控制工作便无法正常地开展。信息是控制的前提和基础。这一步骤包括两个方面的内容：一是了解实际工作绩效；二是对比实际绩效与标准，找出差异。

1. 了解实际工作绩效

了解实际工作绩效是控制过程中工作量最大的阶段。这一阶段的主要工作就是通过收集实际工作的数据和信息，全面了解和掌握工作的实际情况。掌握实际工作绩效的首要问题是了解什么和如何了解。另外还要明确衡量的手段和方法，设置监测机构，落实进行衡量和检查的人员。

（1）确定衡量项目。管理者应该针对决定实际成效好坏的重要特征项进行衡量。

（2）设计衡量的方法。管理者可通过个人观察、统计报告和图表、口头报告和书面报告、抽样检查及召开会议等多种方法获取实际成效方面的资料和信息。

（3）明确衡量的频度。管理者要考虑间隔多长时间衡量一次工作绩效。衡量次数过多，会增加控制成本和引起有关人员的不满；次数过少，则可能无法及时发现活动过程中出现的问题或偏差。衡量频度的确定主要取决于控制对象的特性、控制对象发生变化的时间周期及控制对象的主要影响因素，如新产品开发的控制可以需要以月为单位，而质量的控制可能要以小时或日为单位。

（4）确立衡量的主体。衡量主体可能是工作者本人、同级人员、上级主管、职能人员或者客户，主体不同，控制工作的类型、效果亦会有所差异。衡量主体应根据衡量项目的性质、内容和要求的具体情况来确定。

2. 对比实际绩效与标准，找出差异

衡量工作成效是以预定的标准为依据来进行的，偏差会有两种情况：一种是正偏差，一种是负偏差。所谓正偏差是指实际工作绩效优于控制标准，而负偏差则是指实际工作绩效劣于控制标准。出现正偏差，表明实际工作取得了良好的绩效，应及时总结经验，肯定成绩。但正偏差如果太大也应引起注意，很有可能是控制标准定得太低，这时应对其进行认真分析。出现负偏差，表明实际工作绩效不理想，应迅速准确地分析其中的原因，为纠正偏差提供依据。按照标准衡量实际成效，最理想的是在偏差尚未出现之前就有所察觉，并采取措施加以避免。这一步工作总的要求是所收集到的信息要准确、及时、可靠和适用。

一般情况下，偏差产生的原因可归纳为三大类：计划或标准定得不合理、组织内部因素的变化及组织外部因素的变化。

3. 衡量绩效时应注意的问题

我们在衡量实际工作绩效时应注意以下几个问题：

（1）通过衡量绩效，检验标准是否科学合理、切实可行。

（2）建立有效的信息反馈系统，使实际工作情况的信息能及时地传递给管理者，使之能及时发现问题并采取有效的处理措施。

三、分析偏差并予以纠正

纠正偏差是控制过程的最后一个阶段，也是控制过程最关键的一步。任何控制行动都是针对问题及其产生的原因而采取相应的解决措施。控制措施、对策、办法的提出必须建立在对偏差原因进行正确分析的基础上。因此，纠正偏差大致可以分为三个步骤：第一是分析偏差产生的主要原因，第二是确定纠偏对象，第三是采取纠偏措施。

1. 分析偏差产生的主要原因

偏差的产生，可能是在执行任务过程中由于工作的失误而产生的，也可能是原有计划不周全所致。必须对所产生的偏差做出及时而准确的判断。并非所有的偏差都对企业的最终结果有影响。有些偏差可能反映了计划本身和实际工作过程中的严重问题，而另一些偏差的产生纯属偶然，从而不一定会对组织活动的最终结果产生重要影响。因此，在采取纠正偏差措施以前，一定要对反映的偏差信息进行正确的分析判断。

2. 采取适合的纠偏措施

在现实的管理活动中，偏差的产生可能是实际工作绩效不理想造成的，也可能是控制标准不切实际造成的。因此，纠偏的措施有两种：一种是修订控制标准，另一种是改进实际工作绩效。

（1）修订控制标准。控制结果所显示的偏差过大，有可能是原有计划安排不当，在控制活动中这些不当之处逐渐显露出来；也可能是由于内外因素的变化，使原有计划与现实状况偏离甚远；还有可能来自于不合理的控制标准，如果标准制定得过高或过低，即使其他因素都发挥正常也难以避免偏差的出现。不切实际的标准会给组织带来很大的危害，如过低的、很容易实现的标准容易养成员工的懈怠情绪，而过高的、难以实现的标准会在很大程度上打击员工的士气。所以，不切实际的标准一定要修改。

（2）改进实际工作绩效。如果偏差是由于组织的实际工作不理想造成的，管理者就应该采取措施改进绩效。具体的措施包括：重申规章制度，明确责任，强化激励措施，加大处罚力度；改变组织机构，调整领导班子，加强员工培训等。我们可以从两点分别考虑。第一点，改进技术。若达不到原定的控制标准，技术上的原因占有重要的地位。特别是在企业组织中，其生产与计划的目的之一就是生产出符合社会需要的高质量的产品。因此计划工作和控制工作都要以生产为中心，而生产技术往往是生产过程的重中之重。很多情况下是产生偏差的主要原因。为此，就要采取措施，及时处理生产上出现的技术问题，纠正偏差，完成计划目标。第二点，改进组织工作。控制只能是与组织职能相互影响的。在这里组织工作的问题可以分成两种：一种是计划制订后，在组织实施方面的工作没有做好，没有完成预定的目标；另一种是控制阶段本身的组织体系不完善，不能对已产生的偏差加以及时的跟踪与纠正。在这两种情况下，都要进一步改进组织工作，如调整组织机构、调整责权分配关系，改进分工协作关系、调配和培训人员等。

管理智慧 6-4

别样的控制措施——共同学习错误

在底特律一家名叫博根的广告公司，14 年来一直实施着一项特别的控制措施，那就是在这里工作的员工如果将事情搞砸了可以获得"月失误奖"，即奖励那些愿意在同仁面前分享错误经验的员工。

事实上，要员工在众人面前讲述自己的错误并不是一件容易的事情。起先，该公司 CEO 博根先生连哄带骗地让资深员工在每月的大会上示范。如今，每月的大会上都会有 3 名员工自愿分享错误经验。然后，由 60 名员工选出最有价值的错误，并颁发 50 美元作为奖励。要知道如果员工不说出来，相同的错误可能会在组织内重复发生无数次。

（资料来源：孙晓林，《管理学》，科学出版社，2006）

在纠正措施的选择和实施过程中，管理者需要注意以下几点问题。

（1）保持纠正方案的双重优化。纠正偏差，可以采取多种不同的措施，所有这些措施其实施的成本都应小于不采取任何行动任由偏差发展可能给组织带来的损失，这是第一重优化。第二重优化是在第一重优化的基础上，通过对各种纠偏方案的比较，找出其中投入最少、纠偏效果最好的方案来组织实施。

（2）关注原计划实施的影响。在决策和制订计划的过程中，就要充分体现控制的观点和方法。由于客观环境发生了重大变化,可能会导致原计划与标准的局部甚至全局的否定,从而要求管理者调整组织活动的方向和内容。这时我们要考虑原计划实施已经消耗的资源及这些资源所造成的影响。

(3)消除员工对纠正措施的疑虑。纠偏措施总会在不同程度上引起组织结构的调整、人事关系的变动,从而会使某些组织成员的利益受到影响,并对纠偏措施产生抵触情绪。因此,管理者在采取纠偏行动前,要注意到组织成员对纠偏措施的不同态度,尽力消除他们的疑虑,争取更多人的理解、支持和赞同,以保证纠偏方案的顺利实施。

第三节 控制的方法

一、控制系统设计的基本方法

任何组织要想有效地实现自己的目标,合适的控制系统是不可或缺的。设计控制系统的方法主要有市场控制法、科层控制法、族群控制法和平衡计分法四种。

1. 市场控制法

市场控制法(Market Control)强调利用外部价格竞争和市场份额等市场机制进行控制。运用这种方法的组织,组织内各分部(如事业部)被视为一个个的利润中心,各分部是以市场为导向来建立控制标准、实现对内部运营的控制的,并且对它们的评价也是看它们对企业总体利润的贡献度。

2. 科层控制法

科层控制法(Bureaucratic Control)强调组织的权威。运用这种方法的组织,强调内部层级链的管控机制,强调运用规则、条例、程序、政策、行为的标准化、职务说明以及预算等,来确保员工行为适当并符合绩效标准的要求。

3. 族群控制法

族群控制法(Clan Control)强调族群内部具有凝聚力和约束力的文化因素。运用这种方法的组织,强调通过共享的价值观、规范、传统、信念以及组织文化的其他方面来规范员工的行为。

4. 平衡计分卡

平衡计分法(Balanced Scorecard)是将传统的财务评价和经营评价结合起来,从与企业成功经营的关键因素的相关联方面建立绩效评价指标体系,采用这个体系对组织进行综合的管理控制。它包含财务绩效、顾客服务、内部业务流程及学习和成长四个主要方面,如图 6-3 所示。平衡计分法是一种综合的控制方法,它促使管理者将注意力集中在决定一个组织未来成功与否的关键性战略绩效指标上,有助于从更全面、更长远的视角看待组织的控制工作。

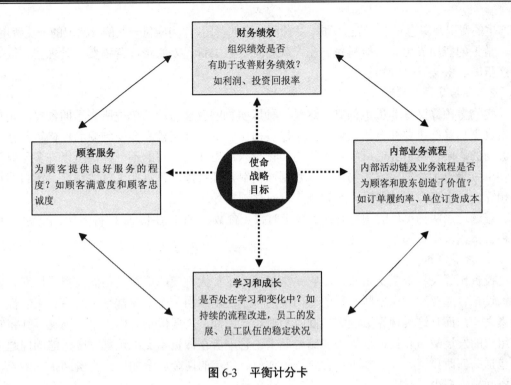

图 6-3　平衡计分卡

二、控制方法

（一）预算控制

预算控制是组织管理中运用得最为广泛、最直接的一种控制方法。预算是以财务术语（如货币、收入、费用以及资金等）或者以非财务术语（如实物数量、直接工时、材料、实物销售量和生产量等）来表明组织的预期成果，它是用数字编制的反映组织在未来某一个时期的综合计划，预算可以称作是"数字化"或"货币化"的计划。管理者通过预算为组织的各个部门或各项活动规定了在资金、能源、劳动及原材料等方面的支出额度，把计划分解落实到组织的各层次和各部门中去，使管理者能清楚地了解计划将涉及哪些部门和人员、多少费用、多少收入，以及实物的投入量和产出量等。预算控制是根据既定的收入支出标准来监督和检验组织各部门的活动，以保证组织的各部门在既定的支出额度内完成组织的目标，实现利润的增长。预算控制的种类很多，概括起来可以分为以下几种。

1. 收支预算控制

收支预算又称营业预算，是指组织对某个计划期（预算期）内有关收入支出所进行的以货币为单位表示的收入和经营费用支出的计划预算，其中收入预算应考虑可能的各方面的收入。但最基本的收入还是销售收入和财政拨款。它反映了组织在计划期内生产经营的财务状况。收支预算必须尽可能准确地估计各项收入的数量和时间，并努力提高其实现的可靠性。

一般来说，组织的收入有销售收入、专利收入、租金收入和投资收益等，但组织的主要收入还是销售收入。而组织的经营费用的支出往往比收入复杂得多，在收支预算时，应尽可能全面地考虑各种可能产生的开支费用，并在支出预算中留有一定的余地以备不时之需，对各种可能产生的费用开支均应加以充分考虑。并预留一定的费用,作为应付一些例外情况的开支费用。

常见的费用支出有:材料费、生产耗材费、人工费、差旅费、营销费、管理费、固定资产折旧、资金筹措费和税金等。

2. 实物量预算控制

实物量预算又称非货币预算,这是一种以实物的数量为计量单位所表示的预算,是货币量收支预算的重要补充和认证。由于以货币量表示的收支预算会受到商品价格等其他经济波动的影响,常常会造成收支预算与实物投入产出计划时间的不一样,所以许多预算用实物单位来表示。常用的实物量预算包括原材料消耗量预算、直接工时数预算、燃料消耗量预算、固定资产用时预算、产量预算、库存预算等。

普遍运用实物单位的预算有:直接工时数、台数、空间占用、原材料消耗、产品产量、面积、体积、重量等。

3. 投资预算

投资预算又称资金支出预算,它是指组织为了扩大规模或更新设备而投资于厂房、机器、设备、库存和其他一些类目的专门性的资本支出。由于资本通常是企业最有限制性的因素之一,而且这类预算数额大、回收周期长,因此,需要慎重考虑,单独列支,并将它与组织的发展战略和长远规划密切结合起来。管理者在做资本支出预算时应考虑的问题主要包括:何时投资、投资多少、融资渠道如何、每年的现金流量如何、投资回报期多长、投资回报率多少、对固定资产投资项目的预算等。

4. 负债预算控制

现代组织常常通过负债经营来保持财务收支平衡,包括向银行贷款,发行企业债券、股票,社会集资等。负债预算是指考虑一定时期的资产、债务和资本等账户的情况,设计筹资方式、途径和数量以及还款时间、方式和能力,防止出现"资不抵债"的情况,保持财务收支的平衡。负债经营是组织保持财务收支平衡的重要措施。它将各部门和各项目的分预算汇总在一起,表明组织的各种业务活动达到预先规定的标准。另外,通过资产负债预算,管理者可判断组织的财务状况是否良好、是否可能会产生不利的变化,从而指导事前控制。从某种意义上说,这种预算是组织中最重要的一种控制。

5. 总预算控制

总预算是一种对计划期的最后一天(通常是会计期末)的财务状况的预算。它把各部门的预算集中起来,编制预算汇总表用于公司的全面业绩控制;它是依据组织目标和计划编制的;它综合反映了公司的各项预算,从中可以看出销售收入、成本费用、总利润、销售利润、投资收益、投资利润率及其相互关系。总预算中还需附有编制预算所必需的有关数据和资料,以及可能会出现的情况分析。通过总预算,最高管理层可以了解各个部门为了实现公司的总目标而奋斗运行的具体情况。它能够较全面地反映组织在预算期内的资产、负债和权益状况,反映预计的经营成果,揭示组织目标的进展情况。

预算控制具有计划性、协调性、可控性等优点,作为一种典型的控制手段被广泛采用,但过分依赖预算,也会在一定程度上带来危害,其主要表现在以下几个方面。

(1) 让预算目标取代组织目标。有些管理者过于热衷于使所辖部门的各项工作符合预算的要求,甚至忘记了自己的首要职责是保证组织目标的实现,如有时一些部门会因为没有预算而拒绝做某些为达到目标而需采取的特殊手段;同时,预算还会加剧各部门难于协调的局面,故应在预算时加以考虑。

(2) 预算过于详细。过于详细的预算，容易抑制人们的创造力，甚至使人们产生不满或放弃积极的努力，还会提供逃避责任的借口；同时，预算太细，带来的预算费用也大，是得不偿失的。

(3) 预算导致合理性低下。预算带来一种惯性，有时它会保护既得利益者。因为预算往往是根据基期的预算数据加以调整的，这样，不合理的惯例或以前合理现在已不合理的惯例会给一些人带来利益；同时基层预算提供者总是把数据抬高一点，以便让高层领导在审批中削减，这样，又增加了预算的不合理性。总之，不严格的预算可能成为某些无效工作的保护伞，而预算的反复审核又将加大预算编制的工作量。

(4) 预算缺乏灵活性。在计划执行过程中，有时一些因素发生的变化出乎预算，会使一个刚制定的预算很快过时，如果在这种情况下还受预算的约束，可能会造成重大的损失。

为了克服预算控制中存在的不足，使预算控制能更加有效的实施，有必要采用可变的或灵活的预算控制方案，由于预算的结果常被用来作控制标准，故预算方法的选择非常重要。一般预算采用固定预算，而且多为根据基期数据调整，从而带来一定的危害，这些在上面已有所提及。另外两种方法可以在一定的程度上改善这种情况，即弹性预算和零基预算。

① 弹性预算，又称可变预算。其基本思想是按固定费用（在一定范围内不随产量变化的费用）和变动费用（随产量变化而变化的费用）分别编制固定预算和可变预算，以确保预算的灵活性。在编制可变预算时，应根据具体情况研究各种费用的变动程度，以确定各种换算系数，这样更有利于预算的合理性、准确性，减少预算变动的频繁程度。

② 零基预算。其基本思想是在编制预算时，不受上一年度预算水平的影响，对每项费用都予以重新核查，以目前的需求和发展趋势作为核查基准。零基预算要求每个项目的预算费用以零为基数，通过仔细分析各项费用开支的合理性，并在"成本—效益"分析的基础上确定预算。它避免了固定预算中只重视前段时期变化的倾向，迫使管理者重新审视每个计划项目及其费用开支，能充分调动人们的积极性和创造性，挣脱某些惯例的束缚，并促使人们精打细算、量力而行。但需注意的是，零基预算工作量很大，成本比较高，而且在费用估计时有一定的主观性。

管理专栏 6-1

预算编制的程序

预算编制的程序一般包括以下 6 个步骤。
第一步，组织下属各职能部门制订本部门的预算方案，呈交给归口负责人审批。
第二步，各归口负责人对所属部门的预算草案进行综合平衡，并制订本系统的总预算草案。
第三步，各系统将其预算草案呈交预算领导小组。
第四步，预算领导小组审查各系统预算草案，并进行综合平衡。
第五步，预算领导小组与最高决策人磋商，拟订整个组织的预算方案。
第六步，预算领导小组将整个组织的预算方案提交最高领导层审批之后下发各部门执行。

（二）非预算控制

1. 审计法

审计是一种常用的控制方法，它是对反映组织资金的运动过程及其结果的会计记录和财务报表进行审计、鉴定，以判断其真实可靠性，从而为决策和控制提供依据。财务审计、管理审计和业务审计是审计控制的主要形式。

（1）财务审计。所谓财务审计是以财务活动为中心内容，以检查并核实账目、凭证、财物、债务以及结算关系等客观事物为手段，以判断财务报表中所列出的综合的会计事项是否正确无误，报表本身是否可以信赖为目的的控制方法。通过这种审计还可以判断财务活动是否符合国家法令和财经政策。它包括外部财务审计和内部财务审计两大类。

外部财务审计是指由组织外部专门的审计机构和审计人员（国家审计部门、公共审计师事务所）对本组织的财务经济往来及财务程序所做的有目的的综合审核检查。国际上有许多国家都在此方面有所规定，企业的年度财务报告必须经过持有有关合格证书的会计师审查并签署意见，说明企业所提交的财务报告是否符合和遵守国家颁发的有关会计制度。这种审计已不是管理控制职能所指的"控制"了，因为它不是企业内部的一种管理活动。

内部财务审计是由本组织系统内部的财务人员对本组织的财务活动进行有目的的综合审核检查。将内部财务审计进行扩展就是业务审计，其审计的范围包括财务、生产、市场、人事等方面。这种审计可以由本组织聘请外部的专家和独立的咨询机构来进行。

外部财务审计与内部财务审计的最终目的都是保证本组织的财务报表能真实准确地反映组织的财务状况。

（2）管理审计。管理审计是对组织战略目标及组织的各项职能进行的全面审计。它不仅要关注一个组织的最终工作成效，同时也要关注组织内在的素质能力；它是检查评价一个单位或部门管理工作的好坏，评价人力、物力和财力的组织及利用的有效性的一种重要控制手段。管理审计的内容有：组织结构的合理性、客户的满意度、研究与开发的周期、生产效率、销售能力、员工的学习成长性等，其目的在于通过改进管理工作来提高经济效益。

审计是一项原则性很强的工作，为了保证审计的客观公正和有效，审计工作必须符合国家的方针政策；审计监督部门应独立行使职权，不受任何干涉；一定要实事求是地进行，客观地做出评价和结论；审计工作必须站在客观的角度上，不偏不倚，公正地进行判断；审计工作应经常化、制度化；应依靠群众来开展。

2. 财务报表分析

财务报表分析是指以财务报表和其他资料为起点和依据，采用专门的分析方法，来判断企业的经营成果、财务状况的好坏，并分析财务状况的变动趋势及企业经营的优劣势。财务报表分析的结果是对企业的营运能力、偿债能力及盈利能力做出评价。

财务报表分析法主要有实际数字法和比率法两种。

实际数字法是用财务报表分析中的实际数字来分析，但有时这种绝对的数字因为可比性问题，不能准确地反映企业的不同时期或不同企业间的实际水平。比率法是求出实际数字的各种比率后再进行分析，因为是用相对数进行分析，所以，体现出了对比的科学准确性，比较常用。

(1) 企业营运能力分析指标。企业的生产经营活动是以货币资金开始的,用货币资金购买原材料、支付工资及管理费用,通过生产过程制造产品,产品销售后再转换为货币资金或应收账款。这一过程循环往复,就形成了资金的周转过程。资金周转过程越快,带来的盈利越多,说明企业的营运能力越强。常用的反映企业营运能力分析指标有应收账款周转率、存货周转率和总资产周转率。

① 应收账款周转率。应收账款周转率反映了企业应收账款转变为现金的速度。计算公式为:

$$应收账款周转率 = \frac{赊销收入净额}{平均应收账款}$$

② 存货周转率。存货周转率反映了企业的销售能力和存货是否适当,周转率过低说明存货过多,销售能力不足。计算公式为:

$$存货周转率 = \frac{销售收入}{平均存货}$$

③ 总资产周转率。总资产周转率反映了全部资产的流动速度与营运效率。计算公式为:

$$总资产周转率 = \frac{销售收入}{资产总额}$$

(2) 企业偿债能力分析指标。企业对债务负有还本付息的责任。企业债务按偿还期限可以划分为长期借款、应付债券等长期负债和短期借款、应付票据、应付账款、应付工资、应交税金、应付利润、预提费用等流动负债。常用的偿债能力分析指标有流动比率、速动比率和资产负债率。

① 流动比率。流动比率是衡量企业流动资产通过兑现偿还流动负债的能力的指标,一般来说,流动比率越高,说明偿债能力越强。计算公式为:

$$流动比率 = \frac{流动资产}{流动负债}$$

② 速动比率。速动比率是反映流动资产中可以立即用于偿付流动负债的能力的指标,速动比率越高,企业迅速偿债的能力越强。计算公式为:

$$速动比率 = \frac{速动资产}{流动负债}$$

$$速动资产 = 流动资产 - 存货$$

③ 资产负债率。资产负债率是反映企业利用债权人提供的资金进行经营活动的能力的指标,同时也可以反映债权人发放贷款的安全程度。计算公式为:

$$资产负债率 = \frac{负债总额}{资产总额}$$

(3) 企业盈利能力分析指标。盈利能力是指企业运用资金获得利润的能力。常用的盈利能力分析指标有资本金利润率、销售利税率和成本费用利润率。

① 资本金利润率。资本金利润率是反映资本金的获利能力的指标。计算公式为:

$$资本金利润率 = \frac{利润总额}{资本金总额}$$

② 销售利税率。销售利税率是反映企业的销售业务除补偿成本与费用支出之外创造净收入的能力的指标。计算公式为:

$$销售利税率 = \frac{利税总额}{销售收入}$$

③ 成本费用利润率。成本费用利润率是反映企业一定时期内投入与产出的关系的指标。计算公式为:

$$成本费用利润率 = \frac{利润总额}{成本费用总额}$$

管理案例 6-2

巴林银行的倒闭

1995年2月,具有232年光辉灿烂历史、曾一度排名世界第6位的英国巴林银行宣布倒闭,这一消息在国际金融界引起了强烈震动。

巴林银行破产的直接原因是集团在新加坡的分支机构——新加坡巴林期货公司的总经理兼首席交易员、年仅28岁的尼克·里森在未经授权的情况下,擅自从事巨额的金融期货交易,结果因投机失败造成约10亿美元的亏损。

巴林银行的破产应当说是冰冻三尺非一日之寒。其实,早在1992年,原新加坡巴林期货公司的交易主管离任时,就已向巴林总部作了汇报,指出新加坡巴林期货公司的管理结构存在严重隐患,要求总部为其制定"清楚的申报条例"。1992年3月,巴林银行总部就曾经接到新加坡分部董事兼总经理巴克斯的警告,指出新加坡公司的交易部门缺乏必要的制度,可能造成灾难。1994年7月前,巴林银行的内部审计部门曾做出报告,说明里森在交易中越权及隐匿交易亏损的行为,新加坡巴林公司权力过分集中,里森一人同时身兼交易及监察二职,容易导致交易员违规、失误或欺诈,并警告可能引发"重大风险"。然而,巴林总部高层对此却始终置若罔闻,认为只要能赚钱,即使里森已严重违反内部控制的各项规定也不予惩罚,反而给予奖励。

最难以置信的是,巴林总部在1994年12月底发现了新加坡巴林期货公司资产负债表上显示的5 000英镑的差额后,仍然没有意识到问题的严重性。巴林总部不仅对内部揭露出来的里森违规现象屡屡掉以轻心,对来自外部的警告也同样不予理会。

上述事例充分表明,里森在两年多的时间里从事未经授权的交易,且在交易数额达到天文数字之后始终未得到制止,其中巴林银行在各个主要环节缺乏严格的内部监控机制显然是一个重要的原因。

---

3. 作业控制

作业控制是为了保证各项计划的作业全面完成而做的一系列管理工作,即衡量作业计划的实际执行情况,将其与控制标准进行对比,发现偏差并分析偏差产生的原因,采取一定的措施纠正偏差以保证作业计划的顺利实施。一般来说,作业控制主要包括成本控制、质量控制、采购库存控制等。

(1) 成本控制。成本控制是在对系统的所有工作做全面详细分析后,层层分解成本指标,以其作为衡量控制标准。也就是说,通过监控成本形成的过程来控制成本,从而提高企业的竞争优势,确保组织在预定成本下获得预期目标利润。现行的成本控制方法主要包括损益平衡分析法和降低成本法。

损益平衡分析法是通过寻找损益平衡点来确定保本销售量;降低成本法是通过降低采

购成本、生命周期成本，通过规模经济、减少浪费等手段来实现。具体情况具体分析，如管理者在选择机器设备时，不能简单地考虑机器设备的直接拥有成本（价格、关税和运输费用等），而是应该考虑它在生命周期的全部成本（不仅包括直接拥有成本，还包括燃料消耗费、保养维护费、故障检修费、保险费等）。

（2）质量控制。质量是企业的生命，质量控制历来是各个组织管理控制的重点，质量控制是指管理者通过监控质量的全过程，以确保产品质量符合既定的标准。质量控制经历了事后检验、统计抽样检验、全面质量管理三个阶段。

事后检验是在产品已经完成后做终端检查，只能防止不合格品出厂，对已经造成的损失则无法挽回，而且还可能有"漏网之鱼"，对一些需要做破坏性检验的产品更是束手无策。

统计抽样检验将质量控制的重点从生产过程的终端移到生产过程的每道工序，通过随机抽样检验，将其数据用统计分析方法制作各种"控制图"，由此来分析判断各道工序的工作质量，从而防止大批不合格产品的产生，减少了大量损失，但是其质量控制的重点仍然停留在具体的产品生产过程上。

全面质量管理（TQC）是由美国管理专家戴明首先提出的，它是指为保证产品质量符合规定标准和满足用户使用要求，企业需要在产品设计、试制、生产制造直至使用的全过程中，进行全员参与的、事后检验和预先控制相结合的，从产品赖以形成的工作质量到最终产品的质量，控制影响质量的每个环节，全方位抓好质量管理。全面质量管理突破了事后检验和统计抽样检验的局限性，贯穿于组织的整个价值流程。

随着国际竞争的加剧和顾客期望值的提升，许多企业都采用全面质量管理的方法来控制质量，把质量观念渗透到每一个组织成员和组织的每一项活动中，以实现质量的持续改进和自身竞争优势的不断提高。全面质量管理有四个主要特征。

① 全过程的质量管理。即质量管理不仅仅是生产过程的管理控制，而且应"始于市场，终于市场"，从产品设计开始，直至产品进入市场，以及售后服务等，质量管理都应贯穿其中。

② 全企业的质量管理。质量管理不仅仅是质量管理部门的事情，它和全企业的每一个部门都息息相关，因为产品质量是做出来的，不是检验出来的，故每项工作都与质量密切相关。

③ 全员的质量管理。即每个部门成员的工作质量决定了每个部门的工作质量，所以每个组织成员都要保证质量。为此，由组织成员成立了很多质量小组，专门研究所在部门或工段的质量问题。

④ 全面科学的质量管理方法。全面质量管理所采用的方法是科学全面的，它以统计分析方法为基础，综合应用各种质量管理方法。全面质量管理提出了"一切为了顾客，一切以预防为主，一切凭数据说话，一切按 PDCA（计划—执行—检查—处理）工作步骤循环进行"的口号。这里尤其值得一提的是，它所说的"顾客"，不仅仅是产品或服务的购买者，还包括"公共顾客"，即与企业有关的周边环境、社会公众，企业的各类中间商，还有生产过程中的下道工序等。PDCA 循环也称戴明循环，整个质量管理体系按照其顺序循环运行，大环套小环，一环扣一环。

从质量管理的发展进程可以看出，质量控制从事后检查产品或服务，转变为控制工作质量，即从间接控制发展为直接控制，变事后控制为事先控制及现场控制，控制重点越来越靠前，控制方法越来越科学，控制范围越来越全面，而且形成了完整系统的质量保证体系,即包括了实施质量管理所需的组织结构、程序、过程和资源。

随着科学技术的进步和社会生产力的发展,产品品种越来越繁多,越来越多的使用者无法判断产品的质量和性能。另外,国际贸易迅速发展,采购方要求得到质量保证的渴望也越来越强烈,所以,质量控制不仅仅是每个组织内部的要求,而且已延伸到组织外部,大家都希望在质量管理方面有共同的语言、统一的认识和共同的规范。与此同时,由于质量管理的发展,特别是全面质量管理的广泛应用,世界各国都积累了丰富的经验,因此,国际标准化组织在全面分析、研究和总结的基础上,制定发布了ISO9000系列标准。

总的来说,全面质量管理需要组织各个层次员工的积极参与和保持组织的长期投入,以便能持续地提高产品质量,达到满足甚至超过顾客期望的目的。全面质量管理需要对顾客的需求进行分析,评估组织当前能满足顾客需求的程度,以便制订缩短现实与期望差距的计划,即现实可行的计划。人员培训与开发对于实施全面质量管理是至关重要的,对质量的不断改进需要一个称之为"学习型组织"的环境。

(3) 库存控制。

管理案例 6-3

海信的零库存

1. 严格控制采购。在海信的仓库管理中,有许多强制性规定:进口材料在生产前一个月才能购进来,国产材料只能提前5天进来,避免形成库存,占压资金。海信的"零库存管理"是,一天能卖10台机器的话,仓库里就不能超过600台。

2. 严格控制生产。生产车间有严格的领退料制度,当天用不完的必须退回,以便及时掌握资金占用情况。这样就减少了生产线上的库存边角,使库存更加清晰。

3. 控制市场销售。实现市场的稳定外部环境。"零库存管理"的前提是必须有一个稳定的市场。如果光靠品牌打市场,渠道不抓在自己手里,那么今天市场是你的,明天可能就不是你的了。要把市场做稳,先要有自己的网络,每一个点都是可以由海信控制的。如果纯粹借用社会网络,那么它做大了以后,就会向企业要政策,你不给,它摇身一变就成别人的了。有了自己控制的网络不行,还得保证这是有效网络,保证在一定时间内销售能达到一定数量的点。

4. 信息系统的支持。海信电视各销售公司为实现联网,投入了大笔资金。联网以后,海信电视每天全国的销售量,总部当天就能统计出来。无论多晚,无论在哪里出差,汤业国当天都能知道这个数字。掌握了这些数字以后,汤业国的计算器就开始发挥作用了。这个月进了多少料,能干多少,订单有多少,产品结构什么比例。计算结果:仓库里有5 000套零部件,每天生产1 000套,5天刚好干完,前面的订单也刚好到。为保证这个进度,车间每天生产1 000台这个数是死的,什么时候干不管,但不能多干,也不能少干。

5. 销售网络的控制。如何控制外设机构关系到实际库存的清晰度。例如海信目前对郑州市场的控制。像郑州市场这样的外设机构,由自己控制的一个月能卖100台以上的点必须有100个以上。与海信自己控制网络相反的一种作法是自己不搞市场开发建设,搞批发,迎合经销商赚钱的口味,固定价格批给你，多卖钱是你的。汤业国认为，后者会出现损害企业利益的行为：一类是 10 台电视每台加价 10 元，另一类是 5 台电视每台加价 50 元，你卖哪一种？海信肯定卖赚钱多的型号——10 台的那一种，而批发商为了自己多赚钱肯定卖 5 台的那一种。正是因为有了这些稳定的市场网点，才使对库存的预测是准确的。比如说可以掌握双休日比平时多卖的数量，根据这些规律，汤业国可以很有把握地估算，4 月份淡季时每天卖 5 000 台，那么"五一"期间肯定一天卖 1 万台没问题，然后根据这个判断进货。如果是社会网络，不为企业所控制，他今天高兴多卖点儿，明天不高兴就不给你卖了，那么作为库存前提的进货和进度估算也就失灵了。

在这个案例里提到的零库存也只是没有库存沉淀，产成品基本做到按订单生产，或者说按照比较准确的销售预测进行的生产，也就是说在生产环节可能实现零库存，但在其他环节，比如零部件储备问题上未必可以做到，起码采购本身有个提前期是必需的。所以说"零库存"的概念是存在的，是企业降低库存的某种努力方向，但目前也只能是一种境界。

一般来说，库存是指为了满足未来需要而暂时闲置的资源，人、财、物、信息等各方面的资源都有库存问题。企业的生产要正常连续地进行，供应流不能断，需要一定的库存。但库存过多过少都会给企业带来不利的影响，库存过多，不仅占用生产面积，还会造成占用大量的流动资金、保管费用上升、资金周转减慢、材料腐烂变质等，会造成极大的浪费；库存过少，又容易造成生产过程因停工待料而中断，产品因储备不足而造成脱销损失等。因此，库存控制的目标不是增加库存，而是在保证一定服务水平的基础上，不断降低库存。

库存控制主要解决以下问题：哪些物资需要库存？合理的库存量是多少？隔多长时间检查一次库存量？何时提出补充订货？每次订多少？等等。

① 库存什么。企业生产所需的物资材料种类成千上万，甚至几十万种，如果每种物资的控制方法都一样，"胡子眉毛一把抓"，将得不偿失，企业生产所需物质应根据数量和资金占用等情况分别对待，其中常用的方法是 ABC 法。ABC 分类法是根据 20／80 原则（20%左右的关键因素决定着 80%左右的成果）制定的，它是一种重点管理法，其基本思想是少量的因素带来大量的结果。也就是说，少数的关键因素起了决定性作用。抓住关键因素就可以事半功倍。ABC 分类法将企业的物资按其资金占用比重排列，分为 A、B、C 三类。A 类资金占用比重很大（65%～80%），但品种较少（15%～20%）；C 类则相反，品种较多（40%～55%），但资金占用比重很小（5%～15%）；B 类介于二者之间。通过分类，对各类物质实行不同的管理。

A 类物资品种少，但资金占用大，是库存控制的重点，应严格控制库存数量，严格盘点，包括最完整最精确的记录，最高的作业优先权，精确地确定订货点和订货量，以加速资金周转，密切追踪从而将库存压缩到最低水平。

B 类介于 A 类和 C 类两者之间，对该类物资施以正常的控制，每隔一段固定的时间检查一次并准确记录，可按经济批量订货，根据具体情况，采取适当的管理方式。只有在特殊情况下，才给予较高的优先权。

C 类品种多，但资金占用少，该类物资可适当延长采购间隔期，简化管理，如设立简单的记录，可通过半年一次或一年一次的盘存来补充库存，其作业优先权最低。

② 库存量控制。库存量控制要考虑总体采购资金、服务质量等因素，对库存优化的目标就是在保证一定服务水平的基础上，使库存总费用最小。库存量的控制取决于是控制采

购间隔期还是控制采购批量,前者是先确定采购间隔期,根据间隔期来确定期间的使用量,然后在订货日根据现有库存量确定采购批量;而后者则是先确定采购批量,然后确定订货时间和订货点量,如果库存量等于订货点量,则发出订货。企业可控制采购间隔期或是采购批量来满足需要;也可设定一个订货点来控制,当库存量低于订货点时就需要再次订货了,如经济订货批量模型是通过确定最佳订货批量使得订货费用和保存成本之和最小的。

定期订货是以时间作为库存控制的决定因素。一般来说,它是按照一个既定的时间间隔(每月、每季度、每年)进行订货。在订货之前,对现有库存量进行统计并与期望水平库存量进行对比,计算出差值,以差值为每次的订货量,通过补充订货使库存量回复到期望水平上。定量订货是以库存量作为库存控制的决定因素。它首先需要确定一个合理的安全库存水平,一旦实际库存达到这一水平就需要进行补充订货。

③ 准时生产(Just—in—Time,J1T)。虽然库存被认为是必需的,但库存给许多企业带来了极大的烦恼。有统计数据表明,许多公司60%~80%的流动资金被压在库存上,人们千方百计地想降低库存,其中日本丰田汽车公司的准时生产在这方面做出了良好的成绩,甚至被称为"无库存生产方式"。准时生产又称为"无库存生产方式"、"零库存"。它是一种新的生产方式,它的目标是在需要的时间和地点,生产绝对必要的数量和完美质量的产品。为此,要彻底消除生产过程中的无效劳动和浪费,实现零废品、零库存、零准备时间。这里的"零",并不是真正意义上的零,而是无限小,永远达不到,但永远有一个努力的目标,这样,企业能不断降低库存,不断发现问题、解决问题,形成良性循环,提高生产率。

按需生产是组织生产过程的基本出发点,准时性是组织生产过程的基本要求。用"拉动式"的"看板管理"在大量重复性生产中控制生产进度,使之达到准时生产的目的。"拉动式"生产方式根据市场需求制订生产计划后,只对最后的生产工序工作中心发出指令,最后工序工作中心根据需要向它的前道工序工作中心发出指令,这样按反工艺顺序逐级"拉动"。在生产现场,其"拉动"靠"看板"来实现,每一张看板代表一定的数量,很容易计算和检查。它实际上是将库存放在现场,由看板数量确定各零配件的库存数量,当生产运行平稳后,就减少一些看板数量,使得生产中的一些问题暴露出来,从而采取措施,加以改进。

管理案例 6-4

邯钢的成本控制模式

邯钢从1991年元月在企业内部推行"模拟市场核算,成本否决"的经营机制,在推行这一机制中,着重抓了以下几个方面的工作。

1. 突出一个"效"字

即反复进行测算,确定合理先进、效益最佳化的单位产品目标成本。邯钢本着"亏损产品不亏损,赢利产品多赢利"这样一个原则,核定出全厂53个主要产品的品种和规格的内部成本及内部利润。

2. 落实一个"责"字

即层层分解指标,形成责任共同体。为把成本指标落到实处,在总厂下达成本指标之后,各单位进一步将构成产品成本的各项指标层层分解落实到有关科室、工段、班组和职工个人,层层签订承包协议,并与奖惩挂钩,使责、权、利相统一,使每个单位、每个职工的工作都与市场挂钩,经受市场的考验,真正形成"市场重担众人挑,人人肩上有指标"的责任体系。

3. 把握一个"严"字

即严格考核,强化对新的经营机制的操作和管理。为促使模拟市场核算这一机制的高效运转,防止出现"上有政策,下有对策"等弄虚作假现象,总厂制定并坚持了以下四条原则:一是按"高进高出"核定的所有产品的成本加税必低于市场销售价,其利润起码要等于零;二是经过预测和努力仍然赔钱的产品,在完成国家指令计划后停产整顿,停产期间免发有关单位的全部奖金;三是在全厂实行成本否决制度,凡完不成成本、费用指标的单位,一律免发当月全部奖金,但累计完成后可补发,旨在促进各单位以丰补歉,确保一年成本指标的完成;四是为防止成本不实和出现不合理的挂账及待摊,总厂每月进行一次全厂性的物料总平衡,对各单位的原材料进行盘点、查库和查账,账物不符的要重新计算,完不成的否决全部奖金,并延缓升级时间。

4. 立足一个"优"字

即优化机构设置,促进新机制的高效运转。为保证新的经营机制正常高效地运转,企业的管理体制和管理职能必须与之相适应。五年来,根据模拟市场核算的需要,全厂先后新建或加强了质量、销售、财务、计划、外经、预决算、审计、公关、备件管理机构,进一步强化和理顺了管理职能,对保证模拟市场核算这一新机制的高效运行发挥了重要作用。

推行这一机制的五年时间,企业展现出蓬勃生机和活力,产品成本逐年下降,经济效益稳步增长。按同口径计算,1991~1993年,成本逐年下降6.36%、4.83%、6.13%,1994年可比产品成本下降8.9%,1995年又下降1%,实现利润由1990年的1991万元,到1991年的5020万元,1992年的1.49亿元,1993年的4.5亿元,1994年的7.8亿元。1995年,在钢材平均售价比上年每吨下降292元,钢材平均售价2070元(不含税)的不利条件下,实现利润7.09亿元,在全省名列榜首,在全国冶金行业也位居前列。综合经济效益指数、人创利润和利税、全员劳动生产率等均居全国同行业前列。

问题思考

(1)通过邯钢实行的成本控制,你如何理解控制的作用?

(2)邯钢在实行成本控制中体现了哪些控制原则?

小　　结

控制是为了确保实现组织的目标而实施的检查、监督及纠正偏差的管理活动过程。

控制的含义包括三个方面:一是控制有很强的目的性,即保证组织中的各项活动按计划或标准进行;二是控制是通过"监督"和"纠偏"来实现的,要求控制系统具有良好的信息系统;三是控制是一个过程,是管理者对被管理者的行为活动进行检查、监督、调整等的管理活动的过程。

控制的作用主要包括三个方面:一是可以有效减轻环境的不确定性对组织活动的影响;二是可以使复杂的组织活动能够协调一致地运作;三是可以避免和减少管理失误造成的损失。

控制的目的包括限制偏差的累积和提高组织的环境适应力两个方面。

控制的对象是那些衡量绩效的要素或指标。

控制职能可以按控制目的和对象划分为纠正执行偏差和调整控制标准;根据控制点处

于整个活动过程中的位置，可以将控制划分为前馈控制、现场控制和反馈控制；按采用的手段可以把控制划分为直接控制和间接控制；按控制源可把控制分为正式组织控制、群体控制和自我控制；按问题的重要性和影响程度可以把控制分为任务控制、绩效控制和战略控制。

控制应遵循反应计划要求原则、组织适宜性原则、控制关键点原则、例外原则等基本原则。

控制一般包括确定制定控制标准、衡量工作绩效、分析偏差并予以纠正三个步骤。

常用的控制标准包括质量标准、成本标准、数量标准和时间标准。衡量工作绩效包括了解实际工作绩效并比较实际绩效与标准的差异两个方面的内容。纠正偏差大致可以分为三个步骤：第一步分析偏差产生的主要原因，第二步确定纠偏对象，第三步采取纠偏措施。

用于控制系统设计的方法主要有市场控制法、科层控制法、族群控制法和平衡计分卡四种方法。

控制方法包括预算控制和非预算控制两大类。预算控制主要包括收支预算控制、实物量预算控制、投资预算、负债预算控制、总预算控制五种；非预算控制主要包括审计法、财务报表分析、作业控制三种。

知识检测

一、名词解释

1. 控制　2. 前馈控制　3. 预算　4. 全面质量管理

二、填空题

1. 控制是管理过程的终点，同时又是新一轮管理循环的起点（　　）和（　　）。
2. 控制是为了确保实现组织的目标而实施的（　　）、（　　）及（　　）的管理活动过程。
3. （　　）和（　　）提出了管理者追求的目标，（　　）提供了完成这些目标的结构、人员配备和责任，（　　）提供了指挥和激励的环境，而（　　）则提供了有关偏差的认识以及确保与计划相符的纠偏措施。
4. 控制是通过（　　）和（　　）来实现的。
5. 控制的目的包括（　　）和（　　）两个方面。
6. 控制的对象是那些（　　）。
7. 控制职能可以按控制目的和对象划分为（　　）和（　　）；根据控制点处于整个活动过程中的位置，可以将控制划分为（　　）、（　　）和（　　）；按采用的手段可以把控制划分为（　　）和（　　）；按控制源可把控制分为（　　）、（　　）和（　　）；按问题的重要性和影响程度可以把控制分为（　　）、（　　）和（　　）。
8. 控制一般包括（　　）、（　　）和（　　）三个步骤。
9. （　　）是控制过程的起点。
10. 常用的控制标准包括（　　）、（　　）、（　　）和（　　）。
11. 纠正偏差大致可以分为三个步骤：（　　）、（　　）和（　　）。
12. 用于控制系统设计的方法主要有（　　）、（　　）、（　　）和（　　）四种。
13. 控制方法包括（　　）和（　　）两大类。预算控制主要包括（　　）、（　　）、

（　）、（　）和（　）五种；非预算控制主要包括（　）、（　）和（　）三种。

14．作业控制主要包括（　）、（　）和（　）。

三、判断题

1．控制与计划相互依存、密不可分。一方面，计划为控制表明目标；另一方面，控制为计划提供信息。（　）

2．管理中的控制手段可以在行动开始之前进行，也可以在进行之中或结束之后进行。（　）

3．控制工作的第一步是确定控制标准。（　）

4．管理控制过程中的关键环节是制定控制目标。（　）

5．“治病不如防病，防病不如讲卫生”。根据这种说法前馈控制最重要。（　）

6．“亡羊补牢”属于同期控制。（　）

7．为减少企业一再出现的产品质量问题，公司决定针对出现质量问题的原因建立起一套严格的责任负责制度，这是一种反馈控制。（　）

8．一个有效的控制系统其控制主体应该是各级管理者。（　）

9．常用财务指标中流动资产和存货之差与流动负债的比率是流动比率。（　）

10．以尽可能低的价格购买所需的原材料属于作业控制。（　）

四、单选题

1．最通常的控制形式为（　）
A．前馈控制　　　　B．同步控制　　　　C．反馈控制　　　　D．质量控制

2．现场控制可以被称为（　）
A．反馈控制　　　　B．前馈控制　　　　C．同步控制　　　　D．预防控制

3．市场调研、可行性分析属于（　）
A．同步控制　　　　B．前馈控制　　　　C．反馈控制　　　　D．纠正控制

4．学生的家庭作业和期中考试属于（　）
A．同步控制　　　　B．前馈控制　　　　C．反馈控制　　　　D．预防控制

5．前馈控制发生在实际变化过程（　）
A．之前　　　　　　　　　　　　　　　B．之后
C．之中　　　　　　　　　　　　　　　D．之前、之中和之后

6．控制过程的最后一步是（　）
A．制定标准　　　B．评价成绩并纠编　　C．用标准衡量成绩　　D．质量控制

7．强化是通过奖惩手段修正员工的行为，它属于（　）
A．同步控制　　　　B．前馈控制　　　　C．反馈控制　　　　D．纠正控制

8．由于环境因素的变化组织目标不能实现时，组织应该采取的措施是（　）
A．修正计划　　　　　　　　　　　　　B．激励员工克服困难
C．调整组织结构　　　　　　　　　　　D．撤换领导

9．预算是计划的数字化，它是一种典型的（　）
A．事前控制　　　　B．即时控制　　　　C．事后控制　　　　D．预防控制

10．控制就是使各项活动按计划进行。为此需要在企业中建立信息反馈机制，随时监控是否存在偏差。在发现偏差后，有人提倡"消灭偏差"，对于这种提法你如何看待？（　）

A. 这种提法是正确的,只有确保消灭偏差才能确保计划的顺利实现
B. 这种提法是错误的,如果要完全消灭偏差成本太高
C. 这种提法是错误的,关键是找到偏差的原因,消除原因才是根本的解决途径
D. 以上提法都不正确

五、简答题

1. 计划和控制的关系是什么?
2. 试比较各种控制方式的差异。
3. 控制的基本步骤和原则是什么?
4. 非预算控制包括哪些方式?
5. 全面质量管理的特点与步骤是什么?
6. 谈谈控制的目标和重要性。
7. 谈谈控制的类型、特征及如何选择控制方式。
8. 谈谈如何选择关键控制点。
9. 联系实际谈谈控制活动产生偏差的原因所在。
10. 联系实际谈谈有效控制系统的必要条件。

技能训练

项目:制订目标管理方案

技能培养目标

1. 增强对目标管理的感性认识
2. 掌握目标管理的实施要领

管理情境设计

学生自愿分组,每组6人左右,每组选定一个经营项目与规模大体相当的企业,通过调研了解企业的基本情况,并为企业制订下一季度的目标管理方案。

实训要求

1. 应进行必要的调查研究,正确地确定目标项目与标准,要具有可操作性;
2. 方案必须充分体现目标管理的特点与要求,有完整的结构;
3. 每个人都要起草一份目标管理方案,在组内交流并评分;
4. 经过优选和完善,每组确定一份公司的目标管理方案;
5. 班级组织一次交流,介绍、分析与评价各公司的目标管理方案。

参考文献

1. 周三多. 管理学 [M]. 上海:复旦大学出版社,2003.
2. 张颖. 管理学基础 [M]. 北京:东北财经大学出版社,2006.
3. 路宏达. 管理学基础 [M]. 北京:高等教育出版社,2000.
4. 单凤儒. 企业管理 [M]. 北京:高等教育出版社,2004.
5. 洪波,王峰. 管理学教程 [M]. 上海:上海财经大学出版社,2006.
6. 杨文士,张雁. 管理学原理 [M]. 北京:中国人民大学出版社,1998.

7．卜军，姜英来．管理学基础［M］．第2版．北京：大连理工大学出版社，2006．
8．陈琳．管理原理与实践［M］．北京：国防工业出版社，2007．
9．刘秋华．管理学［M］．北京：高等教育出版社，2005．
10．孙晓林．管理学［M］．北京：科学出版社，2006．
11．何海怀．企业管理基础［M］．北京：电子工业出版社，2009．

参考答案

二、填空题

1．终点　起点
2．检查　监督　纠正偏差
3．计划　决策　组织　领导　控制
4．监督　纠偏
5．限制偏差的累积　提高组织的环境适应力
6．衡量绩效的要素或指标
7．纠正执行偏差　调整控制标准　前馈控制　现场控制　反馈控制　直接控制　间接控制　正式组织控制　群体控制　自我控制　任务控制　绩效控制　战略控制
8．确定制定控制标准　衡量工作绩效　分析偏差并予以纠正
9．确定控制标准
10．质量标准　成本标准　数量标准　时间标准
11．分析偏差产生的主要原因　确定纠偏对象　采取纠偏措施
12．市场控制法　科层控制法　族群控制法　平衡计分法
13．预算控制　非预算控制　收支预算控制　实物量预算控制　投资预算　负债预算控制　总预算控制　审计法　财务报表分析　作业控制
14．成本控制　质量控制　采购库存控制

三、判断题

1．对　2．对　3．对　4．错　5．对　6．错　7．对　8．对　9．错　10．对

四、单选题

1．C　2．C　3．B　4．A　5．A　6．B　7．C　8．A　9．A　10．C

第七章 创 新

创新是管理的重要职能,是一种思想及在这种思想指导下的实践,是一种原则及在这种原则指导下的具体活动。企业要想在信息化、网络化及经济全球化的环境中生存发展,必须具有超强的创新力和创造力。本章主要阐述创新的含义、内容与方法;管理创新的概念与内容;技术创新的概念、内容及技术创新战略的选择等内容。

知识目标

(1)了解创新的含义、内容与方法;
(2)掌握管理创新的概念与内容;
(3)理解技术创新的概念、内容及技术创新战略的选择。

技能目标

(1)培养学生的创新思维;
(2)能够运用创新原理,开展实践性的创新活动。

导入案例

不断创新的海尔洗衣机

1."大地瓜洗衣机"的诞生

1996年,一位四川农民投诉海尔洗衣机排水管老是被堵,服务人员上门维修时发现,这位农民用洗衣机洗地瓜(南方又称红薯),泥土多,当然容易堵塞。服务人员并没有推卸责任,而是帮助这位农民加粗了排水管来解决问题。这位农民感激之余说,要是有能洗地瓜的洗衣机就好了。他的这句话提醒了海尔人,他们通过调查发现,在地瓜产区类似这位农民的现象普遍存在。农民们既用洗衣机洗衣服,又用它来洗地瓜,洗地瓜泥土多,结果不仅导致排水管容易受堵塞,而且导致电机转速减弱,电机壳体发烫。海尔人从中发现了个新的大市场——能洗地瓜的洗衣机。1997年,海尔立项研发即能洗地瓜又能洗衣服的洗衣机,1998年4月投入批量生产。这种洗衣机既能洗地瓜,又能洗衣服,还能洗水果甚至蛤蜊,而且价格才848元。首次生产10 000台投放农村,立刻被抢购一空。

> 2. "小小神童"的奇迹
>
> 每年6~8月历来都是洗衣机销售淡季,但是这段时间也是全国最热的季节,照常理应是人们换衣服频次最高的季节,也是洗衣机用得最频繁的时候,那么人们为什么不买洗衣机呢?经过调查,海尔人发现了顾客正被一连串洗衣问题所困扰:夏天,宝宝出世了,每天都有一堆小衣服、尿布要立即洗;夏日炎炎,回到家里最烦的就是洗衣服,不洗就要变味,若用大洗衣机费水费电,若用手洗又不习惯,用惯了洗衣机的人谁还愿意用手洗呢?除此之外,普通家庭也存在类似问题。像上海,最热的时候一天换两次衣服,频次高,量又少。5公斤的洗衣机不合适……在这种情况下,小洗衣机会有一定的市场。海尔向顾客发出的"咨询问卷"证实了这点。于是海尔开发出叫"小小神童"的洗衣机投放到市场,结果市场上出现了罕见的排队抢购热潮。"小小神童"获得了成功,但海尔人并没有就此止步,他们时刻都在倾听市场的声音。有人说,"小小神童"虽好,可惜没有甩干功能。海尔人迅速推出了带有甩干功能的新一代"小小神童",一下子又形成了一个新卖点。
>
> 总之,海尔人紧紧围绕市场需求及其变化,不断推出新产品,改进原来的老产品,最终赢得了市场,赢得了顾客,进而赢得了成功。
>
> **问题思考**
> 1.创新对一个组织有什么重要意义?
> 2.海尔创新为什么能获得成功?
> (资料来源:刘兴倍,《管理学原理》,清华大学出版社,2005)

第一节 创 新 概 述

创新是管理的重要职能,更是企业进步的根本途径。企业这种现代经济组织形式,从诞生之日起就没有停止过创新。正是由于不断创新,一批巨型企业雄霸市场,一批科技先导型企业独领风骚,一批企业常胜不败,一批企业充满生机和活力。一个企业的发展史,必然也是一部创新史。这种创新,既可能表现在企业成立之初就以崭新的理念和经营风格走向成熟,也可能表现在发展过程中以不断创新跟上时代前进的步伐;既可能是在企业跌入困境时通过创新转危为安,也可能在企业成功之后继续创新寻求新的发展。世界企业发展的历史充分表明,只有创新才是企业生命力的源泉。

一、创新的含义

美国经济学家熊彼特在其《经济发展理论》一书中首次提出了创新的概念。他认为,创新是对"生产要素的重新组合",具体来说,包括以下五个方面:①生产一种新产品,也就是消费者还不熟悉的产品,或是已有产品的一种新用途和新特性;②采用一种新的生产方法,也就是在有关的制造部门中未曾采用的方法,它不一定非要建立在科学新发现的基础上,它可以是以新的商业方式来处理某种产品;③开辟一个新市场,就是使产品进入以前不曾进入的市场,不管这个市场以前是否存在过;④获得一种原材料或半成品的新的供给来源,不管这种来源是已经存在的还是第一次创造出来的;⑤实现一种新的企业组织形式,如建立一种垄断地位或打破一种垄断地位。

其后,许多研究者也对创新进行了定义,具有代表性的定义有以下几种:①创新是开发一种新事物的过程,这一过程从发现潜在的需求开始,经历新事物的技术可行性阶段的检验,到新事物的广泛应用为止。创新之所以被描述为是一个创造性过程,是因为它产生了某种新的事物。②创新是运用知识或相关信息创造和引进某种有用的新事物的过程。③创新是对一个组织或相关环境的新变化的接受。④创新是指新事物本身,具体说来就是指被相关使用部门认定的任何一种新的思想、新的实践或新的制造物。⑤创新是新思想转化到具体行动的过程。

我国学者罗伟等人则认为,创新是在经济活动中引入新产品或新工艺,从而实现生产要素的重新组合,并在市场上获得成功的过程。这一定义明确了创新的界定,它是国内学者对创新这一概念所做的比较具有代表性的概述。

结合我国企业的实际情况,我们认为创新是形成一种创造性思想并将其转化为有用产品、服务或作业方法的过程,也指富有创新力的组织能够不断地将创造性思想转变为某种有用的结果。各种各样以新的方式提高资源配置效率的活动都可称之为创新,创新行为可以表现在技术、管理和文化等不同的侧面。

管理案例 7-1

洛克菲勒的一滴油

在美国某石油公司工作的一名青年,他的学历不高,也没有什么特别的技术,他的工作就是巡视并确认石油罐盖有没有自动焊接好。石油罐子在输送带上移至旋转台上时,焊接剂便自动滴下,沿着盖子回转一圈,作业就算结束了。他每天如此,反复好几百次地注视着这些石油罐。

有一天,他发现罐子旋转一次,焊接剂滴落 39 滴,焊接工作便结束。在这一连串的工作中,有没有可以改善的地方呢?如果能将焊接剂减少一两滴,是不是能够节省成本?经过一番研究,他终于研制出"37 滴型"焊接机。但是,利用这种机器焊接出来的石油罐,偶尔会漏油,并不实用。他没有灰心,又研制出"38 滴型"焊接机,为公司带来了每年 5 亿美元的新利润。这名青年就是后来的美国石油大王洛克菲勒。

(资料来源:吕国荣,"一滴智慧",《人民文摘》,2008(05))

二、创新的本质

创新的本质是指人们充分发挥主观能动性,采用新颖独特的方式,发现和创造新的知识、事物和方法。对创新本质的理解,有下面几种不同的角度。

(1)创新是一种理念。创新作为一种理念是基于知识经济的时代背景,将知识转化在社会生产方式和生活方式活动过程中。这一观点提出,社会主体应不断对自身进行多方位的思考,而且社会主体之间需要多渠道的交流。创新理念是针对传统理念而言,具有新颖性、独特性和开放性等主要特性。

(2)创新是一种精神。创新作为一种精神,是人类作用于自然、社会和人本身的各种主观反映，它集中体现出人的个性与社会性的统一性，主要包括创新意识、创新态度、创新情感、创新意志等。

（3）创新是一种能力。创新作为一种能力，它的特性包括敏锐性、变通性和原则性，创新能力的发展依托于个性的充分发挥。

（4）创新是一个过程。创新作为一个过程，需要不断探索，需要付出代价，是一个不断努力奋斗的过程。创新的过程是复杂的，一般要经过寻找机会—提出构想—迅速行动—忍耐坚持四个阶段。

管理专栏 7-1

创 新 思 维

美国心理学家科勒斯涅克认为，创新思维是发明或发现一种新方式，用以处理某些事情或表达某种事物的思维过程。

一、创新思维的特点

1. 突破性

创新思维是在思维方法、思维形式、思维过程等方面富有独特性的思维，因此，它表现为一种思维突破：突破一般性思维的常规惯例，突破旧观念和旧的理论框架，突破科学上未知王国的层层设防等。

2. 非逻辑性

创新思维往往是在超出逻辑思维，出人意料地违反常规的情形下出现。创新思维通常都伴随着直觉、顿悟和灵感，新观念的提出、问题的突破，往往经历从逻辑的中断到思维的跳跃，再到思想的飞跃的过程。

3. 综合性

创新思维是多种思维形式协调活动的综合性思维，既有知觉的洞察和灵感的闪现，又有想象的驰骋和类比的启迪，更不乏演绎与归纳、发散与集中、假象与试探等。

二、创新思维方法

1. 扩散思维和集中思维

扩散思维又称发散思维和多向思维，它是在思维过程中，充分发挥人的想象力，突破原有的思维定势，从一点向四面八方进行想象、思维，通过知识的重新组合，找出更多更新的可能答案、设想或解决办法。

集中思维又称收敛思维，它是从众多的信息中引出一个正确的答案或人们认为满意的答案，即以某个思考对象为中心，从不同的方向和不同的角度，将思维指向这个中心点，以达到解决问题的目的。集中思维能力的高低，取决于一个人分析、综合、抽象、概括判断和推理等逻辑思维能力。

2. 逆向思维法

逆向思维法又称反向思维法，它是从常规思考解决问题的反面来探求解决问题的思维方法。逆向思维法有以下三种具体方法。

(1) 反转型逆向构思法。这是常用的、典型的逆向思维法。它是指从已有事物的相反方向，通过逆向思维来引导创造发明构思的方法。通过对事物与现象的反面来思考，可以获得创造发明成果。

(2) 转换型逆向构思法。它是指当某种技术目标或技术创造课题，按习惯性思路，从一个方向上难以突破时，可以从另一个方向、角度，或者从相反方向来思考，则有可能打开新思路，获得新突破。

(3) 缺点逆用构思法。它是巧妙地利用缺点，化弊为利，获得创造发明成果。

（资料来源：王社民，《管理基础与实务》，北京理工大学出版社，2009）

三、创新的内容

1. 目标创新

企业是在一定的经济环境中从事经营活动的，特定的环境要求企业按照特定的方式提供特定的产品。当环境发生变化，企业的生产方向、经营目标以及企业在生产过程中与其他社会经济组织的关系就要进行相应的调整。我国的社会主义工业企业，在高度集权的经济体制背景下，必须严格按照国家的计划要求来组织内部的活动。经济体制改革以来，企业同国家和市场的关系发生了变化，企业必须通过其自身的活动来谋求生存和发展。因此，在新的经济背景中企业的目标必须调整为"通过满足社会需要来获取利润"。至于企业在各个时期的具体的经营目标，则更需要适时地根据市场环境和消费需求的特点及变化趋势加以整合，每一次调整都是一种创新。

2. 技术创新

技术创新是企业创新的主要内容，企业技术创新贯穿于从新产品、新工艺的设想、开发、生产到消费的各个环节，它包含了企业创新意识、研究和开发的能力、商业化生产水平和市场占有率等要素。技术水平高低是反映企业经营实力的一个重要标志，企业要在激烈的市场竞争中处于主动地位，就必须不断进行技术创新。由于一定的技术都是通过一定的物质载体和利用这些载体的方法来实现的，因此企业的技术创新主要表现在要素创新、要素组合方法的创新和产品创新三个方面。

技术创新的基本思路是以市场为导向，以企业为主体，以产品为龙头，以新技术开发应用为手段，以提高企业经济效益、增强市场竞争力和培育新的经济增长点为目标，重视市场机会与技术机会的结合，通过新技术的开发应用，带动企业或整个行业生产要素的优化配置，以有限的增量带动存量资产的优化配置。

技术创新是一个以新的技术思想产生为起点，以新的技术思想首次商业化为终点的过程。因此，技术创新可以分为研究开发前期阶段和商业化后期阶段两个阶段。研究开发是产生新的技术思想和技术方法的重要源泉，商业化是将新的技术思想和技术方法转化为正常生产和销售的新产品或正常生产中使用的新工艺。技术创新又是一种能力，这种能力体现在市场机会与技术能力的结合上，是一种能够把握市场机会和技术机会、正确做出创新决策、有效实施决策并成功地将创新引入市场的能力。

3. 管理创新

管理创新是企业创新系统的重要组成部分，它是指把新的管理要素，如新的管理方法、新的管理手段、新的管理模式等要素引入企业管理系统的一系列的创新活动，以此创造一种更有效的资源组合模式。管理创新的主要驱动力来源于三个方面：组织环境变化的要求、组织自身发展的需要和管理工作本身的要求。但实际中，管理创新并没有引起人们足够的重视，企业愿意投入资金进行技术开发，也愿意进行市场开拓，但对管理创新却在时间和财力上非常保守，对于通过管理咨询来协助企业进行改进和创新的做法更是不以为然。这种错误的认识使不少企业付出了惨重的代价。事实上，管理创新是企业中各类创新的桥梁和纽带，没有相应的管理创新，技术等其他方面的创新就很难达到预期的效果。没有管理创新的"整合"和"优化"作用，其他创新取得的成功也很难长久。管理创新实际上是其他创新的组织保证，是组织生存、发展的客观需要。

管理智慧 7-1

把电梯装在室外

圣地亚哥的艾尔·柯齐酒店因为电梯不够使用，因而请来诸多专家来商量对策。经过一番研究后，专家们一致认为，要多添一部电梯，最好的办法是每层楼打一个大洞，地下室多装一个马达。定案之后，那两位专家到前厅坐下来商谈细节问题，恰巧让一位正在扫地的清洁工听到了他们的计划。

清洁工对他们说："每层楼都打个大洞，不是会弄得乱七八糟，到处尘土飞扬吗？"

工程师答道："这是不可避免的。到时候还有劳你多多帮忙。"

清洁工又说："我看，你们动工时最好把酒店关闭一段时间。"

"关不得，你关门一段时间，别人还以为倒闭了。所以，我们打算一面动工，一面继续营业。不多添一部电梯，酒店以后也很难做下去。"

清洁工挺直腰杆，双手握住拖把柄，说道："如果我是你的话，我会把电梯装在酒店外头。"两位专家听到这个建议，眼前为之一亮。于是听从了清洁工的建议，率先创造了近代建筑史上的新记录——把电梯装在室外。一个颇富创意的点子，为商家省了大把大把的钱。

管理启示：成功的企业处处领先，靠的就是创新。要最大限度地发挥人的潜能，就不要受制于自缚手脚的想法。成功者相信梦想，也欣赏清新、简单但很有创意的好主意。

有时候，经验的积累的确能够帮助人们在直觉下做出最快、最好的反应，但这种思维定势也同时变成了一种思考上的障碍。如果人们能经常突破常规，突破思维定势来思考问题，成功一定会更多些。

---

4. 文化创新

文化创新是指将文化因素引进管理，以形成新的价值观体系，最终达到增强企业生机活力，提升市场竞争力和市场地位、引导企业走向成功的目的的创新活动。某些企业成功的关键在于它们能够在复杂多变的市场环境中进行文化创新，激励和吸引员工，形成能够变被动行为为主动行为的价值观念和行为规范。

企业创新是企业在竞争中不断寻求新的平衡点与发展动力的自我否定与自我超越的过程，企业文化创新对企业创新的成败起着重要的作用，因为企业的任何一项创新首先是观念创新、文化更新与再造。只有企业具备了创新型文化、学习型文化、开放型文化、兼容型文化，企业创新才能更具活力和生命力。

四、创新的方法

奥地利作家梅依林克写过一则极富哲理的寓言。有一只不怀好意的蛤蟆问一条蜈蚣:"当你向前伸出第一条腿的时候,你还有几条腿同时向前伸出?当你弯第十四和第十九条腿的时候,你的第二十七条腿的脚掌在做什么?"蜈蚣开始专心思考这些问题,可是却不会走路了。作为一个创新者,千万不能做蜈蚣式的思考者,而应该既善于创新性思考,又善于有条不紊地创新性实践,这就要掌握一些创新方法。

1. 头脑风暴法

头脑风暴法是美国创造工程学家 A.F. 奥斯本发明的一种创新方法。这种方法是通过一种别开生面的小组畅谈会,在较短的时间内充分发挥群体的创造力,从而获得较多的创新设想。头脑风暴法的目的在于创造一种自由奔放的思考环境,诱发创造性思维的共振和连锁反应,产生更多的创造性思维。讨论一小时能产生数十个乃至几百个创造性设想,适用于问题较单纯、目标较明确的决策。这种方法在运用中又发展出"反头脑风暴法",又叫"质疑头脑风暴法"。做法与"头脑风暴法"相反,对一种方案不提肯定意见,而是专门挑毛病、找矛盾,从而实现对头脑风暴法的完善。

1979年,美国麦伊广告公司就举行过一次成功的头脑风暴。公司预先通知派驻在全球各地的机构,说明公司的大客户"可口可乐"要求重新更换广告主题,希望各地的机构尽力考虑。然后,再把各地派驻机构中富有创造力的主管全部召回纽约,举行会议,要求出席会议的每位代表都必须提出创新的构想,否则就不散会。经过整整一天的紧张会议,最后构想成一个主题:有了可口可乐就有了微笑。麦伊公司担任可口可乐的广告代理已经有二十多年历史,但对更换主题却感到棘手,又不愿意失去可口可乐这个大用户,只好采用头脑风暴法,以期短时间就解决问题。

2. 组合法

组合法是将现有的科学技术原理、现象、产品或方法进行分析、重配,从而获得解决问题的新方法、新思路或创新出新产品、新对策的过程。这种旧元素的重组过程,就好像是转动一个内装许多彩色碎片的万花筒,每转动一下,这些碎片就会发生新的组合,产生无穷无尽、变幻莫测的新的图案。人的思维也是如此,大脑就像一个能产生无数图案的万花筒,如果你能够将旧信息不停地转动以重新排列组合,创新就会产生了。

美容院和即时显像照相是两个毫无关联的事情,但被组合到一起,就产生了一个新的经营方法。美容院如果理出的发型使顾客很满意,就用照相机当场拍照送给顾客,再拍一张作为那位顾客的名片进行存档。顾客拿到照片后可时常琢磨发型是否适合自己,店里留存的照片除可作宣传用,还可以供其他理发师学习参考。

3. 逆向思考法

逆向思考法是顺向思维的对立面。逆向思维是一种反常规、反传统的思维。顺向思维的常规性、传统性,往往导致人们形成思维定势,是一种从众心理的反映,因而往往使人们形成一种思维"框框",阻碍着人们创造力的发挥。这时如果转换一下思路,用逆向法来考虑,就可能突破这些"框框",取得出乎意料的成功。

天然动物园的建立就是逆向思维的结果,在讨论修建动物园的会议上,人们为如何捕捉老虎、狮子这些猛兽而伤透了脑筋。一位学者提出了一个奇妙的构想:运用数学上的拓扑变换原理将笼子的内部变为外部，即把人关进笼子里而把老虎放出来，于是天然动物园就诞生了。这种新的经营方式就是逆向思考的结果。

管理智慧 7-2

反过来想想

　　一位叫德瑞克的美国人，发现了从石油中可以分离出代替鲸油的煤油。在当时，这肯定是一个发财的好点子。但他却面临着一个头痛的问题，那就是如何将地底下的石油采集上来。为此事而烦恼的德瑞克先生，有一天突然听到附近的一个农户正在抱怨，在地下打的水井，总是渗入了讨厌的石油，弄得水井无法使用。在这一瞬间，德瑞克先生脑袋一转，这不正是一个绝妙的好方法吗？只要用打水井的方法，在地下钻一个井，不就可以像抽水一般，抽取石油吗？

　　欣喜若狂的他，将这个设想说出来之后，却引来一片嘲笑声。在当时人们的眼里，这简直就是天方夜谭。用水井怎么可以来抽石油呢？没有被嘲笑声吓倒的德瑞克先生，决定做一次尝试，他在宾州的一块土地上，开挖了世界上第一口钻井。过了没多久，他成功了。钻井里涌出了源源不绝的石油，那里更成为了世界上第一块油田。而直至今天，全世界都还在使用着他所构想出来的钻井方法。

　　对于农民来说，水井涌入这种可恶的石油，确实是一件讨厌的事情；但对于德瑞克来说，却正是解决难题的良方。

　　管理启示：世界上有许多事情都是如此，成功与失败在许多情况下，都是相对而言的。其实只要你愿意反过来想一下，就完全可以从别人的错误与失败中，找寻到自己成功的途径。企业管理也是如此，当你面对某件无法解决的问题时，不妨换个角度，从另一种角度去思考，打破头脑里的固定思维模式，也许就会找到你所需要的捷径。

4. 类比创新法

　　类比就是在两个事物之间进行比较，这两个事物可以是同类的，也可以是不同类的，甚至差别很大。通过比较，找出两个事物的类似之处，然后再据此推出它们在其他方面的类似之处，因此，类比创新法是一种富有创造性的发明方法，它有利于发挥人的想象力，从异中求同，从同中求异，产生新的知识，得到创新性成果。

　　台湾农林厅希望通过广告手段向大家推销香蕉。时下最流行的莫过于请明星做代言了。请谁呢？他们想到了台湾著名的歌星包娜娜，包娜娜那甜美的歌喉、优雅的舞姿，以及她那首家喻户晓的《掌声响起来》，都足以吸引消费者的注意，而英语香蕉"banana"读音正好与"包娜娜"谐音。于是，包娜娜与banana，甜美的歌声与美味的水果，就通过类比方法联系在一起。"娜娜的身段、诱人的果香，包娜娜，BANANA的诱惑"名噪一时，为企业创造了丰厚的收益。

5. 联想创新法

　　联想创新法是依靠创新者从一事物联想到另一事物的心理现象来产生创意，从而进行发明或革新的一种方法。联想就必须抓住相关事物在外观上、功能上、结构上、本质上的相似之处，从已知推导未知，获得新认识，产生新设想。联想方法的应用范围很广，要实现成功的创新，必须拥有与创新对象相关的信息资料，必须抓住事物间的某种联系，进行认真思考。

一日本啤酒企业与一美国啤酒企业要为一种不用开瓶器就能打开的啤酒作广告，有这样两种广告表现：日本人是用一位年轻漂亮的少女的纤弱的手指打开啤酒瓶盖，以表示可以毫不费力地打开啤酒，无需开瓶器。美国人则找了一位其貌不扬、衣衫褴褛的50岁左右的老年人作模特，他右手拿着啤酒，对着电视观众说："今后不必再用牙齿了！"随即咧开嘴得意的一笑。就在这笑的一瞬间，人们发现原来他没有一颗门牙，这样，人们在惊奇之余，很快就强烈地感受到这种不用开瓶器就能开启的啤酒所带来的好处，既形象又强烈，还能久久回忆，给人留下非常深刻的印象。就这样，美国企业用联想创新法为自己的产品做了令消费者印象深刻的宣传。

第二节　管 理 创 新

管理案例 7-2

浙江花园集团的管理创新

任何一个成功的企业，都有其成功的管理经验。浙江花园集团的发展和成长是进行制度创新、强化管理的必然结果。具体表现在以下几个方面。

1. 不断改革各项制度，促进企业稳步发展

花园集团的前身是个个体小作坊，裁缝之子邵钦祥、邵钦培兄弟俩以及老支书三人，带领18名职工自带缝纫机办起了制衣小厂。邵钦祥既是厂长，又是推销员，在没有任何办厂经验的情况下，凭着他顽强、好学的精神，硬是摸索出一套管理、营销经验，学会了与各种人打交道，以及用人的管理技巧。随着市场的发展，邵钦祥一方面凭着他敏锐的观察力，认识到企业想要大发展，个体经济必将受到多种因素的制约，诸如资金、人才、土地以及环境等方面的制约；另一方面，作为先富起来的一部分人之一，他凭着坦荡的胸怀和追求人生价值的理想，毅然决定将个体企业改制成村办企业，从企业产权制度改革入手，将企业托上了一个台阶。为了加快企业发展步伐，迅速改变花园贫困落后的面貌，壮大集团经济，走共同致富路，他创建了"村企合一"的管理体制，利用企业的积累，统一村企规划，进行基础设施建设，对企业进行股份制改造，组建了拥有18家紧密企业、共34家成员企业的浙江省首家村级企业集团，使花园在国家进行宏观调控、多数乡镇企业举步维艰的情况下，迈上了新的台阶。

2. 完善内部管理，提高经济效益

改革是永无止境的。在企业大发展的同时，花园集团抓企业内部管理，先后引进和培训了一些中高级管理人才，建立健全各项经营管理的规章制度，加强和重视管理人员的业务培训工作，举办多期不同专题的业务培训班，对科室管理人员进行专业培训，以提高管理人员的业务水平，使企业管理走向了规范化、科学化的轨道。1994年11月建立了企业内部银行，利用内部银行将暂时闲置、分散的

> 资金集聚起来集中管理,解决了企业资金紧张的矛盾。1995年内部银行共投资1 000万元,提高了资金使用效果,降低了资金成本,获得了可观的经济效益。各成员企业也在抓管理促效益上出了成果。服装厂从提高管理效率着手,精简管理机构,裁减非生产性人员,使其产品以优质量、低成本、好信誉,赢得了市场竞争的优势。彩印厂、火腿厂在质量上乘的前提下创出了"花园"牌火腿王的名品。
> 3. 支持管理创新,采取灵活的经营机制
> 从1990年起,花园就推行了企业经营承包责任制。之后通过不断改革经营,形成了目前具有花园特色的"厂长风险责任承包制"。该制度采用了"厂长终身制,承包基数一年一包"的办法,很好地解决了厂长管理不善,总经理随时有权解聘。"承包基数一年一包",主要是根据花园具体情况实施的。花园集团近年来发展很快,新企业较多,而对新企业涉及的新行业,行情不太好把握准确,加之这几年市场变化快,中长期预测误差太大,短期预测较为容易、准确,因而承包基数一年一定,就比较合理、科学,容易调动承包者的积极性,给企业注入活力。

世界经济发展的历史和国外管理理论的研究表明,当代经济的发展取决于竞争优势,决定竞争优势的主导因素是人才和科技的管理优势,而决定人才、科技管理优势的是管理创新。

一、管理创新的概念

管理创新是指创造一种新的更有效的资源整合范式,并能有效地加以实施。这种范式,既可以是新的有效整合资源以达到组织目标和责任的全过程管理,也可以是新的具体资源整合及目标制定等方面的细节管理。换句话说,管理创新就是指把新的管理要素,如新的管理方法、新的管理手段、新的管理模式等要素组合引入企业管理系统的一系列的创新活动,以此创造一种更有效的资源整合模式。理解这一概念需要注意以下几点。

(1) 管理创新的对象是组织中资源运用的模式。管理创新的对象是指组织中资源运用的整体模式,或某个部门资源运用的模式,如企业制度、生产管理模式、财务管理模式、人力资源管理模式、营销管理模式等。

(2) 管理创新的任务是寻求更有效的资源运用模式。不同的资源运用模式存在着效果上的差异,资源运用效果又决定了企业的生存和发展。管理创新的任务就是通过寻求有效的资源运用模式来为企业发展服务。

(3) 管理创新是一个工作过程。管理创新如同其他管理活动一样,也是一个管理过程。这个过程需要总结管理经验,寻找发展机会,进行合理的分析、设想,提出并建立新的资源运用模式。

(4) 管理创新有其特定的工作内容。管理创新的具体工作内容有:提出一种新的发展思路并加以有效实施;创设一个新的组织机构并使之有效运转;提出一个新的管理方式、方法;设计一种新的管理模式;进行一项制度的创新。

二、管理创新的内容

管理创新的内容是指现代组织在管理方面可以创新或应该创新的领域,具体包括五个方面。

(一)管理理念的创新

理念又称为观念,是指人们对客观事物所形成的看法。理念一旦形成,对人们的行为就具有驱动、指向和制约作用。如同人们的行为一样,组织行为也总是在一定的思想理念的支配下产生的,都是一定观念支配的结果。因此,不同的理念必然支配不同的行为,也自然会产生不同的结果。作为行为主体的组织,只有不断地更新理念,不断地产生适应时代发展的新思维、新观点,并落实在行动上,组织才能获得发展的机遇。否则,就会被市场所淘汰。从这个意义上说,理念创新是组织成功的导向,是其他各项创新的前提。

现代的理念创新是由一系列新观念和新观点组成的,以企业组织为例,主要有以下几点。

(1)研究市场、以变应变的理念。在市场经济条件下,企业生产经营必须以市场需要为取向,通过市场调研,使人们清楚地知道用户的需求和竞争对手的竞争策略在变化。因此研究市场要用开放、超前的眼光把握市场的变化。在满足市场需求和超越竞争品牌的原动力驱动下,快速准确地策划出市场、技术及发展战略.树立瞄准市场以变应变的理念。这种理念体现在:市场创新,引导需求观念;服务创新,赢得顾客的观念;包装创新,以精取胜的观念。

(2)顾客第一、用户至上的理念。随着市场经济的发展和收入水平、文化生活水平的提高,消费者需求日益朝着求便利、追时尚和多样化的方向发展。企业面临的市场竞争会日趋激烈。谁拥有顾客,谁就拥有了生存的基础,"顾客是上帝"、"顾客是衣食父母"的观念已日渐成为企业的座右铭。这种观念就是要求企业以顾客至上为目标,千方百计去满足顾客的各种不同需求,为顾客提供更新、更好、更多、更合适的产品和服务。

(3)可借鉴的具有时代特色的创新理念。西方经济发达国家尤其是美国的企业家、管理学家提出了具有鲜明特色的创新理念,充分地说明了外国企业深厚的创新文化氛围。美国著名的管理顾问莫尔斯提出的"可持续竞争的唯一优势来自于超过竞争对手的创新能力"。依靠这种创新精神,英特尔公司和微软公司始终掌握市场的主动权。被认为具有创新精神的3M公司提出的创新理论是"创新=新思想+能够带来改进或创新利润的行动"。未来学家托夫勒提出:"生存的第一定律是,没有什么比昨天的成功更加危险。"这种创新理念是说企业必须有一种强烈的忧患意识和时不我待的紧迫感和危机感,正如比尔·盖茨反复向员工强调"微软离破产永远只有18个月",意在使员工保持紧迫感。此外,还应该有以人为本、优胜劣汰、追求卓越、诚实可信、信息化管理、网络化经营等管理理念。

管理案例 7-3

火山灰带来的商机

2010年4月,冰岛火山爆发,制造出大量的火山灰。这些火山灰飘向了欧洲许多地方。法国巴黎一家航空公司,在火山灰飘来时,被迫停止了飞行。这家公司的老板,仰望着巴黎上空灰蒙蒙的火山灰,忽然想到前几天电视新闻说,火山灰是一种天然的肥料,对改善根际营养和土壤性能具有积极意义。他灵光一闪,发现里边蕴藏着巨大的商机。

当火山灰散尽,搭乘这家航空公司的滞留旅客上机时,每人都收到一个精美的礼物盒,礼物盒里装的是飘落的火山灰。礼物盒里有一份说明书,对火山灰的优点作了详细描述,要求拥有这份火山灰的旅客回国后,将它们抛洒在贵国的田野、森林或者花园里,这是一种非常贵重的天然肥料,百年一遇。这份贵重的礼品作为延误乘机的补偿费用,仅此一项,就节约支出几百万美元。同时,旅客人手一份的火山灰礼品,也成为免费的广告宣传,使世界上更多的人知道了这家航空公司,并愿意乘坐这家航空公司的飞机。据悉,还有很多人向这家航空公司提出购买大量火山灰的意向。没有想到,灰尘也能卖钱。巧妙地转化危机,并获得了巨大的商机。

(二)组织机构创新

美国著名的管理学家西蒙曾说过:"有效地开发社会资源的第一条件是有效的组织结构。"组织机构是组织的骨架,它规定了组织的诸多方面。任何一个现代组织都不应该把组织机构看做是一个刚性的东西,而应把它看做是一个柔性的有学习能力的有机体。企业组织结构是否科学有效直接影响企业组织能否进行高效的运转。结合我国企业实际情况及国内外先进理论,组织机构创新应注意以下几个方面。

(1) 注意培育企业组织结构创新的意识。这是建立和完善企业组织结构创新机制的前提,没有创新意识就不会形成组织结构创新的需求拉力,自然不会产生创新的动机,最终也就不可能形成创新的行为。

(2) 注意组织结构创新的优化设计。组织结构创新不是一种简单的活动,而是受多方因素制约的系统优化设计活动。企业组织结构是企业内部各个部门有序结合的状态或形式,是部门设置、职权划分、各部门在企业中的地位与作用及其相互关系的总体体现。例如部门划分:以产品生产过程的划分取代以职能部门的划分,以适应生产过程的划分取代以职能部门的划分,以适应生产发展的需要;以横向协调代替纵向控制,给予一线人员更大的决策权。另外,组织结构设计还要解决信息资源的分布与传输效果以及部门与成员的责权利等问题,做到以现代信息技术的应用取代传统的人工信息处理方式。例如,企业组织结构扁平化为信息的快速传播提供了可能,从而使管理层次和人员减少。

(3) 注意外部环境的变化。知识的重要性使得学习变得更加重要,企业中员工的培训成为组织管理中的一个重要问题。信息化是组织结构创新面临的另一种变化。以信息技术为载体的信息革命越来越受到社会各个方面的重视。例如,网络技术的发展使人类步入了数字化时代,互联网已经成为人类生活中不可缺少的组成部分。可见,企业组织结构必须创新,才能适应时代发展的要求。

目前,国外在激烈的市场竞争中出现了多种组织创新形式,主要有以下几种。

(1)学习型组织（Learning Organization）。15年前，壳牌公司做了一个调研，发现全球500强公司的平均寿命居然只有30～40年，仅有少数的20家公司存活了200年以上。对此进行了对比剖析后，结论是绝大多数公司都不知道怎么学习。学习型组织是由美国麻省理工学院的彼德·圣吉（Peter Senge）教授等在知识化、信息化的时代背景下，充分吸收东西方管理文化的精髓，提出的以系统动力学为基础的一种崭新的企业管理模式。学习型组织强调面临剧烈变化的外部环境时，组织要进行终身学习、全员学习、全过程学习和团体学习，基于组织共同目标和价值观，通过不断地学习提升能力，实现自我超越，搭建沟通平台，改善组织心态，鼓励改善创新，培育变革能力，提升职业再生能力、技术再创能力、核心竞争能力，培植组织竞争优势。

(2)柔性化组织。在日趋激烈的市场竞争中，竞争优势已不仅仅来自成本和价格，更重要的是维持客户的满意度和忠诚度。为此，企业根据需要建立起开发、生产、营销、售后服务及财务、法律等一体化的跨部门的横向组织，这些部门的专业人员相互协作，同步工作，既效率高又能迅速解决问题，并且能极大地发挥个人的创造力，从而保证企业快速、灵活地决策和管理，满足客户要求，为企业带来持久的竞争力。这种柔性化组织是适应新的经济发展和市场竞争的新型组织，在国外已经得到了广泛运用。

(3)虚拟企业。这种企业通过信息网络技术与其他企业、学校、科研单位、政府部门紧密配合，能紧紧抓住机遇发挥自己的核心竞争优势，同时调用外界资源就如调用自己的资源一样，对市场变化能迅速做出反应，能根据市场变化适时、不断地推出新产品，并且善于利用外界资源，降低自己的成本，把握信息的时效性，迅速将新产品推向市场。虚拟企业将管理的重点放在了对整个社会资源的整合和利用上，突破了企业自身的有形界限，因而比一般高新技术企业更具有强劲的竞争优势。虚拟企业常用的运作形式有虚拟生产、策略联盟、虚拟营销、虚拟后勤。

（三）管理方式方法创新

管理方式方法是组织资源整合过程中所使用的工具，直接涉及组织资源的有效配置。第二次世界大战后，许多管理学家和企业家把当时社会科学与自然科学中的最新科学成果引入企业管理，发展了许多被称为现代管理方法的学科分支，如线性规划、全面质量管理、统计分析、网络计划技术、库存管理、投资项目经济评估方法、决策技术、市场预测技术等。这些方法的产生对企业有效整合资源、提高效益起了相当大的作用。在现代管理方式中，具有代表性且影响较大的管理方式主要有以下几种。

(1)以人为中心的管理方式。在管理手段上，着眼于最充分地调动人的积极性和人力资源的优化配置；在目的上，追求人的全面发展以及由此而来的企业效益的最大化。以人为中心的管理方式的具体形式有人本管理、人性化管理和伦理化管理。

(2)以客户为中心的管理方式。随着科学技术的飞速发展和市场竞争的日趋激烈，人们越来越强烈地感觉到客户资源将是企业获胜最重要的资源之一。因此，以顾客为中心的管理方式，如客户关系管理、CS战略等应运而生，并成为近年来理论界和实践界关注的热点。它已帮助许多企业获得了应有的回报，赢得了客户、时间、效率和市场，从而赢得了效益。

(3)以物流为中心的管理方式。主要有物流管理和供应链管理。物流合理化已经成为企业获取利润的第三源泉，是企业扩大市场、降低成本、取得竞争优势的关键因素。供应链管理是指为了满足客户需求,在从原料到最终产品的整个生产过程中,对物流、信息流、资金流、价值流和工作流进行计划、组织、协调与控制,以寻求建立供、产、销企业以及客户间的战略合作伙伴关系,最大限度地减少内耗与消费,实现供应链整体效率的最优化。供应链的出发点是"高度关注客户的实际需求",其实质是使供应链联节点上的各相关企业充分发挥各自的核心能力,形成优势互补,从而更有效地实现最终客户价值。

（四）管理模式的创新

管理模式是指基于整体的一整套相互联系的观念、制度和管理工作方式方法的总称。随着科学技术的进步和社会经济的发展,现代组织伴随着管理创新的新思想和新方法,也创立了一系列管理新模式。

（1）集成管理。集成管理工作是指用于计划管理、控制、评价和改善企业从市场研究、产品设计、财务管理状况、加工制作、质量控制、物流直到销售与用户服务等一系列活动的管理思想、方法和技术的总称。集成管理不仅包括企业的战略思想、管理理念、生产组织形式以及相应的管理方法,而且包括体现这些思想并对其进行支持的、以计算机和信息技术为中心的技术方法。集成管理主要有三种类型：技术中心型、市场中心型、知识中心型。其运行机理是：整体优化,减负增正并举,协同互动和超前策划。

（2）企业再造。企业再造是在全面质量管理、准时化生产、无缺欠管理等优秀管理经验基础上创新出来的一种旨在全面变革企业,提升企业整体竞争力的变革模式。其根本思想在于彻底摒弃大工业时代的企业模式,重新塑造与当今时代信息化、全球化相适应的企业模式。企业再造具有根本性、彻底性、显著性和作业流程等特征,其价值取向是：以客户为中心,以员工为中心,以业绩为中心。

（3）知识管理。知识管理是知识经济时代的呼唤.是人类管理史上至泰勒科学管理以来的一次最伟大而深刻的革命,是信息化和知识化浪潮的产物。知识管理是以知识为核心,对企业知识资源进行的全方位的管理。它通过对知识的"获取—处理—传递—应用"这一完整过程进行引导和约束,促进知识的生产流动,使知识在企业中实现增值,从而达到提高企业核心竞争力的目标,并最终造就企业竞争的持续优势。

（4）网络管理。网络造就了一个全新的管理世界,引发了管理主体和客体、管理时间和空间、管理内容和形式、管理方法和手段、管理理念和文化、管理目标和使命等一系列的重大变革,促进企业的发展从更多地依靠实物形态向更多地依靠高技术、观念创新和无形资产方面转变。这种转变将应用于企业经营的核心环节,给企业业务流程、管理模式、组织结构的重构,乃至整体的发展带来新的机会。

（5）危机与风险管理。危机与风险是不可避免地客观存在着。在经济全球化、需求个性化、知识资本化、竞争国际化的条件下,企业面临的内外环境变化更加复杂,面临的危机也更加频繁多样,因而迫切要求组织加强危机管理意识和能力。努力消除内外环境变化带来的不利影响,防患于未然。危机管理的重点在于危机预防、危机处理和危机恢复等三个方面。而风险管理正是对管理过程中存在的各种危机的识别、评估、防范等一系列管理过程及活动。

（6）柔性管理。柔性管理是对企业内外部环境因素变化具有应对能力的管理。其重点在于强调柔性,其中包括生产的柔性和组织的柔性。这种柔性反映了企业能够快速适应日趋多元、快变、无法预测的市场竞争体系的能力。柔性管理的主要特点就是实行小批量、多品种的生产经营,对顾客需求迅速做出反应,并利用电脑技术调整生产经营(服务)流程,降低成本。在生产销售企业中的定制化就是成功的模式。

(7)精益化管理。是在广泛调研和分析对比的基础上,针对大量生产型管理模式存在的问题而提出来的。采用精益化管理就是要解决这些问题,即在资源的配置上,彻底消除无效劳动和浪费。精益的"精"就是少而精,即不投入多余的生产要素;"益"就是所有经营活动都要有效有益,即具有经济性。这种模式是美国研究人员通过大量的实地考察和研究,在对西方的大量生产方式与日本丰田生产方式分析的基础上,于20世纪90年代提出的新型管理方式。

管理智慧 7-3

方形西瓜的诞生

西瓜本是圆形的。可是,人们经过思维创新,圆西瓜变方了!据报载,日本有人生产了方形西瓜。他们事先按一定规格做出方形模具套住小西瓜,然后让其自然生长为方形。原来,精明的日本人认为,圆形的西瓜虽然光滑而惹人喜爱,但占据有效空间大,长途运输和储藏都不经济,而且圆形西瓜好滚动、易损坏。西瓜由圆变方后,不仅运输储藏经济、方便,还由于样子新奇而更加吸引消费者。

管理启示:这不禁让人感慨万千,市场经济真是一个变化莫测、无孔不入的魔术师,一个新思路或新创意往往会使滞销的产品得到新生,使萎缩的产业重现生机。在同样的外部环境下,只有那些勇于创新、善于突破陈旧的管理模式、狠抓科学管理的企业,才能不断增强抵抗市场风险的能力,从而在残酷的市场竞争中稳操胜券。

(五)管理制度创新

管理制度主要是指企业内部的管理制度,如企业的人事制度、工资制度、财务制度、生产管理制度、领导制度以及厂纪厂规等各个方面。管理制度的创新主要涉及上述各类管理制度的创新、管理制度的效用评价、管理制度的制定方式以及系统化管理制度的创新等内容。对传统的管理制度进行创新主要包括以下十个方面。

(1)重组企业机构,调整组织框架。要根据市场需要,参照国际惯例,着眼发展,重新调整企业机构。在机构设置上,既要解决和克服企业规模扩大、经营范围增加造成旧体制集权管理无法适应的问题,又要适度放权,保证企业运行的集中控制与协调,保证实现企业的统一目标和任务。

(2)面向市场决策,提高决策质量。一个企业是否能在市场经济条件下发展与壮大,完全取决于决策的正确与否。改造后的企业管理制度,要适应市场经济的需要,从现代企业体制上确定产权明确、职责分清的同时,在管理制度上建立科学的、民主的决策体系,强化决策管理,提高管理质量。

(3)突出财务管理,注重效益核算。要改变把财务管理放到次要地位,作为一种纯粹的核算工具的传统观念,真正使财务管理成为企业管理的中心。在市场经济条件下,要准确分析企业在市场中的生存状况,就要通过财务活动来考核企业的财务状况、资产负债率的高低、资金利润率的高低等,从而确定企业效益并提出企业管理的改进方案。

(4)引进竞争机制,完善分配制度。建立员工的竞争体制,营造竞争环境,帮助员工树立自主自强、顽强拼搏、竞争进取的精神状态和思想观念。要改进分配方式，体现多劳多得与竞争有机结合起来，运用分配制度激励人，通过利益分配调节人，用竞争的办法来调节收益分配制度，从而调动职工的积极性。

（5）重视人的因素，严格人员控制。建立现代企业管理制度，必须重视人的因素，强调怎样把企业文化、企业精神、思想政治工作、表彰先进等一系列工作抓好，把各个层次人的积极性调动起来。同时，以做好人的工作为根本，使全体员工明确自己的岗位、自己的责权、工作的意义、相互关系等，从而能主动地、积极地、创造性地完成自己的任务。

（6）注重人力资源，开发综合智力。市场经济条件下的职员培养，应从开发综合智力着手，重点提高职工在各方面的能力和综合素质，把学好一门知识，掌握一门技能放在次要位置。

（7）转变管理思想，调整人际关系。要改造管理者传统的职务和权力管人的体制，将管理者职能由原来的指挥、监督转变为指导和教练，使员工逐步树立以市场为中心、让顾客满意的新思想，抛弃以领导为中心、让老板满意的雇佣劳动观念。

（8）加强经营管理，优化经营策略。要明确经营活动在企业中占有的显著位置，注意经营策略的研究和销售队伍的培养，运用企业一线员工，建立了解市场、研究市场、预测市场，以市场信息为导向占领市场的体系，保证把一定的骨干力量放在经营环节放在企业与市场的衔接上，通过优化的经营策略占领市场。

（9）倡导企业文化，塑造企业形象。创造具有活力的企业文化是改造企业管理制度的主要内容。企业文化的建立必须在企业各个方面起到良好的建设作用，从而使企业出现崭新的精神面貌，树立良好企业形象。

（10）加强基础工作，严格管理措施。"扎实的企业基础工作是建立现代企业管理制度的立足点"。现代管理制度要求基础工作为现代化管理提供资料依据、共同准则、基本手段和前提条件，可以说推动企业管理制度的现代化，要靠企业扎实的基础工作；而有了较好的制度，就必须制定措施，严格管理。

第三节 技术创新

管理案例 7-4

春兰集团的工艺创新

春兰集团由 14 年前一家总资产 280 万元、净资产与利润均为负的小厂，一跃而成为当今集电器、自动车、电子、商务、海外为一体的五大支柱产业集团，拥有 42 个独立法人单位的多元化、高科技、国际化的大型国有企业集团。拥有资产达 120 亿元，净资产 70 多亿元。春兰致胜的法宝之一是工艺的不断创新。

1. 建立完善的技术保证体系

春兰集团现有1万名职工，而科技人员却占到3千多人，这在国内同类型企业中极为罕见。20世纪90年代中期，春兰凭借过硬的技术实施了从单一空调品到冰箱、摩托车、洗衣机等多元产品的战略扩张，而这又缘于别具春兰特色的"金字塔"型科技创新阶梯。阶梯之一是处于"塔尖"的春兰研究院，负责前瞻性、基础性和开拓性研究。这是春兰人的后天和未来。阶梯之二是春兰电器研究所、动力及电子研究所，负责春兰产品的更新换代。它决定春兰的明天。阶梯之三是各生产企业的技术科、工艺科，负责现场管理监督产品质量，向一线工人提供技术以确保春兰技术真正融入春兰产品的每一部件、每一道装配环节。它代表春兰的今天。这种完善的技术保证体系使春兰科技与产业全方位对接，为春兰的技术扩张不断提供强劲、高效的梯级推动力。

2. 坚持自己制造高精尖核心技术

春兰重视引进技术，但更注重开发自己的核心技术。春兰认为，技术引进不等于技术进步，因此，春兰在引进中坚持两个"不"字原则，即不成套引进，只引进关键设备和工艺技术，然后进行技术改造和配套，组建生产线；不向同行引进技术和设备，而是直接同科研院所合作开发，向设备制造厂家进口。前者既是为了使有限的投入释放出几倍、几十倍的效益，更是为了锻炼自己的科研队伍，使引进的技术实现真正意义上的中国化、春兰化。后者，则是为了保证技术的先进性，而不是跟在同行的后面爬行。这条"引进—消化—吸收—创新"之路，使春兰建起了具有自己特色的技术工艺体系，产品开发从设计、评估到做模型、模具，都在自己的开发系统中完成，在设施设备，工艺技术和高科技开发上，都已领先于国内，有的已经达到世界一流水平。"春兰技术"从无到有，又从入到出。春兰集团在国内家电企业中独树一帜的是立志不做组装厂。做空调就从压缩机做起，做摩托车就从发动机做起。春兰产品的核心技术必须是春兰造，而且各项性能指标必须达到甚至超过国际一流产品的水平。从1991年起春兰进入科技创业发展，至1998年科技投入占销售额的比重由90年代初的3%上升到10%，同时引进大批高层次人才，组成上百个课题组向空调压缩机等产品的关键部位的核心技术发起冲击，取得了累累硕果。

3. 注重前沿科技的开发

1997年春兰投资近15亿元兴建了国内企业界规模最大、设施最全、档次最高的科技大厦—春兰研究院，它高32层，建筑面积达5万平方米，按世界最新标准建造，附设两个实验工厂，集智能控制中心、计算机中心、CAD中心、信息中心、仿真分析工程中心等高科技于一体，可容纳1000多名科技人员同时开展研究工作，为春兰人在世界范围内开拓未来的生存、发展空间积蓄能量。目前春兰研究院已在41个高科技项目与国外展开同步研究，发起一轮"与国际强手同线起跑"的冲刺。

一、技术创新的概念

技术创新是指从新产品或新工艺设想的产生到实现商业价值的完整过程。技术创新以获取商业利益为目标的，包括科技、组织、商业和金融等一系列活动的综合过程。理解这一概念需要注意以下几点。

1. 技术创新与发明创造不同

发明创造是科技行为，而技术创新则是经济行为。熊彼特的重大功绩之一，是把发明创造（包括通常理解的科技成果）与技术创新区别开。他认为发明创造只是一种新概念、新设想，或者至多是试验品的产生，哪怕是为人类知识宝库作了巨大贡献的伟大发明也不例外。而技术创新则是把发明或其他科技成果引入生产体系，利用那些原理制造出市场需要的商品，从而使生产系统产生震荡效应。这种科技成果商业化和产业化的过程，才是技术创新。

2. 技术创新始于研究开发而终于市场

任何技术创新都是从研发开始的，没有研究开发就谈不上进行技术创新，即使通过技术引进，但技术上新意不大，要把它们变成本企业自己能实现的商品，也需要做开发工作。至于一些重大的技术创新，则更需要有研究开发工作来支持。研究开发是系统的创造性工作，原型设计和试验则是研究开发工作的重要阶段。其中，原型包括了新产品或新工艺全部特征和性能的初始模型，而原型验收则意味着研究开发阶段的终结和创新过程下一阶段的开始。技术创新最后是以市场实现而告终，它将通过营销环节，来实现技术创新的价值。营销环节的创新自然也包含在技术创新过程之中，它对开辟新市场和实现技术创新的价值有着重要的作用。

3. 创新扩散是导致技术创新产生社会经济效益的根本来源

历史地看，技术创新一经出现，就会在社会上产生巨大的示范作用，那些未获得超常规利润的企业，便会纷纷渴望分享其利，从而形成巨大的模仿高潮。模仿能实现的原因有二：一是任何技术，包括复杂的技术，总是可以被学习的。模仿者可以通过反求工程，去模仿创新者的产品，也可以通过合法购买创新者的专利技术或专有技术来模仿。二是模仿同创新相比，具有省力气、投资少、风险小、进入快等优点。因此，可以说世界上没有一种产品是不被别人模仿的，同时也没有一个企业（包括研究开发实力极其雄厚的企业）不模仿别人的产品。众多的模仿能使创新成果获得大面积的扩散。这种扩散最终足以影响一国的经济发展。当然，由技术创新扩散引起的投资高潮亦会导致过度发展即投资过剩，进而出现经济停滞。而要使经济再发展，就必须开展新一轮的技术创新。也就是说，只有不断地推进技术创新及其后面的扩散，经济才能持续不断地发展。

二、技术创新的内容

现代企业的一个主要特点是在生产过程中广泛运用先进的科学技术。企业的技术创新主要表现在要素创新、要素组合方法的创新以及产品创新三个方面。

（一）要素创新

企业的生产过程是一定的劳动者利用一定的劳动手段作用于劳动对象使之改变物理、化学形式或性质的过程。参与这个过程的要素包括材料、设备以及企业员工三类。

1. 材料创新

材料是构成产品的物质基础，材料费用在产品成本中占很大比重，材料的性能在很大程度上影响产品的质量。

材料创新的内容包括：开辟新的来源，以保证企业扩大再生产的需要；开发和利用量大价廉的普通材料（或寻找普通材料的新用途），替代量少价昂的稀缺材料，以降低产品的生产成本；改造材料的质量和性能，以保证和促进产品质量的提高。现代材料科学的迅速发展，为企业的原材料创新提供了广阔的前景。

管理智慧 7-4

低 碳 生 活

人类自工业革命以来,在短短的二百多年间,生产能力得到迅速提高。自然界通过几十亿年所形成的陆地化石资源,人类有能力在数百年内开发并消耗殆尽。这种爆炸式的开发与能源使用,释放出巨量温室气体,使得人类面临严重的环境和气候危机。

2009年12月7日至18日,近二百个国家和地区的代表聚会丹麦首都哥本哈根,商讨《京都议定书》第一承诺期结束后,全球应对气候变化的道路。与以往不同,这次会议处在异常严峻的大环境中:太平洋地区数十个岛国面临消失,马尔代夫将不得不花费巨资在国外买地整体搬迁……如果控制温室气体排放不能走在正确的道路上,地球和人类的未来将不堪设想。

低碳生活(Low Carbon Living)是指生活作息时所耗用能量要减少,从而减低碳,特别是二氧化碳的排放。低碳生活,对于我们普通人来说,是一种态度,而不是能力,我们应该积极提倡并去实践低碳生活,注意节电、节油、节气,从点滴做起。在中国,年人均二氧化碳排放量2.7吨,但一个城市白领即便只有40平方米居住面积,开1.6升车上下班,一年乘飞机12次,碳排放量也会在2611吨。节能减排势在必行。

伴随着科技的进步和低碳理念的推行,一些企业潜心研究低碳环保汽车等生产和生活用品,为保护地球和人类的可持续发展作出了贡献。如汽车制造企业推出的新能源汽车,包括燃料电池汽车、混合动力汽车、氢能源动力汽车和太阳能汽车等,其废气排放量比较低。据不完全统计,全世界现有超过400万辆液化石油气汽车,100多万辆天然气汽车。

2. 设备创新

现代企业在生产过程中广泛地利用了机器和机器设备体系,劳动对象的加工往往由机器设备直接完成,设备是现代企业进行生产的物质技术基础。马克思曾经说过:"各种经济时代的区别,不在于生产什么,而在于怎样生产,用什么劳动资料生产。"设备的技术状况是企业生产力水平具有决定性意义的标志。因此,不断进行设备的创新,对于改善企业产品的质量,对于减少原材料、能源的消耗,节省活劳动的使用都有着十分重要的意义。

设备创新的内容主要包括:通过利用新的设备,减少手工劳动的比重,以提高企业生产过程的机械化和自动化的程度;通过将先进的科学技术成果用于改造和革新原有设备,延长其技术寿命,提高其效能;有计划地进行设备更新,以更先进、更经济的设备来取代陈旧的、过时的老设备,使企业建立在先进的物质技术基础上。

3. 人力资源创新

任何生产手段都需要依靠人来操作和利用,企业在增加新设备、使用新材料的同时,还需要提高人的素质,使之与技术进步后的先进生产管理相符合。

企业的人事创新的内容:根据企业发展和技术进步的要求不断地从外部取得合格的新的人力资源;注重企业内部现有人力的继续教育,用新技术、新知识去培训、改造和发展他们,使之适应技术进步的要求。

（二）要素组合方法的创新

利用一定的方式将不同的生产要素加以组合，是形成产品的先决条件。要素的组合包括生产工艺和生产过程的时空组织两个方面。

1. 生产工艺

生产工艺是劳动者利用劳动手段加工劳动对象的方法，包括工艺过程、工艺配方、工艺参数等内容。工艺创新既要根据新设备的要求，改变原材料、半产品的加工方法，也要求在不改变现有设备的前提下，不断研究和改进操作技术和生产方法，以使现有设备得到更充分的利用，使现有材料得到更合理的加工。当前工艺创新的主要方向是数字技术的应用、精密化和绿色化。工艺创新与设备创新是相互促进的，设备的更新要求工艺方法做出相应的调整，而工艺方法的不断完善又必然促进设备的改造和更新。

2. 生产过程的时空组织

生产过程的组织包括设备、工艺装备、在制品以及劳动在空间上的布置和时间上的组合。空间布置不仅影响设备、工艺装备和空间的利用效率，而且影响人机配合，从而直接影响工人的劳动生产率；各生产要素在时空上的组合，不仅影响在制品、设备、工艺装备的占用数量，从而影响生产成本，而且影响产品的生产周期。

管理案例 7-5

减掉 3.5 克

罗伯·柯南道尔出任美国航空公司 CEO 之后，实施了一系列策略：美航的客机机身除了涂上美航标志外，不再添加任何油漆，不上漆的飞机比原来轻了 400 磅，这使每架飞机每年节约燃油费约合 1.2 万美元。同时，机内换上轻型材料做成的坐椅，推车也换成强化塑钢的，头等舱全部换上车型的器皿。这样一来，飞机又减掉了 1 500 磅的重量，每架飞机每年又可节约 2.2 万美元。这些小小的改变，很快取得了显著的效果，美国航空公司变成了美国最赚钱的航空公司。

无独有偶，法国航空公司也采取了同样的策略，法航将客机内最不起眼的塑料杯从 13 克减轻到 9.5 克。就是这减掉的 3.5 克重量，使法航每年少排了 20 吨二氧化碳，在环保的同时，法航每年因此可节约大约 700 万美元的支出。

（三）产品创新

生产过程中各种要素组合的结果是形成企业向社会贡献的产品。企业是通过生产和提供产品来求得社会承认、证明其存在的价值。也是通过销售产品来补偿生产消耗、取得盈余，实现其社会存在的。产品是企业的生命。企业只有不断地创新产品，才能更好地生存和发展。产品创新主要包括品种和结构的创新。

1. 品种创新

品种创新要求企业根据市场需要的变化，根据消费者偏好的转移，及时地调整企业的生产方向和生产结构，不断开发出受用户欢迎的适销对路的产品。

2. 产品结构创新

产品结构创新在于不改变原有品种的基本性能,对现在生产的各种产品进行改进和改造,找出更加合理的产品结构,使其生产成本更低、性能更完善、使用更安全,从而更具有市场竞争力。

产品创新是企业技术创新的核心内容,它既受制于技术创新的其他方面,又影响其他技术创新效果的发挥:新的产品、产品的新结构,往往要求企业利用新的机器设备和新的工艺方法,而新设备、新工艺的运用又为产品的创新提供了更优越的物质条件。

三、技术创新的战略选择

企业技术创新战略是企业进行技术创新经济活动的总谋划,决定和统率企业创新的具体行为。企业能否正确选择并贯彻实施良好的创新战略,是其能否顺利推进技术创新,赢得创新利益的先决条件。在当代激烈的市场竞争中,不创新的企业必将走向衰亡,但创新战略选择失误所导致的不良创新反过来可能会加速企业衰亡的进程。

(一)首创型技术创新战略

首创型技术创新是指力求领先于他人获得新技术,或领先于其他企业将新技术商业化的技术创新战略。例如率先研制成功或应用某种新的技术,率先推出新产品,率先开辟新的市场销售渠道,率先采用新的广告媒介等。

1. 首创型技术创新优势

(1)进行首创型技术创新,可以开辟新的市场领域,提高企业的市场竞争实力,获取高额垄断利润,赢得长期的竞争优势,甚至成为市场领先者。可口可乐问世一百多年来,许多市场竞争对手试图求其配方,破译其生产工艺,结果无一成功,而众多的市场仿创者也一直未能从根本上动摇可口可乐在世界饮料市场上的绝对领先地位。

(2)首创者容易获得独特的市场信誉,使自己与用户比较容易建立起良好的关系。北大方正在激光照排印刷系统方面的领先技术就使它较易进入个人计算机市场。

(3)首创者具有市场比较优势地位。首创者率先建立起来的较为完善的销售网络使后继者的进入成本增加。同时,消费者对领先者产品的熟悉可产生某种依赖性,若消费者转向其他种产品的消费,会增加学习的交易费用。同时,首创者通过制定技术标准,使市场的随后进入企业在制造同类产品时,必须得到首创的技术标准认同,从而增加了其市场进入成本。

2. 首创型技术创新劣势

(1)创新领先者的开发成本较高,而这反过来又能减少模仿者的市场进入成本。要进行首创型技术创新,就必须投入相应的技术开发成本,或者组织自己的研发队伍,进行自主创新研究,或者购买专利技术,这都需要相当高的成本。首创型技术应用于产品生产中,新产品在市场导入初期要投入较大的市场开发成本,而市场开发目标能否实现,存在着很大的不确定性。作为首创者,在市场开发初期和市场导入期,往往是孤军作战,独立投资于基础研究、技术开发、产品推广、消费教育、用户培训等市场开发活动,而这类市场开发投资效果具有较大的外溢性,不能为首创者所独占,其中相当大部分会被后来的市场模仿者无偿分享。显然,这种"有福共享,有难不同当"的现象,使市场首创者处于一种极为不利的被动地位。

（2）技术首创者需花大量时间去开拓市场。由于新市场本身存在诸多方面的不确定性，在其导入和成长初期常常会出现一定的市场沉默期和反复期。例如美国 3M 公司推出的"报事贴"便笺纸在投放市场初期备受冷落，直到十多年后才变为热门畅销产品。这种新市场开发的时滞性，也会给市场首创者带来一定的风险，使其不能及时获得预期的投资回报，甚至有可能被后来的市场追随者趁机赶超而使首创者失去其市场领先地位。

3. 首创型技术创新应注意的问题

首创型技术创新是一种高投入、高风险和高利润的创新活动，也是创新度最高的一种创新，其主要特征在于技术的首创性。在采用首创战略时，创新者应根据自己的创新能力、创新资源等实际情况，认真进行市场调查、预测和评估研究，充分考虑各种相关技术创新条件的影响，选择适当的创新时机和方式，及时进行技术创新。

管理案例 7-6

> ### 最大的成功是创造
>
> 恐怕谁也不会相信，短短几年的时间，就可以改变 1 亿多人的沟通习惯，但马化腾做到了。
>
> 1993 年毕业于深圳大学计算机系、喜欢上网的马化腾一直在思考一件事：是否可以在中国推出一种集寻呼、聊天、电子邮件于一身的软件。1998 年 11 月，马化腾注册了自己的公司——腾讯。公司创建 3 个月后，马化腾和他的同事终于开发出第一个"中国风味"的 ICQ——OICQ，这就是 QQ 的前身。
>
> 当时类似的软件有好几家。许多人都不看好这样的聊天工具，因而用户也不多。这让马化腾陷入沉思。一次，他到菜市场买菜，发现人们都喜欢到一个摊点买东西。这是为什么呢？原来这个摊点在开始的时候，以比其他摊点便宜的价格出售，后来菜价并不比别的摊点便宜，但人们还是喜欢到这里购买。因为人们已经养成了到这里购买的习惯。这给他很大的启发。
>
> 1999 年 6 月，马化腾抱着试试看的心态把 QQ 放到互联网上让用户免费使用。让马化腾没有料到的是，不到一年就发展了 500 万用户。几年的时间，QQ 用户已发展过亿，这种即时通信方式已经成为许多人的一种沟通习惯。如今，腾讯公司已经成功上市，其市场价值超百亿美元。

（二）改创型技术创新

改创型技术创新是一种具有中等创新度的创新活动。改创者不必率先创造全新的新市场，而只需对首创者所创造的全新产品进行改良或改造。我国的青岛海尔集团就是进行改创的典范。海尔集团在传统冰箱的基础上进行改进，创新出了可拆分的海尔双王子冰箱，适合现代家庭核心化趋势的海尔小王子冰箱，受到了市场的广泛欢迎。

1. 实行改创型技术创新的优势

（1）技术改创者可以有效地减少或避免首创者所面临的各种创新风险。作为首创者的追随者，改创者可以冷静观察首创者的创新活动及其进展，充分吸收其先行者的各种经验教训，从而大大降低创新活动中所存在的诸多方面的不确定性。

（2）改创者可以有效地利用各种创新资源，减少创新成本，分享首创者的创新投资收益。

（3）改创者可以扬长避短，有针对性地对现有首创市场进行改创，增强其市场适应性，从而赢得较大的市场竞争优势。

（4）改创者可以在有利时机快速进入新市场，充分享受市场高速成长阶段的市场收益，促进企业的健康、稳定和持续发展。

2. 实行改创型技术创新的劣势

（1）技术改创毕竟也是一种创新，要创新就会面临相应的风险。改创者在一定程度上进行着另一阶段的首创。如果先行者所首创的技术比较完善和成熟，则后来的竞争对手就难以对其进行改创，或者这种改创已是另外一种新技术，这就需要重新进行市场开发和市场培育，同样面临着各种市场风险。

（2）技术改创也需要付出相当大的创新成本。一般说来，技术创新投资呈"金字塔"形不断扩大的趋势，随着新技术的逐步开发和市场成长，所需投入的技术开发和市场成本也不断增加。如果改创者较早进入新市场，则要冒较大的创新风险；如果改创者较迟进入新市场，则需付出较大的市场开发成本。

（3）市场改创者将面临着更加激烈的市场竞争局面。在一个尚未开发成熟的新市场上，首创者几乎没有同类竞争对手。由于首创者率先进入新市场，容易在消费者心中留下良好的创新形象，产生名牌效应，并占领较大的市场份额。而当后来的改创者进入市场时，一开始就面临着强有力的市场首创者及一大群追随其后的其他市场竞争对手。

3. 实行改创型技术创新应注意的问题

改创型技术创新是创新度处于中等水平的一种技术创新，其主要特征在于其改创性。这种改创型的技术创新者不必承担太大的风险，而且可以获取较大的利润，却难以获得市场领先地位。一般来说，技术首创者往往也是市场领先者，大多数市场领先者能长期保持市场竞争优势。而大多数改创者则只能取得市场挑战者、市场追随者的地位，不能取得永久性的市场竞争优势。另外，如果改创者的快速反应战略获得成功，就会引来大批仿创者，将会造成更加激烈的市场竞争局面。

（三）仿创型技术创新

仿创型技术创新是指通过逆向工程或反求工程等手段，学习模仿率先者的创新思路和创新行为，吸取领先者的成功经验和失败教训；引进购买或破译领先者的核心技术秘密，并在此基础上改进完善，进一步开发。

1. 实行仿创战略优势

（1）仿创型技术创新同改创型技术创新一样，可以回避技术风险和市场风险，降低成本。仿创者不做开拓探索者，而是做有价值的新技术的积极追随学习者。首创者必须独自承担技术探索的风险，负担探索失败的损失，而仿创者却可冷静地观察首创者的创新行为，向多个技术先驱学习，选择成功的创新技术进行模仿改进。

（2）在生产方面，仿创者相对于首创者而言，能够购置到性能更趋于稳定、价格更低的设备，也能够一开始便享受原配套材料产业规模经济的效率。

（3）在市场方面，首先，新市场的开辟具有很高的风险，在首创企业推出的诸多产品中，虽不乏市场期盼已久、一上市就能引起轰动的产品，但大部分产品都必须经历一个被用户逐步认识、逐步战胜替代品的过程。这个或长或短的沉默期往往会使首创企业陷入困境。模仿产品由于晚进入市场，特别是可以观望市场的发展和演变，选择适当的时间进入，因而可以有效回避市场的沉默期所导致的损失。其次，从市场投入方面看，首创者要投入大量人力物力进行开拓新产品市场的广告宣传，这种投入一方面是必不可少的，另一方面又存在着很强的外溢效应。因其广告宣传中有相当部分必须是对消费者消费观念的引导和对消费知识的普及宣传，很显然这样的宣传受益者决非首创者自身。模仿创新产品由于晚进入市场，因而可充分享受首创者新市场开拓的溢出利益，节约大量的公益性资金投入，而集中于自己品牌的宣传，这对仿创者新产品的成功是非常有利的。

2. 实行仿创战略劣势

（1）在技术方面有时只能被动适应，在技术积累方面难以进行长远的规划。

（2）在市场方面，被动跟随和市场定位经常性的变换也不利于营销渠道的巩固和发展。此外，仿创战略有时会受进入壁垒的制约而影响实施的效果。如核心技术信息被封锁，反求困难，仿创难以进行，首创企业先期建立的完备的营销网络难以突破等。

3. 实行仿创战略需要注意的几个问题：

（1）模仿创新仍要求企业有一定的研究开发投入。模仿创新并不是单纯的模仿，而应属于一种渐进性创新行为。模仿创新并不照搬照抄率先者的技术，它同样需要投入足够的研究开发力量，从事其特有的研究开发活动。因为没有一定的研究开发投入，不可能去真正掌握这些先进技术。而且，产品的区域性特征客观上要求创新技术的本地化，模仿企业需要对产品作出适合本地环境或消费习惯的再创新或二次创新。

（2）瞄准尚未市场化的创新科研成果，提高模仿起点。日本的发展实践充分证实了这一点。在苏联科学家1977年令人震惊地宣布他们已经从碳蒸汽中制造出了金刚石膜之后，日本人最先抄袭这一成果。日本国立无机材料研究所立即把这种称为化学气相沉积的新技术提供给12家日本公司的实验室，其目的是发展一种用于超高速微芯片的金刚石膜。20世纪60年代，美国通用电气公司最早研究了可用于人造卫星电路和超级计算机芯片的砷化镓。然而，日本最先将这种技术商品化、产业化，生产的砷化镓元件的年销售额已经达到了14亿美元，其中大部分用于激光器中的二极管，日本公司现已占据了世界砷化镓元件市场的2/3。

（3）模仿创新更强调在模仿基础上的创新。模仿创新最敏感的问题是可能出现的知识产权纠纷问题。一些实际存在的非法侵权性模仿创新虽为数不多，但的确造成了很坏的影响。正是由于来自方方面面的否定、谴责，在一定程度上损坏了模仿创新的形象，干扰了人们对模仿创新进行全面深入地研究和认识。

小　　结

创新是管理的重要职能，是一种思想及在这种思想指导下的实践，是一种原则及在这种原则指导下的具体活动。创新是形成一种创造性思想并将其转化为有用产品、服务或作业方法的过程，也指富有创新力的组织能够不断地将创造性思想转变为某种有用的结果。创新的内容主要有：目标创新、技术创新、管理创新及文化创新。创新的方法主要有：头脑风暴法、组合法、逆向思考法、类比创新法及联想创新法。

管理创新是指创造一种新的更有效的资源整合范式，并能有效地加以实施。这种范式，既可以是新的有效整合资源以达到组织目标和责任的全过程管理，也可以是新的具体资源整合及目标制定等方面的细节管理。换句话说，管理创新就是指把新的管理要素，如新的管理方法、新的管理手段、新的管理模式等要素组合引入企业管理系统的一系列的创新活动，以此创造一种更有效的资源整合模式。管理创新的内容主要有：管理理念创新、组织机构创新、管理方式方法创新、管理模式创新及管理制度创新。

技术创新是指从新产品或新工艺设想的产生到实现商业价值的完整过程。技术创新是以获取商业利益为目标，包括科技、组织、商业和金融等一系列活动的综合过程。企业的技术创新主要有：要素创新、要素组合方法的创新以及产品创新。技术创新的战略选择主要有：首创型技术创新战略、改创型技术创新战略及仿创型技术创新战略。

知识检测

一、名词解释

1．创新　2．管理创新　3．管理模式　4．技术创新

二、填空题

1．创新的内容为（　　）、（　　）、（　　）和（　　）。
2．管理创新的主要驱动力来源于三个方面：（　　）、（　　）和（　　）。
3．创新的方法有（　　）、（　　）、（　　）和（　　）。
4．国外在激烈的市场竞争中出现了多种组织创新形式，主要有（　　）、（　　）和（　　）。
5．企业的技术创新主要表现在（　　）、（　　）以及（　　）三个方面。
6．管理模式的创新有（　　）、（　　）、（　　）、（　　）、（　　）、（　　）和（　　）。
7．要素的组合包括（　　）和（　　）两个方面。
8．产品创新主要包括（　　）和（　　）的创新。
9．管理创新的对象是（　　）。
10．（　　）是技术创新社会经济效益的根本来源。

三、判断题

1．正是由于不断创新，一批巨型企业雄霸市场，一批科技先导型企业独领风骚，一批企业常胜不败，一批企业充满生机和活力。（　　）
2．管理创新的任务是寻求更有效的资源运用模式。（　　）
3．逆向思考法是将现有的科学技术原理、现象、产品或方法进行分析、重配，从而获得解决问题的新方法、新思路或创造出新产品、新对策的过程。（　　）
4．集成管理工作是指用于计划管理、控制、评价和改善企业从市场研究、产品设计、财务管理状况、加工制作、质量控制、物流直到销售与用户服务等一系列活动的管理思想、方法和技术的总称。（　　）
5．设备是构成产品的物质基础，设备费用在产品成本中占很大比重，设备的性能在很大程度上影响产品的质量。（　　）
6．首创型技术创新是一种高投入、高风险和高利润的创新活动，也是创新度最高的一种创新，其主要特征在于技术的首创性。（　　）
7．技术创新始于研究开发而终于市场。（　　）
8．企业再造是重新塑造与当今时代信息化、全球化相适应的企业模式，其价值取向是：

以客户为中心，以员工为中心，以业绩为中心。（　　）

四、单选题

1. 最先给出创新定义的人是（　　）。
   A．约瑟夫·熊彼特　　　　　　　　B．罗纳德·科斯
   C．哈罗德·孔茨　　　　　　　　　D．彼得·杜拉克
2. 下列选项中，不属于创新活动的是（　　）。
   A．设备的更新改造　　　　　　　　B．产品的开发
   C．质量的检验　　　　　　　　　　D．工艺的改进
3. 关于创造和创新两者区别的说法正确的是（　　）。
   A．创造与创新是指产生一种新思想
   B．创造与创新都是指引入一种新产品或是一种新的生产方法
   C．创造是指采用新的产品，创新是指变革原有的生产技术
   D．创造可以产生新的思想，创新是把新的思想引入新的领域
4. （　　）是企业技术创新的核心内容。
   A．要素创新　　　　　　　　　　　B．产品创新
   C．要素组合方法创新　　　　　　　D．流程创新
5. 利用头脑风暴法进行创新时，下列要求错误的是（　　）。
   A．参加者最好有不同的背景，而且是同一层次的
   B．允许参加者提出疯狂的或是极端的想法
   C．尽可能提出更多的想法或建议
   D．鼓励对他人的想法提出批评
6. 一般来说，组织中的老员工比新员工更抵制变革，这主要是因为（　　）。
   A．他们认为变革不是为了组织的最佳利益
   B．变革使已知的东西变得模糊不清和不确定
   C．变革会威胁到他们为取得现状所做的较多的投资
   D．一旦变革失败，会给企业带来很大的损失
7. 只有不断地组织并实现（　　），企业才能保持持久的竞争优势，充满生命力。
   A．产品创新　　　B．材料创新　　　C．工艺创新　　　D．手段创新
8. 下列说法错误的是（　　）。
   A．产品创新不仅会带来产品制造技术的革命，而且会导致产品物质结构的调整
   B．工艺的创新不仅导致生产方法的更加成熟，而且必然要求生产过程中利用这些新的工艺方法的各种物质生产手段的改进
   C．机器设备的创新也会带来加工方法的调整或促进产品功能的更加完善
   D．工艺或产品的创新也会对材料的种类、性能或质地提出更高的要求
9. 有一个著名的商战案例：日本两家鞋厂各派一名推销员到太平洋上的一个岛屿推销鞋子。这个岛地处热带，居民四季都打赤脚，找不到一个穿鞋的人。一家鞋厂的推销员很失望，给厂里发了一份"没有市场"的电报，第二天打道回府；另一个推销员见岛上没人穿鞋，则心中大喜，也给厂部发了份电报："市场潜力很大，速寄100双鞋来。"后来当然是这个推销员打开了岛上的市场，为公司创造了巨大的效益。这个案例说明（　　）为源泉的创新可以给企业带来发展和增长的机会。

A．观念的改变 B．人口结构的变化
C．意外的成功或失败 D．行业和市场结构的变化

10．小何在改革开放初期创办了一家小型私营食品企业。由于产品口味好、价格面向一般大众，很快就成为消费者认可的品牌，销路非常好。在此情况下，小何企业的员工人数也随之增加：由原来的6名家族成员增加到现有的120名，工厂规模也扩大了很多。在感受成功喜悦的同时，小何也意识到前所未有的困扰——他越来越感觉工作得力不从心。每天疲于处理各种各样的琐事。但是，尽管如此，工厂的管理还是给人以很混乱的感觉。为此，小何请教了许多人，具有代表性的建议有以下四种，哪个最有效？（　　）

A．小何应抽出时间去某著名商学院接受管理方面的培训
B．应聘请一位顾问，帮他出谋划策
C．对于企业的组织结构进行改组，在小何和一线工人之间增加一个管理层
D．应招聘一位能干的助理，帮助他处理各种琐事

五、简答题

1．如何理解创新的含义？
2．创新的内容包括哪些？
3．什么是管理创新？简述管理创新的内容体系。
4．什么是技术创新？技术创新的内容包括哪些？
5．如何进行技术创新战略选择？

技能训练

项目：根除创新"终结者"用语

技能培养目标

培养学生的创新思维

管理情境设计

1．阐明创新"终结者"用语存在于很多企业或组织的文化中，这些用语严重地抑制了创新思维。

2．要求学生在一张空白纸上列出尽可能多的他们所能想到的类似用语（时间4～6分钟）。可以给学生一些提示：如这不行！/我们去年已经试过了！/这不是我们做事的一贯主张！/我们对此毫无准备！/它不实际！/高层管理人员永远不会喜欢它！/这些想法一文不值！

3．每个人都要列出平时常用或常听到的类似用语。邀请一至两个人读一读他们拿到的纸团里写的部分内容。再让所有的人一起大声快速朗读他们手中的内容来制造混乱。

4．告诉学生这些用语是抑制我们创新的绊脚石，现在我们要做一件事，那就是将它们统统扔掉。把废纸篓放在教室中间，叫大家把纸揉成一团并把它们扔掉。

5．要求大家以小组的形式集思广益想出一些激励创新的短语——即促使和激励新观念产生的用语（时间1～15分钟）。以下是给学生的一些提示：干得漂亮！/告诉我你怎么搞成功的！/你还需要些什么才能继续？/我们还能在哪些方面使用它？/你作决定。/加油干！

6．总结与评估：我们拙劣的谈吐内容和蹩脚的谈话方式可以轻而易举地扼杀员工的创新积极性。因此，为了营造一个乐于创新的文化氛围，我们必须善于使用那些能激励创新

精神的话语，杜绝使用扼杀创新的用语，使我们的创新之花茁壮成长。

实训要求

1. 形式：集体参与。
2. 时间：25~35 分钟。
3. 要求学生进入设计情境。
4. 整个实训过程严格按照教师要求的流程进行。

参考文献

1. 王毅捷. 管理学 [M]. 上海：上海交通大学出版社，2005.
2. 刘秋华. 管理学 [M]. 北京：高等教育出版社，2004.
3. 金圣才. 管理学 [M]. 北京：中国石化出版社，2007.
4. 周三多. 管理学 [M]. 北京：高等教育出版社，2000.
5. 芮明杰. 现代企业技术创新 [M]. 山西：山西经济出版社，2003.
6. 韩晓虎，徐澄，谢瑞. 新编管理概论 [M]. 北京：清华大学出版社，2005.
7. 吴志清. 管理学基础 [M]. 北京：机械工业出版社，2003.
8. 刘兴倍. 管理学原理 [M]. 北京：清华大学出版社，2006.
9. 卜军，姜英来. 管理学基础 [M]. 大连：大连理工出版社，2005.
10. 蒋永忠，张颖. 管理学基础 [M]. 东北：东北财经大学出版社，2007.
11. 万兴亚. 中小企业技术创新与政府政策 [M]. 北京：人民出版社，2001.
12. 秦仲阳. 房地产销售技能训练课程 [M]. 广东：广东经济出版社，2005.
13. 薄宏. 管理学 [M]. 天津：天津大学出版社，1996.
14. 孙一民. 创新制作 [M]. 山西：山西经济出版社，1998.
15. 王莉. 中小企业技术创新研究 [M]. 郑州：郑州大学出版社，2003.
16. 张玉利. 企业成长管理九讲 [M]. 天津：天津人民出版社，2003.
17. 王立军. 技术创新的理论与实践 [M]. 北京：中国经济出版社，2004.
18. 杨洁. 企业创新论 [M]. 北京：经济管理出版社，1999.
19. 曾昭春. 管理学原理 [M]. 北京：经济科学出版社，2007.
20. 周刚. 企业技术创新管理 [M]. 北京：企业管理出版社，1999.
21. 王社民. 管理基础与实务 [M]. 北京：北京理工大学出版社，2009.
22. 张亚. 管理学——原理与实务 [M]. 北京：北京理工大学出版社，2009.

参考答案

二、填空题

1. 目标创新、技术创新、管理创新和文化创新
2. 组织环境变化的要求、组织自身发展的需要、管理工作本身的要求
3. 创新的方法有头脑风暴法、组合法逆向思考法、类比创新法、联想创新法
4. 学习型组织、柔性化组织和虚拟企业
5. 要素创新、要素组合方法的创新、产品创新

6. 管理模式的创新有集成管理、企业再造、知识管理、网络管理、危机与风险管理、柔性管理和精益化管理

7. 生产工艺、生产过程的时空组织

8. 品种、结构

9. 组织中资源运用的模式

10. 创新扩散

三、判断题

1. 对 2. 对 3. 错 4. 对 5. 错 6. 对 7. 对 8. 对

四、单选题

1. A 2. C 3. D 4. B 5. D 6. C 7. A 8. A 9. A 10. C